晏子春秋今註今譯

中華文化復興運動推行委員會(國家文化總會)
國立編譯館中華叢書編審委員會 主編

王更生 註譯

臺灣商務印書館

永恆的經典，智慧的泉源

馬英九（總統暨文化總會前會長）

中國傳統經典是民族智慧與經驗的結晶。在五千年的歷史中，這些典籍經歷戰亂的傷害，飽受文革的摧殘，然而書中蘊含的哲理，不只啟迪世世代代的炎黃子孫，且遠播於東亞及世界各國。如今學習國學經典同在兩岸盛行，並非偶然，反映這些古籍的價值跨越了時空，對二十一世紀兩岸人民，依然發揮積極的引導作用。

古人從小開始的經典教育，對一個孩子建立正確的人生觀，有非常重要的意義。而古文最迷人的地方，正在於它能將博大精深的知識，凝煉為言簡意賅的文字；將複雜的人生經驗，濃縮為一語道破的智慧。而這些修身、齊家、治國、平天下的理念，即使經過千百年的時空變遷，仍能與現代生活相結合。

我念小學二年級的時候，跟著在石門水庫任職的母親住在桃園龍潭。民國四十七年的臺灣，沒有電視可看，也沒有電晶體收音機可聽。晚上沒事，媽媽常常燈下課子，教我念古文。啟蒙的第一課是《左傳》的〈鄭伯克段於鄢〉，其中我記得最牢的一句話，就是鄭莊公對他從小被母親寵壞、長大後又驕縱謀反的弟弟共叔段所作的評語：「多行不義必自斃，子姑待之。」這句話我一直作為自惕與觀人的警語。放在今天的臺灣與世界的時空中，不也是很適用嗎？

上高中後，父親常常以晚清名臣曾國藩的家訓「唯天下至誠能勝天下至偽，唯天下至拙能勝天下至巧」來訓勉我。當初覺得陳義過高，似乎不切實際，但年紀愈大，閱歷愈多，愈覺得有道理。「尚誠尚拙、去偽去巧」的理念，也成為我為人處事的哲學。

民國八十年（一九九一）十二月，聯合國大會通過決議，要求各國全面禁止漁民在海洋使用「流刺網」（driftnet）捕魚，以免因為網目太小，造成大小通吃而使漁源枯竭。讀過《孟子》梁惠王篇的人，一定會覺得這個國際規範似曾相識。這位兩千多年前的亞聖不早就說過「數罟不入洿池，魚鱉不可勝食也」嗎？我不能不承認，孟子的保育觀念，實在非常先進。同樣的，他對齊宣王所說大小諸侯之間交往的原則，也可適用到今天的兩岸關係：「惟仁者為能以大事小……惟智者為能以小事大……以大事小者，樂天者也，以小事大者，畏天者也。樂天者，保天下；畏天者，保其國。」兩岸真能照辦，臺海還會不和平繁榮嗎？

民國九十五年（二〇〇六）十月，臺灣被貪腐的烏雲籠罩，民怨沸騰，當時總統府前廣場羣眾豎起兩層樓高的海報標語，上面寫的就是「禮義廉恥」四個大字。二十一世紀臺灣街頭羣眾運動的訴求，居然是二千五百多年前春秋時代齊國宰相管仲的名言，這是民主化後的臺灣，人生觀與價值觀的回歸，同時也是古典智慧的再現！

國家文化總會的前身是「中華文化復興運動推行委員會」（文復會），四十多年前曾與國立編譯館、臺灣商務印書館邀集國內多位國學大師共同出版《古籍今註今譯》系列，各界評價甚高，一時洛陽紙貴。如今重新刊印，邀我作序，實不敢當，忝為會長，礙難不從。謹在此分享一些讀經的親身感受，並期待古典文化的智慧，就像在歷史長河中的一盞明燈，繼續照亮中華民族的未來。

在時間的長河中

楊渡
（文化總會祕書長）

時間是殘酷的，因為它會淘洗去所有的肉體與外在，虛華與偽飾。所有的慶典，權柄和武器，都有寂寞、生鏽、消逝的一天。

時間是溫柔的，因為它也留存了文明的光。唐朝沒有了宮殿，卻為我們留下李白和李商隱的詩句。長安的美麗，不是存在於西安，而是存在於詩句裡。

所有的政治風暴都會消逝，所有的權力都會轉移，所有的歷史，都見證著朝代的不斷更迭，才是進步的必然。然而到最後，什麼會留存下來？

文化總會的前身是「文化復興總會」，它是為了因應文化大革命對中國傳統文化的破壞，以「復興中華文化」為宗旨，而設立起來的。為了反制文革，總會特地請當時最好的學者，對四書、詩經、周易、老莊、春秋等進行今註今譯，以推廣典籍閱讀。當時聘請的學者，包括了南懷瑾、屈萬里、林尹、王夢鷗、史次耘、陳鼓應等，堪稱一時之選，連續出版了諸子百家的經典。這工作也持續了好幾年。

文化大革命的風暴過去之後，文復會性質慢慢改變，直到李登輝時代，它變成民間文化團體，舉辦一些文化活動。等到民進黨執政，由於去中國化，這些傳統文化的研究被忽略，束之高閣。然而，歷史多麼反諷，當文革過去，在經濟富裕後的現代大陸，由於缺少思想的指引，人們卻開始重讀古代典籍，而有諸子百家講堂與各種當代閱讀，古書今讀，竟成顯學。當年搞文革的卻已經悄悄的「復興中華文化」了。

反觀臺灣，這些由學養深厚的專家所寫的典籍今註今譯，卻因政治原因未受到重視。現在回頭看經典，細心體會古代的智慧，而不是用政治符號去切割知識典籍，我們才會開始懂得謙卑。歷史這樣長，而我們只是風中的塵埃。一如聖嚴法師所留下的偈：「無事忙中過，空裡有哭笑。」能留下的，只是無形的智慧，美麗的詩句，和千年的夢想。

當政治的風暴過去之後，什麼會留存下來？時間有多殘酷，我不知道。我只知道，中國傳統經典的生命，一定會生存得比政權更遠，更深，更厚。

我只知道，當古老的「禮義廉恥」，成為二十一世紀反貪腐抗議群眾運動的標語時，整個中華文明已經走向另一個階段。那是作為人的價值觀的百劫回歸，那是自信自省的開端。古老的，或許比現代更新、更有力，更象徵著數千年文明的總結。

而我們，只是千年文明裡的小小學生，仍在古老的經籍中，探詢著生命終極的意義，並且，尋找前行的力量。

《古籍今註今譯》總統推薦版序

中華文化精深博大，傳承頌讀，達數千年，源遠流長，影響深遠。當今之世，海內海外，莫不重新體認肯定固有傳統，中華文化歷久彌新、累積智慧的價值，更獲普世推崇。

語言的定義與運用，隨著時代的變動而轉化；古籍的價值與傳承，也須給予新的註釋與解析。商務印書館在先父王雲五先生的主持下，民國一〇年代曾經選譯註解數十種學生國學叢書，流傳至今。

臺灣商務印書館在臺成立六十餘年，繼承上海商務印書館傳統精神，以「宏揚文化、匡輔教育」為己任。五〇年代，王雲五先生自行政院副院長卸任，重新主持臺灣商務印書館，仍以「出版好書，匡輔教育」為宗旨。當時適逢國立編譯館中華叢書編審委員會編成《資治通鑑今註》（李宗侗、夏德儀等校註），委請臺灣商務印書館出版，全書十五冊，千餘萬言，一年之間，全部問世。

王雲五先生認為，「今註資治通鑑，雖較學生國學叢書已進一步，然因若干古籍，文義晦澀，今註之外，能有今譯，則相互為用，今註可明個別意義，今譯更有助於通達大體，寧非更進一步歟？」

因此，他於民國五十七年決定編纂「經部今註今譯」第一集十種，包括：詩經、尚書、周易、周禮、禮記、春秋左氏傳、大學、中庸、論語、孟子，後來又加上老子、莊子，共計十二種，改稱《古籍今註今譯》，參與註譯的學者，均為一時之選。

臺灣商務印書館以純民間企業的出版社，來肩負中華文化古籍的今註今譯工作，確實相當辛苦。中華文化復興運動總會（國家文化總會前身）成立後，一向由總統擔任會長，號召推動文化復興重任，素有成效。六〇年代，王雲五先生承蒙層峰賞識，委以重任，擔任文復會副會長。他乃將古籍今註今譯列入文復會工作計畫，廣邀文史學者碩彥，參與註解經典古籍的行列。文復會與國立編譯館中華叢書編審委員會攜手合作，列出四十二種古籍，除了已出版的第一批十二種是由王雲五先生主編外，文復會與國立編譯館主編的有二十一種，另有八種雖列入出版計畫，卻因各種因素沒有完稿出版。臺灣商務印書館另外約請學者註譯了九種，加上《資治通鑑今註》，共計出版古籍今註今譯四十三種。茲將書名及註譯者姓名臚列如下，以誌其盛：

序號	書名	註譯者	主編	初版時間
1	尚書	屈萬里	王雲五（臺灣商務印書館）	五八年九月
2	詩經	馬持盈	王雲五（臺灣商務印書館）	六〇年七月
3	周易	南懷瑾	王雲五（臺灣商務印書館）	六三年十二月
4	周禮	林尹	王雲五（臺灣商務印書館）	六一年九月
5	禮記	王夢鷗	王雲五（臺灣商務印書館）	七三年一月
6	春秋左氏傳	李宗侗	王雲五（臺灣商務印書館）	六〇年一月
7	大學	楊亮功	王雲五（臺灣商務印書館）	六六年二月
8	中庸	楊亮功	王雲五（臺灣商務印書館）	六六年二月
9	論語	毛子水	王雲五（臺灣商務印書館）	六四年十月
10	孟子	史次耘	王雲五（臺灣商務印書館）	六二年二月
11	老子	陳鼓應	王雲五（臺灣商務印書館）	五九年五月

12	莊子	陳鼓應	王雲五（臺灣商務印書館）	六四年十二月
13	大戴禮記	高明	文復會、國立編譯館	六四年四月
14	春秋公羊傳	李宗侗	文復會、國立編譯館	六二年五月
15	春秋穀梁傳	薛安勤	臺灣商務印書館	八三年八月
16	韓詩外傳	賴炎元	文復會、國立編譯館	六一年九月
17	孝經	黃得時	文復會、國立編譯館	六一年七月
18	列女傳	張敬	文復會、國立編譯館	八三年六月
19	新序	盧元駿	文復會、國立編譯館	六四年四月
20	說苑	盧元駿	文復會、國立編譯館	六六年二月
21	墨子	李漁叔	文復會、國立編譯館	六三年五月
22	荀子	熊公哲	文復會、國立編譯館	六四年九月
23	韓非子	邵增樺	文復會、國立編譯館	七一年九月
24	管子	李勉	文復會、國立編譯館	七七年七月
25	孫子	魏汝霖	文復會、國立編譯館	六一年八月
26	史記	馬持盈	文復會、國立編譯館	六八年七月
27	商君書	賀凌虛	文復會、國立編譯館	七六年三月
28	太公六韜	徐培根	文復會、國立編譯館	六五年二月
29	黃石公三略	魏汝霖	文復會、國立編譯館	六四年六月
30	司馬法	劉仲平	文復會、國立編譯館	六四年十一月
31	尉繚子	劉仲平	文復會、國立編譯館	六四年十一月
32	吳子	傅紹傑	文復會、國立編譯館	六五年四月
33	唐太宗李衛公問對	曾振	文復會、國立編譯館	六四年九月
34	資治通鑑今註	李宗侗等	國立編譯館	五五年十月
35	春秋繁露	賴炎元	文復會、國立編譯館	七三年五月

36	公孫龍子	陳癸淼	文復會、國立編譯館	七五年一月
37	晏子春秋	王更生	文復會、國立編譯館	七六年八月
38	呂氏春秋	林品石	文復會、國立編譯館	七四年二月
39	黃帝四經	陳鼓應	臺灣商務印書館	八四年六月
40	人物志	陳喬楚	文復會、國立編譯館	八五年十二月
41	近思錄、大學問	古清美	文復會、國立編譯館	八九年九月
42	抱朴子內篇	陳飛龍	文復會、國立編譯館	九〇年一月
43	抱朴子外篇	陳飛龍	文復會、國立編譯館	九一年一月
44	四書（合訂本）	楊亮功等	王雲五（臺灣商務印書館）	六八年四月

已列計畫而未出版：

序號	書名	譯註者	主編	
1	國語	張以仁	文復會、國立編譯館	
2	戰國策	程發軔	文復會、國立編譯館	
3	淮南子	于大成	文復會、國立編譯館	
4	論衡	阮廷焯	文復會、國立編譯館	
5	楚辭	楊向時	文復會、國立編譯館	
6	文心雕龍	余培林	文復會、國立編譯館	
7	說文解字	趙友培	國立編譯館	
8	世說新語	楊向時	國立編譯館	

民國七十年，文復會秘書長陳奇祿先生、國立編譯館與臺灣商務印書館再度合作，將當時已出版的二十九種古籍今註今譯，商請原註譯學者和適當人選重加修訂再版，使整套古籍今註今譯更加完善。

九十八年春，國家文化總會秘書長楊渡先生，約請臺灣商務印書館總編輯方鵬程研商，計議重新編輯出版《古籍今註今譯》，懇請總統會長撰寫序言予以推薦，並繼續約聘學者註譯古籍，協助青年學子與國人閱讀古籍，重新體認固有傳統與智慧，推廣發揚中華文化。

臺灣商務印書館經過詳細規劃後，決定與國家文化總會、國立編譯館再度合作，重新編印《古籍今註今譯》，首批十二冊，以儒家文化四書五經為主，在今年十一月十二日中華文化復興節出版，以後每三個月出版一批，將來並在適當時機推出電子版本，使青年學子與海內外想要了解中華文化的人士，有適當的版本可研讀。二十一世紀必將是中華文化復興的新時代，讓我們共同努力。

臺灣商務印書館董事長**王學哲**謹序　民國九十八年九月

編纂古籍今註今譯序

古籍今註今譯，由余歷經嘗試，認為有其必要，特於中華文化復興運動推行委員會成立伊始，研議工作計畫時，余鄭重建議，幸承採納，經於工作計畫中加入此一項目，並交由學術研究出版促進委員會主辦。茲當會中主編之古籍第一種出版有日，特舉述其要旨。

由於語言文字習俗之演變，古代文字原為通俗者，在今日頗多不可解。以故，讀古書者，尤以在具有數千年文化之我國中，往往苦其文義之難通。余為協助現代青年對古書之閱讀，在距今四十餘年前，曾為商務印書館創編學生國學叢書數十種，其凡例如左：

一、中學以上國文功課，重在課外閱讀，自力攻求；教師則為之指導焉耳。惟重篇巨帙，釋解紛繁，得失互見，將使學生披沙而得金，貫散以成統，殊非時力所許；是有需乎經過整理之書篇矣。該館鑒此，遂有學生國學叢書之輯。

二、本叢書所收，均重要著作，略舉大凡；經部如詩、禮、春秋；史部如史、漢、五代；子部如莊、孟、荀、韓，並皆列入；文辭則上溯漢、魏，下迄五代；詩歌則陶、謝、李、杜，均有單本；詞則多采五代、兩宋；曲則擷取元、明大家；傳奇、小說，亦選其英。

三、諸書選輯各篇，以足以表見其書、其作家之思想精神，文學技術者為準；其無關宏旨者，概從刪削。所選之篇類不省節，以免割裂之病。

四、諸書均為分段落，作句讀，以便省覽。

五、諸書均有註釋；古籍異釋紛如，即采其較長者。

六、諸書較為罕見之字，均注音切，並附注音字母，以便諷誦。

七、諸書卷首，均有新序，述作者生平，本書概要。凡所以示學生研究門徑者，不厭其詳。

然而此一叢書，僅各選輯全書之若干片段，猶之嘗其一臠，而未窺全豹。及民國五十三年，余謝政後重主該館，適國立編譯館有今註資治通鑑之編纂，甫出版三冊，以經費及流通兩方面，均有借助於出版家之必要。商之於余，以其係就全書詳註，足以彌補余四十年前編纂學生國學叢書之闕，遂予接受；甫歲餘，而全書十有五冊，千餘萬言，已全部問世矣。

余又以今註資治通鑑，雖較學生國學叢書已進一步；然因若干古籍，文義晦澀，今註以外，能有今譯，則相互為用；今註可明個別意義，今譯更有助於通達大體，寧非更進一步歟？

幾經考慮，乃於五十六年秋決定為商務印書館編纂經部今註今譯第一集十種，其凡例如左：

一、經部今註今譯第一集，暫定十種，如左。

㈠詩經、㈡尚書、㈢周易、㈣周禮、㈤禮記、㈥春秋左氏傳、㈦大學、㈧中庸、㈨論語、㈩孟子。

二、今註仿資治通鑑今註體例，除對單字詞語詳加註釋外，地名必註今名，年份兼註西元；衣冠文物莫不詳釋，必要時並附古今比較地圖與衣冠文物圖案。

三、全書白文約五十萬言，今註假定占白文百分之七十，今譯等於白文百分之一百三十，合計白文連註譯約為一百五十餘萬言。

四、各書按其分量及難易，分別定期於半年內繳清全稿。

五、各書除付稿費外，倘銷數超過二千部者，所有超出之部數，均加送版稅百分之十。

以上經部要籍雖經一一約定專家執筆，惟蹉跎數年，已交稿者僅五種，已出版者僅四種，而每種字數均超過原計畫，有至數倍者，足見所聘專家無不敬恭將事，求備求全，以致遲遲殺青。嗣又加入老子莊子二書，其範圍超出經籍以外，遂易稱古籍今註今譯，老子一種亦經出版。

至於文復會之學術研究出版促進委員會根據工作計畫，更選定第一期應行今註今譯之古籍約三十種，經史子無不在內，除商務印書館已先後擔任經部十種及子部二種外，餘則徵求各出版家分別擔任。深盼羣起共鳴，一集告成，二集繼之，則於復興中華文化，定有相當貢獻。

惟是洽商結果，共鳴者鮮。文復會谷祕書長岐山先生對此工作極為重視，特就會中所籌少數經費，撥出數十萬元，並得國立編譯館劉館長泛弛先生贊助，允任稿費之一部分，統由該委員會分約專家，就此三十種古籍中，除商務印書館已任十二種外，一一得人擔任，計由文復會與國譯館共同負擔者十有七種，由國譯館獨任者一種。於是第一期之三十種古籍，莫不有人負責矣。嗣又經文復會決定，委由商務印書館統一印行。惟盼執筆諸先生於講學研究之餘，儘先撰述，俾一二年內，全部三十種得以陸續出版，則造福於讀書界者誠不淺矣。

文復會副會長兼學術研究出版促進委員會
主任委員 王雲五 謹識 民國六十一年四月二十日

「古籍今註今譯」序

中華民國五十五年十一月十二日，國父百年誕辰，中山樓落成。蔣總統發表紀念文，倡導復興中華文化，全國景從。孫科、王雲五、孔德成、于斌諸先生等一千五百人建議，發起我中華文化復興運動，冀使中華文化復興並發揚光大。於是，海內外一致響應。復由政府及各界人士的共同策動，中華文化復興運動推行委員會於民國五十六年七月二十八日，正式成立，恭推　蔣總統任會長，並請孫科、王雲五、陳立夫三先生任副會長，本人擔任秘書長。

文化的內涵極為廣泛，中華文化復興的工作，絕不是中華文化復興運動推行委員會一個機構的努力可以達成的，而是要各機關社團暨海內外每一個國民盡其全力來推動。但中華文化復興運動推行委員會，在整個中華文化復興工作中，負有策劃、協調、鼓勵與倡導的任務。八年多來，中華文化復興運動推行委員會，本著此項原則，在默默中做了許多工作，然而卻很少對外宣傳，因為我們所期望的，不是個人的事功，而是中華文化的光輝日益燦爛，普遍地照耀於全世界。

學術是文化中重要的一環，我國古代的學術名著很多，這些學術名著，蘊藏著中國人智慧與理想的精華，象徵著中華文化的精深與博大，也給予今日的中國人以榮譽和自信心。要復興中華文化，就應該讓今日的中國人能讀到而且讀懂這些學術名著，因此，中華文化復興運動推行委員會，在其推行計劃中，即列有「發動出版家編印今註今譯之古籍」一項，並會請各出版機構對歷代學術名著，作有計劃的整理註譯。但由於此項工作浩大艱巨，一般出版界因限於人力、財力，難肩此重任，王雲五先生為中華文化復興運動推行委員會副會長，並兼任學術研究出版促進委員會主任委員，乃以臺灣商務印書館率先倡導，將尚書、詩經、周易等十二種古籍加以今註今譯。（稿費及印刷費用全由商務印書館自行負擔。）然而，歷代學術名著值得令人閱讀者實多，中華文化復興運動推行委員會，遂再與國立編譯館洽商，共同約請學者專家從事更多種古籍的今註今譯，所需經費由中華文化復興運動推行委員會與國立編譯館中華叢書編審委員會共同負責籌措，承蒙國立編譯館慨允合作，經決定將大戴禮記、公羊、穀梁等二十七種古籍，請學者專家進行註譯，國立編譯館並另負責註譯「說文解字」及「世說新語」兩種。於是前後計劃著手今註今譯的古籍，得達到四十一種之多，並已分別約定註譯者。其書目為：

古籍名稱	註譯者	主編者
尚書	屈萬里	王雲五先生（臺灣商務印書館）
詩經	馬持盈	王雲五先生（臺灣商務印書館）
周易	南懷瑾	王雲五先生（臺灣商務印書館）
周禮	林尹	王雲五先生（臺灣商務印書館）
禮記	王夢鷗	王雲五先生（臺灣商務印書館）
春秋左氏傳	李宗侗	王雲五先生（臺灣商務印書館）
大學	楊亮功	王雲五先生（臺灣商務印書館）
中庸	楊亮功	王雲五先生（臺灣商務印書館）
論語	毛子水	王雲五先生（臺灣商務印書館）

春秋左氏傳	李宗侗	王雲五先生（臺灣商務印書館）
大學	楊亮功	王雲五先生（臺灣商務印書館）
中庸	楊亮功	王雲五先生（臺灣商務印書館）
論語	毛子水	王雲五先生（臺灣商務印書館）
孟子	史次耘	王雲五先生（臺灣商務印書館）
老子	陳鼓應	王雲五先生（臺灣商務印書館）
莊子	陳鼓應	王雲五先生（臺灣商務印書館）
大戴禮記	高明	中華文化復興運動推行委員會、國立編譯館中華叢書編審委員會
公羊傳	李宗侗	中華文化復興運動推行委員會、國立編譯館中華叢書編審委員會
穀梁傳	周何	中華文化復興運動推行委員會、國立編譯館中華叢書編審委員會
韓詩外傳	賴炎元	中華文化復興運動推行委員會、國立編譯館中華叢書編審委員會
孝經	黃得時	中華文化復興運動推行委員會、國立編譯館中華叢書編審委員會
國語	張以仁	中華文化復興運動推行委員會、國立編譯館中華叢書編審委員會
戰國策	程發軔	中華文化復興運動推行委員會、國立編譯館中華叢書編審委員會
列女傳	張敬	中華文化復興運動推行委員會、國立編譯館中華叢書編審委員會
新序	盧元駿	中華文化復興運動推行委員會、國立編譯館中華叢書編審委員會
說苑	盧元駿	中華文化復興運動推行委員會、國立編譯館中華叢書編審委員會
墨子	李漁叔	中華文化復興運動推行委員會、國立編譯館中華叢書編審委員會
荀子	熊公哲	中華文化復興運動推行委員會、國立編譯館中華叢書編審委員會
韓非子	邵增樺	中華文化復興運動推行委員會、國立編譯館中華叢書編審委員會
管子	李勉	中華文化復興運動推行委員會、國立編譯館中華叢書編審委員會
淮南子	于大成	中華文化復興運動推行委員會、國立編譯館中華叢書編審委員會
孫子	魏汝霖	中華文化復興運動推行委員會、國立編譯館中華叢書編審委員會
論衡	阮廷焯	中華文化復興運動推行委員會、國立編譯館中華叢書編審委員會

史記	馬持盈	中華文化復興運動推行委員會、國立編譯館中華叢書編審委員會
楚辭	楊向時	中華文化復興運動推行委員會、國立編譯館中華叢書編審委員會
商君書	賀淩虛、張英琴	中華文化復興運動推行委員會、國立編譯館中華叢書編審委員會
太公六韜	徐培根	中華文化復興運動推行委員會、國立編譯館中華叢書編審委員會
黃石公三略	魏汝霖	中華文化復興運動推行委員會、國立編譯館中華叢書編審委員會
司馬法	劉仲平	中華文化復興運動推行委員會、國立編譯館中華叢書編審委員會
尉繚子	劉仲平	中華文化復興運動推行委員會、國立編譯館中華叢書編審委員會
吳子	傅紹傑	中華文化復興運動推行委員會、國立編譯館中華叢書編審委員會
唐太宗、李衛公問對	曾振	中華文化復興運動推行委員會、國立編譯館中華叢書編審委員會
文心雕龍	余培林	中華文化復興運動推行委員會、國立編譯館中華叢書編審委員會
說文解字	趙友培	國立編譯館中華叢書編審委員會
世說新語	楊向時	國立編譯館中華叢書編審委員會

以上四十一種今註今譯古籍均由臺灣商務印書館肩負出版發行責任。當然，中國歷代學術名著，有待今註今譯者仍多。只是限於財力，一時難以立即進行，希望在這四十一種完成後，再繼續選擇其他古籍名著加以註譯。

古籍今註今譯的目的，在使國人對艱深難解的古籍能夠易讀易懂，因此，註譯均用淺近的語體文，希望國人能藉今註今譯的古籍，而對中國古代學術思想與文化，有正確與深刻的瞭解。

或許有人認為選擇古籍予以註譯，不過是保存固有文化，對其實用價值存有懷疑。但我們認為中華文化復興並非復古復舊，而在創新。任何「新」的思想（尤其是人文與社會科學方面，無不緣於「舊」的思想蛻變演進而來。所謂「溫故而知新」，不僅歷史學者要讀歷史文獻，化學家豈能不讀化學史與前人化學文獻？生物學家豈能不讀生物學史與前人生物學文獻？文學家豈能不讀文學史與古典文獻？讀史與讀前人的著作，正是吸取前人文化所遺留的經驗、智慧與思想，如能藉今註今譯的古籍，讓國人對固有文化有充分而正確的瞭解，增加對固有文化的信心，進而對固有文化注入新的精神，使中華文化成為世界上最受人仰慕的一種文化，那麼，中華文化的復興便可拭目而待，而倡導文化復興運動的目的也就達成了。所以，我們認為選擇古籍予以今註今譯的工作，對復興中華文化而言是正確而有深遠意義的。

今註今譯是一件不容易做的工作，我們所約請的註譯者都是學識豐富而且對其所註譯之書有深入研究的學者，他們從事註譯工作的態度也都相當嚴謹，有時為一字一句之考證、勘誤，參閱與該註譯之古籍有關書典達數十種之多者。其對中華文化負責之精神如此。我們真無限地感謝擔任註譯工作的先生們，為復興文化所作的貢獻。同時我們也感謝王雲五先生的鼎力支持，使這項艱巨的工作得以順利進行。中華文化復興運動推行委員會所屬學術研究出版促進委員會，對於這項工作的策畫、協調、聯繫所竭盡之心力，在整個中華文化復興運動的過程中，也必將留下不可磨滅的紀錄。

谷鳳翔 序於臺北市

中華民國六十四年八月十九日

「古籍今註今譯」續序

中國文化淵深博大，語其深，則源泉如淵；語其廣，則浩瀚無涯；語其久，則悠久無疆。上探宇宙之奧祕，下窮人事之百端。應乎天理，順乎人情。以天人為一體，以四海為一家。氣象豪邁，體大思精。一切研究發展，以人為中心，以實事求是為精神。不尚虛玄，力求實效。遂自然演成人文文化，為中國文化之可貴特徵。

文化的創造為生活，文化的應用在生活。離開生活就沒有文化。文化是個抽象的名詞，內而存於心，外而發於言，見於行。不知不覺自然流露，自然表現，所以稱之曰「化」。一言一默，一動一靜，無形中都受文化的影響。發於聲則為詩、為歌；見於行則為事；著於文則為典籍書冊，皆出於自然。聲可聞，事可見，但轉瞬消逝不復存。惟有著為典籍書冊者，既可行之遠，又能傳之久。後之人欲於耳目之外，上知古之人、古之事，則惟有求之於典籍，則典籍之於文化傳播，為惟一之憑藉。

中華民族明於理，重於情。人與人之間有相同的好惡，相同的感覺，相同的是非。因此，心與心相通，事與事相關，禍與福相共，甚至願望相求，知識、經驗、閱歷……等等，無一不想彼此相貫通、相交換、或相傳授。這是中國人特別著重的心理要求。大家一樣，這些心理要求，靠聲音、靠行動，都不能行之遠，傳之久。必欲達此目的，只有利用文字，著於典籍書冊了。書冊著成，心理要求達成了，自已的知識，經驗閱歷，乃至於情感、願望，一切藉文字傳出了。生命不朽，精神長存。可貴的中國文化，一代一代的寶貴經驗閱歷，皆可藉此傳播至無限遠，無窮久。因此，我認為中國古書即中國文化之結晶。

在讀者一面講，藉著典籍書冊，可與古人相交通，彼此心心相印，情感交流。最重要者應該說是文化的流傳，教訓的接納，成敗得失的鑒戒，都可由此得到收穫。我們要知道，文化是要積累進步的，不接受前人的經驗和寶貴的知識學問，後人即無法得到積累的進步。一代一代積累下去，文化才有無窮的創造和進步。因此，讀書，讀古人書，讀千錘百鍊而不磨滅的書，遂成青年人不可忽視的要務。

古今文字有演變，文學風格，文字訓詁也有許多改變。讀起來不免事倍功半。近年朝野致力於文化復興、文化建設，讀古書即成最先急務。為了便利閱讀，把一部一部古書用今日的語言，今人的解釋，整理編印起來，稱為今註今譯。

本會故前副會長王雲五先生在其所主持的臺灣商務印書館，首先選定古籍十二種，予以今註今譯。本會學術研究出版促進委員會與教育部國立編譯館中華叢書編審委員會繼續共同辦理古籍今註今譯的工作，註譯的古籍仍委請臺灣商務印書館印行。截至六十四年八月，連同王故前副會長主編註譯的古籍，已進行註譯者四十一種。近八年以來增加古籍今註今譯之書目如下：

古籍名稱	註譯者	主編者
春秋繁露	賴炎元	中華文化復興運動推行委員會、國立編譯館中華叢書編審委員會

潛夫論	劉兆祐	中華文化復興運動推行委員會、國立編譯館中華叢書編審委員會
新書	張蓓蓓	中華文化復興運動推行委員會、國立編譯館中華叢書編審委員會
晏子春秋	王更生	中華文化復興運動推行委員會、國立編譯館中華叢書編審委員會
公孫龍子	陳癸淼	中華文化復興運動推行委員會、國立編譯館中華叢書編審委員會
儀禮	章景明	中華文化復興運動推行委員會、國立編譯館中華叢書編審委員會
逸周書	黃沛榮	中華文化復興運動推行委員會、國立編譯館中華叢書編審委員會
陶庵夢憶	周咸清	中華文化復興運動推行委員會、國立編譯館中華叢書編審委員會
呂氏春秋	林品石	中華文化復興運動推行委員會、國立編譯館中華叢書編審委員會
顏氏家訓	黃得時	中華文化復興運動推行委員會、國立編譯館中華叢書編審委員會
爾雅	高明	中華文化復興運動推行委員會、國立編譯館中華叢書編審委員會
抱朴子	尤信雄	中華文化復興運動推行委員會、國立編譯館中華叢書編審委員會
校讎通義	喬衍琯	中華文化復興運動推行委員會、國立編譯館中華叢書編審委員會
文選	葉程義	中華文化復興運動推行委員會、國立編譯館中華叢書編審委員會
文史通義	黃俊郎	中華文化復興運動推行委員會、國立編譯館中華叢書編審委員會

增編以上十五種，共計已達五十六種。其中出版者二十九種（合計三十五冊），在註譯審查或排印中者二十七種，正分別洽催，希早日出書。此外，並進行約請學者註譯其他古籍。惟古籍整理的工作，極為繁重。因本會人力及財力，均屬有限，故在工作的進行與業務開展上，仍乞海內外學者專家及文化界人士，熱心參與，多多支持，並賜予指教。本會亦當排除萬難，竭誠勉力，以赴事功。

中華文化復興運動推行委員會祕書長陳奇祿謹序

民國七十三年元月十七日

目次

卷二　內篇諫下第二　凡二十五章

卷四　內篇問下第四　凡三十章

卷五　內篇雜上第五 凡三十章

晏子像
（顧沅：古聖賢像傳）

明・仇英（十洲）繪「晏子見傷槐女圖」
（知不足齋刊）

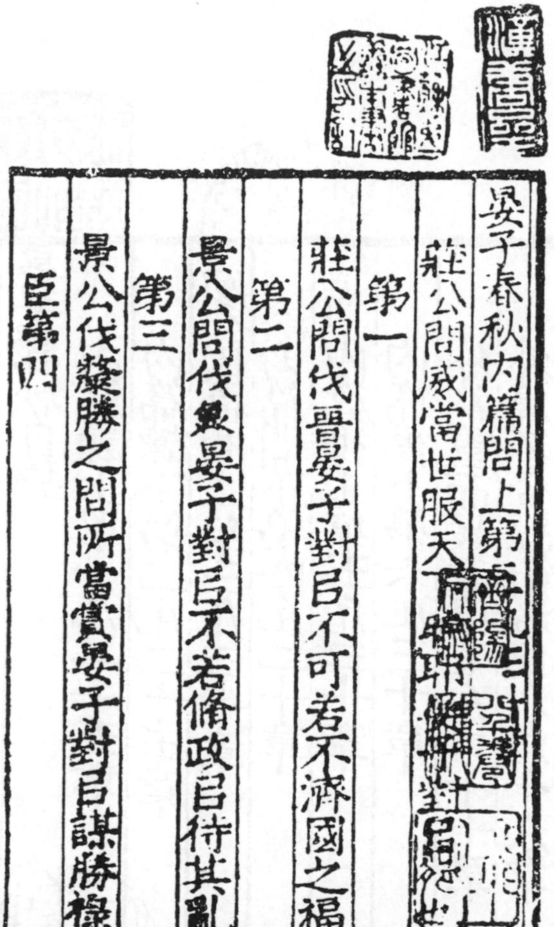
晏子春秋內篇問上第三
莊公問威當世服天
第一
莊公問伐晉晏子對曰不可若不濟國之福
第二
景公問伐魯晏子對曰不若脩政以待其亂
第三
景公伐斄勝之問所當賞晏子對曰謀勝祿
臣第四

元刻本晏子春秋內篇問上第三首頁書影

元刻本晏子春秋八卷，在臺雖未見，而盋山書影第八十六頁，尚留此真跡。並附有馬笏齋臧書題跋云：「晏子春秋八卷，丁志云：此卷本前有目錄，及劉向校上晏子奏。每篇又分小目，列于每卷之首，總二百十五章，平津館有影寫元本每葉十八行，行十八字，與此符合。全書一百三十八葉，版匡高營造尺五寸二分，寬七寸四分。」

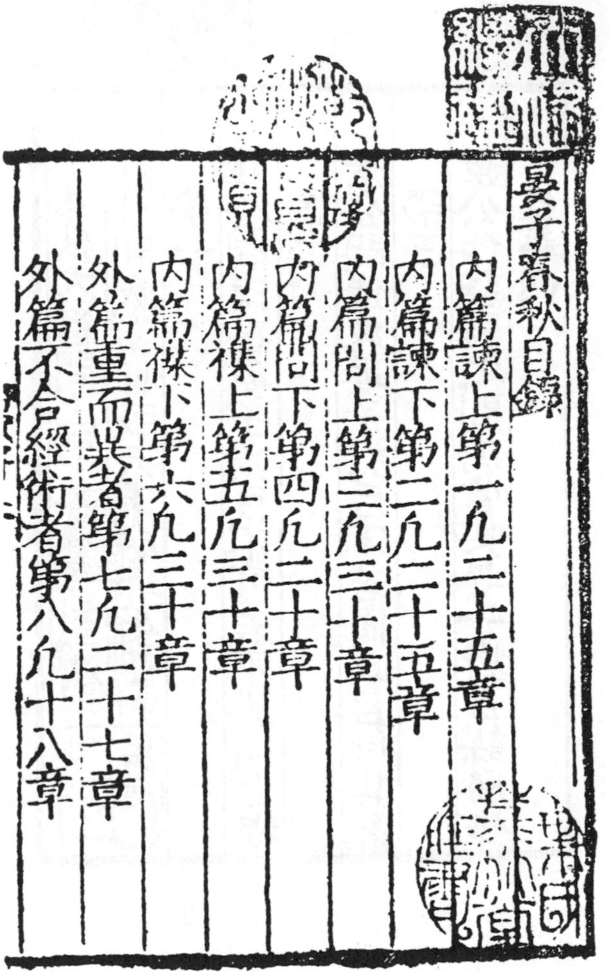

晏子春秋目錄

明刻本晏子春秋首頁

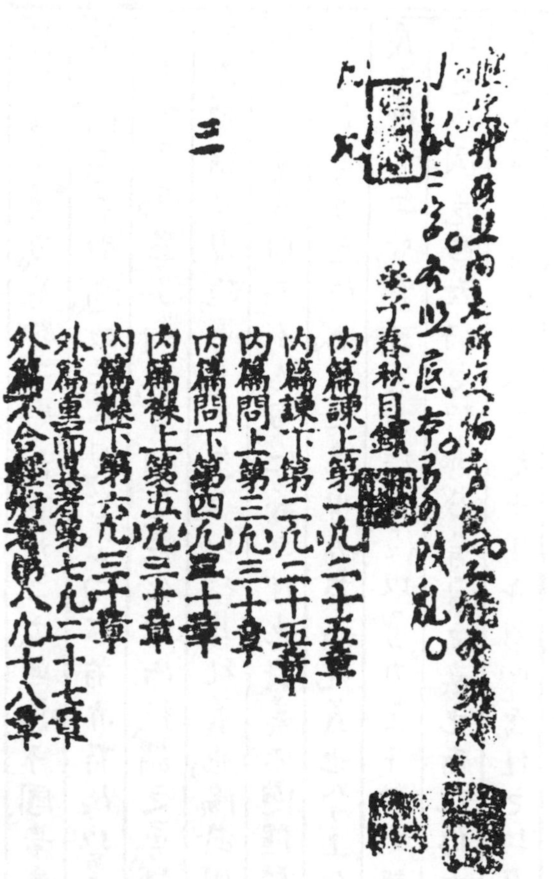

晏子春秋目錄
内篇諫上第一凡二十五章
内篇諫下第二凡二十五章
内篇問上第三凡三十章
内篇問下第四凡三十章
内篇襍上第五凡三十章
内篇襍下第六凡三十章
外篇重而異者第七凡二十七章
外篇不合經術者第八凡十八章

顧廣圻手校景元鈔本
（鐵琴銅劍樓藏）

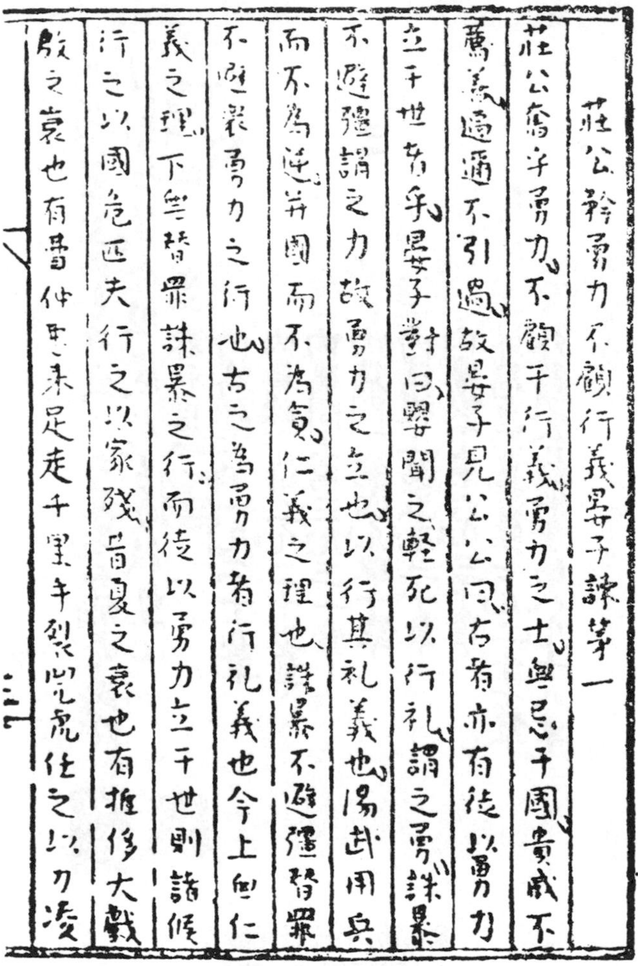

莊公矜勇力不顧行義晏子諫第一

莊公奮乎勇力，不顧于行義，勇力之士，無忌于國，貴戚不薦善，逼邇不引過，故晏子見公，公曰：古者亦有徒以勇力立于世者乎？晏子對曰：嬰聞之，輕死以行禮謂之勇，誅暴不避彊謂之力，故勇力之立也，以行其禮義也。湯武用兵而不為逆，并國而不為貪，仁義之理也。誅暴不避彊，替罪不避眾，勇力之行也。古之為勇力者，行禮義也，今上無仁義之理，下無替罪誅暴之行，而徒以勇力立于世，則諸侯行之以國危，匹夫行之以家殘。昔夏之衰也，有推侈大戲，殷之衰也，有費仲惡來，足走千里，手裂兕虎，任之以力，凌

日本古鈔本晏子春秋首頁

晏子春秋今註今譯序

《晏子春秋》為儒家要籍，班固《漢志・諸子略》，列此書於孟荀前。劉向《敘錄》以為「其書皆忠諫其君，文章可觀，義理可法，皆合六經之義」。今本《晏子春秋》分內外二篇，二百一十五章，自漢迄今，荒亂頻仍，書歷數厄，而此書卻光嶽氣完，獨留天壤間。

《晏子春秋》古無善本，通行者若四部叢刊景印明活字本，四部備要排印經訓堂本，世界書局諸子集成本，鼎文書局中國學術類編本，或白文無注，或音義奧衍，或援據駁雜，或敘事繁重，於初學多感不便。

本書註譯，其正文：以吳則虞《晏子春秋集釋》為藍本；其注釋：則參考孫星衍音義，張純一校注，鄒太華逸箋居多，他若盧文弨《晏子春秋拾補》，王念孫《讀書雜志》，俞樾《諸子平議》，于鬯《香草校書》，孫詒讓《札迻》，劉師培補釋，亦間或採擇。每章首述章旨，次注原文。其譯句：以直譯為主。惟《晏子春秋》乃先秦舊典，行文或脫、或譌，或衍文，或錯簡，加以後人之誤校，誤釋，不能卒讀者，又以意譯以濟其窮。

本書裏頁附晏子像、晏子見傷槐女圖二幅，書影四幀，皆世間罕見之珍品，睹其貌，通其神，合其莫，所謂「心誠求之，仁遠乎哉」是也。第載劉向《敘錄》，蓋子政西漢文士，去聖人之世尚邇；

且親校中祕，旁涉各家，其言皆信而有徵。以此貫串全書，則晏子之精神笑貌，文章義理，庶乎近實。至於〈晏子傳略〉、〈晏子春秋真偽考〉、〈晏子所屬學派論〉、〈晏子年表〉等，凡讀《晏子春秋》者，似不應不知，特分列於本書始末，以待好學深思之士云。

本書為節省文字，避免複重，凡引前人之說以為論證之依據時，除首見時照錄其姓名著作外，他處皆以某某云出之。如「于云」即于鬯《香草校書》，「劉云」即劉師培《晏子春秋校補》，「俞云」即俞樾《諸子平議》，「王云」即王念孫《讀書雜志》，「孫云」即孫星衍《晏子春秋音義》，「張云」即張純一《晏子春秋校注》，「蘇云」即蘇輿《晏子春秋校注》，「孫云」即孫詒讓《札迻》，「盧云」即盧文弨《晏子春秋拾補》，「顧云」即顧廣圻《晏子春秋校本》，「黃云」即黃以周《晏子春秋校勘記》，「陶云」即陶鴻慶《晏子春秋札記》，「吳云」即吳則虞《晏子春秋集釋》。遇有不同之意見，筆者亦間附案語，以資醒目。

本書末頁附錄有三：一為晏子年表，二為晏子春秋現存板本知見錄，三為晏子春秋箋校書目輯要。蓋晏子生平行事，向無年表可資依據，今參酌各說，取其至當，製定年表一種，俾讀者對晏子有更完整之了解。或許較諸憑虛臆說之為愈也。至於《晏子春秋》現存板本與箋校書目甚多，惟其中有陷於大陸，一時不可目睹者；有散佚海外，難以搜輯者；吳則虞《晏子春秋集釋》雖有列敘，但亦略而不全；今特就國內各公藏圖書中之可以知見者，製作「錄」、「要」各一種，雖非全璧，要亦藉此可知此書古來傳本及學者箋校之大略矣。

本書係應中華文化復興運動委員會、國立編譯館中華叢書編審委員會之邀撰寫。始稿於民國六十五年四月，依約應於六十七年七月完成，其間因課多事繁，牽於瑣務，時作時輟，至今（七十一）年七月全書始殺青可觀。惟《晏子》乃先秦舊典，精義弘深，譯註困難，不愜不當，在所不免，尚希海內外讀者，匡我不逮。

中華民國七十一年八月王更生序於臺北退思齋

劉向晏子敘錄註譯

護左都水使者光祿大夫臣向言㊀：所校中書㊁晏子十一篇，臣向謹與長社尉臣參㊂校讎，太史書㊃五篇，臣向書一篇，參書十三篇，凡中外書三十篇，為八百三十八章。除復㊄重二十二篇六百三十八章，定著八篇㊅二百一十五章，外書無有三十六章，中書無有七十一章，中外皆有以相定，中書以「夭」為「芳」，「又」為「備」，「先」為「牛」，「章」為「長」㊆，如此類者多，謹頗略椾㊇，皆已定以殺青㊈，書可繕寫。

晏子名嬰，謚平仲㊉，萊人。萊者，今東萊地⑪也。晏子博聞彊記，通於古今⑫，事齊靈公、莊公、景公⑬，以節儉力行，盡忠極諫道齊⑭，國君得以正行，百姓得以附親，不用則退耕于野，用則必不詘義；不可脅以邪，白刃雖交胸⑮，終不受崔杼之劫，諫齊君懸而至⑯，順而刻⑰。及使諸侯，莫能詘其辭，其博通如此，蓋次⑱管仲。內能親親，外能厚賢，居相國之位，受萬鍾之祿，故親戚待其祿而衣食五百餘家，處士待而舉火者亦甚眾。晏子衣苴布⑲之衣，麋鹿之裘，駕敝車疲馬，盡以祿給親戚朋友，齊人以此重之。晏子蓋短⑳。

其書六篇㉑，皆忠諫其君，文章可觀，義理可法，皆合六經之義。又有復重，文辭頗異，不敢遺失，復列以為一篇㉒。又有頗不合經術，似非晏子言，疑後世辯士所為者，故亦不敢失，復以為一篇㉓。凡八篇，其六篇可常置旁御觀㉔，謹第錄㉕。臣向昧死㉖上。

【今註】 ㈠臣向言：《漢書・楚元王傳》：「向字子政，成帝即位，召拜為中郎，使領護三輔都水，遷光祿大夫。」蘇林注：「三輔多溉灌渠，悉主之，故言都水。」〈百官公卿表〉：「大夫掌論議，有中大夫，太初元年，更名光祿大夫，秩比二千石。」㈡校中書：《漢書・楚元王傳》：「詔向領校中五經祕書。」顏師古注：「言中者，以別於外。」《唐六典》：「劉向、揚雄典校皆在禁中，謂之中書，猶今言內庫書也。」㈢參：孫星衍云：「列子別錄亦有參名。」蘇時學云：「參，杜參也。漢書藝文志有博士弟子杜參賦二篇，注引劉向別錄云：『臣謹與長社尉杜參校中祕書。』劉歆又云：『參，杜陵人，以陽朔元年病死，時年二十餘。』」㊃太史書：孫星衍云：「史記集解引如淳云：『漢儀注天下計書，先上太史，副上丞相，序事如古春秋。』」㊄後：讀「複」。㊅八篇：孫星衍云：「藝文志儒家晏子八篇，蓋內篇六：諫上、諫下、問上、問下、雜上、雜下；外篇二。俗本始刪幷為一也。」㊆孫星衍云：「夭芳、先牛形相近；又備、章長聲相近。又讀異，或云當為『乂』。『章』疑即問下『其竜久乎』『竜』字也，當為長久。」㊇謹頗略楄：孫星衍云：「楄即箋字。說文：『箋，表識書也。』玉篇：『楄，子田切，古文戔字。』」更生案：「楄即箋異文，頗，少也。此言謹稍為之箋識。」㊈殺青：孫星衍云：「殷敬順列子音義謂：『殺青謂汗簡，刮去青皮也。』」更生案：「後漢書吳佑傳：『父恢為南太海太守，欲殺青而以寫經書。』注：『殺青，以火炙簡令汗，取其青易書，復不蠹，謂之殺青；亦曰汗簡。』又鄒太華晏子逸箋引青溪暇筆云：『古者著書以竹，初稿書於汗青，汗青者，竹皮浮滑如汗，以其易於改抹，既正，則殺青，而書於竹素。殺，削也，言去青皮而書竹白，不可改易也。』二說均是，殺青即今人所謂脫稿之意。」㊉名嬰謚平仲：《漢書・藝文志》班固自注：「名嬰，謚平仲。」⑪今東萊地：《史記集解》引劉向《別錄》：「晏平仲嬰，東萊夷維人，事齊靈公、莊公，以節儉力行重於齊。」又正義引《晏氏齊記》云：「齊城三百里有夷安，即晏平仲之邑，漢為夷安縣，屬高密國。應劭曰故萊夷維邑。」更生案：「此云『故』者，是漢不名夷維可知。劉向此云『今東萊地』，正以今名釋古名。」⑫通於古今以上二句：更生案：「本段蓋用史記本傳文，惟此二語為向所加。」⑬事齊靈公句：見前注十一，《史記集解》引劉向《別錄》。《別錄》無「景公」二字，疑奪。㊃道齊：《論語》「道千乘之國」章包注：「道，治也。」故「道齊」即「治齊」。㊄胸：孫星衍云：「胸當為胷，此皆唐宋人寫書之誤。」㊅懸而至：孫星衍云：「懸當為縣，俗加心。漢書高祖紀：『縣隔千里』，縣而至，言遠而切至。」㊆順而刻：順當讀如馴。刻，《呂氏春秋．達鬱篇》注「盡也」。順而刻，猶言委婉而詳盡。㊇次：《廣雅．釋詁》：「近也。」㊈苴布：孫星衍云：「詩傳：『苴，麻子也』。高誘注呂氏春秋：『苴，草蒯也。』苴音日鮓。」更生案：「說文通訓定聲：『苴，叚借為粗』，苴布即粗布。孫說未諦。」㊉蓋短：此句文義未了，以下疑有脫文。⑪六篇：蓋指內篇言。⑫複列以為一篇：此謂今本外篇第七，所謂「重而異者」。⑬復以為一篇：此指今本外篇第八，所謂「不合經術者」。⑭御觀：御，進也。御觀即進可觀覽。⑮第錄：依次著錄也。⑯昧死：獨斷云：「漢承秦法，羣臣上書皆言昧死言。王莽盜位，慕古法，去昧死，曰稽首。」此云「昧死」，似校錄於王莽未居攝之前。

【今譯】護左都水使者光祿大夫臣向上書云：所校內庫藏書晏子十一篇，臣向謹與長社尉臣參校讎太史藏書五篇，臣向藏書一篇，參藏書十三篇，凡內外各方收藏的書共計三十篇，為八百三十八章。刪除重複部分二十二篇六百三十八章，定《晏子》一書內容所著為八篇二百一十五章。其中外書沒有的計三十六章，內庫書沒有的計七十一章，內外各方藏書皆彼此互相勘定，知內庫書中以「夭」為「芳」，「又」為「備」，「先」為「牛」，「章」為「長」，或因形似而誤，或因音近而誤的字甚多，經過謹慎加以箋校後，皆已大致審查確定完畢，書可交付繕寫。

晏子名嬰，諡平仲，萊人。萊，今屬東萊附近之地。晏子見聞廣博，記憶力強，通達古今治體，事奉齊靈公、莊公、景公，以勤勞節儉，踐履篤行，盡忠職守，直言諫諍之法，治理齊國，因此國君得以端正言行，百姓得以團結合作，他不被重用時，退而躬耕於山野，在朝為官時，就必定伸張正義，不受邪惡的脅迫，即令白刃刺向胸膛，終不應允崔杼的劫持。諫諍齊君，其言旨遠而辭切，婉順而詳盡。及至出使四方諸侯，從來就沒人能折其辭鋒。他博見多聞，通達治體的情形，大概和管仲差不多。對內能親親而仁民，對外能尊賢而重士，身居相國的爵位，接受萬鍾的俸祿，故外親近戚依賴其俸祿而穿衣吃飯的約五百多家，不官而窮處的文人才士，靠著他的周濟而舉火維生的為數很多。晏子穿的是粗布之衣、麋鹿之裘，坐的是破舊車子，駕的是疲弱的劣馬，把節省下來的錢財，全部拿來給親戚朋友，齊人因此都十分敬重他。晏子大抵身材不高，……。

他的書有六篇，內容皆忠實諫諍國君之言，文章明潔，可以觀賞，義理完具，足供取法，皆合乎六經之道。此外又有重複的部分，文辭與前面的各篇頗有差異，不敢遺失，特再列為一篇。又有與經術相當不合的部分，似乎不是晏子講的話，疑為後世游談辯說之士的作品，故亦不敢散失，只好再另列為一篇。以上總共八篇，其中前六篇可常置身旁，隨時觀覽，謹依次著錄。臣向昧死呈上。

晏子傳略

晏子名嬰，謚平仲，萊之夷維人。桓子弱之子，以邑為氏，世系無考，或謂齊公族，非也。事靈公、莊公、景公，節儉力行，盡忠極諫，不出尊俎之間，折衝千里之外，使於四方，不辱君命。

初，晉伐齊，靈公與戰靡下，齊師敗走，晏嬰曰：「君亦無勇，何不止戰？」二十六年桓子卒，嬰居喪，麤縗，斬，苴絰帶，杖，菅屨，食粥，居倚廬，寢苫枕草。家老曰：「非大夫喪父之禮也。」晏子曰：「唯卿為大夫。」可謂遜辭以避咎，敦厚以崇禮矣。

其祀先人，豚肩不揜豆，澣衣濯冠以朝，人或以為隘，晏子曰：「國無道，君子恥盈禮焉，國奢則示之以儉，國儉則示之以禮。」及晉大夫欒盈得罪奔楚，晉於是會諸侯於商任以錮之。

莊公三年，盈自楚來奔，晏子言於公曰：「商任之會，受命於晉，今納欒氏，將焉用之；小所以事大，信也。失信不立，君其圖之。」弗聽。遂退告陳文子曰：「君子執信，臣人執共，忠信篤敬，上下同之，天之道也。君自棄之，弗能久矣。」公會晉侯於沙隨，復錮欒氏，而欒氏時猶在齊，晏子曰：「禍欲作矣，晉將來伐，不可以不懼。」逾年，晉師果伐齊，以報朝歌之役。

六年，崔杼以莊公通其妻而殺之。晏子聞難往赴，立於崔氏之門外，從者曰：「死乎？」曰：「獨吾君也乎哉？吾死也？」曰：「行乎？」曰：「獨吾罪也乎哉？吾亡也？」曰：「歸乎？」曰：

「吾君死安歸？君民者豈以陵民，社稷是主；臣君者豈豆為其口實，社稷是養；故君為社稷死則死之，為社稷亡則亡之，君若為己死而為己亡，非其私暱，孰能任之。且人有君而弒之，吾焉得死之，而焉得亡之，將庸何歸！」門啟而入，枕尸股而哭，興，三踊而出。人謂崔子必殺之，崔子曰：「民之望也，舍之得民。」景公立，崔杼為左相，慶封為右相，懼國人不服，則劫諸將軍、大夫、顯士、庶人於太宮之坎上，令無得不盟者；為壇三仞，埳其下，以甲千列環其內外，盟者皆脫劍而入，惟晏子不肯，崔杼許之。於時有敢不盟者，戟鉤其頸，劍承其心，令自盟曰：「不與崔、慶而與公室者受其不祥，言不疾，指不至血者，死。」所殺七人，次及晏子；晏子奉血仰天歎曰：「嗚呼！崔子為無道而殺其君，不與公室而與崔、慶者受此不祥。」俛而飲血。崔杼謂晏子曰：「子變子言，則齊國吾與子共之，子不變子言，戟既在脰，劍既在心，維子圖之也。」晏子曰：「劫吾以刃而失其志，非勇也；回吾以利而悖其君，非義也；雖曲刃鉤之，直兵摧之，嬰不革矣。」詩云：「羔裘如濡，恂直且侯，彼己之子，捨命不渝。」平仲以忠信為甲冑，以禮義為干櫓，戴仁而行，抱義而處，是以無往而不自得也。

及慶氏敗，分其邑，公與晏子邶殿，其鄙六十，弗受。子尾曰：「富，人之所欲也，何獨弗欲？」對曰：「慶氏之邑足欲，故亡；吾邑不足欲也，益以邶殿足欲，足欲，亡無日矣；在外不得宰我一邑，不受邶殿，非惡富也，恐失富也。且夫富，如布帛之有幅焉，為之制度，使無遷也。夫民生厚而用利，於是正德以幅之，使無黜嫚，謂之幅；利過則為敗，吾不敢貪多，所謂幅也。」夫邦無道，危行言遜，晏子欲而不貪，泰而不驕，詩云：「既明且哲，以保其身。」其用心亦深遠矣。

景公四年，吳季札來聘，見晏子，相得甚歡，說其納邑與政，故因陳桓子以納之，後得免於欒、高之難。

九年，公使晏子請繼室於晉，韓宣子使叔向對曰：「寡君之願也。」既成昏，晏子受禮，叔向從之宴，相與語，叔向曰：「齊其何如？」晏子曰：「此季世也，君弗知，齊其為田氏乎？公棄其民而歸於田氏，齊舊四量，豆、區、釜、鍾；四升為豆，各自其四，以登於釜，釜十則鍾，田氏三量皆登一焉，鍾乃巨矣，以家量貸，以公量收，山木如布，弗加於山，魚、鹽、蜃、蛤，弗加於海，民參其力，二入於公，而衣食其一，公積朽蠹，而三老凍餒，國之諸市，屨賤而踊貴，民人痛疾，或燠休之，今公室驕暴，而田氏慈惠，其愛之如父母，而歸之如流水，欲無獲民，將焉避之。」叔向曰：「然，雖吾公室，今亦季世也，戎馬不駕，卿無軍行，公乘無人，卒列無長，庶民罷敝，而公室滋侈，道殣相望，而女富溢尤，民聞公命，如逃寇讎，欒、郤、胥、原、狐、續、慶、伯降在皂隸，政自家門，民無所依，君日不悛，以樂慆憂，公室之卑，其何日之有！」晏子曰：「子將若何？」叔向曰：「人事畢矣，待天而已矣，肸聞之，公室將卑，其宗族枝葉先落，則公室從之，肸之宗十一族，唯羊舌氏在而已。肸又無子，公室無度，幸而得死，豈其獲祀焉。」叔向問晏子曰：「齊國之德衰矣，今子若何？」對曰：「嬰聞事明君者竭心力以沒其身，行不逮則退，不以誣持祿；事惰君者，優游其身以沒世，力不能則去，不以諛持危，進不失忠，退不失行，不苟合以隱忠，不持利以傷廉。」

叔向曰：「善哉！詩有之，『進退維谷』其此之謂與！」

初，公欲更晏子宅曰：「子之宅近市，湫隘囂塵，不可以居，請更諸爽塏者。」辭曰：「君之先臣容焉，臣不足以嗣之，於臣侈矣，且小人近市，朝夕得所求小人之利也，敢煩里旅。」公笑曰：「子近世，識貴賤乎？」對曰：「既竊利之，敢不識乎？」公曰：「何貴？何賤？」是時也，公方繁刑，有鬻踊者，故對曰：「踊貴而屨賤。」公愀然改容，以是省刑焉。晏子在晉，公為毀鄰益宅，反則成矣，既拜，迺毀之，而為里室皆如其舊，則使宅人反之。且曰：「『非宅是卜，唯鄰是卜。』二三子先卜鄰矣，違卜不祥，君子不犯非禮，小人不犯不祥，古之制也，吾敢違諸乎？」卒復其舊宅，公弗許，因陳桓子以請，迺許之。公孫竈卒，司馬竈見晏子曰：「又喪子雅矣！」晏子曰：「惜也！子旗不免，殆哉！姜族弱矣，而嬀將始昌，二惠競爽猶可，又弱一個焉，姜其危哉！」

十二年，齊侯如晉，請伐北燕。臘月，齊侯因晉侯之許伐北燕，將納簡公。晏子曰：「不入，燕有君矣，民不離貳，吾君貪賄，左右諂諛，作大事不以信，未可也。」

十六年，欒、高、陳、鮑之亂，高彊欲得公以自輔，遂攻虎門，晏平仲端委立於虎門之外，四族爭延，無所往。門開，公召入，及欒、高不勝，奔晉，桓子欲分其家以告晏子，晏子曰：「不可，君子不能飭法而羣臣專制，亂之本也。今欲分其家，利其貨，是非制也，可必致之公。且嬰聞之：廉者，政之本也；讓者，德之主也；欒、高不讓，以至此禍，可毋慎乎。廉之謂公正，讓之謂保德，凡有血氣者皆有爭心，怨利生孽，維義為可以長存；且分爭者，不勝其禍，辭讓者，不失其福。」桓子以是盡致諸公而歸老於劇。

二十六年，公獵魯界，因與晏嬰入魯問禮於孔子。孔子以為禮變而從時，不法之禮，唯晏子為能行之。冬，公疥遂痁，期而不瘳。諸侯之賓問疾者多在，梁丘據與裔款言於公曰：「吾事鬼神豐，於先君有加矣，今君疾病為諸侯憂，是祝史之罪也，諸侯不知，其謂我不敬，君盍誅於祝固史嚚以辭賓？」公說，告晏子，晏子曰：「君以祝為有益乎？」公曰：「然！」晏子免冠曰：「若以為有益，則詛亦有損也。忠臣擁塞，諫言不出，臣聞之，近臣嘿，遠臣瘖，眾口鑠金，今自聊、攝以東，姑、尤以西者，此其人民眾矣，百姓之咎怨誹謗，詛君於上帝者多矣，一國詛，兩人祝，雖善祝者不能勝也；且夫祝直言情，則謗吾君也，隱匿過，則欺上帝也，上帝神則不可欺，上帝不神祝亦無益，願君察之也。不然，刑無罪，夏商所以滅也。」公曰：「善解予惑。」加冠，命譴毋治齊國之政，梁丘據毋治賓客之事，兼屬之乎晏子。晏子辭，不得命。十二月，公由於沛，既還，晏子侍於遄臺，子猶造焉。公曰：「唯據與我和夫？」晏子對曰：「據亦同也，焉得為和。」公曰：「和與同異乎？」對曰：「異，和如羹焉，水、火、醯、醢、鹽、梅，以烹魚、肉，燀之以薪，宰夫和之，齊之以味，濟其不及，以洩其過，君子食之，以平其心，君臣亦然，君所謂可，而有否焉，君獻其否，以成其可，君所謂否，而有可焉，臣獻其可，以去其否，是以政平而民不干，民無爭心，故詩曰：『亦有和羹，既戒且平，鬷蝦無言，時靡有爭。』先生之濟五味，以平其心，成其政也，聲亦如味，一氣、二體、三類、四物、五聲、六律、七音、八風、九歌，以相成也，清濁、大小、短長、疾徐、哀樂、剛柔、遲速、高下、出入、周疏，以相濟也，君子聽之，以平其心，心平德和，故詩曰：『德響不瑕。』今據不然，君所謂可，據亦曰可，君所謂否，據亦曰否，若以水濟水，誰能食之，若琴瑟之專壹，誰能聽之，同之不可也如是。」繼而公望齊國感歎曰：「嗚呼！使古而無死若何？」晏子曰：「昔日上帝以人之死為善，仁者息焉，不仁者伏焉，若使古而無死，太公、丁公將有齊國，桓、襄、文、武將皆相之，君將戴笠衣褐執銚耨，以蹲行畎畝之中，孰暇患死。」

三十一年秋九月，公唁魯侯於野井曰：「子之年甚少，奚道至於此乎？」昭公對曰：「吾少之時，人多愛我者，吾體不能親；人多諫我者，吾忌不能從；是以內無拂而外無輔，輔拂無一人，諂諛者甚眾，譬之猶秋蓬也，孤其根而美枝葉，秋風一至，僨且揭矣。」景公辯其言以語晏子曰：「使是人反其國，豈不為古之賢君乎？」晏子曰：「不然，夫愚者多悔，不肖者自賢，溺者不問對，迷者不問路，溺而後問隊，迷而後問路，譬之猶臨難而遽鑄兵，臨噎而遽掘井，雖速亦無及已。」

三十有二年，齊有彗星，景公使祝禳之。晏子曰：「不可，此天教也；日月之氣，風雨不時，彗星之出，天為民之亂見之，故詔之妖祥，以戒不敬。今君若設文而受諫，謁聖賢人，雖不去彗，星將自亡。今君嗜酒而並於樂，政不飭而寬於小人，近讒好優。惡文而疏聖賢人，何暇去彗。」公與晏子坐於路寢，公嘆曰：「美哉室！其誰有此乎！」晏子曰：「敢問何謂也？」公曰：「吾以為在德。」對曰：「如君之言，其陳氏乎？」公曰：「是可若何？」對曰：「維禮可以已之。其在禮也，家施不及國，民不懈，貨不移，工賈不變，士不濫，官不諂，大夫不收公利。」公曰：「善哉！今知禮之可以為國也！」對曰：「禮之可以為國也久矣！與天地並立。」君令臣忠，父慈子孝，兄愛弟敬，夫和妻柔，姑慈婦聽，禮之經也；君令而不違，臣忠而不貳，父慈而教，姑慈而從，婦聽而婉，禮之質也。」公曰：「善哉！寡人迺今知禮之尚也。」對曰：「夫禮先王之所以臨天下也，以為其民，是故尚之。」

時燕之游士有泯子午者，南見晏子於齊，言有文章，術有條理，巨可以補國，細可以益身，睹晏子恐懼不能言，晏子假之以慈色，開之以禮顏，使能盡其復也。客退，晏子直席而坐，廢朝移時。從者曰：「嚮者燕客侍夫子，胡為憂也？」晏子曰：「燕萬乘之國也，齊千里之塗也，泯子午以萬乘之國為不足說，千里之塗為不足遠，則是千萬人之上也，且猶不能殫其言於我，況於齊人之懷善而死者乎？吾所以不得睹者，豈不多矣，然吾失此，何功之有也！」其虛己禮賢若是！

迨晏子卒，景公伏尸而號曰：「子大夫日夜責寡人，不遺尺寸，寡人猶且淫佚而不收，怨罪重積於百姓，今天降禍於齊，不加於寡人，而加於夫子，齊國社稷危矣，百姓將誰告夫！」嗚呼！百世之後，追惟前哲，猶可想見其為人。孔子曰：「君雖不諒於臣，臣不可以不諒於君，是故君擇臣而使之，臣擇君而事之，有道順命，無道衡命，晏平仲之行也。」

贊曰：晏子哭亡君，安危國，而不私利焉；僇崔杼之尸，滅賊亂之徒，而不獲名焉；終其身，使齊外無諸侯之憂，內無國家之患，不伐功焉，鍖然不滿，退託於族，時君美之，況其博聞強識，學貫古今，值封建解體之際，禮散樂崩之時，順美匡惡，盡忠極諫，歸然獨立，抱道自重，上承先王之遺制，下啟百聖之弘規，宣聖許其交久益敬，史遷願忻為執鞭，良有以也。後世傳其學者，薈其生平學說，都為晏子春秋，以成一家之言；書中多合六經之義，誠治事之津梁，不刊之名教也。

晏子春秋真偽考

讀古書宜嚴別真偽，諸子尤甚。誠以晚周學者，輕空言而重力行，大抵不自著述。今其書之存者，皆治其學者之所為。至於纂輯成書，則或出於更後之人。是以行文措意，古近兼出，譚言辯說，多涉身後之事，此誠有可疑。然古人傳書，有但傳其意者，有兼傳其辭者。傳其辭者，其學有口訣可誦，師弟授受，雖千百年而不變；傳其意者，口耳相接，無所憑藉，乖訛失真，在所難免。故《管子》書言毛嬙西施；《道德經》有偏將軍；孔子往見盜蹠，著於《莊子》內篇；田文請學閔子，見於《韓詩外傳》，均有未可輕信者。雖然苟不求其故，一概抹煞，斯不亦疑之太甚，而委之太過與！蓋諸子既不自著述，而後學之著書者，又未嘗自立條例，成一首尾完具之作；益以中更秦亂，簡冊散亡，偽品害真，羣言踳駁，致令學說湮晦，流別不明，此誠治學者之大憾也。幸唐宋以後，研古之士，類能發覆摘姦，遜清以還，更繼踵前修，多所創獲。張之洞有云：「一分真偽，而古書去其半；一分瑕瑜，而列朝書去其十之八九。」信哉斯言。竊覽《晏子春秋》，覺其文章可觀，義理可法，於古拙質樸中蘊藉微旨，乃先秦之舊典，非後人可得而依託也。然而今書篇目，漫無定次，重言重意，觸目皆有，遂致後人之疑，斥之為偽，而晏子之說乃湮沒而不彰，學術之不幸，孰有大於是者乎？是以本文綜諸家成說，述個人管見，以抉發其可疑；然後旁推交通，以考證其奧衍，務期此一先秦舊典，得赫然重光於今日。

一、由篇目命題推論

檢先秦諸子書如《論語》、《老子》、《墨子》、《莊子》、《荀子》、《韓非子》、《呂氏春秋》、《韓詩外傳》，甚而漢之淮南鴻烈，其命題之法蓋有二端，或取篇首數字以為一篇之題，如《孟子·梁惠王》章句上正義曰：「孟子非軻自著，乃弟子共記其言，其篇目梁惠王、公孫丑、滕文公、離婁、萬章、告子、盡心七篇各自有名。梁惠王者，魏惠王也，時天下有七王皆潛號，魏惠王居大梁，故號曰梁王。聖人及大賢有道德者，王公伯侯及卿大夫咸願以為師，孔子時諸侯問疑質禮，若弟子之問師也，魯衛之君皆尊事焉，故論語或以弟子名篇，而有衛靈公、季氏之篇。孟子亦以大儒為諸侯所師，是以梁惠王、滕文公題篇與公孫丑為一例也。」其次攝取全篇之要義，以為一篇之題，如《管子·形勢》第二，唐房玄齡注：「自天地以及萬物，關諸人事，莫不有形勢焉，夫勢必因形而立，故形端者勢必直，壯危者勢必傾，觸類莫不然，可以一隅而反。」《荀子·非相篇》第五，楊倞注云：「相，視也；視其骨狀，以知吉凶貴賤也。妄誕者多以此惑世，時人或務其狀貌，而忽於實際，故荀卿作此篇非之。」至於《呂氏春秋》篇目，分八覽、六論、十二紀，八覽為全篇之首，有始覽又居八覽之首，故從天地開闢說起，其下孝行、慎大、先識、審分、審應、離俗、恃君凡八覽，因天時以合人事，乃呂氏神道設教以迄郅治之大要也。而淮南鴻烈命篇，尤為顯然，觀許慎解原道之篇旨：「原，本也；本道根真，包天地以歷萬物，故曰原道，因以題篇。」《晏子春秋》若成書於先秦，取材於齊史，其書中題篇理應采論、孟、老、莊之體式，或取篇首數字，或擷全文要旨，辭簡意賅，籠圈共貫，但今本《晏子》全書八篇，八篇之內，分別內外，內篇六篇，外篇二篇，六篇又分別為諫上、諫下、問上、問下、雜上、雜下，外篇二篇不分上下，依各章文義作分篇之標準，各篇之中分章不一，章首錄當文之小目，每目數字，多寡莫定，多者有二十字以上，少亦不下十數字，固是兼綜文義，擬定篇題，然文字繁複，揆諸古書，絕無先例。或疑晏子乃隨事進諫之言，編次自無系統，此又不然，管仲隰朋說桓公之事，蘊於大匡、霸形、霸言、小稱、四稱，內容繁重，篇目不見加長，《說苑》、《新序》文多同乎《晏子》，其命題亦與《晏子》有別，故今本《晏子》是否為史遷劉安知見之本，抑係後人採掇成書，此其可疑者一也。

二、由篇章分合推論

盧文弨《羣書拾補》云：「余校晏子春秋將竣，吳槎客示余元人刻本，其每卷首有總目，又各標于當篇，今本皆缺目錄，當以此補之。」

黃以周《晏子春秋校勘記》云：「元刻本每篇前記篇章，後標題，首行曰：『晏子春秋內篇諫上第一，凡二十五章』其下別云：『莊公矜勇力不顧行義晏子諫第一』云云。」

緜眇閣刻本將內篇諫上「景公燕賞無功而罪有司晏子諫第七」與「景公信用讒佞賞罰失中晏子諫第八」二章誤連為一章。凌澄初刻本缺「內篇雜上第二十一章晏子使魯有事已仲尼以為知禮。」治要將「內篇諫上第十三章」誤合於「雜上第五篇」內。「內篇諫上第二十五章」誤屬「雜上第五篇」內，引「內篇問上第十章」在「問下篇」。

楊慎評本無「內篇諫下第三章景公逐得斬竹者囚之晏子諫」。無「內篇諫下第八章景公春夏游獵興役晏子諫」。無「內篇諫下第二十五章景公登射思得勇力士與之圖國晏子諫」。無「內篇問上第五章景公問聖王之行若何晏子對以衰世而諷」。無「內篇雜下第十三章田無宇請求四方之學士晏子謂君子難得。」

劉師培補釋云：「內篇雜上第二十四章晏子之晉睹齊纍越石父與下晏子為齊相章，均非晏子春秋本書也，此二事載於史記管晏列傳，傳贊曰：『至其書世多有之，是以不論，論其軼事。』則凡載於晏子春秋者，史公均弗錄，此二事者，乃見於他書者也。越石父事，呂氏春秋觀士篇載之，或史記即本於彼事，後人據他籍及史記所載補入此二節，非其舊也。」

孫星衍曰：「問上第二章末云『及慶氏亡』，語意未了，疑接內篇雜下第十五章，後人割裂之。」「俗本以外篇重而異者第一章附內篇」。于鬯云：「外篇二篇，元刻本一題『重而異者』，一題『不合經術』，今不復識別，且漢書藝文志雖言晏子八篇，而史記管晏列傳張守節正義引七略云。『晏子春秋七篇』，是外篇止一篇也，孫星衍序謂合雜上下二篇為一，誤。」

各家校注《晏子春秋》，均以篇章分合之雜亂，而疑今本非史志之舊。按八篇之中，以外篇兩篇最為可疑，劉向《敘錄》云：「又有復重，文辭頗異，不敢遺失，復列以為一篇。」孫星衍以為「即外篇第七也，俗本以此附內篇，變亂向篇第，明人之妄如是。」總檢本書板本著錄，知外篇第七與內篇各章文義多所重複，諸如外篇第一章附入內篇，第二章黃之寀、吳勉學本缺，尤以第四、五兩章，其內容純用左昭二十年文，一字未易，而割為兩章，顛倒次序乃爾。第十章黃本脫，第十三章黃以之刊於第八章「景公見道殣」之後。《羣書治要》引第十四章在問上篇，緜眇閣刻本將第十六章以下各章全刊為第八卷，治要引第十九章屬問下，第二十二章屬雜下，今本《晏子》之卷次已非劉向校本之真。據唐魏徵《羣書治要》引《晏子》篇目僅諫上、諫下、問上、問下、雜上、雜下六篇，與《漢志》八篇之說有別，故《崇文總目》稱晏子八篇已佚，今書乃後人採掇而成。逮元刻以後，刊校日多，而篇章之分合亦愈見不一，今宋本舊槧既不可睹，欲於今書之中索討舊典之完璧，正如盲者摸象，何能識其大體，然而由其篇章分合之錯綜，亦可想見後人竄亂之迹，此其可疑者二也。

三、由思想矛盾推論

孟子曰：「盡信書不如無書，吾於武城取二三策而已。」誠哉斯言。漢儒王充，研思載籍，究心翰篇，其著論亦有類此之說，如《論衡・書虛篇》云：「世信虛妄之書，以為載於竹帛上者，皆聖賢所傳，無不然之事，故信而是之，諷而讀之，睹真是之傳與虛妄之書相違。……夫世間傳書，諸子之書多欲立奇造異，作驚目之論，以駭世俗之人，為譎詭之書，以著殊異之名。」是以古書或以立奇造異而故作虛妄，或以異說竄入而前後矛盾，故讀書如淘金沙，不可混為一談也。尤以《晏子春秋》一書，乃載晏嬰身相三君，生前忠愨直諫之言，內容應平實肫懇，切乎事情，自不當標新立異，作驚世駭俗之論。然而案今書之內容，詭詞怪論，不一而足，思想矛盾，所在多有。諸如諫上第二十二章

「景公伐宋，遇二丈夫立而怒。晏子占為非泰山之神，乃宋之先祖湯與伊尹，諷公散師以平宋，易行而續好。」文見載於瑣語，事純屬無稽，陳仁錫以為寓言。雜下第一章：「莊公不說晏子，晏子坐地訟公曰：嬰聞訟夫坐地，今嬰將與君訟，敢毋坐地乎？嬰聞之，眾而無義，彊而無禮，好勇而惡賢者，禍必及其身，若公者之謂矣；且嬰言不用，願請身去。遂趨而歸，管籥其家者納之公，財在外者斥之市。曰：君子有力於民，則進爵錄，不辭富貴；無力於民而旅食，不惡貧賤。遂徒行而東，畊於海濱，居數年，果有崔杼之難。」吳則虞《晏子春秋集釋》云：「晏子之父桓子卒於襄公十七年，左傳正義謂晏子時猶未為大夫，時齊靈公二十六年也。逾年，晉人來伐，靈公入臨淄，晏子止公，是晏子入仕，至早亦在靈公二十六年之後。逾明年，崔杼立莊公，在位先後五年，而崔子弒君，晏子哭尸，晏子於此時，並未去朝居東海，此不可信者一。古無臣與君訟之理，晏子既以無禮為諫，而已復以無禮要君，必無其事，此不可信者二。觀其諫諍之詞，膚淺而不切於事，其辭人人能言之，亦毋庸坐地而後發，此不可信者三。崔氏之擅權，早在靈公之時，不待智者皆知崔氏之患，況崔氏之弒，發於莊公之好色邪僻，與此樂人奏歌，若不相涉，此不可信者四也，此乃後人託詞為之耳。」雜下第六章「景公病水，瞢與日鬬，晏子教占瞢者曰：毋反書，公所病者，陰也，日者，陽也，一陰不勝二陽，公病將已。居三日，公病果愈。」事見載於《風俗通義．恠神篇》，傳曰：「神者，申也，恠者，疑也。」晏子身為景公相，嚮諫公「勿祠靈山河伯，以為祠之無益，惟德是事」，並以景公疥且瘧，欲誅祝史以說於上帝，而諷其「祝直言情則謗吾君，隱匿過則欺上帝，上帝不神，祝亦無益，故古帝王之君，神明之主，不慢行而繇祭，不輕身而恃誣」，是知棄賢用巫，政亂行僻，均為晏子切痛而弗為。今景公病水，瞢與日鬪，竟妄稱一陰不勝二陽，顯與其「民不苟德，福不苟降」之說相違；況應劭《風俗通義》序曰：「俗間行語，眾所共傳，積非習慣，莫能原察。」故「通於流俗之過謬，而事該之於義理也」實是教人「反誠據義，內省不疚」「物莫能動，禍轉為福」，因此《風俗通義》之文，多神物終合之論，只可以之觀風化，不得據以為信史。又內篇雜下第七章「景公病疽在背，晏子呼宰人具盥，御者具巾，刷手溫之，發席傳薦，跪請撫瘍，曰：色如蒼玉，形如珪璧。」然而試研雜上第十三章「景公使進食與裘，晏子對以嬰非君奉餽之臣也，敢辭，公曰：然夫子之於寡人何為者也？對曰：嬰乃社稷之臣，夫社稷之臣能立社稷，別上下之義，使當其理，制百官之序，使得其宜，作為辭令，可分布於四方。自是以後，君不以禮，不見晏子。」按臣之事君，古有定儀，晏子既非御醫，竟跪而撫瘍，固非其職分之事，復有傷社稷大臣之風範；至於言瘍之溫色情狀，加之以如璧如珪之媚譽，實不啻脅肩諂笑之小人，舐痔成嗜之庸醫。羅焌《諸子學述》有云：「晏子一書，大抵淳于髡、優孟、優旃之流亞。」豈無的之矢哉？蓋《晏子》一書取材駁雜，編者失於剪裁，致其思想陷於矛盾。由此觀之，今書豈真先秦舊典之完璧耶？此其可疑者三也。

四、由豫言將來推論

《晏子》書內多豫言將來之事，今書非晏子自撰，乃後儒為之，墨者損益。近人嚴挺已言之審矣。茲再申言之：夫《管子》稱三晉之君，《說苑》言勾踐聘魏，《韓非子》記扁鵲見蔡桓侯，《列子》載晏平仲問養生於管夷吾，皆事與時違，或名似而誤，子書中類此者甚夥，《晏子》尤烈而已。案今本諫上第十一章「景公欲廢適子陽生而立荼，晏子諫，公不聽。景公沒，田氏殺君荼立陽生，殺陽生立簡公，殺簡公而取齊國。」《史記》景公四十八年書「是歲晏嬰卒」。〈齊世家〉載「景公寵妾芮姬，芮姬係淳于人所納，生子荼」，事見左哀六年文。左哀六年即景公五十八年，去晏子卒已歷十載，安有景公廢嫡立少晏子諫乎？第以田氏殺君荼，見左哀六年經傳，殺荼者朱毛陽生，殺陽生見左哀十年經傳。簡公即悼公子壬，亦景公子。《史記・齊世家》：「田常弒簡公於徐州，田常主立簡公驁，是為平公，平公即位，田常相之，專齊之政。平公卒，子宣公積立。宣公卒，子康公貸立，康公十九年，田常曾孫田和始為諸侯，遷康公海濱。二十六年康公卒，呂氏遂絕其嗣，田氏卒於齊國。」史實俱在，而今本《晏子》不僅載田氏篡齊事，並晏子諫景公廢長立少亦與焉。又問下第十一章，「晏子聘吳，吳王問保威強勿失之道，晏子對以先民而後身，先施而後誅，彊不暴弱，貴不凌賤，富不傲貧，百姓並進，有司不侵，民和政平，不以威彊退人之君，不以眾彊兼人之地，其用法為時禁暴，故世不逆其志，其用兵為眾屏患，故民不疾勞，此長保威彊勿失之道也。」案《史記・十二諸侯年表》，吳闔閭十一年，代楚取番，是以眾勝兼人之地，十三年陳懷公來，留之，死於吳，是以威彊退人之君，晏子先景公卒，上二事雖及見，而於其風燭殘年，史亦不備載其有聘吳之使。張純一《晏子春秋校注》以為「闔閭類此行，必有為晏子所知，而經史不及載者」，又雜上第二十三章，曾子將行，而晏子送之，贈以善言。案楊倞注《荀子・大略篇》，云：「晏子先於孔子，曾子之父猶孔子弟子，此云送曾子，豈好事者為之歟？」張純一《晏子春秋校注》謂：「史記十二諸侯年表，孔子生於魯襄公二十二年，當齊莊公三年，前五年晉圍臨淄，晏嬰大破之，則晏子長孔子，至少二十餘歲。仲尼弟子列傳，曾子少孔子四十六歲，則少晏子七十餘歲，至從孔子於齊，縱不及二十歲，亦當晏子九十歲，未知晏子果有此壽否？又據年表，景公於五十八年薨，孔子年六十二，據齊世家晏子先景公卒十年，適當孔子五十二歲，曾子生甫七年，楊倞謂好事者為之，信而有徵矣。」又曰：「然本書問下二十八章，既載曾子問晏子云云，此章又載晏子之贈言則曾子不必曾參，或史記多不足據與？又案孔子世家，孔子適周見老子後，老子送之曰：吾聞富貴者送人以財，仁人者送人以言，吾不能富貴，竊仁人之號，送子以言，或好事者之所仿與？」此論甚精，足解人惑。雜下第八章晏子使吳，吳王命儐者稱天子，晏子佯惑。蘇時學云：「夫差之立，當定公十五年，上距齊靈公之卒已六十年，距晏子居喪之歲則六十二年，晏子當齊靈世，早已知名，必非弱小者，即使定哀之世，巋然尚存，又豈能以大耋之年，遠使異國乎？此皆好事者為之，非實錄也。」外上第十一章載景公臺成，盆成适願合葬其母，晏子曰：「然，此人之甚重者也，而恐君不許也。」盆成适蹙然曰：「凡在君耳！且臣聞之，越王好勇，其民輕死。……」蘇時學云：「越王，謂勾踐也。勾踐會稽之敗，當魯哀公元年，後四年而齊景卒，不應在晏子之世，蓋著書者所附益也。」外下十六章，「晏子死，景公馳往哭，哀畢而去。」及十七章，「晏子死，景公哭之，稱莫復陳告吾過。」盧文弨引元刻本注云：「此皆晏子歿後，景公追懷之言。」另十八章有「晏子歿十有七年」之文。案晏子歿，《史記・齊世家》在齊景公四十八年，齊魯會夾谷之歲尚在，至哀公五年而景公卒，相距僅十年，安得有十七年之說？倘如所云，當在簡悼之世，又何來「晏子歿十有七年，景公飲諸大夫酒」乎？觀上所引，今書多涉晏子身後事，甚者又依託不經，若必以為其出之齊史，則與晏子生前行誼，扞格不相侔何？此其可疑者四也。

五、由重言重意推論

子書中重言重意者甚夥，而今本《晏子》為尤甚。劉向《晏子敘錄》曰：「其書又有復重，文辭頗異，不敢遺失，復列以為一篇。」孫星衍云：「謂外篇第七也。俗本以此附內篇，變亂向次第，明人之妄如是。」經考今書言意復沓者何止外篇第七，即內篇亦有自相歧異者。茲特綜理內外，將其重言重意之篇章列成一表：

《晏子春秋》重言重意篇目（本表主要取材於吳則虞《晏子春秋集釋》、張純一《晏子春秋校注》）

卷別	篇第	標目	卷別	篇第	標目
內諫上	二	景公飲酒酣諸大夫無為禮晏子諫	外上	一	景公飲酒命晏子去禮晏子諫
內諫上	十二	景公病久不愈欲誅祝史以謝晏子諫	外上	七	景公有疾梁丘據裔款請誅祝史晏子諫
內諫上	十八	景公遊公阜一日三過言晏子諫	外上	六	景公使祝史禳彗星晏子諫
內諫上	十九	景公遊寒途不卹死胔晏子諫	外上	八	景公見道殣自慙無德晏子諫
內諫上	二十五	景公所愛馬死欲誅圉人晏子諫	外上	十三	景公使燭鄒主鳥而亡之公怒將加誅晏子諫
內諫下	二	景公欲殺犯所愛之槐者晏子諫	內諫下	三	景公逐得斬竹者囚之晏子諫

			外上	九	景公欲誅斷所愛橚者晏子諫
			外下	十一	工女欲入身於晏子晏子辭不受
內諫下	十一	景公為臺成又欲為鍾晏子諫	外下	九	景公為大鍾晏子與仲尼柏常騫知將毀
內諫下	十九	景公登路寢臺望國而歎晏子諫	問上	八	景公問莒魯孰先亡晏子對以魯後莒先
			問下	十七	晉叔向問齊國若何晏子對以齊德衰民歸田氏
			外上	十	景公坐路寢曰誰將有此晏子諫
			外上	十五	景公問後世孰將有齊國晏子對以田氏
問上	九	景公問治國何患晏子對以社鼠猛狗	外上	十四	景公問治國之患晏子對以佞人讒夫在君側
			問上	二十一	景公問佞人之事君何如晏子對以愚君所信也
問上	十五	景公問天下之所以存亡晏子對以六說	外上	十七	吳王問齊君優暴吾子何容焉晏子對以豈能以道食人
			問下	十一	吳王問保威彊不失之道晏子對以先民後身
問下	十	晏子使吳吳王問何處可去晏子對以視國治亂	外上	十六	晏子使吳吳王問君子之行晏子對以不與亂國俱滅
問下	二十	叔向問事君徒處之義奚如晏子對以大賢無擇	外上	十八	司馬子期問有不干君不恤民取名者乎晏子對以不仁也
問下	二十九	梁丘據問子事君不同心晏子對以一心可以事百君	外上	十九	高子問子事靈公莊公景公皆敬晏子對以一心
			外下	三	仲尼見景公景公曰先生奚不見寡人宰乎

			外下	四	仲尼之齊見景公而不見晏子子貢致問
雜上	四	晏子再治阿而見信景公任以國政	外上	二十	晏子再治東阿上計景公迎賀晏子辭
雜上	五	景公惡故人晏子退國亂復召晏子	外上	二十二	有獻書譖晏子退耕而國不治復召晏子
雜上	二十八	景公欲見高糾晏子辭以祿仕之臣	外上	二十三	晏子使高糾治家三年而未嘗弼過逐之
			雜上	二十九	高糾治晏子家不得其俗乃逐之
雜下	四	柏常騫禳梟死將為景公請壽晏子識其妄	外下	二十一	太卜紿景公能動地晏子知其妄使卜自曉公
雜下	十二	晏子布衣棧車而朝陳桓子侍景公飲酒請浮之	雜下	十九	景公以晏子衣食敝薄使田無宇致封邑辭
			雜下	二十	田桓子疑晏子何以辭邑晏子答以君子之事也
			雜上	二十六	景公睹晏子之食菲薄而嗟其貧晏子稱有參士之食
			外上	二十四	景公稱桓公之封管仲益晏子邑辭不受
			外上	二十六	晏子衣鹿裘以朝景公嗟其貧晏子稱有飾
雜下	二十四	景公以晏子妻老且惡欲內愛女晏子再拜以辭	外上	十	田無宇非晏子有老妻晏子對以去老謂之亂
雜下	二十五	景公以晏子乘敝車駑馬使梁丘據遺之三返不受	外上	二十五	景公使梁丘據致千金衣裘晏子固辭不受
外上	二	景公置酒泰山四望而泣晏子諫	諫上	十七	景公登牛山悲去國而死晏子諫
			外上	四	景公問古而無死其樂若何晏子諫
			外上	五	景公謂梁丘據與己和晏子諫

外上	景公臺成盆成适願合葬其母晏子諫而許	諫下二十	景公路寢臺成逢于何願合葬晏子諫而許
外上十二	景公築長庲臺晏子舞而諫	諫下五	景公冬起大臺之役晏子諫
		諫下六	景公為長庲欲美之晏子諫

總計內篇各章一事而兩見者三十有六，外篇上幾無一章不與內篇重複，外篇下亦有三章。蔣伯潛《諸子通考》云：「此皆一事重見於本書而自相歧異者也。由此可知晏子乃由後人綴集傳聞而成，而傳聞又多互異。」高維昌《周秦諸子概論》亦云：「晏子第七篇記景公疥遂痁，第一篇先記景公疥且瘧，內篇景公曰：使古無死如何？晏子曰：若使古而無死，丁公、太公將有齊國，桓襄文武皆將相之。外篇景公曰：古而無死，其樂何如？晏子曰：古而無死，爽鳩氏之樂，非君所願也。觀其顛倒複沓之處，可知非出一人之手矣。」綜覽本表，《晏子》一書或係後人博采經志，傳聞異辭，事非出一人之手，時經多年之累積，此其可疑者五也。

六、由其與經傳諸子關係推論

《晏子》與經傳諸子關係互資參證者頗多，人或以為係《晏子》取諸經傳諸子，或謂諸書文辭互異，《晏子》文最古質，足以證發經義。兩說相峙，依違難決，茲整理內外篇各章，凡言意同乎經傳諸子者，別表以明之：

一、書中言意合乎《禮記》者：

內篇雜上晏子居喪遜答家老仲尼善之第三十，與《禮記・檀弓・禮器》合。

二、書中言意合乎《孟子》者：

內篇問下景公問何修則夫先王之游對以省耕實第一，與《孟子・梁惠王》章句下齊宣王於雪宮文合。

三、書中言意合乎《左傳》者：

內篇諫上景公病久不愈欲誅祝史晏子諫第十二，同左昭二十年文。

內篇諫上景公遊公阜一日有三過言晏子諫第十八，同左昭二十六年文。

內篇諫下景公冬起大臺之役晏子諫第五，同左襄十七年文。

內篇問上莊公問伐晉晏子對以不可若不濟國之福第二，同左襄二十三年文。

內篇問下晉叔向問齊國若何晏子對以齊德衰民歸田氏第十七章及十八、十九等，同左昭三年文。

內篇雜上景公賢魯昭公去國而自悔晏子謂無及已第二十，同左昭二十五年文。

內篇雜上晏子居喪遜答家老仲尼善之第三十，同左襄十七年文。

內篇雜上莊公不用晏子晏子致邑而退後有崔氏之難第二及同篇崔慶劫齊將軍大夫盟晏子不與第三，同左襄二十五年文。

內篇雜下田無宇勝欒氏高氏欲分其家晏子使致之公第十四，同左昭十年文。

內篇雜下景公欲更晏子宅晏子辭以近市得所求諷公省刑第二十一及同篇公毀晏子鄰以益其宅晏子因陳桓子以辭第二十二，同左昭三年文。

內篇雜下子尾疑晏子不受慶氏之邑晏子謂足欲則亡第十五，同左襄二十八年文。

四、書中言意合乎《史記》者：

內篇雜上晏子之晉睹齊纍越石父解左驂贖之與歸第二十四及同篇晏子之御感妻言而自抑損晏子薦以為大夫第二十五，同《史記・管晏列傳》。

五、書中言意合乎《管子》者：

內篇問下景公問何修則夫先王之遊對以省耕實第一，與《管子》卷十戒第二十六意同而辭略異。

六、書中言意合乎《列子》者：

內篇諫上景公登牛山悲去國而死晏子諫第十七，與《列子・力命》第六同意而辭微異。

七、書中言意合乎《墨子》者：

外篇下仲尼見景公景公欲封之晏子以為不可第一，與《墨子》卷九〈非儒〉下第三十九意同而辭略異。

八、書中言意合乎《荀子》者：

內篇雜上曾子將行晏子送之而贈以善言第二十三，與《荀子・大略篇》文意同。

九、書中言意合乎《韓非子》者：

內篇雜下景公欲更晏子宅晏子辭以近市得所求諷公省刑第二十一，與《韓非子・難二》文意略同。

內篇諫下景公登路寢臺望國而歎晏子諫第十九，問下晉叔向問齊國若何晏子對以齊德衰民歸田氏第十七，外上景公坐路寢曰誰將有此晏子諫第十及同篇景公問後孰將踐有齊者晏子對以田氏第十五，與《韓非子・外儲說右上》同。

內篇問下魯公問魯一國迷何也晏子對以化為一心第十三，《韓非子・內儲說上》用此文而辭稍簡。

十、書中言意合乎《呂氏春秋》者：

內篇雜上崔慶劫齊將軍大夫盟晏子不與第三，與《呂氏春秋・知分》所載同。

內篇雜上晏子遺北郭騷米以養母騷殺身以明晏子之賢第二十七，同《呂氏春秋・士節》文，同篇晏子之晉睹齊纍越石父解左驂贖之與歸第二十四，同《呂氏春秋・觀世》文。

十一、書中言意合乎《淮南子》者：

內雜篇下柏常騫禳梟死將為景公請壽晏子識其妄第四，與外上太卜紿景公能動地晏子知其妄使卜自曉公第二十一，同《淮南子・道應篇》。

十二、書中言意合乎《孔叢子》者：

外篇下仲尼見景公景公欲封之晏子以為不可第一，《孔叢子・詰墨》引述《墨子・非儒篇》此文，並加詰難。

十三、書中言意合乎《韓詩外傳》者：

內篇雜上崔慶劫齊將軍大夫盟晏子不與第三，同《韓詩外傳》卷二文。

內篇諫上景公所愛馬死誅圉人晏子諫第二十五，與《韓詩外傳》卷八卷九所載適同，而稱謂微異。內篇雜上晏子使魯有事已仲尼以為知禮第二十一，與《韓詩外傳》卷四意同。

內篇問上景公問治國何患晏子對以社鼠猛狗第九，《韓詩外傳》卷七同此文，但內容略簡。外上田無宇非晏子有老妻晏子對以去老謂之亂第十，同《韓詩外傳》卷九。

內篇諫上景公登牛山悲去國而死晏子諫第十七，與《韓詩外傳》卷十意同，而辭稍略。

內篇雜下楚王欲辱晏子指盜者為齊人晏子對以橘第十，同《韓詩外傳》卷十。

內篇諫上景公從畋十八日不返國晏子諫第二十三，同《韓詩外傳》卷十。

十四、書中言意合乎《鹽鐵論》者：

外下仲尼見景公景公欲封之晏子以為不可第一，《鹽鐵論》論排第二十四引此文，但措辭甚簡。

十五、書中言意合乎《說苑》者：

內篇雜上景公睹乞兒於塗晏子諷公使養第十，《說苑・貴德篇》載此文。

內篇雜上景公憐飢者晏子稱治國之本以長其意第八，《說苑・貴德篇》載此文。

內篇雜上晏子再治阿而信見景公任以國政第四，《說苑・政理篇》載此文。

內篇問上景公問為政何患晏子對以善惡不分第三十，《說苑・政理篇》載此文。

內篇雜下靈公禁婦人為丈夫飾不止晏子請先內勿服第一，《說苑・政理篇》載此文。

內篇雜下齊人好轂擊晏子紿以不祥而禁之第二，《說苑・政理篇》載此文。

內篇諫下景公為臺成又欲為鍾晏子諫第十一，《說苑・正諫篇》載此文。

內篇諫上景公所愛馬死欲誅圉人晏子諫第二十五，《說苑・正諫篇》載此文，措辭微異。

內篇雜上景公慙刖跪之辱不朝晏子稱直請賞之第十一，《說苑・正諫篇》載此文。

內篇雜上景公夜從晏子飲晏子稱不敢與第十二，《說苑・正諫篇》載此文。

內篇諫下景公朝居嚴下不言晏子諫第十七，《說苑・正諫篇》載此文。

內篇雜下晏子使吳吳王命儐者稱天子晏子佯惑第八，《說苑・奉使篇》載此文。

外上吳王問齊優暴吾子何容焉晏子對以豈能以道食人第十七，《說苑・奉使篇》載此文。

內篇雜下楚王饗晏子進橘置削晏子不剖而食第十一，《說苑・奉使篇》載此文。

內篇雜下晏子使楚楚為小門晏子稱使狗國者入狗門第九，《說苑・奉使篇》載此文。

內篇問上景公問莒魯孰先亡晏子對以魯後莒先第八，《說苑・權謀篇》載此文。

內篇雜上曾子將行晏子送之而贈以善言第二十三，與《說苑・雜言篇》意同辭異。

內篇雜上晏子遺北郭騷米以養母騷殺身以明晏子之賢第二十七，《說苑・復恩篇》載此文。

外上景公使燭鄒主鳥而亡之公怒將加誅晏子諫第十三，《說苑・正諫篇》載此文。

內篇雜下楚王欲辱晏子指盜者為齊人晏子對以橘第十，《說苑・奉使篇》載此文。

內篇問上景公問欲善齊國之政以干霸王晏子對以官未具第六，《說苑・君道篇》載此文。

內篇諫下景公獵逢蛇虎以為不祥晏子諫第十，《說苑・君道篇》載此文。

外下晏子歿左右諛弦章諫景公賜之魚第十八，《說苑・君道篇》載此文。

內篇雜上景公使進食與裘晏子對以社稷臣第十三，《說苑・臣術篇》載此文。
內篇雜下景公以晏子乘敝車駑馬使梁丘據遺之三返不受第二十五，《說苑・臣術篇》載此文。
內篇雜下晏子布衣棧車而朝田桓子侍景公飲酒請浮之第十二，《說苑・臣術篇》載此文。
內篇雜下梁丘據自患不及晏子晏子勉據以常為常行第二十七，《說苑・建本篇》載此文。
內篇雜上晏子飲景公止家老斂欲與民共樂第十四，《說苑・貴德篇》載此文。
內篇雜上景公探雀鷇鷇弱反之晏子稱長幼以賀第九，《說苑・貴德篇》載此文。
外上景公見道殣自慙無德晏子諫第八，《說苑・至公篇》載此文。
內篇諫下景公獵休坐地晏子席而諫第九，《說苑・貴德篇》載此文。
內篇雜下柏常騫禳梟死將為景公請壽晏子識其妄第四，《說苑・辨物篇》載此文。
內篇雜下景公瞢五丈夫稱無辜晏子知其冤第三，《說苑・辨物篇》載此文。
內篇諫下景公登射思得勇力士與之圖國晏子諫第二十五，《說苑・修文篇》用此文。
內篇雜上晏子飲景公酒公呼具火晏子稱詩以辭第十五，《說苑・反質篇》載此文。
內篇雜下晏子病將死妻問所欲言云毋變爾俗第二十九，《說苑・反質篇》載此文。

十六、書中言意合乎《新序》者：

內篇雜上齊崔慶劫齊將軍大夫盟晏子不與第三，《新序・節士篇》載此文。
外上景公使祝史禳彗星晏子諫第六，《新序・雜事篇》載此文。

內篇雜上晏子之晉睹纍越石父解左驂贖之與歸第二十四，《新序・節士篇》載此文。
內篇雜上晉欲攻齊使人往觀晏子以禮侍而折其謀第十六，《新序・雜事篇》載此文。
外上景公飲酒命晏子去禮晏子諫第一，《新序・刺奢篇》載此文。
內篇問上景公問忠臣之事君若何晏子對以不與君陷於難第十九，《新序・雜事篇》載此文。

十七、書中言意合乎《列女傳》者：

內篇諫下景公欲殺所愛之槐者晏子諫第三，《列女傳》卷六〈辯通〉載此文。
內篇雜上晏子之御感妻言而自抑損晏子諫以為大夫第二十五，《列女傳》卷二〈賢明〉載此文。

十八、書中言意合乎《風俗通義》者：

內篇雜下景公病水瞢與日鬥晏子教占瞢者以對第六，《風俗通義》卷九〈怪神篇〉載此文。

十九、書中言意合乎《論衡》者：

外上景公使祝禳彗星晏子諫第六，《論衡・變虛》意同辭異。
內篇雜上晏子使魯有事已仲尼以為知禮第二十一，《論衡・知實》撮其文意。
外上太卜紿景公能動地晏子知其妄使卜自曉公第二十一，《論衡・變虛》撮其文意。
內篇問上景公問忠臣之事君若何晏子對以不與君陷於難第十九，《論衡・定賢》用此文。
內篇諫上景公將伐宋瞢二丈夫立而怒晏子諫第二十二，《論衡・死偽》用此文。

二十、書中言意合乎《孔子家語》者：

內篇雜上曾子將行晏子送之而贈以善言第二十三，家語卷四六本意同而辭微異。

總計《晏子》言意合乎經傳者二十五章，合乎《史記》者二章，合乎秦漢諸子者七十有八章，其中以言同左氏二十三章與《說苑》四十章者復較合他書者為多，次合《韓詩外傳》者有八，合《新序》者較《韓詩外傳》減二，是知晏子之為書與夫《左傳》、《韓詩外傳》、《說苑》、《新序》之關係最為密切，韓嬰小傳僅言韓生以易授人，推易意而為之傳，不及其他，故未遑據以推論。劉向《說苑・敘錄》云：「所校中書說苑雜事及臣向書，民間書，經校讎其事類，眾多章句相混，或上下謬亂難分別次序，除去與新序復重者，其餘者淺薄不中義理，別集以為百家，後令以類相從，一一條別篇目，更以造新事十萬言以上，凡二十篇，七百八十四章，號曰說苑。」曾鞏〈說苑序〉謂「向采傳記百家所載行事之迹，以為此書奏之，欲以為法戒。」由〈敘錄〉與〈曾序〉知《說苑》之文凡合乎晏子者，皆係《說苑》采諸《晏子》，非《晏子》采自《說苑》也。蓋《晏子》成書於戰國末期，《左傳》、《孟子》之後，韓詩之前與？此其可疑者六也。

七、由注疏節引晏子之文與今本不同推論

唐宋以來，傳注家多引《晏子》，問上云「內則蔽善惡於君上，外則賣權重於百姓。」《藝文類聚》作「出則賣重寒熱，入則謁謙奴利」，一作「出則賣寒熱，入則比周。」襍下「繁組馳之」，《文選》注作「擊驛而馳」，《韓非子》作「煩且」；諫下「接一搏特，再搏乳虎」，《後漢書》注作「持楯而再搏猛虎」；問上「仲尼居處惰倦」，《意林》作「居陋巷」，諫上「天之降殃，固於富

彊，為善不用，出政不行」，《太平御覽》作「當彊為善」，孫星衍云：「與此皆不同，所見本異。」又以「此皆唐宋人傳寫之誤，若是偽書，必采錄傳註，何得有異。」雜上「既醉以酒，既飽以德」，王念孫云：「案此二句後人所加。晏子引賓之初筵以戒景公，前後所引，皆不出本詩之外，忽闌入既醉之詩，則大為不倫，其謬一也。既醉之詩，是說祭宗廟旅酬筭爵之事，非賓主之禮，今加此二句，則與下文『賓主之禮也』五字不合，其謬二也。說苑反質篇有此二句，亦後人依俗本晏子加之，不可信。」雜上「夫不出於尊俎之間，而知千里之外，其晏子之謂也，可謂知折衝矣！」《新序》與此同，而《文選》張協雜詩註、冊魏公九錫文註、為袁紹檄劉豫州文註、為石仲容孫皓書註、演連珠註、楊荊州誄註，並引作「不出尊俎之間，而折衝千里之外，晏子之謂也。」皆無「可謂折衝矣」句，越石父曰：「吾聞之，至恭不修途，尊禮不受擯，夫子禮之，僕不敢當也。」吳則虞《晏子春秋集釋》云：「『至恭不修途』者，應上文改席而言，凡禮不改席者有二：一曰禮差輕者，二曰禮太重者。聘禮『賓問卿，卿受於祖廟，及廟門，大夫揖入，檳者請命。』注：『不几筵，辟君也，此「至恭不修途」之義也。「尊禮不受檳」者，「擯」為儐之異體，實一字也，士昏禮檳者出請，賓告事畢，入告，出請醴賓。』賈疏云：『秋官司儀云，諸公相與賓，及將幣，賓亦如之。』注云：『上於下曰禮，敵者曰儐。』聘禮『卿亦云無儐。』注云：『無儐，辟君，是大夫已上尊，得有禮儐兩名，士以下卑，唯稱禮也。』此文上云禮之，是有禮而無儐明矣。故曰尊禮不受儐，晏子為之改筵，禮也。又為禮之而不儐，亦禮也，故云『敢不敬從』。若晏子不改筵而儐，則非禮矣！今本作『不敢當也』，與上兩句適相反，蓋自唐以來，儀禮難讀，因妄改之。」雜下第三有「夜猶早，公姑坐睡。」御覽兩引皆無姑字，《文選》注作「夜坐睡」，此亦沿《說苑》增入。第九章「晏子使楚，以晏子短。」《藝文類聚》二十五，御覽三百七十八引作「晏子短使楚」；《白帖》二十四引作「晏子短小，使於楚」；《說苑》作「晏子使楚，晏子短」；御覽一百八十三引作「晏子使楚，晏子身短」，均與今書不同。外上第二十一章有「公召晏子而告之」，《淮南子》、《論衡》俱作「晏子往見公，公曰」，與此異，而兩書相同。吳則虞云：「今本晏子或非漢人所見之舊。」外下第一章末載「於是厚其禮而留其封，敬見不問其道，仲尼迺行。」案《墨子・非儒篇》於「敬見不問其道」句下，尚有「孔子乃佯怒於景公與晏子，乃樹鴟夷子皮於田常之門，告南郭惠子以所欲為，歸於魯。有頃，間齊將伐魯，告子貢曰：賜乎，舉大事於今之時矣」云云。孫星衍音義以為「疑本晏子春秋，後人以詆譏孔子，而刪去其文，改為『仲尼迺行』四字。」由以上節引，不僅唐宋學者註疏所知見之本，與今書迥異，即兩漢如《淮南子》、《論衡》引《晏子》者，亦與現行俗本之文字不同。可知今書非唐宋《晏子》之舊，而尤非先秦之完璧，後人意改之處，想或不免，真本《晏子》既不可得，而今所得見者復采掇於何時，此其可疑者七也。

八、結論

或曰：「今本晏子誠有可疑，而孫伯淵力褒章之，說其出於齊之春秋，或說嬰死，賓客哀之，於是裒集其生前行事以成書，斯言當有所據，則作者及其著述年代果可知乎哉？」答曰：「夫讀諸子書者，宜留意求其大義。昔時治子者，多注意名物訓詁，典章制度，而於大義顧罕研求，此由當時偏重治經，取以與經義相證，此乃治經，非治子也。諸家固亦知子之大義足貴，從事表章者，然讀古書，固宜先明名物制度，名物制度既通，而義乃可求；自漢以後，儒學專行，諸子之書，治之者少，非特鮮疏注可憑，抑且乏善本足據，校勘訓釋，為力已疲，故於大義，遂罕探討，善夫章太炎先生之言曰：『治經治子，校勘訓詁，特最初門徑，大略言之，經多陳事實，諸子多明義理，校勘訓詁而後，不得不各有所主，故賈、馬不能理諸子，而郭象、張湛不能治經』。晏子春秋者，首見知於史記，評隲乎要略，典校於劉向，文同乎經傳諸子者百數章，誠先秦舊典，然向、歆之後，代經浩劫，要籍失修，是以晏子之道雖明並日月，而陰霾重昏，孫氏星衍為之音義，力加褒章，謂其出於齊之春秋，書成乎左氏之前，故凡晏子有異於左傳者，皆以為後人以左傳臆改之，甚矣！孫氏之不詳也。觀夫晏子與左傳、韓詩、說苑之關係可知矣。文同左傳者二十四章，同韓詩者有八，合說苑者四十有六，至其與管、列、墨、荀同者，僅一二而已。苟求其故，蓋以左傳早出，故作者雜采傳志之成說；而與管、列、墨、荀皆並世之作，是以其寫作體式互相影響者多，內容故實承襲者少也。當呂不韋使其客，人人著所聞，集論以為八覽、六論、十二紀之時，晏子之諫想或已成書，故呂覽文同晏子有三。此三篇皆在今書內篇雜上，中有一篇即太史公所謂『軼事』，蓋呂覽既由人人著所聞，則此三篇皆晏子軼事，自不待言。觀淮南要略云：『齊景公內好聲色，外好狗馬，獵射忘歸，好色無辨，作為路寢之臺，族鑄大鍾，撞之庭下，郊雉皆呴，一朝用三千鍾贛，梁丘據子家曾導於左右，故晏子之諫生焉。』

文引各點全見今書內篇諫上、諫下，其他問上、問下、雜上、雜下及外篇上、下不與焉。且稱『晏子之諫生焉』，至於晏子名春秋，始見於太史公之管晏列傳，則淮南劉安之時，晏子之書名與內篇或與史遷所見者有別。再則晏子諫既義同乎諸子，其遭秦厄甚明，漢興雖大收篇籍，廣開獻書之路，而時迄孝武，始歎禮壞樂崩，建臧書之策，置寫書之官，下及諸子傳說皆充秘府，史遷述著，始有今名。但班固漢書藝文志承七略之說，反著晏子，不名春秋。是證安、史以前，晏子之書頗多複重，書名亦所見多異，因此光祿大夫劉向領校中秘總凡晏子中外書三十篇，為八百三十八章，除復重二十二篇，六百三十八章，定著八篇，二百一十五章，外書無有三十六章，中書無有七十一章，中外皆有以相定，迨向采傳記百家所載行事以成新序、說苑、列女傳，其中襲自晏子者有四十八章。由淮南要略劉向敘錄之言，知晏子成書於戰國，名曰晏子諫，其文僅含有諫上、諫下。西漢文、景之後，真贋間出，太史所藏晏子已增至五篇，迨成、哀之際，中府所藏晏子竟達三十篇，八百三十八章，正見晏子之學，彼時講者甚多，合而編之，都為一書，題之曰晏子云耳。然則晏子之標題，不過為表明學派之方便計，不謂書即其人所著也。以上乃說明晏子之為書，實係好晏子學者之集體創作，或採經傳，或錄記聞，或屬依託，皆經長時期之累積，至劉向始校定刊布，使原有繽紛滿目之簡冊，藉鉤沈之力，而成綱舉目張，可置旁御覽之善本。自漢迄今，又二千年矣，書缺簡脫，尤倍烈於暴秦之世，即就晏子一書而論，唐魏徵羣書治要與馬總意林所錄晏子篇目卷次以及文義措辭，均較劉向敘錄所稱微異，宋崇文總目復載晏子八篇今亡，今書乃仿元刻本，既非宋槧舊刊，又與先秦載籍不同，吾人欲以今議古，搜討其作者及著述年代，徒增困惑而已，明乎此，則知晏子之年代事迹，僅可粗知大略，實不容鑿求，若更據其中之記事以讀古史，則尤易致誤矣。竊謂整治諸子之書，當著重於其學術思想，觀乎晏子，得不然乎？」

或曰：「晏子作者及著述年代既可僅知大略，更云治諸子當重其學術思想，尤以今本晏子特仿元刻以行世，其中真偽交錯，真本既不可得，偽品又復害真，若據此以研討晏子之學術思想，勢有所不能，而今又欲為之，如之何則可？」答曰：「古代簡冊緐重，人鮮著書，後世節錄其詞，是曰追述。伏羲十言之教，三五墳典之遺，胥是物也。若神農、黃帝之書，風后、力牧之作，則並習其學者所依託，班志已明著之矣。炎漢以來，讖緯秘書，逸書逸禮，莫不附諸孔氏以為重，由是王肅之家語，劉炫之連山，梅賾之古文尚書，層出不窮，充塞四部，致讀者迷於鑑別，情偽不分，淆亂學術，弊何可言！幸唐宋以後，學者勇於疑古，率能考訂真偽，斠舉正誤，使一切附會之言，勿得遁跡隱形，致令今人，披覽古籍，少費無益之心思，易收會通之實效者，皆前修之厚貺也。然而各家辨諸子真偽之術，常囿於書面之文字，而闇於學派之流衍，不知諸子不自著述，今其書之存者，大抵治其學者之所為，合而編之，取其學派中最著之人，因以名書，故題曰某子者，本在表明學派之詞，不謂書即其人所著也。如胡適之摘管子小稱篇記管仲將死之言，七臣七主言吳王好劍，楚王好細腰之語，以為此書後人偽作。梁任公以老子中有偏將軍、上將軍之名，謂為戰國人語。甚如柳宗元說劉向敘錄『列子，謂為鄭繆公時人』，而其書言子產、鄧析，去繆公幾百有餘年，推其書亦多增竄，非其實。晁公武言

『仁壽四年，王通始至長安，李德林卒已九年，而文中子有德林請見之語。關朗在太和中見魏孝文，自太和丁已至通生之歲開皇四年甲辰，一百七年矣，而書謂問禮於關子』，是皆據諸子中之記事以斷真偽，此法誠有可采，但亦不可專恃；否則如論語載『孟氏使陽膚為士師，問於曾子』，苞氏曰：『陽膚，曾子弟子』，國語有『句踐之伯，陳蔡之君皆入朝』，顧炎武日知錄云：『其時有蔡無陳。』呂氏春秋記『顏闔見魯莊公。』顧炎武日知錄又云：『顏闔，穆公時人，去莊公十一世』，是以苟據此以考諸子，則諸子實無一為真。莊子盜跖篇云：『寓言十九，重言十七，巵言日出，和以天倪。』故河伯、海若現身以擬人，孔子、盜跖指面相詰難。莊子書如此，先秦各家何獨不然？後人不暇味此，竟據此以辨真偽，若真偽可假此而稍辨，則先秦無真書矣。夫晏子生於齊頃公之世，早仲尼三十餘歲，歷相靈公、莊公、景公，其人長於政事，劉向敘錄云：『晏子博聞強記，通於古今，節儉力行，盡忠極諫，道齊國君，得以正行。』雖云『博聞強記，通於古今』，然博亦未嘗言其即為著書之人。古人無自傳之體，晏子春秋敘晏子行事，非嬰手撰，不辨自明。其所以尚須辭費者，非僅及是書之真偽問題，而目光實注於今本晏子春秋之整理問題也。至於言索討晏子之學術思想，亦非晏子一人之學術思想，乃晏子學派之學術思想也。明乎此，方足以言先秦諸子之真偽，亦惟其如此，始可與蠡測晏子春秋學術之全貌。夫學者究昔載籍，討覈羣言，將以平章學術，根極源流，通倫類以斠異同，明統緒而條變易。誠以諸子學不純師，其流斯異，故韓非子顯學篇云：『孔墨之後，儒分為八，墨離為三，取捨相反不同，而皆自謂真孔墨。』是證同一師承，立言亦未必一致，況晏子結集於戰國，分合於兩漢，雜亂乎元明者哉！若只斤斤於一時一事之真偽，疏察其大本大原之要義，信雖皓言勤劬，終不能有所獲也。故通倫類，則晏子春秋之學術思想，即如日月經天；明統緒，則晏子春秋之真偽得失，不啻涇渭分明。說者習乎流俗，行而不察，致此一書，兩千年來，猶淹沒於荒煙蔓草間，豈不可惜也哉？」

或曰：「整治諸子，當首重學術，其說審矣。但古來有列晏子於儒家者，如班固漢志；有改入墨家者，如柳子厚辨晏子春秋；亦有屬之傳志史部者，如紀昀四庫提要，眾說紛紜，徒滋迷惘。今欲究晏子之思想，誠須先通其倫類，然則，晏子之思想果何屬乎？」答曰：「荀卿勸學云：『倫類不通，不足謂善學。』學記曰：『古之學者比物醜類。』信哉！研治學術，必先知其倫類也。晏子生於春秋之世，欲通其學術思想之倫類，首須知周秦諸子之流派。昔人言諸子淵源流別者，多有不同，莊子天下篇、淮南要略訓、太史公論六家要指、及漢書藝文志四篇之中，漢志踵七略之說，最為完備；而莊子所論，推重儒、墨、老三家，頗能挈當時學派之大綱，至稱精確。劉向典校秘書，廣搜異本，除去複重，條別篇次，是正訛謬，辨偽別真，總論一書之指歸，著為別錄；子歆攝要鉤玄而成七略。七略者，羣書之錧鎋，學術之淵藪也；其諸子略以思想系統為分類之標準，申明流別，最重家數，觀史記管晏列傳張守節正義引七略說：『晏子春秋七篇，在儒家。』今七略之不傳也久矣，班固漢志依七略而成書。其諸子略儒家，即首列晏子，固自注『名嬰，謚平仲、相齊景公，善與人交，有列傳。』師古曰：『有列傳者，謂太史公書。』至唐，貞觀十五年勑于志寧、李淳風、韋安仁、李延壽等撰隋書經籍志，其序云：『今考見存，分為四部，合條為一萬四千四百六十六部，八萬九千六百六十六卷，其舊錄所取，文義淺俗，無益教理者，並刪去之；其舊錄所遺，辭義可采，有所弘益者，咸附入之。遠覽馬史班書，近觀王阮志錄，挹其風流體制，削其浮雜鄙俚，離其疏遠，合其密近，約文諸義，凡五十五篇，各列本條之下，以備經籍志。』志中子『儒家』錄『晏子春秋七卷，齊大夫晏嬰撰』，是自漢以來，皆以晏子春秋為儒家之書，舉無異說也。至柳宗元辨晏子春秋以為『墨好儉，晏子以儉名於世，故墨子之徒尊著其事，以增高為己術者。……後之錄諸子書，宜列之墨家。』元馬貴輿文獻通考即循柳氏說，於子部墨家錄晏子春秋十二卷，四庫提要云：『晏子一書乃後人摭其軼事為之，雖無傳記之名，實傳記之祖也。舊列子部，今移入於此。』夫晏子八卷漢志以為儒家之冠冕，至柳氏後，而成墨學之附庸，迨及清開四庫，更叛離子部，改屬史傳，噫！古近去取，何啻天壤哉！若漢隋二志之見是，則柳氏四庫之說為非；若柳氏四庫之說是，則漢隋二志之見為非，二者必居一於此矣。善夫劉向之序曰：『其書六篇，皆忠諫其君，文章可觀，義理可法，皆合六經之義。』向、歆父子其識見當與馬、班相上下，且去古猶未遠，說或可信。故孫氏星衍音義以為『柳宗元文人無學，謂墨氏之徒為之，郡齋讀書志、文獻通考承其誤，可謂無識，晏子尚儉，禮所謂國奢則示之以儉，其居晏桓子之喪，禮亦與墨異。』夫言子厚無學，未免責賢求備，晁、馬二氏失於精儉，殆勿庸議。陳直駁提要曰：『案列國以來，春秋名書之義有三：有紀一人之事者，晏子春秋是也；有成一家之言者，虞氏春秋、呂氏春秋是也；有記一時之事者，楚漢春秋、吳越春秋是也；名雖同而派別微異，此書即後代別傳之胚胎，實為子部之支流。紀昀四庫提要入於史部，未免循名而失實矣。』後之學者常設奇以眩世，故所言有未可輕言者！且余意徒託空談，不足以折子厚之心，欲證子厚之論為是為非，當就晏子春秋本文中求之，晏子之為儒家，乃的當不移者也。總以唐、宋疑古過甚，偶有所得，便以為驪珠已握，荊玉在抱，遂率爾立說，誹詆前修，此殊背多聞闕疑之道。故吾曰：『專己守殘，逞臆妄說，不若明辨原流，整理故舊之為尚也。』夫研究晏子學術思想，必持同中觀異，相反相成之態度。然後其本末精粗，方有所明，全體大用，乃可得見，質之博雅，豈其然乎？」

或曰：「學術消沈，由於流別之不明，得聞緒論，可謂片言解惑，善息羣喙矣。班志列晏子為儒家，其觀瀾索源，必有所據，然今書已非漢唐之舊，欲整齊其故實，尋佚文於不墜，則爬羅剔抉，良多困難，但大匠斲輪，運斤有術，如承詳加開示，非僅釋千年未解之惑，亦且闡先儒不傳之秘，豈不善乎？」答曰：「莊周以學海無涯，期勉來者，荀卿以曲知未識，正名解蔽，若余者末學膚受，烏敢妄言！雖然，竊嘗聞之：中夏為禮教之邦，儒學實天下共尊，其道統天人，主教化，曲成萬物而不遺，久歷百世而彌芬，廣大精微，仁覆後世，吾人讀聖賢書，所為何事？豈可任先賢之微言大義，鬱而不明者哉！夫晏子春秋乃儒家之冠冕，諸子之翹楚，內容雖僅述晏嬰一人之生平行誼，而究其所處之時代，正五伯爭霸，七雄擾攘，民不堪命，禮失諸野，臣弒其君，子弒其父，諸侯奔走不得保其社稷者，不可勝數；而景公復『內好聲色，外好狗馬，獵射忘歸，好色無辨，梁丘據、子家噲導於左右』，崔、慶、田氏謀動干戈於邦內，於是權歸私家，政出宦門。當此時也，晏子勇義篤禮，節儉力行，置身羣枉之中，進退成規，不失大人之節，危行譎諫，盡是聖德之行，因此國賴以安，君孚以顯，太史公云：『孔子之所嚴事，於周則老子，於衞蘧伯玉，於齊晏平仲。』孔子至聖，猶不掩善，況吾人復不逮聖人者哉！居今日而研舊學，若罔視諸子之學術思想，可謂寡聞；齊百家，如不及晏子春秋，可謂少識；治晏子春秋，如不踐履篤實，私淑平仲，非聖人之徒也，可謂無品。

夫晏子春秋文頗紛緐，理至奧衍，非窮搜冥索，原始要終，察曲以知其全，執微以會其通，不克提綱領以挈都凡，據定律而斷眾理也。昔何休解公羊，必櫽括使就繩墨；賈陸治左氏，亦朱墨以列條例，此前儒治學之方，為吾人所應取法者也。故整治晏子之書，首以創通義例為尚，執規矩以定方圓，然後祛偽存真，庶幾可以明其學說矣。茲試擬義例八條以定真偽如次：

一、凡文合經傳者，雖或經後人變亂，但有經傳依據，猶可信以為真。

二、凡文合晚周諸子者，因書出並世，故可藉此會通其思想，不可據以考校真偽。

三、凡成哀以後，諸子文同晏子者，皆據劉向校本登錄，可信為真。

四、凡古注如郭璞爾雅注、李善文選注……等引述晏子，其所見乃唐以前舊本，時猶近古，可信。

五、凡唐宋類書，如馬總意林、魏徵治要……等散載晏子之佚文，所見乃當世舊本，去古未遠，可據以徵其真。

六、凡先儒評述晏子真偽之言，得為考辨之旁證。

七、凡晏子義合劉向晏子敘錄及班固漢書藝文志所稱述者為真，悖者為偽。

八、凡晏子重言重意篇目，必傳聞異辭，可就其辭義之最備者，擇取其一。

據上述義例，以檢覈晏子春秋八篇，二百一十五章。略其外上十九章，外下四章及內篇諫上第二、第十一、十二、十八、十九、二十四，諫下第二、第三、十九、二十，問上第八、第九、二十一，雜上第二十四、二十五、二十八、二十九等二十章，另有外下除四章（十一、九、三、四）與內篇重復不計外，其餘十二章，頗悖經術，似非晏子言，疑後世辯士所為者，故亦應刪除。內篇六篇一百五十三章中，問上第五景公問聖王其行若何晏子對以衰世而諷。雜上第五景公惡故人晏子退國亂復召晏子。文末均引墨子之言，先儒向以此為詰難之的，疑墨子之徒尊著其事，以增高己術者所為；雜上第一景公不說晏子，晏子坐地訟公而歸，雜下第二十四景公以晏子妻老且惡欲內愛女，晏子再拜以辭，同篇第三十晏子病將死，鑿楹納書命子壯而示之，事涉不經，變亂思想，道聽而塗說，類淳于髡滑稽之流。雜下景公病水，瞢與日鬬，晏子教占夢者以對第六，同篇景公病瘍，晏子撫而對之，迺知羣臣之野第七，皆荒誕不切事情，似稷下談天雕龍之亞也。以上七章，疑異家之言，誤合本書，故亦不取。殘存內篇共一百五十六章，多合經傳史子，或魏晉隋唐學者注疏之文，至於唐宋類書引述者尤更僕難數，足徵『晏子六篇，皆合六經之義。』劉向敘錄所言不妄也。若準是以求晏子之學術思想，籠圈條貫，洞察幽微，如衣有領，似網在綱，可收執簡御緐，振敝起廢之効矣。」

或曰：「因學術思想之同異以徵晏子春秋之真偽。人有譏此偏於主觀者，未知尚有說乎？」答曰：「夫真偽混淆，則學說湮晦，異家錯處，則流別不明，此誠為治子學之累，故亟宜揀剔，揀剔之法，仍宜就學術求之。既觀其同，復會其異，即其同異，更求其說之所自來，及其分合之由，如是，則晏子之學術可明，流別可見。人有譏此法之偏於主觀者，誠以考校書中事實及文辭皆難以足恃，則不得不出乎此也。」

晏子所屬學派論

《晏子春秋》，《七略》、《漢志》均著錄於諸子略，儒家。隋、唐志，循劉、班之往例，亦舉無異說。但自唐柳宗元《辨晏子春秋》，以為「有墨者齊人為之」以後，宋馬端臨《文獻通考》，晁公武《郡齋讀書志》，均從其論，改儒歸墨，劃屬墨學之附庸。清紀昀《四庫提要》又以其書係由後人摭其軼事，雖無傳記之名，實傳記之祖也。遂叛離子部，改入史傳。柳氏之說，孫星衍於《晏子春秋》平津館刻本序中，早有榷評，並斥其無學。至於紀氏之言，三百年來，尚少駁之者。夫千載以還，晏子之書，部居茫茫，歸屬未定，豈非憾事？

夫晏子究應屬儒家乎？墨家乎？子乎？史乎？不可不辨也。本論特就子書之成因明晏子當屬諸子。再由《晏子春秋》命名之精義，知其與史傳不同，以駁四庫顧名思義之妄。繼而分析本書內容，昌言其乃入道見志之作，用為立論之依據。至於求之晏子本文，以徵晏子當屬儒家，欲匡柳氏之謬，藉補孫氏之闕，且順斥陳蘭甫說晏子為滑稽之濫觴之非是。然而儒家之學，精深博大，兼綜九流，而晏子「博聞強記，通於古今」，尤為難知。以余淺識膚受，安能窺其閫奧？但愚人千慮，或有一得，幸讀者存而善擇焉。

一、由子書之成因論晏子當歸諸子：

自王官失守，家學放失，歆著《七略》，稱某家者流，以各家之書多出於傳其學者所輯，非本人手造也。觀鬻熊為文王師，其書涉康叔守殷，魯公曲阜之事，即為明證。章實齋《文史通義》曰：「夫三代盛時各守人官物曲之世氏，是以相傳以口耳，而孔孟以前未嘗傳其書，至戰國而守師傳之道廢，通其學者述舊聞而著於竹帛焉。」嚴可均云：「先秦諸子，皆門弟子或賓客或子孫撰定，不必手著。」觀劉向《敘錄》，知今傳子書，皆經漢人整理編次，如《墨子》、《莊子》今本似皆非先秦舊典，彼時所有者，想僅為不相連屬之各篇耳。漢人於整理纂輯之會，乃取同此學派之各篇，聚而掇成一編，題曰「某子」，意謂此某學派之著作，驗乎《呂氏春秋》之成書，不韋懸諸國門，以此自炫，可推彼時能及身成書者，為曠古所未有，當世所罕見者也。然而人以子稱者何也？何休《公羊解詁》謂：「古者士大夫通稱曰子。」汪中《述學》云：「古者公卿大夫皆稱子，子不成詞，則曰夫子，夫者人所指名也，以夫配子，取足成詞。」今按魯論所載，蘧伯玉使人問孔子，孔子曰：「夫子何為？」對曰：「夫子寡過未能。」邢疏：「夫子指蘧伯玉。」季氏將伐顓臾，孔子曰：「求，無迺爾是過歟？」冉求曰：「夫子欲之。」邢疏：「夫子指季氏。」《左傳》寧嬴稱陽處父曰：「夫子其不沒乎？」是皆卿大夫通稱為子之明證。良以官師合一之世，肄版者必入官，故弟子稱師曰「子」曰「夫子」。迨學在私家，其人率身從大夫之後而曾掌官守之實者，故弟子遂以子題其述造，何休曰：「以子冠上，著其為師。」後人承其說，遂有以子為各派本師或先師之稱矣。今《晏子》一書，《史記》即有春秋之名，而《漢志》反稱晏子，以從《七略》之說，由其成書之過程觀之（參閱第三章第一節）與論、孟、老、莊諸子同出一轍，再以文中稱謂，多尊「晏子」；或「子」或「夫子」，苟書不成於此派後學，何克臻此？是以《晏子春秋》乃子部之要籍，就其成書之因緣可知也。

二、由晏子春秋命名之由來知其與史傳不同：

《四庫提要》云：「案晏子一書，由後人摭其軼事為之，雖無傳記之名，實傳記之祖也，舊列子部，今移入於此。」蔣伯潛《諸子通考》駁之曰：「四庫全書入史部傳記類，按其體裁，仍為子書，非史書；所以列於史部者，豈以其名晏子春秋歟？」姚際恒引陳直齋語云：「漢志八篇，但曰晏子，隋唐七卷，始號晏子春秋。」然余讀司馬遷〈管晏列傳〉有「讀管氏牧民、山高、乘馬、輕重、九府、及晏子春秋，詳哉！其言之也！」則晏子以「春秋」名，似又早在史遷之前矣；且以「春秋」名書，列入《漢志》諸子略者，初非晏子一家也。如：儒家五十三家八百三十六篇中有：

《晏子》八篇

《李氏春秋》二篇

《虞氏春秋》十五篇

雜家二十家四百三篇中有：

《呂氏春秋》二十六篇

故《孔叢子．執節篇》稱「虞卿著書，名曰『春秋』」，魏齊曰：『子無然也，春秋，孔聖所以名經也，今子之書，大抵談說而已，亦以為名何？』答曰：『經者，取其事常也，可常則為經矣，且不為孔子，其無經乎？』齊問子順，子順曰：『無傷也』，魯之史記曰春秋，經因以為名焉；又晏子之書亦名春秋，吾聞泰山之上封禪者七十有二君，其見稱述，數不盈十，所謂貴賤不嫌同名也。」是知《晏子春秋》與李氏、虞氏、呂覽同為入道見志之書，非編年記事之史也。唐劉子玄著《史通》內外篇二十卷，記今修往，考究精覈，義例嚴整；其言《晏子春秋》一書與春秋家記事不同之說，甚中肯綮。內篇六家云：「逮仲尼之修春秋也，乃觀周禮之舊法，遵魯史之遺文，據行事，仍人道，就敗以明罰，因興以立功，假日月而定歷數，藉朝聘而正禮樂，微婉其說，志晦其文，為不刊之言，著將來之法，故能彌歷千載而其書獨行，又案儒者之說春秋也，以事繫日，以日繫月，言春以包夏，舉秋以兼冬，年有四時，故錯舉以為所記之名也。苟如是，則晏子、虞卿、呂氏、陸賈，其書篇第，本無年月，而亦謂之春秋，蓋有異於此者也。」則春秋為史，史乃記事，記事者，事必繫年，今《晏子》既不記時月，復不編年次，亦竟以春秋名書，此《史通》所以斥其名體不符，有乖至理，不得躋身史傳之列，應與諸子同伍也。清浦起龍《史通通釋》云：「此節帶及編年，言記事必繫之年月，若晏、虞、呂、陸輩所著，事無編繫，何得假名？然編年意，本章不重，特緣此斥諸家耳！」明楊升菴不言乎：「晏子一時新聲，而功同補袞，名曰『春秋』，不虛也。」今紀昀《四庫提要》鑒有未精，賅而未備，顧「春秋」之名，悖成書之實，斷然改子入史，其為識者所竊笑也必矣。夫三王之受謗也，值魯連而獲申，五霸之擅名也，逢孔宣而見詆。斯則物有恆準，而鑒無定識，蓋以《晏子》乃儒家之冠冕，諸子之雄長，班氏以來，年近兩千，其書隱沒，不行於世，嗚呼！豈時無識寶，世缺知音之過歟！

三、由書中文義知晏子春秋乃見道之作：

諸子者，入道見志之書也。《晏子》博通知要，名噪於百家；義合六經，書冠乎諸子，其言仁義也，曰：「今上無仁義之理，下無替罪誅暴之行。」「安仁義而樂利世者，能服天下，倍仁義而貪名實者，不能服天下。」「其正也！不失上下之倫；其曲也，不失仁義之理。」「凡有血氣者，皆有爭心，怨利生孽，維義為可以長存。」「厚取之君而不施於民，是為筐篋之藏也，仁人不為也。」其言禮也，曰：「上若無禮，無以使其下，下若無禮，無以事其上；夫麋鹿維無禮，故父子同麀，人之所以貴於禽獸者，以有禮者。嬰聞之人君無禮，無以臨邦；大夫無禮，官吏不恭；父子無禮，其家必凶；兄弟無禮，不能久同。詩曰：『人而無禮，胡不遄死。』故禮不可去也。」又曰：「君若無禮，則好禮者去，無禮者至；君若好禮，則有禮者至，無禮者去。」景公問後世孰將踐有齊國，晏子對以田氏，公曰：「然則奈何？」晏子對曰：「維禮可以已之，其在禮也，家施不及國，民不懈，貨不多，工賈不變；士不濫，官不諂，大夫不收公利。」公曰：「善，今知禮可以為國也。」對曰：「禮之可以為國也久矣，與天地並，君令臣忠，父慈子孝，兄愛弟敬，夫和妻柔，姑慈婦聽，禮之經也；君令而不違，臣忠而不二，父慈而教，子孝而箴，兄愛而友，弟敬而順，夫和而義，妻柔而貞，姑慈而從，婦聽而婉，禮之質之。」又曰：「夫禮先王之所以臨天下也，以為其民，是故尚之。」其言禮樂之關係也，曰：「樂亡而禮從之，禮亡而政從之，政亡而國從之。」其言鬼神也，曰：「上帝神，則不可欺；上帝不神，祝亦無益。」齊大旱逾時，景公欲少賦斂以祠靈山河伯，晏子進曰：「靈山固以石為身，以草木為髮，天久不雨，髮將焦，身將熱，彼獨不欲雨乎？祠之何益？河伯以水為國，以魚鼈為民，天久不雨，水泉將下，百川將竭，國將亡，民將滅矣，彼獨不欲雨乎，祠之何益？」故「君誠能避宮殿暴露，與靈山河伯共憂，其幸而雨矣。」是以詩云：「惠於宗公，神罔時恫。」「鬼神非人實親，惟德是依。」其言政治也，則曰：「政必合乎民，行必順乎神。」「今君政反乎民，行悖乎神。」「是以神民俱怨，而山川收祿。」又曰：「世治政平，舉事調乎天，藉斂和乎民，百姓樂其政，遠者懷其德，四時不失序，風雨不降虐，地長育而具物，神降福而不靡，民服教而不偽，治無怨業，居無廢民。」其論持民行道曰：「卑而不失尊，曲而不失正者，以民為本也；苟持民矣，安有遺道，苟遺民矣，安有正行焉。」其言教育也，曰：「諸侯並立，善而不怠者為長；列士並學，終善者為師。」「禁之以制，而身不先行，民不能止，故化其心，莫若教也。」通觀上引各節，「仁義」二字蓋為晏子之中心思想，禮、樂、刑、政，乃其行仁施義之四大綱領，至於化民成俗，尤胥以教育是賴。吾讀班固《漢書．藝文志》，知「儒家者流，蓋出於司徒之官，助人君，順陰陽，明教化者也；游文於六藝之中，留意於仁義之際，祖述堯舜，憲章文武，宗師仲尼，以重其言，於道最為高。」今《晏子春秋》引孔子之言者八，稱曾子者有二，述孔門弟子者一，其他引詩、書、禮、春秋者，不可勝數，故劉向《敘錄》曰：「其書六篇，皆合六經之義，班氏漢志列晏子於儒家。嗚呼！晏子春秋入道見志之書也；其義合六經，屬諸儒家，真千古不易之論也。」至於晏子言推己達人之道，見於行事者，如景公衣狐白裘不知天寒，晏子曰：「嬰聞古之賢君，飽而知人之饑，溫而知人之寒，逸而知人之勞，今君不知也！」景公為臺成又欲為鐘，晏子曰：「君國者，不樂民之哀：君不勝欲，既築臺矣，今復為鐘，是重斂於民，民必哀矣，夫斂民之哀而以為樂，不祥，非所以君國也。」其先憂後樂之心，溢乎言表，忠諫其君之情，肫懇切實，千載以下讀其書，如見其人。內篇諫上第五章載景公冬起大臺之役，歲寒不已，凍餒者鄉有焉，國人望晏子，晏子至，已復事。公延坐，飲酒樂。晏子曰：「君若賜臣，臣請歌之，歌曰：『庶民之言曰，凍水洗我若之何？太上靡散我若之何？』」歌終，喟然歎而流涕！其民胞物與，解衣推食之誠，直可感天地而泣鬼神，孔子曰：「君子學道則愛人。」豈晏子之謂乎！

四、由晏子春秋之文辭論晏子當屬儒家：

清管異之云：「唐柳宗元知疑其書而以為出於墨氏，墨氏之徒去晏子固不甚遠，苟所為猶近古，其淺薄不當至是，……且劉向、歆，班固父子，其識皆與太史公相上下，苟所見如今書多墨氏說，彼校書胡為入之儒家哉？」惟異之之論，憑空取巧，不足以服子厚之心，實則欲證子厚之論為是為非，予意當就《晏子春秋》之文辭求之。今誦全書，皆義合六經，的然為儒家，茲臚列其證如次：

㈠稱引孔子之言者：

內篇諫上景公衣狐白裘不知天寒章：孔子聞之曰：「晏子能明其所欲，景公能行其所善。」

內篇諫下景公冬起大臺之役章：仲尼聞之喟然嘆曰：「古之善為人臣者，聲名歸之君，禍災歸之身，入則切磋其君之不善，出則高譽其君之德義，是以雖事惰君，能使垂衣裳朝諸侯，不敢伐其功，當此道者，其晏子是耶！」

同篇景公嬖妾死守之三日不斂章：仲尼聞之曰：「星之昭昭，不若月之曀曀，小事之成，不若大事之廢，君子之非，賢於小人之是也，其晏子之謂歟！」

內篇問上景公問為政何患章：孔子聞之曰：「此言也，信矣，善進，則不善無由入矣；不善進，則善無由入矣。」

內篇問下梁丘據問子事三君不同心章：仲尼聞之曰：「小子識之，晏子以一心事百君者也。」

內篇雜上晉欲攻齊使人往觀章：仲尼聞之曰：「善哉！不出尊俎之間，而折衝於千里之外，晏子之謂也，而太師其與焉。」

同篇晏子使魯有事已章：仲尼命門弟子曰：「不法之禮，維晏子為能行之。」

同篇晏子居喪遜答家老章：孔子曰：「晏子可謂能遠害矣，不以己之是，駁人之非，遜辭以避咎，義也夫！」

㈡稱引曾子之事者：

內篇問下曾子問不諫上不顧民以成行義者，晏子對以何以成也。

內篇雜上曾子將行，晏子送之而贈之善言。

同篇晏子居喪遜答家老章，曾子以問孔子。

㈢稱引孔門弟子者：

內篇問上景公問欲善齊國之政以干霸王章：晏子對曰：「臣聞仲尼，居處惰倦，廉隅不正，則季次、原憲侍，氣鬱而疾，志意不通，則仲由、卜商侍，德不盛，行不厚，則顏回、騫、雍侍。」

㈣稱引詩經者：

內篇諫上景公愛嬖妾隨其所欲章：詩曰：「載驂載駟，君子所屆。」又詩曰：「哲夫成城，哲婦傾城。」

同篇景公貪長有國之樂章：詩曰：「靡不有初，鮮克有終。」

內篇諫下景公登路寢臺望國而嘆章：詩云：「武王豈不事，貽厥孫謀，以燕翼子。」

同篇景公路寢臺成逢于何願合葬章：詩云：「穀則異室，死則同穴。」

內篇問下景公問賢不肖可學乎章：詩云：「高山仰之，景行行之。」

同篇魯昭公問魯一國迷何也章：詩曰：「芃芃棫樸，薪之槱之，濟濟辟王，左右趨之。」

同篇叔向問齊德衰子若何章：詩有之曰：「進退維谷。」

同篇叔向問人何以則可保身章：詩曰：「既明哲且，以保其身，夙夜匪懈，以事一人。」

內篇雜上崔慶劫齊將軍大夫盟章：詩云：「莫莫葛藟，施於條枚，愷愷君子，求福不回。」又詩云：「彼已之子，舍命不渝。」

同篇晏子飲景公酒公呼具火章：詩云：「側弁之俄，言失德也，屢舞傞傞，言失容也。」

內篇雜下景公欲更晏子宅章：詩曰：「君子如祉，亂庶遄已。」

外上景公飲酒命晏子去禮晏子諫章：詩曰：「人而無禮，胡不遄死。」

同篇景公謂梁丘據與己和晏子諫章：詩曰：「亦有和羹，既戒且平，鬷嘏無言，時靡有爭。」

同章：詩曰：「德音不瑕。」

同篇景公使祝史禳彗星晏子諫章：詩曰：「維此文王，小心翼翼，昭事上帝，聿懷多福，厥德不回，以受方國。」

同章：詩曰：「我無所監，夏后及商，用亂之故，民卒流亡。」

㈤稱引書經者：

內篇諫下景公春夏游獵興役章：「昔文王不敢盤遊於田，故國昌而民安。」

㈥稱引禮者：

《晏子春秋》文中言禮制者以周禮為本，言儀法者以儀禮為歸，其動靜語默，更與大小戴記相表裏，引述最夥，茲不辭贅。

㈦稱引春秋者：

請參閱〈晏子春秋真偽考〉，茲不贅言。

㈧稱引《論語》者：

內篇雜上晏子使魯有事已仲尼以為知禮章：「大者不踰閑，小者出入可也。」劉師培云：「全書符大小戴禮及左氏傳者，不勝枚舉。」據此，則是書之有涉於儒者甚多，而言墨子聞其道而稱之者僅二見，如：

內篇問上景公問聖王其行若何章：墨子聞之曰：「晏子知道，道在為人，而失在為己，為人者重，自為者輕，景公自為，而百姓不與；為人，而諸侯為役，則道在為人，而行在反己，故晏子知道矣。」

內篇雜上景公惡故人晏子退章：墨子聞之曰：「晏子知道，景公知窮矣。」是《晏子春秋》不當列入墨家，尤非墨者之徒為之審矣。至於尚同、兼愛、尚賢、明鬼、節用之說，書中雖時有間出，但若據此即以為墨者之徒為之，亦非持平之論，昌黎韓愈不云乎：「儒譏墨子以上同、兼愛、上賢、明鬼，而孔子畏大人，居是邦，不非其大夫；春秋譏專臣，不上同哉！孔子泛愛親仁，以博施濟眾為聖，不兼愛哉！孔子賢賢，以四科進褒弟子，疾沒世而名不稱，不上賢哉！孔子祭如在，譏祭如不祭者曰，我祭則受福，不明鬼哉！」至於薄葬，節儉反用夏道，《論語》：「禹吾無間然矣，菲飲食而致孝乎鬼神，惡衣服而致美乎黻冕，卑宮室而盡力乎溝洫，禹吾無間然矣。」又曰：「飯蔬食飲水，曲肱而枕之，樂亦在其中矣。」豈不節儉而用夏道哉！晏居喪盡禮，家老曰：「非大夫喪父之禮也。」晏子遜答之：「唯卿為大夫。」謙辭避咎，薄葬遠害，蓋起於救時之弊，與墨子「棺三寸，衣三領，下毋及泉，生不久哭」之論迥別。子厚信是書墨者齊人為之，吾不知其何所據而云然？必不得已而求之，吾於景公夜聽新樂晏子諫，及景公欲厚葬梁丘據晏子諫，景公欲以人禮葬走狗晏子諫三章而已。雖然，晏子之諫亦異乎墨子之「非樂」「短喪」也。蓋晏子諫聽新聲，以新樂淫君故耳。文曰：「夫樂亡而禮從之，禮亡而政從之，政亡而國從之，國衰，臣懼！」是以「命宗祝修禮而拘虞。」《論語》曰：「放鄭聲，遠佞人；鄭聲淫，佞人殆。」《孟子》曰：「民欲與之偕亡，雖有臺池鳥獸，其能獨樂哉！」夫大樂與天地同和，大禮與天地同節，知樂幾禮，驗乎孔、孟、荀三子之言，則晏子諫聽新聲，豈墨氏非樂之旨哉！至於諫景公之厚葬梁丘據，在正官邪而勸倫常；諫毋以人禮葬走狗，在省刑罰而薄藉斂，使君怨毋聚於百姓，權並駕乎諸侯，斯旨於墨有未合，而於儒全不悖，若乃「君令臣忠，父慈子孝，兄愛弟敬，夫和妻柔，姑慈婦聽」，為「禮之經」。此與儒家「以禮讓為國」之倫理思想尤合。其他類似之言，多如繁星之爛然，子厚等特舉什一之墨說，而抹煞全部之儒論，吾固曰：「晏子春秋當屬儒家，子厚之巧言實足以亂德也。」

五、由儒家之流變證陳蘭甫說晏子為滑稽之濫觴之非是：

陳蘭甫《東塾讀書記》與羅焌《諸子學述》，皆以為《晏子》當屬俳優小說一流，並謂：「非晏子為小說家也，輯是書者小說家數也。」此似未諳於學術之流變也。儒家固以通經為本，以孔子為宗，然觀其學之流變，亦或為諸子之所自出，《漢書‧藝文志》於名家，引孔子必也正名；於縱橫家引孔子誦詩三百，使於四方，不能專對；於農家引孔子所重民食；於小說家引孔子雖小道，必有可觀；於兵家引孔子為國者足食足兵，足證諸子學術，不悖孔門，惟僅得孔門之一體耳。且孔子問禮於老聃，則孔子兼明道家之學。作易以明陰陽，如「立天之道，曰陰曰陽；立地之道，曰柔曰剛。」「一陰一陽之謂道」之類，則孔子兼明陰陽家之學。言殊塗同歸，言審法度，則孔子兼明雜家、法家之說。韓昌黎言孔、墨相為用，以兼愛即孔子之泛愛眾，以尚儉即孔子稱「禹，吾無間然」之義，說雖未確，然謂孔必用墨，墨必用孔，固屬不刊之論，則孔子又兼明墨家之學。唯其兼明諸子之學，故孔學末流亦多與九流相合。如田子方受業於子夏，子方之後，流為莊周，而孔學雜於道家；禽滑釐為子夏弟子，治墨學，而孔學雜於墨家；告子嘗學於孟子，兼治名家言，而孔學雜於名家；荀卿之徒，流為韓非、李斯，而孔學雜於法家；陳良悅孔子之道，其徒陳相為神農之言，而孔學雜於農家；曾子之徒，流為吳起，而孔學雜於兵家。由是言之，孔門學術大而能博，此南郭惠子所以有「夫子之門何其雜也」之說也。夫《晏子春秋》言稱仁義，語合六經，自屬儒家言，其書雖或兼綜小說，為滑稽之濫觴，又何害晏子之為儒乎？如：

內篇諫上景公飲酒七日不納弦章之言晏子諫章。

同篇景公欲祠靈山河伯以禱雨晏子諫章。

同篇景公從畋十八日不返國晏子諫章。

其諫景公之飲酒也，曰：「幸矣，章遇君也，令章遇桀、紂，章死久矣。」此言君非桀紂，當納其諫而旌其忠。其諫景公之祠靈山河伯以禱雨也，曰：「夫靈山固以石為身，以草木為髮，天久不雨，水泉將下，百川將竭，國將亡，民將滅矣，彼獨不欲雨乎，祠之何益？」此言請人不如請己，祠神不如敬人，為政在德而不在祠靈山河伯也。其諫景公之從畋十八日而不返也，「若乃心之有四支，而心得佚焉則可，令四支無心，十有八日，不亦久乎！」此言君為臣綱，好獸而惡民，毋乃不可乎！

明楊升菴《晏子春秋總評》云：「晏子危言行，善順衡，施之後主，正中其病，其藥要在對病而已。」

又云：「晏子春秋譚端說鋒，與策士辨者相似，然不可謂非正也。孔子論五諫曰：『吾從其諷。』觀其說苑及晏子春秋口載以諷而從，不可勝數。蘇洵作諫論，欲以管晏之術，而行逄、干之心，是或一道也，故當時諷諫之妙，惟晏子得之。」晏子之諫，深得風雅之正，不可因此強入於小說家，正如孔子必用墨子，墨子必用孔子，墨子不得藉以入儒家，孔子不得藉以列墨家然也。陳蘭甫羅焌二子得吾言，亦可以頷首稱善矣夫？

卷一　內篇諫上第一

凡二十五章㈠

莊公矜勇力不顧行義晏子諫第一㈡

莊公奮乎勇力㈢，不顧于行義㈣。勇力之士，無忌于國，貴戚不薦善㈤，逼邇不引過㈥，故晏子見公。公曰：「古者亦有徒以勇力立于世者乎？」晏子對曰：「嬰聞之，輕死以行禮謂之勇，誅暴不避彊謂之力。故勇力之立也，以行其禮義也。湯武用兵而不為逆，幷國而不為貪，仁義之理也。誅暴不避彊，替罪不避眾㈦，勇力之行也。古之為勇力者，行禮義也；今上無仁義之理，下無替罪誅暴之行，而徒以勇力立于世，則諸侯行之以國危，匹夫行之以家殘㈧。昔夏之衰也，有推侈、大戲㈨，殷之衰也，有費仲、惡來㈩，足走千里⑾，手裂兕虎⑿，任之以力，凌轢天下⒀，威戮無罪，崇尚勇力⒁，不顧義理，是以桀、紂以滅，殷、夏以衰。今公自奮乎勇力，不顧乎行義，勇力之士，無忌于國，身立威彊，行本淫暴⑮，貴戚不薦善，逼邇不引過，反聖王之德，而循滅君之行⑯，用此存者，嬰未聞有也。」

【今註】 ㊀《晏子春秋》自元刻以下，如明活字本、吳鼒刻本、楊慎評本、凌澄初本，每篇均前記篇章，後加標題。如本篇首行「內篇諫上第一凡二十五章」，次行別云：「莊公矜勇力不顧行義晏子諫第一」，以下各篇仿此。㊁全章要旨，在言莊公既自誇勇力，又疑所行未必皆是，故晏子乘其問，特舉勇以行禮，力不避強以諫之。㊂莊公：名光，景公異母弟，繼靈公而有齊國，在位四年，為崔杼所弒。奮：自誇曰奮。㊃行義：一本作仁義。《太平御覽》七十七引，「義」又作「尚」，屬下句讀。㊄謂朝廷的權貴近親，不進善言。㊅指左右近臣，不引過自責。㊆替罪：替作「廢」解，引申為「剷除」；替罪，即剷除禍首罪魁之意。㊇于鬯香草云：「玩『家殘』字，則『匹夫』蓋當作『大夫』，小戴曲禮記鄭康成注，公羊桓二年傳何休解詁，並云：『大夫稱家。』」㊈推侈、大戲：桀時二勇士。湯伐桀，被擒。推，或作惟、作雖、作雅；侈，或作哆、作移、作多，皆形近致訛。⑩費仲、惡來：二人皆紂力士。費仲名仲潏，蜚廉父；惡來，蜚廉子，祖孫俱以材力事殷紂。牧野之戰，被擒。⑪足走千里：即善走之意。⑫手裂兕虎：《太平御覽》三百八十六引作「手制兕虎」。兕，音ㄙˋ，犀牛。⑬凌轢：猶虐待、欺壓之意。轢，音ㄌㄧˋ。⑭崇尚勇力：《太平御覽》三百八十六引作「專行威力」。㊄行本淫暴：孫星衍云：「太平御覽作『行流』，古『㳅』字似『本』。」按「㳅」「本」形不相近，此疑別一本，流者，歸也，行歸於淫暴也。㊅循滅君之行：循，猶依也。滅君，指桀、紂。此回應前文作結。

【今譯】莊公自誇勇力過人，忽視行禮講義的事。於是好勇鬥狠的人，便肆無忌憚，橫行國內；權貴近親們，不願進盡忠言；左右的近臣，不敢引過自責，故晏子適時晉見莊公。公問：「古代也有專靠勇力，立國於天下的人嗎？」晏子答道：「我聽說輕生赴死，遵禮而行叫做勇，除暴安良，不受脅迫叫做力。故古時雖然有靠勇力立國的，而他們的目的在行禮講義。如湯、武革命，用兵伐暴，後人不認為是大逆不道；合併亂國，終歸一統，後人不認為是貪得無饜，反而覺得這是仁義的具體表徵。他們這種除暴安良，不受強梁的威脅；弔民伐罪，不因敵多而走避的精神，正是勇力的充分實行。所以古代有勇力的人，都在行禮講義啊！如今君上既沒有行仁講義的表現，而臣下又缺乏除暴安良的善行，卻專想靠著勇力立國於天下，如果諸侯這樣做，全國一定危險；匹夫這樣做，家庭一定敗壞。過去夏朝末年的時候，桀有勇士推侈、大戲，殷朝末年的時候，紂有力士費仲、惡來，他們都具有徒步日行千里，空手格殺犀虎的本領，仗著個人的力氣，凌虐天下，殺戮無辜，崇尚勇力，忽視義理，所以桀、紂因而滅亡，夏、殷就此衰敗。今公自誇勇力過人，忽視了行禮講義，於是好勇鬥狠的人，肆無忌憚，橫行國內，身立於威強之上，行歸於淫暴之中，作威作福，以致同姓的卿士，不願進盡忠言，左右的近臣，不敢引過諫諍，完全違悖了古聖先王的美德，而遵循著亡國滅君的惡行，今後如仍舊執迷不悟，還想長治久安，那我就向所未聞了。」

景公飲酒酣願諸大夫無為禮晏子諫第二㊀

景公飲酒酣㊁，曰：「今日願與諸大夫為樂飲㊂，請無為禮。」晏子蹴然改容曰㊃：「君之言過矣！羣臣固欲君之無禮也。力多足以勝其長㊄，勇多足以弒君，而禮不使也㊅。禽獸以力為政㊆，彊者犯弱，故日易主㊇；今君去禮，則是禽獸也。羣臣以力為政，彊者犯弱，而日易主，君將安立矣？凡人之所以貴於禽獸者，以有禮也；故詩曰㊈：『人而無禮，胡不遄死㊉。』禮不可無也。」公湎而不聽(一一)。少間，公出，晏子不起，公入，不起；交舉則先飲(一二)。公怒，色變，抑手疾視曰(一三)：「嚮者夫子之教寡人無禮之不可也(一四)，寡人出入不起，交舉則先飲，禮也？」晏子避席再拜稽首而請曰(一五)：「嬰敢與君言而忘之乎？臣以致無禮之實也。君若欲無禮，此是已(一六)！」公曰：「若是，孤之罪也。夫子就席(十七)，寡人聞命矣。」觴三行(十八)，遂罷酒。蓋是後也(十九)，飭法修禮以治國政，而百姓肅也。

【今註】 ㈠本篇和外篇上第一，景公飲酒命晏子去禮晏子諫章相合，而措辭稍有不同。事又見《韓詩外傳》九。全章要旨：首明禮之為用，最後歸本於飭法修禮。㈡景公：名杵臼，繼莊公而有齊國。㈢樂飲：痛飲。樂，音ㄌㄜˋ。㈣蹴然改容：蹴然，不安貌。蹴然改容，指臉色改變的樣子。㈤勝其長：讀為令長的長。句中「其」字，以下文例之，當是衍文。㈥使：據劉師培補釋：「『使』字當作『便』，『禮不便』一語，與上『固欲君無禮』相應，『便』『使』二字因字形相近而訛。」㈦禽獸以力為政：謂禽獸以力相攻打。㈧日易主：日易即常易，言經常更換領袖。㈨詩曰：此引《詩經・鄘風・相鼠》之篇。毛序：「刺無禮也。」晏子引詩，多與毛合，與齊、魯之說不同。㈩胡不遄死：遄，音ㄔㄨㄢˊ，速也，遄死，速死。(十一)湎而不聽：湎，沈於酒也。據俞樾《諸子平議》，「湎」疑「偭」字之誤，作背解。言景公正沈湎於酒，聞晏子言而不樂，故背之不聽。(十二)交舉則先飲：交舉，交舉酒杯。言交杯互敬時，則搶自先飲。(十三)抑手：按手。(十四)嚮者：嚮當作曏，不久之意。(十五)避席再拜稽首：避席，離席起立，所以示敬。再拜稽首，為臣拜君，以頭至地，乃跪拜中最重之禮。(十六)此是已：指上不起與先飲二事。(十七)就席：入席。(十八)觴三行：按《春秋左傳》宣公二年文，臣侍君宴，不過三爵，故酒過三巡，遂行罷宴。(十九)蓋：語首助詞，不作疑辭解。

【今譯】景公與羣臣共飲，當酒喝到興高采烈的時候，對大家說：「今天願和諸大夫喝個痛快，請各位不必拘禮。」晏子一聽此言，馬上改容變色的回答說：「國君所言差矣！羣臣本來就希望國君能不拘禮數，這樣力多的足以戰勝長上，勇多的足以殺害國君，假使彼此堅持禮數的話，那就於此諸多不便了。例如禽獸靠著自己的氣力，彼此攻擊，強大的欺凌弱小，所以每天更換領袖；今國君希望羣臣不必拘禮，那就形同禽獸了；人如形同禽獸，羣臣也仗著自己的氣力，去互相攻擊，強大的欺凌弱小，而每天更換領袖的話，試想，我君又怎能安於其位呢？凡人之所以高貴於禽獸的地方，正因為有禮的關係，故〈鄘風・相鼠〉之詩說：『人如果不講求禮，還不如早點死掉的好。』由此可知，禮是不可或缺的啊！」當時景公正沈迷於杯中之物，所以對晏子的勸告，背而不理，好像沒聽到似的。不久，公因事離席，晏子不起身恭送；公由外入座，又不起身相迎，交杯互敬時，更搶先飲酒，公十分氣惱，容色大變，抓緊著雙手，怒目而視的責問道：「剛才先生教寡人，還一再強調，人之相處不可以無禮，而寡人出入席次，你不起身迎送，交杯敬酒，你又搶先來飲，這難道合禮嗎？」晏子聞言，離席起身，非常禮貌的稟告說：「嬰怎敢忘記適才向國君講的話呢，臣祇不過用具體的行動，說明無禮的實況罷了，君如果不拘禮數，其結果就像這個樣子！」公說：「如此說來，這是本人的罪過嘍！先生請入席，寡人聽命行事好了。」酒過三巡，就停止了這次飲宴。自此以後，景公銳意革新，整飭法紀，修明禮樂，不僅國家政務走上軌道，就是全國百姓，也都安居樂業，而社會秩序，更有條不紊了。

景公飲酒酲三日而後發晏子諫第三㊀

景公飲酒，酲㊁，三日而後發㊂。晏子見曰：「君病酒乎？」公曰：「然。」晏子曰：「古之飲酒也，足以通氣合好而已矣㊃。故男不羣樂以妨事，女不羣樂以妨功。男女羣樂者，周觴五獻㊄，過之者誅㊅。君身服之㊆，故外無怨治㊇，內無亂行。今一日飲酒，而三日寢之，國治怨乎外㊈，左右亂乎內。以刑罰自防者㊉，勸乎為非㊁；以賞譽自勸者，惰乎為善；上離德行，民輕賞罰，失所以為國矣。願君節之也㊂！」

【今註】㊀全章主旨：言景公病酒，三日而後始醒。晏子以為不合宴飲之道，故勸君當略加節制。

㊁酲：病酒。《北堂書鈔》一百四十八引「酲」作「醒」，誤。㊂三日而後發：發，起也。言醉臥三天，而後始覺清醒之意。㊃通氣合好：謂溝通聲氣，聯絡感情。㊄周觴五獻：俞樾引《小爾雅・廣言》：「周，匝也。」蓋觴各五獻一匝而止，故曰周觴五獻。㊅誅：責讓。有處罰意。㊆君身服之：服，訓行。言上必身體力行以率下。㊇外無怨治：據王念孫《讀書雜志》說，《晏子春秋》多以「怨」為「蘊」，怨、蘊一聲之轉。意思是指外無積壓不辨的公事。㊈國治怨乎外：句中「怨」

字，舊本俱作「怒」。㊉以刑罰自防者：言刑罰不準，人皆疏於防範。㊁勸乎為非：「勸」疑作「勸」，因下句「勸」字致誤。㊂願君節之也：言願君節制淫佚之行，身服禮義以先民也。

【今譯】景公飲酒大醉，不省人事，三天以後，才清醒起牀。晏子晉見時問道：「我君飲酒過量，身體不適嗎？」公回答稱：「是的。」晏子因而勸告說：「古人飲酒，只要達到賓主互通聲氣，聯絡感情的目的就夠了。故男的不羣聚宴樂以妨害農事，女的不羣聚燕樂以妨害女紅。如男女一旦聚會宴飲之時，彼此酬酢，往來之間，酒不過五巡，超過的就會受到責罰。做國君的人，更是踐履篤行，以身為天下倡。故外無積壓不辨的公事，內無昏憒敗德的惡行。今我君一日飲酒，而三天沈睡，國家政事廢弛於外，左右近臣敗壞於內；平常那些作奸犯科，不知檢點的人，由於刑罰失據，等於幫助他們去為非作歹；以賞譽相勸，潔身自愛的人，反而缺乏了積極為善的鼓勵。在上的如離德悖行，為民的便不重視賞罰。德行既不足觀，賞罰又失去作用，事如至此，就喪失了所以立國的原則了。但願我君能節制淫佚之行，身服禮義，以德化民才是啊！」

景公飲酒七日不納弦章之言晏子諫第四㊀

景公飲酒，七日七夜不止。弦章諫曰㊁：「君欲飲酒七日七夜㊂，章願君廢酒也！不然，章賜死㊃。」晏子入見，公曰：「章諫吾曰：『願君之廢酒也！不然，章賜死。』如是而聽之，則臣為制也㊄；不聽，又愛其死㊅。」晏子曰：「幸矣！章遇君也。今章遇桀紂者，章死久矣。」於是公遂廢酒。

【今註】㊀全章主旨，言景公飲酒七日七夜不止，不納弦章之言，晏子諫，公遂廢酒。㊁弦章：盧文弨《晏子春秋拾補》云：「呂氏春秋勿躬篇，說苑君道篇，皆以弦章在桓公時。韓非外儲說左下作弦商，當即弦章。唯新序雜事四，在桓公時乃弦寧。後問上作弦甯，實一字。據此，則弦章正事景公者。」案：弦章事景公，侍桓公者，當為弦甯。弦章疑即弦甯之後。㊂君欲飲酒七日七夜：句中「欲」字，據王氏雜志當是衍文，可刪。㊃章賜死：文義不順，此謂「章請賜死」，疑「章」下脫「請」字。下句同此。㊄臣為制：猶言君受制於臣。㊅又愛其死：愛，憐惜。言如不聽而賜死，又心有所不忍也。

【今譯】景公飲酒，七天七夜不停。弦章進諫道：「君飲酒已七日七夜，章願我君立即罷酒；不然的話，請賜章一死。」晏子適時入見，公告訴他說：「弦章勸我說：『願君立即罷酒，不然的話，請賜章一死。』如果聽信他的話，就等於受臣下所制；不聽而賜之一死，內心又有所不忍。」晏子回答道：「幸虧弦章遇到了像您這樣的國君，假使遇到的是夏桀、殷紂，說不定弦章早就活不成了。」公聽了晏子這番言近旨遠的話以後，於是就罷酒不飲了。

景公飲酒不恤天災致能歌者晏子諫第五㈠

景公之時，霖雨十有七日㈡。公飲酒，日夜相繼。晏子請發粟於民，三請，不見許。公命柏遽巡國㈢，致能歌者㈣。晏子聞之，不說，遂分家粟於氓㈤，致任器于陌㈥，徒行見公曰㈦：「十有七日矣㈧！懷寶鄉有數十㈨，飢氓里有數家，百姓老弱，凍寒不得短褐㈩，飢餓不得糟糠⑪，敝撤無走⑫，四顧無告，而君不卹，日夜飲酒，令國致樂不已，馬食府粟，狗饜芻豢⑬，三保之妾⑭，俱足粱肉。狗馬保妾，不已厚乎？民氓百姓，不亦薄乎？故里窮而無告⑮，無樂有上矣；飢餓而無告，無樂有君矣。嬰奉數之筴⑯，以隨百官之吏，民飢餓窮約而無告，使上淫湎失本而不卹⑰，嬰之罪大矣。」再拜稽首，請身而去⑱，遂走而出。公從之⑲，兼于塗而不能逮⑳，令趣駕㉑，追晏子其家㉒，不及。粟米盡于氓，任器存于陌，公驅及之康內㉓。公下車從晏子曰：「寡人有罪，夫子倍棄不援㉔，寡人不足以有約也㉕，夫子不顧社稷百姓乎？願夫子之幸存寡人㉖，寡人請奉齊國之粟米財貨，委之百姓，多寡輕重，惟夫子之令。」遂拜于途㉗。晏子乃返，命稟巡氓㉘，家有布縷之本而絕食者㉙，使有終月之委㉚；絕本之家，使有期年之食，無委積之氓，與之薪橑㉛，使足以畢霖雨。令柏巡氓㉜，家室不能禦者，予之金；巡求氓寡用財乏者㉝，死三日而畢㉞，後者，若不用令之罪。公出舍㉟，損肉撤酒，馬不食府粟，狗不食飦肉㊱，辟拂嗛齊㊲，酒徒減賜。三日，吏告畢上：貧氓萬七千家，用粟九十七萬鍾，薪橑萬三千乘；懷寶二千七百家，用金三千。公然後就內退食㊳，琴瑟不張，鐘鼓不陳。晏子請左右與可令歌舞足以留思虞者退之㊴，辟拂三千，謝于下陳㊵，人待三㊶，士待四，出之關外也㊷。

【今註】㈠全章主旨，言景公恣酒淫樂，不卹災黎，晏子自分家粟，引過請身以諫。㈡霖雨十有七日：霖雨，淫雨。「有」為「又」叚。㈢公命柏遽巡國：「柏」景公近臣名柏者。遽，傳也，有急遽意。巡，巡視。言景公命近臣柏傳驛巡視國中。一說柏遽，人名，姓柏名遽。㊃致能歌者：致，送詣也，引申為羅致，言羅致能歌善舞之人。㊄家粟：古時大夫稱家，家粟，指大夫祿田之粟。㊅任器：擔荷糧食之工具。㊆徒行見公：由上文知凡能載運之車馬，已致之於陌，故晏子步行見公。㊇十有七日矣：據上文「十」上脫「霖雨」二字，當依王校補。㊈懷寶：依王校當為「壞室」之譌。「懷」與「壞」字相似，俗書「寶」作「宝」，與「室」亦相似，故因形近致誤。文末「懷寶三千家」之「懷寶」，與此例同，均應據正。㊉短褐：粗布衣服。⑪糟糠：當為「糟穅」之誤，指粗惡食物。⑫敝撤無走：即牆倒屋壞，無家可歸。⑬狗饜芻豢：饜，飽。草食曰芻，牛羊是也；穀食曰豢，犬豕是也。言狗飽牛、羊、犬、豕之肉。⑭三保之妾：孫詒讓《札迻》，「室」舊譌為「保」，當據正。三室之妾，言景公三室之妻妾。下文「狗馬保妾」之「保」，同有此誤。⑮里窮而無告：義不可通，俞樾《諸子平議》以為此文當作「鄉里窮約而無告」，「里」上當有「鄉」字，「窮」下當有「約」字。⑯奉數之筴：「筴」當為「策」，言署名奉職於朝廷，持策以待書事也。謙辭。⑰使上淫湎失本而不卹：「使」字疑在「民飢餓窮約而無告」句上。民為邦本，失本，即失去民心。⑱請身而去：請身，請命乞身，猶後人請乞骸骨，致仕歸田之意。⑲公從之：一本「從」作「追」。⑳兼于塗而不能逮：「兼」疑「溓」之借字。讀為「黏」，《說文》：「相著也。」言今霖雨十七日，泥濘滿途，黏著難行，故曰「兼于塗而不能逮」。㉑令趣駕：「趣」通「取」，取駕，即乘車意。公因徒行以從，而不能逮，故命取駕。㉒追晏子其家：句中疑有挩文。㉓康內：《爾雅．釋宮》：

「五達謂之康。」康內，指大道上。㉔倍棄不援：「倍」同「背」。援，助。倍棄不援，背離而去，不加援助。㉕寡人不足以有約也：「約」，文廷式校，當作「為」，草書形似而譌。「寡人不足以有為」，乃景公自謙之辭。㉖幸存寡人：謂幸保寡人。㉗遂拜於途：「途」，一本作「塗」。「涂」、「途」古字，「塗」俗字。㉘命稟巡氓：「稟」，景公近臣名稟者，使之巡行民間，有乏食者周給之。㉙家有布縷之本而絕食者：此本，蓋指布縷為衣之本。絕食者，指有衣無食之民。㉚終月之委：委，積儲也，少曰委，大曰積，委積，牢禮薪芻之稱。終月之委，一個月之糧食。㉛薪橑：同義結合之複詞，薪橑可以供炊爨引火。㉜令柏巡氓：「令」當作「命」，與上文一律。㉝寡用財乏：「寡」，一本作「家」。㉞死三日而畢：「死」字與上下文義不相屬，蓋衍文。此言巡氓者，限三日而畢其事也。㉟公出舍：出舍，出內寢而至公朝，猶今之親自坐鎮指揮。㊱飦肉：飦，音ㄓㄢ，以肉攪拌而成之粥叫飦肉。㊲辟拂嗛齊：指削減左右侍臣之俸祿。㊳就內退食：言始入內就食減饍。㊴留思虞者：「留」「流」同音假借，「虞」同「娛」。留思虞者，指能流連樂思之人。㊵下陳：猶後列，謂後宮嬖倖。㊶人待三：「待」，元刻本作「侍」，「人侍三，士侍四」，指嬖御之人三，嬖御之士四。㊷出之關外：逐之公門以外。上云請退左右，謂此。

【今譯】景公在位時，淫雨連綿十又七天。公飲酒作樂，日以繼夜。晏子請發放內府的積粟，以賑濟災民，懇求再三，均未被採納。不僅如此，公反而派遣近臣柏巡行國中，物色能歌善舞的人。晏子聽到此事，內心十分不快。於是只好把家藏的糧食分給災民，又提供工具，任他們使用，然後自己徒步晉見景公，說：「淫雨連綿已經十七天了！房子壞了的，每鄉都有數十幢，沒有飯吃的，每里都有好幾家。老弱婦孺們，當此天寒地凍，得不到粗布的衣服擋寒。肚子餓了，找不到粗劣的食物充飢，現在又遭到牆倒屋塌，無家可歸的慘局，真是四顧茫茫，哭天無淚。而國君不但不體卹同情，反日夜飲酒，使柏巡行國中，羅致能歌善舞的人，馬飼的是內府糧食，狗餵的是牛羊的肉，三宮妻妾，更是錦衣玉食，兩者相較，對狗、馬、妻、妾的待遇，不是太優厚了嗎？對平民百姓，不也太刻薄了嗎？試問鄉里之間，處處是飢寒交迫，窮約無告的災民，君上還有甚麼心情去飲酒作樂？嬰持策書事，隨百官供職於朝廷，結果竟使人民飢餓窮約，求告無門，君上沈湎酒樂，而不體卹災黎，我的罪過太大了。」他很有禮貌的懇請景公答應他辭官歸田，說著就匆匆忙忙地離開了。景公此時也緊跟著跑了出來，可是由於天雨路滑，泥濘難行，總趕不上，再乘車追到晏子家裏，仍沒看到個人影。只見粟米都被災民拿去了，荷擔的工具還橫三豎四的留在路上，公又驅車到十字路口才趕上晏子。就步下車來，走到晏子跟前，說：「寡人有了過失，先生背離而去，不加援助，固然寡人不足以有為，而先生能不以天下蒼生為念嗎？希望先生永遠留在寡人身邊，寡人願將內府所藏的粟米財貨，送給災民，數量多寡，聽候先生吩咐。」這樣經過一再解釋，晏子才答應反朝復職，首先派稟巡視災民；凡有衣無食之家，發給一個月的糧食；無衣無食的，發給一年的食用；沒有木柴點火的，發給薪柴以供炊爨，讓他們都能夠挨過淫雨的天氣。其次派柏巡視災民；凡住屋倒塌，不能避風雨的，發給救濟金；對缺錢少用，告貸無門的貧戶，限三天之內，調查完畢，如有玩忽延宕，不能剋期完成者，將治以抗令不遵的罪過。景公此時也坐鎮朝廷，親自指揮，下令每日三餐，減肉去酒，馬不得飼米粟，狗不能吃肉粥，削減左右嬖倖們的賞賜。三天的時限到了，各負責官員們，報告此次救災的成果：計貧民總數一萬七千家，用粟九十七萬鍾，木柴一萬三千車；房屋倒塌的二千七百家，發放救濟金三千。公然後才入內就食減饍，不設琴瑟，不陳鐘鼓，與災民共渡時艱。晏子又建議罷黜左右嬖倖，以及能歌善舞，流連樂思的人，結果嬖倖之女侍有三千人都除名，嬖御之人士也有三、四位，一塊兒逐出公門。救災工作，到此可說是圓滿結束了。

景公夜聽新樂而不朝晏子諫第六㊀

晏子朝，杜扃望羊待于朝㊁。晏子曰：「君奚故不朝？」對曰：「君夜發不可以朝㊂。」晏子曰：「何故？」對曰：「梁丘據扃入歌人虞㊃，變齊音㊄。」晏子退朝，命宗祝修禮而拘虞㊅，公聞之而怒曰：「何故而拘虞㊆？」晏子曰：「以新樂淫君㊇。」公曰：「諸侯之事，百官之政，寡人願以請子。酒醴之味，金石之聲，願夫子無與焉㊈。夫樂，何必夫故哉㊉？」對曰：「夫樂亡而禮從之，禮亡而政從之。國衰⑪，臣懼君之逆政之行。有歌⑫，紂作北里⑬，幽厲之聲⑭，顧夫淫以鄙而偕亡⑮，君奚輕變夫故哉？」公曰：「不幸有社稷之業，不擇言而出之，請受命矣。」

【今註】㈠全章主旨，言景公夜聽新樂而不朝，晏子命宗祝修禮拘虞，諫君當揚正樂，放淫聲。㈡杜扃望羊待于朝：杜扃，依孫星衍音義說，杜姓扃名。疑為齊大夫。望羊，仰首遠視貌。言齊之大夫杜扃仰首遠視，待於朝廷。㈢夜發：發讀如廢，謂竟夜未眠。㈣梁丘據扃入歌人虞：梁丘據，梁丘複姓，據名，字子猶。齊之大夫。扃，衍文。虞，是樂人善歌者。言梁丘據進獻歌者虞與景公。㈤變齊音：變上疑挩「以新聲」三字。㈥命宗祝修禮而拘虞：宗祝，官名。修禮，修明禮法。言使宗祝修明禮法以拘捕虞。㈦何故而拘虞：句中「而」字，作「汝」解。㈧以新樂淫君：新樂，如今之流行歌曲，靡靡之音。淫，惑亂人心。言以靡靡之音，惑亂君心也。㈨無與焉：與，參與。焉，也。言無參與也。⑩夫樂何必夫故哉：舊本「故」作「攻」，誤，言何必定須古樂哉，以明新樂無害。⑪國衰：劉師培補釋云：「『政亡而國從之衰』為句，『之』下『國』字衍。」⑫有歌：疑有脫文。⑬紂作北里：北里，歌名。《史記・殷本紀》：「紂使師涓作新淫聲北里之舞，靡靡之樂。」⑭幽厲之聲：幽、厲，西周二王。四字為句中主語，無述語，知有脫文。⑮顧夫淫以鄙而偕亡：此結上文「紂作北里，幽厲之聲」，言彼等皆以淫鄙之樂，而身滅國亡。

【今譯】晏子上朝時，見杜扃仰首遠視，待於朝廷。問道：「國君何故不入朝辦公呢？」回答說：「聽說國君整夜未睡，沒法入朝。」晏子又問：「何以徹夜不眠？」說：「梁丘據曾經進獻一位歌手虞氏，專門演唱新近流行的歌曲。」晏子退朝回來，即刻派宗祝按照國家的禮法，逮捕虞。公聞聽此事，勃然大怒，責問說：「你逮捕虞，是何道理？」晏子答道：「因為他演唱靡靡之音，迷亂君心。」公說：「有關諸侯會同之事，百官興革之政，寡人甚願請教先生。至於酒醴之味，金石之聲，希望先生不必過問。再說，音樂，又何必一定要固守傳統呢？」回答說：「聽慣了靡靡之音，則傳統音樂因之而亡，禮樂制度也隨之而亡。禮與政互為表裏，禮亡，則政治也無所施為。政以禮、義、廉、恥為節，政治既無所施為，國家也就不免遭受到亡國的厄運了。亡必先衰，臣怕國君現在悖禮逆政的行為，可能造成衰亡的後果。例如過去紂使師涓作北里之歌，西周幽、厲二王造靡靡之音，最後都因樂聲的淫放鄙俗而相繼國滅身亡。前車可鑑，我君又何必忽視齊國傳統的雅樂，去效尤殷紂、幽、厲的惡行呢？」景公聽了這番坦誠的話語，內心若有所悟的說：「本人不幸身負國家領導之重責，竟口不擇言，如今願意接受你的勸告！」

景公燕賞無功而罪有司晏子諫第七㈠

景公燕賞于國內㈡，萬鍾者三㈢，千鍾者五，令三出㈣，而職計莫之從㈤。公怒，令免職計，令三出，而士師莫之從㈥。公不說。晏子見，公謂晏子曰：「寡人聞君國者，愛人則能利之，惡人則能疏之。今寡人愛人不能利，惡人不能疏，失君道矣！」晏子曰：「嬰聞之，君正臣從謂之順，君僻臣從謂之逆。今君賞讒諛之民㈦，而令吏必從，則是使君失其道，臣失其守也。先王之立愛，以勸善也㈧，其立惡㈨，以禁暴也。昔者三代之興也，利于國者愛之，害于國者惡之，故明所愛而賢良眾，明所惡而邪僻滅，是以天下治平，百姓和集㈩。及其衰也，行安簡易⑪，身安逸樂，順于己者愛之，逆于己者惡之，故明所愛而邪僻繁，明所惡而賢良滅，離散百姓，危覆社稷。君上不度聖王之興⑫，而下不觀惰君之衰，臣懼君之逆政之行，有司不敢事，以覆社稷，危宗廟⑬。」公曰：「寡人不知也，請從士師之策。」國內之祿，所收者三也㈣。

【今註】㈠全章要旨，言景公燕賞無功而罪有司，晏子諫以先王立愛勸善之道，在禁濫賞以害政。㈡燕賞于國內：燕賞，燕飲賞賜。國內，國中嬖倖之人。㈢鍾：古量名，一鍾容六斛四斗。㈣令三出：治要「令」作「命」，下「令三出」同。㈤職計莫之從：一本作「職計算之」，下「士師」同。職計，官名，同今之會計。㈥士師莫之從：士師，官名，主獄訟。㈦讒諛之民：「民」舊訛作「臣」，蓋唐時避太宗諱改。㈧以勸善也：「勸」治要作「親」。㈨其立惡：「立惡」治要作「去惡」，「立愛」「立惡」猶言「立賞」「立罰」，後人不知「立」字之義，乃妄改之。㈩和集：集通輯，和也。和則親睦而不離，集則困聚而不散。㈡簡易：簡，慢忽。易，輕慢，即輕忽怠慢之意。㈢君上不度聖王之興：句首疑挩「今」字。㈢危宗廟：句末治要有「矣」字。張純一校注云：「此文語意不完，當據治要補『矣』字。」㈣國內之祿所收者三也：治要無此九字，句似殘缺。揆之文義，殆謂前此所濫賞者，由是而節省十分之三也。收，有止息省約之意。

【今譯】景公燕飲賞賜國中嬖倖之人，給予萬鍾之賞的三位，千鍾的五位，命令三出，而主辦會計的官員，堅不遵辦。公大為震怒，下令免除會計官員的職務，可是命令三出，而執法的士師，又抗命不從。公此時至為傷心。向晏子訴苦說：「寡人聽說統治一國的君主，對喜歡的人就獎賞他，對討厭的人就疏遠他。現在寡人對自己喜歡的人不能厚賞，討厭的人不能疏遠，實在失去國君應有的權力了。」

晏子回答道：「嬰聽說，國君領導正確，大臣依命行事，這叫做順服，國君行為乖張，大臣仍惟命是從，這叫做叛逆。現在我君厚賞那些讒佞阿諛之人，還要命令官吏們言聽計從，不得違抗，就等於君失領導的正道，臣失高尚的操守了。先王立下愛而當賞的標準，目的是鼓勵行善，立下惡而應罰的原則，旨在嚴禁殘暴。過去夏、商、周三代帝王所以能興王天下，其原因是凡有利於國家的，就愛而賞之，有害於國家的，就惡而罰之，故明白昭告，將所愛的人，加以獎賞，這樣鼓勵興發，賢良之士便越來越多，將所惡的人，施以懲罰，因為愛惡公，而人心正，邪僻之人便自然改過遷化，惡跡絕滅了，因而天下大治，百姓和睦。可是到了國勢衰危的時候，那些末代的帝王們，做起事來，總是懶散怠慢，日常生活，只知放蕩淫樂，對順從己意的，就愛之欲生，違背己意的，便惡之欲死，這樣愛惡顛倒，善惡不明，故明其所愛而加以厚賞，反而使邪僻的人越來越多，明其所惡而施以嚴懲，反而使賢良的人消滅淨盡，最後，造成百姓們妻離子散，國家危敗覆亡。今我君既上不揣度古聖先王興王天下的原因，下又不觀察衰世惰君亡國敗家的真象，臣怕我君如此濫賞淫罰的行政措施，一旦主管官員不敢據理力爭之時，便有社稷傾覆，宗廟危亡的後果了。」公聞聽此言，便立即以改悔的口吻，對晏子說：「寡人著實不知事情的嚴重性，就依照士師們的計畫去做好了。」這樣以來，凡從前於國中嬖倖之人的濫賞濫支的公帑，經過審慎檢討後，節省下十分之三。

景公信用讒佞賞罰失中晏子諫第八㈠

景公信用讒佞㈡，賞無功，罰不辜。晏子諫曰：「臣聞明君望聖人而信其教㈢，不聞聽讒佞以誅賞。今與左右相說頌也㈣，曰：『比死者勉為樂乎㈤！吾安能為仁而愈黥民耳矣㈥！』故內寵之妾㈦，迫奪于國，外寵之臣，矯奪于鄙，執法之吏，竝荷百姓㈧。民愁苦約病㈨，而姦驅尤佚㈩，隱情奄惡⑪，蔽諂其上⑫，故雖有至聖大賢，豈能勝若讒哉⑬！是以忠臣之常有災傷也⑭。臣聞古者之士，可與，得之，不可與，失之；可與，進之，不可與⑮，退之，臣請逃之矣！」遂鞭馬而出。公使韓子休追之⑯，曰：「孤不仁⑰，不能順教⑱，以至此極，夫子休國焉而往⑲，寡人將從而後⑳。」晏子遂鞭馬而返。其僕曰：「嚮之去何速？今之返又何速？」晏子曰：「非子之所知也，公之言至矣。」

【今註】㈠ 緜眇閣本此章誤連上章。全章要旨，言景公信用讒佞，賞罰失中，晏子諫以親賢良而疏羣小，紓國難以濟蒼生。㈡ 信用讒佞：「信」，《冊府元龜》二百五十三引作「任」。讒佞，讒邪阿諛的小人。⑬望聖人而信其教：望，仰望。信其教，信服聖人教誨而不違背。⑭說頌：猶言容悅，或誦說。⑮比死者勉為樂：比死，言將及死。勉為樂，言人於將死前，當及時行樂。⑯黥民：刑徒之人。古於囚徒，面上刺字，再以墨實其中，曰黥，又謂墨刑。⑰內寵之妾：以下四句，見《左傳》昭公三十年傳，晏子對齊侯語，而詞稍異。⑱竝荷百姓：荷，同苛。⑲約病：約，猶言貧困。⑳姦驅尤佚：姦驅，謂私逼亂迫。尤佚，即溢尤，謂益甚也。㉑隱情奄惡：隱情，謂隱藏實情。奄惡，奄同掩，即掩匿奸惡。㉒蔽諂其上：蔽，蒙蔽。諂，讀若滔，迷惑。謂蒙蔽迷惑其君上。㉓豈能勝若讒哉：若，猶彼等。此回應本章首句，以起下文筆法，言怎能勝過彼等讒邪阿諛之小人哉。㉔是以忠臣之常有災傷也：句中「之」字疑衍。㉕與：上四句中「與」字，作從解，「與」下應逗。言可從，則與之合，不可從，則與之離；可從，則進盡忠言，不可從，則退而歸田。㉖韓子休：疑即《韓非子・外儲說左上》：「使騶子韓樞御之」之「韓樞」。㉗孤不仁：言心失其用，如病痳痺。㉘不能順教：此句承上文「望聖人而信其教」來，「不能順教」，即不能信其教。㉙夫子休國焉而往：休國，引疾致仕，一說棄國而去。焉，何也。言夫子致仕以後，無論何所往。㉚將從而後：而，猶汝。

【今譯】景公信任讒邪阿諛的小人，賞賜無功的嬖倖，責罰沒罪的臣民。晏子適時進諫道：「臣聽說古來英明的君主，皆景仰聖人成就，而信服他們的教誨，向不曾聽說信讒邪奸佞們一面之辭，任意刑賞的。現在我君與左右親信卻經常兜笑取樂，眾口一辭的說：『人終竟不免一死，何不及時行樂！我們又怎麼能偽裝仁義之行，使內心痛苦，去過著僅勝於刑人的生活呢！』由於這種不正確的觀念作祟，表現在實際政治上的，是宮內寵愛的妻妾，爭權奪利於國都，外面寵信的大臣，假傳君令於邊邑，執法的官吏，更苛擾良民。人民所感受的愁苦貧困，威逼壓迫，較之以往，益加嚴重。而負責的官員們卻隱匿實情，掩護奸惡，利用種種欺騙的手段，來蒙蔽君上，故此時縱使有至聖大賢的智慧，又怎能勝過那些心腸邪惡的小人呢！所以忠良大臣時常遭受災難傷害啊！臣聽說古代賢能之士，與國君彼此相處，如認為可從，就和他合作共事，不可從，就斷絕來往；可從，就進盡忠言，不可從，就退而歸隱。由此看來，現在請君准我離開這裏吧。」言畢，就上馬加鞭，匆匆而去。公派御者韓子休駕車追來，以懺悔的口吻，對晏子說：「孤痲木不仁，不能聽信教誨，以至於此，先生如棄國而去，今後無論你到那裏，寡人就跟到那裏。」晏子以聽此言，立刻掉轉馬頭，循原路而歸。此時，他的家僕心中十分納悶，便從旁發問道：「剛才先生為什麼走得那樣疾？現在又為什麼回來得這般快？」晏子說：「你怎能了解其中的道理，實在是因為景公講的話情懇意切，太令人感動了。」

景公愛嬖妾隨其所欲晏子諫第九㈠

翟王子羨臣于景公㈡，以重駕㈢，公觀之而不說也。嬖人嬰子欲觀之㊃，公曰：「及晏子寢病也。」居囿中臺上以觀之，嬰子說之，因為之請曰：「厚祿之！」公許諾。晏子起病而見公，公曰：「翟王子羨之駕，寡人甚說之，請使之示乎㊄？」晏子曰：「駕御之事，臣無職焉㊅。」公曰：「寡人一樂之㊆，是欲祿之以萬鍾，其足乎？」對曰：「昔衞士東野之駕也㊇，公說之，嬰子不說，公曰不說㊈，遂不觀。今翟王子羨之駕也，公不說，嬰子說，公因說之；為請，公許之，則是婦人為制也。且不樂治人，而樂治馬，不厚祿賢人，而厚祿御夫⑩。昔者先君桓公之地狹于今⑪，修法治，廣政教，以霸諸侯。今君，一諸侯無能親也⑫，歲凶年饑⑬，道途死者相望也。君不此憂恥，而惟圖耳目之樂，不修先君之功烈⑭，而惟飾駕御之伎⑮，則公不顧民而忘國甚矣⑯。且詩曰：『載驂載駟，君子所誡⑰。』夫駕八，固非制也⑱，今又重此，其為非制也，不滋甚乎！且君苟美樂之，國必眾為之，田獵則不便，道行致遠則不可，然而用馬數倍⑲，此非御下之道也。淫于耳目，不當民務，此聖王之所禁也。君苟美樂之，諸侯必或效我，君無厚德善政以被諸侯，而易之以僻，此非所以子民、彰名、致遠、親鄰國之道也⑩。且賢良廢滅，孤寡不振，而聽嬖妾以祿御夫以蓄怨⑪，與民為讎之道也。詩曰：『哲夫成城，哲婦傾國⑫。』今君不免成城之求⑬，而惟傾城之務，國之亡日至矣。君其圖之！」公曰：「善。」遂不復觀，乃罷歸翟王子羨，而疏嬖人嬰子。

【今註】㊀全章要旨，言景公愛嬖妾，隨其所欲，晏子諫以親近賢良，賑濟孤寡，勉為成城之求，勿作傾國之務。㊁翟王子羨臣于景公：翟，春秋時鮮虞、白狄別種。王子羨，翟王之子名羨。臣于景公，蘇輿校注，以為後人傳寫誤「干」為「于」，又謬加「臣」字於其上，故原句應作「翟王子羨干景公」。㊂以重駕：于鬯《香草校書》云：「『駕』下當有『八』字。」重駕八者，即駕八而重之，謂十六馬也。㊃嬖人嬰子：嬰子，景公妾名。㊄請使之示乎：示，陳列、展示意。言欲使之獻技表演可乎。㊅臣無職焉：無職，非所職司。焉，猶於是。言臣於此非主管業務。有拒不觀賞之意。㊆寡人一樂之：一，甚也，誠也。言寡人誠甚樂之。㊇衞士東野：衞國之士姓東野，以善御名。㊈公日不說：「日」，黃以周校勘記云，元刻本作「因」。㊉厚祿御夫：張純一校注以為下有脫文，疑是。⑪桓公：名小白，春秋時第一霸主。⑫今君一諸侯無能親也：吳則虞集釋疑「一」字衍文，誤。此句言「今君，無一諸侯願與之親近也。」㉓饑：一本作「飢」。㉔先君之功烈：先君，一本作先王。功烈，猶功業。㉕伎：應作技，俗叚伎為技。㉖則公不顧民而忘國甚矣：句首「公」字疑衍，應刪。㉗詩曰：此「詩曰」云云，係引《詩經・小雅・采菽篇》語。「載驂載駟，君子所誡」者：驂，三馬。駟，四馬。誡，原作「屆」，至也，極也。蓋以驂駟為諸侯服御禮制，晏子引之以明禮數，原不重驂駟已屆之語。㉘駕八固非制：謂一車駕八馬，古來無此制度。按夏制，天子六馬，商、周損之，以四馬，後世又復用六馬，故有此言。㉙用馬數倍：此應通觀上文，言大夫以上皆起而效尤用十六馬。按古制諸侯之大夫，小事駕二，大事駕四。今用十六馬，則是增馬四倍，故云。㉚致遠：陶鴻慶札記疑「遠」下脫「人」字。㉛以蓄怨：以，訓此，言因此蓄怨於民。㉜詩曰：見《詩經・大雅・瞻卬》之篇。「哲夫成城，哲婦傾國」：哲，多謀慮。城，猶國。丈夫為陽，陽動多謀則成國，陰動多謀乃傾國。㉝免：一說「克」之誤，一本作「思」，俞樾平議疑「免」當作「勉」。

【今譯】翟王的兒子羨，以十六匹馬御車的技術，邀景公觀賞，公觀看以後頗不高興。而愛妾嬰子很想一觀究竟，公怕晏子知道，便說：「等晏子生病後再安排時間。」果然，機會到了，他們就在苑囿中的亭臺上欣賞，嬰子狀至愉快，就代為請求，希望「厚加獎勵！」公一口答應了下來。晏子病癒後，得知此事，即刻進見景公，公搶先說：「翟國王子羨的駕車技術十分高明，寡人高興極了，想請他獻技表演一番，你覺得如何？」晏子說：「駕御之事，非臣主管，不便參與。」公接著又說：「寡人實在太興奮了，很想賞他萬鍾的俸祿，不知道這個數目夠不夠？」晏子回答說：「過去衛國之士東野先生的駕車技術，公本來很欣賞，只因嬰子當時不高興，所以你就假裝不高興，便索性不看了。今翟國王子羨的駕車表演，公本不喜歡，可是由於嬰子喜歡，你也假裝喜歡，且代他要求厚賞，你又慷慨允許，這樣看來，完全受婦人的擺佈了。況且不樂於治理人民，而樂於欣賞馬術表演，不厚賞賢良之士，而重祿一個駕車的御夫，真是本末倒置。以往我先君桓公的轄地，較之現在的面積小多了，由於當時能整飭法治，推廣政教，結果竟稱霸諸侯。反觀今天，幾乎沒有一個國家的諸侯願意和我君親近，而每當五穀歉收的年頭，因飢寒交迫，餓死道途的人，更觸目皆是。我君不以此為憂為恥，反而去貪圖一時耳目的遊樂，不重振先君的功業，反而對駕御的車伕施加重賞，可以說太不顧人民死活而忽視國家地位了。〈小雅・采菽〉之詩說：『君子們或駕三馬，或駕四馬，都陸續的到了。』可證古時諸侯們彼此朝聘，也不過是駕三馬或四馬，我君日常一車而駕八馬，已與古制不合，今又加倍駕十六馬，其對傳統體制的違背，不是更變本加厲了嗎！且我君假使樂此不疲，則全國上下一定起而效尤，這種車子，用它去狩圍田獵不便調度，道行致遠又不經濟，然而用馬之數倍增，這絕不是領導下級的好辦法啊！再說放縱狗馬聲色，不合人民急務，也為古聖先王所嚴禁。其次，我君假使樂此不疲，則各國諸侯一定也有起而仿效的，國君既不以厚德善政廣被諸侯，反而用不正當的行為影響他們，這絕不是愛護人民，顯達名聲，招來遠人，敦睦邦交的道理啊。何況賢能善良之士迭遭罷黜，鰥寡孤獨的人不加救助，而盡聽信愛妾的話，去厚賞車伕，以增加人民的怨恨，這完全是與人民為敵的作法啊。〈大雅・瞻卬〉之詩說：『多謀的男子足以立國，智高的女子足以覆國。』現在我君不從事於立國的努力，反而恣意的去做些覆國的事務，恐怕國家滅亡的日子到了，希望國君儘早打算！」景公聽了此番勸告，由衷的對他說：「你講的太好了。」馬上停止觀賞駕車技術表演計畫，強令翟國王子羨出境，並疏遠愛妾嬰子。

景公敕五子之傅而失言晏子諫第十㊀

景公有男子五人㊁，所使傅之者，皆有車百乘者也㊂，晏子為一焉。公召其傅曰：「勉之！將以而所傅為子㊃。」及晏子，晏子辭曰：「君命其臣，據其肩以盡其力，臣敢不勉乎！今有車百乘之家㊄，此一國之權臣也。人人以君命命之曰：『將以而所傅為子』，此離樹別黨㊅，傾國之道也。嬰不敢受命，願君圖之！」

【今註】㊀本章要旨：言景公敕五傅教五世子，自以為得計；晏子諫以不可已樹太子，而又別立黨派，以免構釁蕭牆，自啟亂源。㊁景公有男子五人：孫云：「公子嘉、公子駒、公子黔、公子鉏、公子陽生，時荼尚未生。」㊂有車百乘者：指身為大夫之官。㊃將以而所傅為子：而，汝。子，太子。言將以汝所教者為太子也。㊄今有車百乘之家：原作「今有之家」，文義不明。俞氏平議云：「上文云『景公有男子五人，所使傅之者，皆有車百乘者也』，疑此當云『今有車百乘之家』，傳寫奪之耳。」按俞說是，茲據補。㊅離樹別黨：離樹，樹立太子而離間之；別黨，別立黨派。

【今譯】景公有五個兒子，各派一位輔相的老師，他們都是家有車百輛的大夫，晏子為其中之一。公分別召見他們說：「希望能善加教導，將選其所輔相的為太子。」輪到晏子的時候，晏子卻辭謝道：「國君命令大臣，凡事依據他們肩能勝任的，去吩咐從事，臣怎敢不善盡職責竭力而為呢？可是今有車百輛的大夫之家，乃一國具有權勢的大臣，如果每位都以國君的命令，去盡心輔相的話，太子只有一個，而命之相爭者有五位之多，這種選拔太子而又加離間，別立黨派，互相鬥爭的辦法，是顛覆國家之道啊，嬰不敢接受命令，盼我君再細加考慮！」

景公欲廢適子陽生而立荼晏子諫第十一㊀

淳于人納女於景公㊁，生孺子荼㊂，景公愛之。諸臣謀欲廢公子陽生而立荼，公以告晏子。晏子曰：「不可。夫以賤匹貴，國之害也；置長立少㊃，亂之本也。夫陽生長而國人戴之㊄，君其勿易！夫服位有等，故賤不陵貴；立子有禮，故孽不亂宗㊅。願君教荼以禮而勿陷于邪，導之以義而勿湛于利。長少行其道，宗孽得其倫。夫陽生敢毋使荼饜粱肉之味，玩金石之聲，而有患乎㊆？廢長立少，不可以教下；尊孽卑宗，不可以利所愛。長少無等，宗孽無別，是設賊樹姦之本也。君其圖之！古之明君，非不知繁樂也，以為樂淫則哀；非不知立愛也，以為義失則憂㊇。是故制樂以節，立子以道。若夫恃讒諛以事君者，不足以責信。今君用讒人之謀，聽亂夫之言㊈，廢長立少，臣恐後人之有因君之過以資其邪，廢少而立長以成其利者。君其圖之！」公不聽。景公沒，田氏殺君荼㊉，立陽生。殺陽生，立簡公⑪。殺簡公而取齊國⑫。

【今註】㊀本章要旨：言景公欲廢嫡子陽生而立庶子荼，晏子諫以不可聽信讒人之謀，廢長立少，以免奸邪弄權也。㊁淳于人納女於景公：《括地志》：「淳于國，在密州（今山東諸城縣）安丘縣東北二十里。」左氏哀公五年傳：「諸子鬻姒之子荼嬖。」服虔注：「鬻姒，景公妾，淳于人所納。」蓋本此。㊂生孺子荼：吳則虞集釋云：疑此當云「生子荼」，「孺」字後人誤增。㊃置長立少：置長，今本作「置大」，治要作「置子」，蓋係錯簡。依下文「廢長立少，不可以教下」，「長少無等，宗孽無別」，「廢長立少，臣恐後人之有因君之過以資其邪」，並以少長對言之例，今正。置，廢也。⑤夫陽生長而國人戴之：今本作「夫陽生生而長國人戴之」，據治要改。言陽生年長於荼，而為國人所愛戴也。⑥孽不亂宗：孽，庶子；宗，嫡長子。⑦夫陽生敢毋使荼饜粱肉之味玩金石之聲而有患乎：饜本作猒。言陽生雖為君，荼也能饜粱肉，享聲色，而無憂患之意。⑧以為義失則憂：元刻脫「為」字，治要「則」作「而」。案天下一切禍患，皆從不義生；廢長立少，不義；不義，則後必有憂。⑨聽亂夫之言：「言」下舊有「也」字，今據治要刪。⑩景公沒田氏殺君荼：田氏殺君荼，見春秋哀公六年經傳，弒荼者，為朱毛陽生，而書田氏者，所以說明禍由田氏始。田氏，陳乞、陳常也。田、陳聲相近，經典通用。⑪殺陽生立簡公：殺陽生事，哀公十年經文。簡公，即悼公子壬，也是景公之子。⑫殺簡公而取齊國：據《史記・齊世家》，田常弒簡公後，立簡公弟驁，是為平公；平公卒，子宣公積立；積卒，子康公貸立；二十六年康公卒，田氏有齊國。

【今譯】淳于國獻女於景公為妾，生個男孩名荼，景公十分愛他。諸大臣便順從其意，想廢公子陽生，而更立荼為太子，公以此意告晏子。晏子回答說：「使不得，因為以賤庶當嫡貴，是國家的禍害；廢年長立少小，乃混亂的根源。況且陽生年齡大於荼，又受國人的愛戴，吾君千萬不能更立！古來衣服位置都有一定的等第，故卑賤不能陵越尊貴；立太子有規定的禮數，故庶孽不可敗壞嫡長。望吾君教荼處處依禮行事，不可誤入歧途，引導他遵循正規，不要貪圖私利。如此長幼卑尊，合道而行；嫡長庶孽，各有倫敘，試想今後陽生一旦為齊國之君，能不讓荼食粱肉之味，玩金石之聲，還會有甚麼憂患嗎？且廢長立少，不可以下教萬民；尊孽卑嫡，並不能使所愛的得到利益。長少沒有差等，嫡庶毫無區別，正是設施賊害，樹立敗亡的禍根啊。盼國君仔細考慮！古來英明的君主，並非不知遊樂侈靡，而是怕遊樂過度，則樂極生悲；並非不知立一己之所愛，是怕廢長立少為不義，不義則有後患。為此之故，他們控制遊樂，務必合乎節度；選立太子，一定切合正規。至於靠讒言阿諛來事奉國君的人，多欺罔之談，實不能要求他們言而有信。現在吾君竟採用讒諛小人的陰謀，聽信亂國者的妄言，準備廢年長的公子陽生，更立幼小的荼，臣怕往後會有借著國君一時錯誤的決定，適足以資助他不法的企圖，再廢少而立長，來滿足其個人利益的人。望國君細加考慮！」公不聽。結果於景公去世後，田氏在春秋哀公九年，弒其君荼，而奉陽生為齊君。哀公十年又弒陽生，立簡公。十九年遷簡公之後康公於海濱，二十六年康公卒，田氏終有齊國。晏子果不幸而言中。

景公病久不愈欲誅祝史以謝晏子諫第十二㈠

景公疥且瘧㈡，期年不已。召會譴、梁丘據㈢、晏子而問焉，曰：「寡人之病病矣㈣，使史固與祝佗巡山川宗廟㈤，犧牲珪璧，莫不備具，其數常多于先君桓公（六），桓公一則寡人再。病不已，滋甚！予欲殺二子者，以說于上帝，其可乎？」會譴、梁丘據曰：「可。」晏子不對。公曰：「晏子何如？」晏子曰：「君以祝為有益乎？」公曰：「然。」晏子免冠曰（七）：「若以為有益（八），則詛亦有損也。君疏輔而遠拂（九），忠臣擁塞，諫言不出。臣聞之，近臣嘿（一〇），遠臣瘖（一一），眾口鑠金（一二）。今自聊攝以東（一三），姑尤以西者（一四），此其人民眾矣，百姓之咎怨誹謗，詛君于上帝者多矣。一國詛，兩人祝，雖善祝者，不能勝也。且夫祝直言情，則謗吾君也；隱匿過，則欺上帝也。上帝神，則不可欺；上帝不神，祝亦無益。願君察之也！不然，刑無罪，夏商所以滅也！」公曰：「善解予惑，加冠！」命會譴毋治齊國之政，梁丘據毋治賓客之事，兼屬之乎晏子。晏子辭，不得命，受（一五），相退，把政，改月而君病悛（一六）。公曰：「昔吾先君桓公，以管子為有力（一七），邑狐與穀（一八），以共宗廟之鮮（一九），賜其忠臣，則是多忠臣者。子今忠臣也，寡人請賜子州款（二〇）。」辭曰：「管子有一美，嬰不如也；有一惡，嬰不忍為也，其宗廟之養鮮也㊂。」終辭不受。

【今註】㊀本章要旨：言景公久病不癒，欲誅祝史以悅上帝，晏子諫以上帝神，則不可欺；上帝不神，祝亦無益，以正君心之非。㊁景公疥且瘧：疥，奇癢之皮膚病，有傳染性；瘧，寒熱病。言景公既生疥癬，復病瘧疾。㊂會譴梁丘據：會譴，姓會名譴，即外篇上第七之裔款；梁丘據，見本書諫上第六註四。二子皆景公嬖臣。㊃病病：上病名詞，疾病；下病作動詞，困。為病所困之意。㊄史固與祝佗：史固，史官名固；祝佗，祝官名佗。㊅其數常多于先君桓公：舊作「數其常多先君桓公」，文不成義，今據王念孫雜志正。意謂所用犧牲珪璧的數量，常多於先君桓公。㊆晏子免冠曰：此五字原脫，今依盧文弨校本增。免冠，謝罪的意思。此無故免冠，預示將有攖鱗極諫，故先為謝。㊇若以為有益：吳則虞集釋疑「為」上脫「祝」字。㊈疏輔而遠拂：「拂」與「弼」同。謂疏遠輔弼之臣。㊉近臣嘿：嘿，與默同。言親近之臣默而不語。⑪遠臣瘖：瘖，音ㄧㄣ，下無言謂之瘖。言疏遠之臣知而不言。⑫眾口鑠金：鑠金，銷金。眾口鑠金，意指言出眾人之口，影響甚大。⑬聊攝以東：聊攝，二地名，聊故城在今山東聊城縣西北，攝故城在今山東博平縣西，齊西邊界。⑭姑尤以西：二水名，繞齊東邊界，姑為大沽河，尤為小沽河，皆在膠縣與膠萊河會流入海。⑮受：接受命令。⑯改月而君病悛：悛，音ㄑㄩㄢ，即今之「痊」字。言逾月而君病已癒。⑰力：作「功」

解。⑱邑狐與穀：狐穀，地名；狐，疑在今山東滕縣境；穀，今山東東阿縣治，亦曰小穀。言以狐與穀為管仲的封邑。⑲以共宗廟之鮮：共，同供，給也；鮮，「獻」的叚字。以共宗廟之鮮者，言以其供給祭祀宗廟的獻禮也。⑳州款：地名，未詳。㉑其宗廟之養鮮也：吳則虞集釋以為此七字，蓋後人字旁注文，其意即指上文「邑狐與穀，共宗廟之鮮」而言，後闌入正文，致失正解。

【今譯】景公身染疥瘡又患瘧疾，整年臥病不癒。於是召見會譴、梁丘據、晏子問道：「寡人久被病魔所困，其間曾命史固、祝佗巡祭山川宗廟，所用犧牲珪璧，莫不具備齊全，且數量經常多於先君桓公，甚而桓公一祭，寡人再祭，病況不但未見好轉，反越加嚴重！我想殺掉他們兩個沒有盡力的人，以討上帝的歡心，怎麼樣？」會譴、梁丘據順口回答說：「可以。」晏子卻默不作聲。公單獨問晏子道：「你認為如何？」晏子說：「國君以為祈禱上帝有用嗎？」公說：「是。」晏子便免冠謝罪，對景公說：「如果祈禱對吾君病情有益的話，那麼詛咒也有害。吾君疏遠輔弼的大臣，阻塞忠臣報國之路，使規過勸善的言論不敢出之於口。臣聽說，親近之臣都默而不語，疏遠之臣又知而不言，可是輿論影響很大。今我齊國，西邊從聊、攝二城以東，東邊從姑、尤二水以西，全國人民都不滿意政府的施政，怨恨譭謗，向上帝詛咒國君的太多了。試想，一國人詛咒，兩個人祈禱，在眾寡極度懸殊的情形下，縱然是最擅長祈禱的人，也無法勝任愉快的。況且祈禱的人如直言實情，被認為譭謗吾君；如隱瞞過惡，又犯了欺騙上帝的大罪。如果上帝真的有靈，是不可欺騙的；假使沒有靈，你再請人祈禱，又有何用呢？所以希望國君要詳加檢討！否則的話，隨便殺戮無罪，這就是夏桀、殷紂身亡國滅的原因啊！」景公高興的說：「好極了，好極了，你講的最解我內心的迷惑，加冠免謝吧！」於是下令會譴不得治理齊國政治，梁丘據不准參加外交事務，一切都交由晏子兼辦。晏子再三懇辭，不獲應允，最後只好受命，事畢，相與退朝，主持政務，這樣過了個把月，君病霍然痊癒。公說：「往日吾先君桓公，因管子對國家有功，特將狐、穀二地賜他作封邑，以便祭祀時為宗廟的獻禮，這是獎勵忠臣的表示；而你正是現在的忠良大臣，寡人準備賜你州、款之地。」晏子辭謝道：「管子的特殊優點，固為我所不及；但他的缺點，我也不願意照著做，難道說祭祀宗廟，一定要以封邑做獻禮嗎？」最後，他仍然堅決不肯接受景公的賞賜。

景公怒封人之祝不遜晏子諫第十三㊀

景公游于麥丘㊁，問其封人曰㊂：「年幾何矣？」對曰：「鄙人年八十五矣。」公曰：「壽哉！子其祝我。」封人曰：「使君之年長於胡㊃，宜國家。」公曰：「善哉！子其復之！」封人曰：「使君之嗣，壽皆若鄙人之年㊄。」公曰：「善哉！子其復之！」封人曰：「使君無得罪于民。」公曰：「誠有民得罪于君則可㈥，安有君得罪于民者乎？」晏子諫曰：「君過矣！彼疏者有罪，戚者治之；賤者有罪，貴者治之；君得罪于民，誰將治之？敢問：桀紂，君誅乎？民誅乎？」公曰：「寡人固也㈦！」於是賜封人麥丘以為邑。

【今註】㈠本章要旨：言景公怒封人之祝不遜，晏子特援引桀紂失天下的事，諫國君不可得罪人民。㈡麥丘：地名，在今山東商河縣，面山傍水，人皆種麥，不宜黍稷，故稱。㈢封人：「封」為「邦」之誤字。「邦人」即邑人，非官名的封人。㈣胡：老壽之稱，言使君長年壽考。㈤壽皆若鄙人之年：舊本「鄙人」作「鄙臣」，今從王氏雜志據《羣書治要》正。㈥誠有民得罪于君則可：「民」上舊衍「鄙」字，從蘇校刪。㈦寡人固也：固，謂固執不通。

【今譯】景公游獵於麥丘，問一位地方人士說：「年齡多大了？」回答說：「鄙人今年八十五。」公又說：「好命啊！請以你的高壽，來祝福我。」封人說：「祝我君長年壽考，國運昌隆。」公道：「好極了！你再繼續講下去。」封人說：「祝我君後代子孫，將來的壽命，都活得和鄙人一樣長。」公高興的說：「太好了，你再繼續講下去。」封人又說：「祝我君永遠不要得罪老百姓。」公道：「實在講，老百姓不能得罪國君，還可以說；那有國君不要得罪老百姓的事呢？」晏子即刻進諫說：「君言差矣！疏遠的人犯了罪，還有親戚們處置他；卑賤的人犯了罪·還有富貴的人處置他；要是國君得罪了老百姓，誰能設法處置他呢？既然沒人能處置他，此時百姓們祇好聲罪討伐了。請問：像夏桀、殷紂之所以失天下，是國君滅亡了他們呢？還是人民滅亡了他們呢？」公想了想說：「寡人太固執不通了。」於是就將麥丘賜給封人作領邑。

景公欲使楚巫致五帝以明德晏子諫第十四㊀

楚巫微導裔款以見景公㊁，侍坐三日，景公說之。楚巫曰：「公，明神之主㊂，帝王之君也。公即位十有七年矣㊃，事未大濟者，明神未至也。請致五帝㊄，以明君德。」景公再拜稽首。楚巫曰：「請巡國郊以觀帝位。」至于牛山而不敢登㊅，曰：「五帝之位在于國南，請齋而後登之㊆。」公命百官供齋具于楚巫之所，裔款視事。晏子聞之而見于公曰：「公令楚巫齋牛山乎？」公曰：「然，致五帝以明寡人之德，神將降福于寡人，其有所濟乎？」晏子曰：「君之言過矣！古之王者，德厚足以安世，行廣足以容眾，諸侯戴之，以為君長；百姓歸之，以為父母。是故天地四時和而不失；星辰日月順而不亂。德厚行廣，配天象時，然後為帝王之君，明神之主。古者不慢行而繁祭，不輕身而恃巫。今政亂而行僻，而求五帝之明德也？棄賢而用巫，而求帝王之在身也？夫民不苟德，福不苟降，君之帝王，不亦難乎？惜乎！君位之高，所論之卑也。」公曰：「裔款以楚巫命寡人曰：『試嘗見而觀焉。』寡人見而說之，信其道，行其言。今夫子譏之，請逐楚巫而拘裔款。」晏子曰：「楚巫不可出。」公曰：「何故？」對曰：「楚巫出，諸侯必或受之。公信之，以過于內，不知㈧；出以易諸侯于外㈨，不仁。請東楚巫而拘裔款㈩。」公曰：「諾。」故囚送楚巫于東㈡，而拘裔款于國也。

【今註】 ㈠本章要旨：言景公欲使楚巫，致五帝以明德，晏子諫以民不苟德，福不苟降，為政在德不在神。㈡楚巫微導裔款以見景公：楚巫微，楚之女巫名微；裔款，齊之佞臣，姓裔名款；導，本作「道」，由也。言楚之女巫微，由裔款的關係，而晉見景公。㈢明神之主：「明神」一作「神明」，今依顧廣圻校改。明神之主者，即英明神聖之主。㈣公即位十有七年矣：案句中「十」字舊脫，今依王氏雜志據御覽增。㈤五帝：五方之帝。㈥牛山：《元和郡縣志》：牛山在臨淄縣南二十五里。㈦請齋而後登之：請齋，請致齋戒。言齋戒而後能登。㈧以過于內不知：過於內，言使公獲過於國內；知讀如智。㈨出以易諸侯于外：易，盧文弨云：「我不信，而使外諸侯信之，是之謂易。」有感染、影響的意思。言出而影響諸侯於國外。㈩請東楚巫而拘裔款：東楚巫者，即放逐楚巫於齊國東邊濱海地區；拘，扣押。㈡囚送楚巫于東：「囚」舊作「日」，今依吳則虞集釋正。囚送楚巫于東者，言將楚巫囚而逐之於齊東濱海地區，不與外諸侯鄰。

【今譯】楚有名微的女巫，因裔款的關係，晉見景公，陪坐了三天，景公對她頗有好感。楚巫遂進言道：「公乃當世英明的領袖，稱帝尊王的國君啊。可是公即位十七年了，而事情還沒有顯著成功的原因，由於神明未到，願致意五方之帝，以明吾君的盛德。」景公一再行禮答謝。楚巫說：「望能巡視國都四郊，先勘察五帝的壇位。」走到牛山，不敢攀登，便說：「五帝的壇位，在國都南郊，要先齋戒淨身，才能登山致祭。」公吩咐百官迅速供應齋戒淨身，一切必需的工具，送到楚巫的住所，並由裔款專門督辦。晏子聽說了這件事後，就晉見景公言道：「公曾命楚巫備齋致祭於牛山嗎？」公說：「是的，她想藉此致意五方帝君，以明寡人的盛德，神就可以降福於寡人，對我今後事業的發展，豈非大有助益？」晏子答道：「我君此言差矣！古人之所以能興王天下，是由於德澤深厚，足以安定社會民生；義行廣遠，足可包容眾人意見，所以諸侯擁戴他，以為君長；百姓歸順他，以為父母。是故天覆地載，四時更代，和諧而不失序；星辰照耀，日月推移，調順而不亂離。德澤深厚，義行廣遠，上能配合天文，下能法象四時，使天人一氣，德洽太和，然後才可以稱帝尊王，當英明神聖的領袖。古人不怠慢妄行，而亂加祭祀；不輕舉隨便，而恃用女巫。舉目今日，政治敗壞，行為乖僻，如此還想祈求五方帝君，以明盛德，拋棄賢能之士，而用女巫，要求帝王事業，在於自身，這怎麼可能呢？須知如果沒有實際的德澤，不會贏得人民的稱頌；沒有真正的福份，不會幸邀上帝的賜予，似此，我君欲達到帝王的地位，不是很困難嗎？尤其叫人惋惜的，是以我君如此崇高的地位，發而為言論，竟然如此的缺乏見解！」公說：「是裔款把楚巫介紹給寡人說：『先給她見個面，看一看再說。』寡人一見之下，十分傾心，便相信她講的道理，照著她的說法去做。現在既然先生認為不對，願把楚巫驅逐出境，扣押裔款，使他們得到應得的懲罰。」晏子道：「楚巫不可驅逐出境。」公說：「這又是甚麼緣故？」回答說：「因為楚巫一旦出境，必會又受他國諸侯的收容。由於我公經她的迷惑，在國內已犯下過失，有了不智之舉；假使再把她放逐國外，去影響其他諸侯，行動更屬不仁。現在請求我君，把楚巫流放到東部海濱，並扣押介紹人裔款。」公立即答應說：「可以。」於是囚禁楚巫，送到齊東海濱；並逮捕裔款，羈押於國都。

景公欲祠靈山河伯以禱雨晏子諫第十五㊀

齊大旱逾時㊁，景公召羣臣問曰：「天不雨久矣，民且有飢色㊂。吾使人卜，云㊃：『祟在高山廣水。』寡人欲少賦斂以祠靈山㊄，可乎？」羣臣莫對。晏子進曰：「不可！祠此無益也。夫靈山固以石為身，以草木為髮，天久不雨，髮將焦，身將熱，彼獨不欲雨乎？祠之何益㊅？」公曰：「不然，吾欲祠河伯，可乎？」晏子曰：「不可！河伯以水為國，以魚鱉為民，天久不雨，水泉將下，百川將竭㊆，國將亡，民將滅矣，彼獨不欲雨乎？祠之何益？」景公曰：「今為之奈何？」晏子曰：「君誠避宮殿暴露，與靈山河伯共憂，其幸而雨乎！」于是景公出野暴露㊇，三日，天果大雨，民盡得種時㊈。景公曰：「善哉！晏子之言，可無用乎！其維有德。」

【今註】 ㊀本章要旨：言景公欲祠靈山河伯以禱雨，晏子諫以祠靈山河伯，不若修德寡過。㊁逾時：逾，過也；逾時，言為時很久。㊂飢色：「飢」原作「饑」，今依顧校從御覽改。㊃云：原作

「之」，王念孫云：「此草書之誤。」今據改。㊄寡人欲少賦斂以祠靈山：言欲少加賦稅於民，作為祭山之需。㊅祠之何益：「何益」舊作「無益」，今據王念孫雜志校改。㊆水泉將下百川將竭：舊脫「水」字，「將」字，今從盧校據御覽增。㊇于是景公出野暴露：「野」下舊有「居」字，今據王念孫雜志刪。㊈民盡得種時：「時」讀如「蒔」，作動詞「種植」解。

【今譯】齊國天旱不雨，為時甚久，景公特召集羣臣，商討解決辦法，徵詢大家的意見說：「天不下雨很久了，人民眼看就要受到飢餓的威脅，我叫人占卜的結果，說是禍祟出於高山廣水。所以寡人想向人民稍微增加點兒稅捐，作為祭祀靈山的化用，可以嗎？」羣臣都默不作聲。此時晏子進諫道：「不可！祭祀這種東西毫無益處。原因是由於靈山本來以石頭為身體，以草木為毛髮，上天久不落雨，毛髮將焦爛，身體將發熱，難道他本身就不希望下雨嗎？祭祀它有什麼用處？」公說：「如其不然，我想祭祀河伯，總可以吧？」晏子答道：「不可！河伯以水為國家，以魚鼈為人民，上天經久不雨，水位將低下，百川將枯竭，國家將亡，民族將滅，難道它們就不希望下雨嗎？祭它們有什麼用處？」景公說：「現在應該怎麼辦呢？」晏子說：「我君真的希望下雨，最好能離開豪華的宮廷享受，露宿於原野之上，和靈山河伯共渡時艱，也許能幸邀上天降雨啊！」於是景公抱著懺悔虔誠的心理，生活在原野，暴露於大地，這樣整整過了三天的時間，果然大雨傾盆，甘霖普降，農民們都完成了播種的工作。景公不禁高興的說：「好極了！晏子講的話，能不採用嗎！他是那樣德行高尚的人。」

景公貪長有國之樂晏子諫第十六㈠

景公觀于淄上㈡，與晏子閒立。公喟然嘆曰：「嗚呼！使國可長保而傳于子孫，豈不樂哉！」晏子對曰：「嬰聞明王不徒立，百姓不虛至。今君以政亂國，以行棄民久矣㈢，而欲保之㈣，不亦難乎！嬰聞之，能長保國者，能終善者也。諸侯並立，能終善者為長；列士並學，能終善者為師。昔先君桓公，方任賢而贊德之時㈤，亡國恃以存，危國仰以安，是以民樂其政，而世高其德；行遠征暴，勞者不疾；驅海內使朝天子，而諸侯不怨。當是時也㈥，盛君之行，不能進焉㈦！及其卒而衰，怠于德而並于樂㈧，身溺于婦侍，而謀因于豎刁㈨，是以民苦其政，而世非其行，故身死乎胡宮而不舉㈩，蟲出而不收⑪。當是時也，桀紂之卒，不能惡焉。詩曰⑫：『靡不有初，鮮克有終。』不能終善者，不遂其君⑬。今君臨民若寇讎，見善若避熱；亂政而危賢，必逆于眾；肆欲于民，而虐誅于下⑭，恐及于身矣！嬰之年老，不能待君使矣⑮。行不能革，則持節以沒世耳。」

【今註】㈠本章要旨：言景公貪長有國之樂，晏子諫以為政在得民心，欲長保其國，必須善始善終。㈡景公觀于淄上：舊作「將觀」，王念孫雜志以為「將」字後人所加，今據刪。淄，水名，《括地志》：「淄州縣東北七十里原山，淄水所出。」㈢以行棄民久矣：前數章有內寵之妾迫奪于國，外寵之臣矯奪于鄙，執法之吏並苛百姓，皆以行棄民的明證。㈣而欲保之：舊「而」下衍「聲」字，義不可通，從王念孫據《羣書治要》校刪。㈤方任賢而贊德之時：「方」上舊衍「其」字，從蘇時學據《羣書治要》校刪。㈥當是時也：「也」字舊脫，從張純一據下文補。㈦不能進焉：進，加。不能進焉，不能加的意思。㈧怠于德而並于樂：並，從。並于樂，言耽於逸樂。㈨豎刁：齊桓公寺人，甚被信任。桓公卒，與易牙、開方同亂齊國。㈩胡宮：宮名，張純一校注以為：「即齊先君胡公靜之宮，胡公壽考，故亦稱壽宮。」吳則虞集釋引〈齊世家〉：「『胡公都薄姑，獻公徙臨淄』，地非一處，壽宮自非胡公之宮明矣。」二說未知孰是。⑪蟲出而不收：收，殯斂。言桓公屍體在床六十天，蟲出戶外，還不收斂埋葬。⑫詩曰：所引見於〈大雅・蕩〉之詩。⑬不遂其君：遂，竟。不遂其君，意思是不能終竟其君之位，會被人推翻。⑭而虐誅于下：「虐誅」二字舊倒，據王念孫雜志校乙。⑮不能待君使矣：「君」上舊有「于」字，王念孫雜志云：「于字涉上四于字而衍。」今據刪。

【今譯】景公與晏子悠閒的站在淄水岸邊，觀賞遠處風景時，公不禁若有所感，喟然長嘆說：「唉呀！假使國家讓我永久保有，傳遺後代子孫，豈非人生一大樂事！」晏子回答道：「嬰聽說古來英明的君王，不是毫無代價的就能立國，而天下的老百姓，更不會白白的來依附歸順。現在我君以不合理的政治措施，敗壞國家紀綱，以悖謬不法的行為，虐待善良人民，要想永保國君的地位，不是太困難了嗎？嬰聽說，凡能長久保有國家的君主，多半是始終不渝，能獲善全的人。今天雖然諸侯並立，但誰能孜孜為善，德盛化淳，誰就是各國諸侯的雄長；列位士子固然在一起同窗共學，但誰能力學不怠，躬修密察，誰就能師表羣倫。回想過去先君桓公，當他任用賢良，發揚德治的時候，衰敗的國家，靠住他得以復存，危亂的國家，仰仗他才能安定，所以人民樂意接受他的領導，各國推崇他的道德；去遠方討伐敵人，就是征途勞頓，將士們也毫無疾恨；率海內臣民朝覲天子，而諸侯一點兒也沒有怨言。當這個時候，即令是古來盛德的君主，其崇高的德行，也不可能有人超邁他的成就。不幸，最後到了晚年，竟疏忽道德的修為，而耽於淫樂，專聽婦寺們的妄言，接受豎刁的擺布，反使人民痛恨他的施政，批評他的罪行，等到自己已經身死胡宮了，還沒有人祭奠；屍體腐爛，蟲流戶外了，還不加以埋葬。在這個時候，縱是夏桀、殷紂的國滅身亡，其結局之悲慘，也不會比這更令人痛心的了。古詩說得好：『靡不有初，鮮克有終。』意思是講，人起初無不孜孜為善，到後來，卻很少能全始全終。由此觀之，如果人君有始無終，為善不卒的話，就沒法長保他的統治權利。現在我君對待老百姓，形同仇敵，遇到善言善行，不啻沸水熱湯，走避猶恐不及；以致政治敗壞，賢才離散，違背民眾的利益。如此，向人民濫肆搜刮，對臣下亂加誅戮，我恐怕殺身大禍，就要臨頭了。嬰已是衰朽殘年的人，為君分憂的日子，為時不多了。萬一我君不能洗心革面，痛改前非，也應當稍加節制，圖個身後的美名啊！」

景公登牛山悲去國而死晏子諫第十七㈠

景公遊于牛山㈡，北臨其國城而流涕曰：「若何滂滂去此而死乎㈢！」艾孔㈣、梁丘據皆從而泣；晏子獨笑于旁。公刷涕而顧晏子曰㈤：「寡人今日之遊悲㈥，孔與據皆從寡人而涕泣，子之獨笑，何也？」晏子對曰：「使賢者常守之，則太公㈦、桓公將常守之矣；使勇者常守之，則靈公、莊公將常守之矣㈧。數君者將守之，則吾君安得此位而立焉？以其迭處之，迭去之，至于君也，而獨為之流涕，是不仁也。不仁之君見一，諂諛之臣見二，此臣之所以獨竊笑也。」

【今註】 ㈠本章要旨：言景公登牛山悲去國而死，晏子諫以物有必至，事有當然，何為悲老而哀死。

㊁牛山：山名，在今山東臨淄縣南。見本書諫上第十四註六。㊂若何旁旁去此而死乎：「旁旁」舊作「滂滂」或「堂堂」，吳則虞集釋以為「堂堂」即「旁旁」之假借，後譌作「滂滂」，今據正。旁旁，盛大之意。㊃艾孔：人名，一作史孔，本書又作裔款、或會譴，皆齊人音殊。㊄公刷涕而顧晏子：刷，拭。言景公以晏子不啼而笑，故怪而顧之。㊅寡人今日之遊悲：「之」字舊脫，今據《列子》補。㊆太公：齊國初封之君，姓姜名尚，周文王初遇於渭水之濱，與語，大悅，云：「吾太公望子久矣！」又以其封於呂，故又稱呂望。㊇則靈公莊公將常守之矣：原「靈公」在「莊公」下，此從蘇輿校乙。靈公名環，莊公父；莊公，見本書諫上第一註三；二公皆以好勇名世。

【今譯】景公遊於牛山之上，北向面對國都臨淄，涕淚橫流，用一種哀傷的口吻說：「我怎能忍心離開這繁華的地方而死呢！」艾孔、梁丘據一聽此言，不禁悲從中來，也跟著流下了同情的淚水；只有晏子在旁邊，獨自偷偷的竊笑。公擦乾了眼淚，回過頭來問晏子道：「寡人今日牛山之遊，心裏十分悲傷，孔、據二人都隨從寡人唏噓感念，痛哭不已，只有你獨自竊笑，到底是什麼原因呢？」晏子回答說：「如果人都長生不死的話，使賢能的人常守此國，那麼太公、桓公將永遠保有他們的領導地位了；使好勇的人常守此國，那麼靈公、莊公將永遠保有他們的領導地位了。以上幾位既然要永為齊國之君，那麼你現在還那有機會立於這個地位呢？人在世上，由盛而衰，由生而死，生死無常，盛衰有時，然後才能輪到我君主政啊。今天竟然為了悲老哀死，而痛哭流涕，似不了解生死有數之至理，可說是心存不仁了。心存不仁的國君，看到一位，阿諛諂媚的大臣，看到兩位，這就是我今天所以獨自竊笑的原因哪！」

景公遊公阜一日有三過言晏子諫第十八㊀

景公出遊于公阜㊁，北面望，睹齊國曰：「嗚呼！使古而無死，何如？」晏子曰：「昔者上帝以人之歿為善㊂，仁者息焉，不仁者伏焉。若使古而無死，太公、丁公將有齊國㊃，桓、襄、文、武將皆相之㊄，君將戴笠衣褐，執銚耨㊅，以蹲行畎畝之中㊆，孰暇患死？」公忿然作色不說！無幾何，而梁丘據乘六馬而來㊇，公問：「是誰也？」晏子曰：「據也！」公曰：「何以知之㊈？」曰：「大暑而疾馳，甚者馬死，薄者馬傷，非據孰敢為之？」公曰：「據與我和者夫？」晏子曰：「此所謂同也，非和也㊉。所謂和者，君甘則臣酸，君淡則臣鹹。今據也，君甘亦甘⑪，所謂同也，安得為和？」公忿然作色不說！無幾何，日暮。公西面望，睹彗星⑫，召伯常騫使禳去之⑬。晏子曰：「不可！此天教也。日月之氣，風雨不時，彗星之出，天為民之亂見之，故詔之妖祥㈣，以戒不敬。今君若設文而受諫，謁聖賢人，雖不去彗，彗將自亡㈤。今君嗜酒而並于樂，政不飾而寬于小人，近讒好優，惡文而疏聖賢人，何暇去彗㈥！茀又將見矣㈦！」公忿然作色不說。及晏子卒，公出屏而泣曰：「嗚呼！昔者從夫子而遊公阜，夫子一日而三責我㈧，今誰責寡人哉？」

【今註】 ㈠本章要旨：言景公遊公阜，一日有三過言，晏子諫以凡事須反求諸己，毋妄求諸人。㈡公阜，地名，《左傳》作「遄臺」，在臨淄西南，此云北望，或即其地。㈢昔者上帝以人之歿為善：「歿」一本作「死」，王念孫雜志云：「孫本改歿為死，非，歿亦死也，不必依上下文改。」㈣太公丁公將有齊國：丁公名伋，太公子，原「太公」在「丁公」二字下，今校乙。㈤桓襄文武將皆相之：桓公名小白，襄公名諸兒，文公名赤，武公名壽，皆齊君。㈥銚耨：銚，音一ㄠˊ，田器，比鋤大；耨，音ㄋㄡˋ，除草的農具。㈦以蹲行畎畝之中：蹲，踞也；言在畎畝之中，或蹲或行，以勤農事。㈧而梁丘據乘六馬而來：一本句首無「而」字，「乘」舊作「御」，今據指海本和王念孫說增改。㈨何以知之：四字舊作「何如」，王念孫雜志以為「何如」二字，與上下文不相屬，今據補正。㈩非和也：三字原脫，今據吳則虞集釋增。(一一)君甘亦甘：「君甘」舊倒，今據王念孫說乙。(一二)睹彗星：彗星，星名，尾長如掃帚，俗名掃帚星。㊂召伯常騫使禳去之：伯常騫，人名，字伯常，名騫。禳，音ㄖㄤˊ，消除炎厲的祭祀。㊃故詔之妖祥：詔，昭；妖祥，妖災吉祥。言明白示人以妖災，此處無吉祥意。㊄彗將自亡：「彗」舊作「星」，今據吳則虞集釋引文廷式說改。㊅何暇去彗：「去」舊作「在」，今據《羣書治要》上方校語改。㊆茀又將見矣：茀，音ㄅㄟˋ，彗星，與「孛」同。㊇一日而三責我：三責者，指諫而無死，據與我和，及禳彗星。

【今譯】景公出遊於公阜，北面遙望，目睹國都臨淄的壯麗景觀，不禁感慨系之，說道：「唉呀！假使古來人有生而無死，你看怎麼樣？」晏子說：「自古上帝都以人死為善，因為藉著死，可以讓修身慎行的仁人永遠休息，貪欲無厭的小人長眠地下，如果自古人有生而無死的話，太公、丁公將永保齊國的統制權，桓公、襄公、文公、武公四位，祇能擔任齊國的卿相，至於你，恐怕想為卿相而不可得，到時惟有頭戴斗笠，身穿短襖，手持鋤草的工具，在田野間，忽蹲忽行，勤力耕種罷了，那還有閒工夫，去憂愁死活呢？」景公一聽此言，滿臉的不高興。不久，梁丘據駕六馬疾馳而來，公問：「這是誰呀？」晏子回答道：「梁丘據。」公說：「你怎麼知道？」晏子說：「在這燥熱的天氣，駕車奔馳，嚴重的話，馬會熱死，輕點兒話，馬會受傷，像這種不惜獸力的做法，除了梁丘據，還會有別人嗎？」景公接著說：「據與我是相和的人嗎？」晏子說：「你們祇是比同徇私，絕非和合無間。所謂和合，我們可以拿調味的情形，加以說明，君味甘，臣味就要酸，君味淡，臣味就要鹹，現在梁丘據的做法，是君味甜他也甜，這種人云亦云，搖旗吶喊的行為，只是不問是非，雷同一響，怎能稱得上合作無間，協和一致呢？」景公聽了這些話，臉色大變，心裏很不舒服。不久，日落西山，一天的時間又過去了。公在這黃昏時分，仰望西天，見掃帚星忽隱忽現，覺得很不吉利，於是命令伯常騫負責辦理消災的祭祀。晏子進言道：「不可！上天垂象，以示吉凶，這是天教啊。日月運行，風雨不調，彗星出現，都是上天受到社會混亂，民怨沸騰的感應，才顯現出不祥的朕兆，來告戒那些不能敬業守分的人。現在我君若果借著此次的天象而接納各方勸諫，任賢使能，縱然不祭祀消災，而災星自會消滅於無形。可是現在我君嗜酒若命，耽於淫樂，政治不修，姑息小人，喜聽讒言，接近倡優，既然是厭惡天象，而又疏遠賢能之士，如今之計，還不趕快改過自新，那有閒工夫去禳除彗星！說不定這一個彗星沒除去，另外一顆彗星又出現了！」景公聽了這番話，氣得臉色大變，不愉快極了。等到晏子去世後，公走到屏風的外面，傷心流淚的說：「太叫人難過了！回想過去跟先生在一塊兒遊玩公阜的時候，一天之內，先生曾經三次批評我，而現在人天永隔，還有誰再來指責我的過失呢？」

景公遊寒途不恤死胔晏子諫第十九㈠

景公出遊于寒途㈡，睹死胔㈢，默然不問。晏子諫曰：「昔我先君桓公出遊，睹飢者與之食㈣，睹疾者與之財，使令不勞力，藉斂不費民㊄，先君將遊，百姓皆說曰：『君當幸遊吾鄉乎？』今君遊于寒途，據四十里之氓，殫財不足以奉斂，盡力不能以周役㊅，民氓飢寒凍餒㊆，死胔相望，而君不問，失君道矣。財屈力竭，下無以親上；驕泰奢侈，上無以親下；上下交離，君臣無親，此三代之所以衰也。今君行之，嬰懼公族之危，以為異姓之福也。」公曰：「然，為上而忘下，厚斂而忘民㊇，吾罪大矣！」於是斂死胔，發粟于民，據四十里之氓，不服政其年㊈，公三月不出遊。

【今註】㊀本章要旨：言景公遊寒途中，不恤死胔，晏子諫以君如無德於民，將為異姓之福。㊁寒途：他本「途」作「塗」，今從元刻。「寒」，地名，今山東濰縣平壽城，有寒亭，疑即此地。㊂胔，音ㄗˋ，腐爛的屍體。㊃睹飢者與之食：「飢」，他本作「饑」，今從元刻。㊄藉斂不費民：「藉」，舊作「籍」，盧文弨校作「藉」，今從之。㊅盡力不能以周役：「能」下舊脫「以」字，今據上句文例增。㊆民氓飢寒凍餒：一本「民氓」從上讀，今從張純一校本改。㊇厚斂而忘民：「厚」下舊有「藉」字，以與上句儷文，故張純一校本疑其衍文，今從刪。㊈不服政其年：「其」讀為「朞」，一周年。不服政其年者，即一年不服政府規定的繇役也。

【今譯】景公出遊於寒亭途中，目睹腐爛的屍體，默不作聲，好像視而不見。晏子進諫道：「過去我們先君桓公出遊在外，看到飢餓的人，供給他食物，有病的，周濟他錢財，工作不使他們過分勞碌，稅捐不超過他們的負擔。所以先君一旦有出外巡遊的消息，百姓們便非常高興的希望著：『國君會不會到我的家鄉來巡視呢？』現在我君遊於寒亭途中，離此居住四十里方圓的人民，拿出自己所有的錢財，還不能滿足你的需求，盡最大的力量，也沒法完成規定的勞役，而人民在飢寒交迫的痛苦下，弄得野有餓莩，路陳腐屍，張目相望，不絕於途，國君竟視若無覩，漠不關心，誠有失自己應盡的本分啊！進而言之，一旦老百姓民窮財盡，氣衰力竭，下情蒙蔽，不能達之於上；國君驕傲舒泰，奢侈淫佚，上情壅塞，沒法宣導於下；上下離心離德，君臣情同寇仇，這就是夏、商、周三代帝王，由盛而衰的原因啊！現在我君不但不加警惕，還步他們的後塵，最後只怕是親痛仇快，公族的危險，造成異姓的幸福啊。」景公說：「你講得很對，在上的國君忘記了下民的痛苦，厚加聚斂而不顧人民的負擔。我的罪過太大了。」於是派人掩埋路上的屍體，發放賑災的糧食，並下令凡居住寒亭方圓四十里的人民，免除一年的繇役，景公更決定三個月以內不出外巡遊，來閉門思過。

景公衣狐白裘不知天寒晏子諫第二十㈠

景公之時，雨雪三日而不霽。公被狐白之裘，坐于堂側階㈡。晏子入見，立有間，公曰：「怪哉！雨雪三日而天不寒。」晏子對曰：「天不寒乎？」公笑。晏子曰：「嬰聞古之賢君，飽而知人之飢，溫而知人之寒，逸而知人之勞，今君不知也。」公曰：「善！寡人聞命矣。」乃命出裘發粟，以與飢寒者㈢。令所睹于塗者，無問其鄉；所睹于里者，無問其家；循國計數，無言其名。士既事者兼月㈣，疾者兼歲。孔子聞之曰：「晏子能明其所欲，景公能行其所善也。」

【今註】㈠本章要旨：言景公衣狐白之裘，不知天寒，晏子諫以應學古之賢君，推己及人。㈡坐于堂側階：舊作「坐堂側陛」，王念孫雜志云：「此本作『坐于堂側階』，今本脫『于』字，『階』字又誤作『陛』。」今據正。㈢以與飢寒者：「以」字「者」字舊脫，從王念孫雜志校補。㈣士既事者兼月：既事，謂已有職業可任者；兼月，兼一月之粟，即施濟兩月之意。

【今譯】景公在位時，某年冬天，大雪連下三天不晴。公身披狐白的皮襖，坐在殿堂旁邊石階上。此時，巧逢晏子進見，稍立不久，公道：「怪事啊！大雪三天了，氣候一點兒都不冷。」晏子在旁回答說：「天氣真的不冷嗎？」公若有所悟似的，苦笑了一下。晏子因而進言道：「嬰聽說古代賢明的國君，自己吃飽了，還想著有人飢餓；穿暖了，還想著有人寒冷；安逸了，還想著有人辛勞。而現在我君於飽食、暖衣、安樂之餘，似乎沒想到，有些人正處於飢寒交迫的窘境啊！」景公說：「好！寡人照你的吩咐來做吧。」於是命令有關機關，拿出庫存的衣裘，發放倉廩的存糧，給那些飢餓寒冷，需要救濟的人們。又令看見路上乞討的，不必問他家住何鄉；在鄰里間行乞的，不必問他是那一家，凡是國人，不問籍貫，不言姓名，見則以數計給。有職業可任的，發給兩個月的救濟糧食，有病在身，無力謀生的，發給兩年的糧食，以便輔導就業。孔子聽到這件事，便讚嘆說：「晏子能推己及人，了解人民的需要，向景公進言；而景公能接納忠告，實行晏子的建議，君臣二人真是相得益彰啊。」

景公異熒惑守虛而不去晏子諫第二十一㈠

景公之時，熒惑守于虛㈡，朞年不去。公異之，召晏子而問曰：「吾聞之，人行善者天賞之，行不善者天殃之。熒惑，天罰也㈢，今留虛，其孰當之？」晏子曰：「齊當之。」公不說，曰：「天下大國十二㈣，皆曰諸侯，齊獨何以當之㈤？」晏子曰：「虛，齊野也。且天之下殃，固于富彊，為善不用㈥，出政不行，賢人使遠，讒人反昌，百姓疾怨，自為祈祥，錄錄彊食㈦，進死何傷！是以列舍無次㈧，變星有芒㈨，熒惑回逆㈩，孽星在旁，有賢不用，安得不亡㈡？」公曰：「可去乎？」對曰：「可致者可去，不可致者不可去。」公曰：「寡人為之若何？」對曰：「盍去冤聚之獄，使反田矣；散百官之財，施之民矣；振孤寡而敬老人矣㈢。夫若是者，百惡可去，何獨是孽乎？」公曰：「善！」行之三月，而熒惑遷。

【今註】 ㈠本章要旨：言景公異熒惑守虛而不去，晏子諫以修德用賢，則百惡可遷。㈡熒惑守于虛：熒惑，火星；虛，虛宿。謂火星守於虛宿的分野。㈢熒惑天罰也：孫星衍音義云：「史記索隱引春秋文耀鉤：『赤帝，赤熛怒之神為熒惑，位南方，禮失則罰出』。」《史記》謂熒惑為赤帝，蓋以火德為稱；以火德稱者曰赤帝，以星宿為稱者曰火星。㈣天下大國十二：案景公時，晉、秦、齊、楚、吳、越最為大國，次則魯、衞、宋、鄭、陳、蔡，亦當世名邦，故於諸邦中，獨舉十二為言。《史記・十二諸侯年表》，蓋本於此。㈤齊獨何以當之：「之」字舊脫，今據王念孫雜志校補。㈥為善不用：「用」宜讀為「勇」，「不用」，即「不勇」之意。㈦錄錄彊食：「錄錄」即「碌碌」，平庸無能意。「食」讀為「飾」，「彊食」，即竭力掩過飾非。㈧是以列舍無次：舍，宿；列舍，即列宿。此言二十八宿，一宿為一舍，天人相感，善降祥，不善降殃，故列宿亂其次序，而熒惑留於虛。㊈變星有芒：指彗星見。㊉熒惑回逆：回，返；逆，迎，言熒惑應變，回返於虛，而有不祥朕兆。⑪安得不亡：以上均韻語，《唐韻正》十一庚行下引此文，《先秦韻讀》注陽部，《古音諧》十六庚引此，段氏古韻屬第十部。⑫振孤寡而敬老人矣：振孤寡以興仁，敬老人以教孝。以上田、民、人三字為韻，《古音諧》七真引此。

【今譯】景公在位時，火星入居二十八宿中，虛宿的部位，整年不移動。公甚感驚異，特召見晏子問道：「我聽說，人行善，受天賞賜，行不善，受天懲罰，現在火星居於虛宿，誰應該承當？」晏子回答說：「齊國應該承當。」公十分不高興的說：「今日天下大國如晉、秦、齊、楚、吳、越、魯、衛、宋、鄭、陳、蔡等十二個，都號稱諸侯，為甚麼獨有齊國應該承當呢？」晏子說：「虛宿，屬齊國的分野。況且天降災殃的對象，本是針對那些恃富強而為惡的國家，因他們逢著善事不能勇為，推行政令反復無常，忠言直諫的大臣，冷落疏遠，邪僻阿黨的小人，氣燄囂張，百姓們怨聲載道，自己充耳不聞，還暗自求神祈福，正事沒有能力做，卻只會掩過飾非，已經走向了身死國滅的道路，卻不知顧影感傷，反而得意忘形！所以天上的二十八宿，亂了次序，彗星一再出現，熒惑回到虛位，祅星居留分野而不去，國有賢人，不加重用，這樣下去，國家怎能不滅亡呢？」公非常情急的說：「這些不祥之兆，可以消除嗎？」晏子回答道：「如果能實行消除的辦法，災星就可以消除，不能實行消除的辦法，災星就沒法消除。」公急迫的追問：「你看寡人應該怎麼樣辦呢？」晏子回答說：「何不先把關在牢獄中，冤屈的囚犯釋放出來，叫他們回家安心種田；散發文武百官們的錢財，賑濟苦難的人民；想法救助那些孤兒寡母，和年邁體衰，無依無靠的老人。如果你真能如此去做的話，一切的惡孽都可消除，這小小的火星，又算得了甚麼呢？」景公聽了這番話，一疊連聲的說：「好極了！」就這樣實行了三個月以後，火星果然離開了虛宿，轉移到別的地方去了。

景公將伐宋瞢二丈夫立而怒晏子諫第二十二㈠

景公舉兵將伐宋，師過泰山，公瞢見二丈夫立而怒㈡，其怒甚盛。公恐，覺，辟門，召占瞢者，至。公曰：「今夕吾瞢二丈夫立而怒，不知其所言，其怒甚盛，吾猶識其狀，識其聲。」占瞢者曰：「師過泰山而不用事，故泰山之神怒也。請趣召祝史，祠乎泰山，則可。」公曰：「諾。」明日，晏子朝見，公告之如占瞢之言也。公曰：「占瞢者之言曰：『師過泰山而不用事，故泰山之神怒也。』今使人召祝史祠之。」晏子俯，有間，對曰：「占瞢者不識也，此非泰山之神，是宋之先湯與伊尹也㊂。」公疑，以為泰山神。晏子曰：「公疑之，則嬰請言湯、伊尹之狀也。湯皙而長㊃，頤以髯㊄，兌上豐下㊅，倨身而揚聲㊆。」公曰：「然，是已。」「伊尹黑而短，蓬而髯㊇，豐上兌下㊈，僂身而下聲㊉。」公曰：「然，是已。今若何？」晏子曰：「夫湯、太甲、武丁、祖乙⑪，不宜無後；今惟宋耳，而公伐之，故湯、伊尹怒，請散師以平宋⑫。」景公不用，終伐宋。晏子曰：「伐無罪之國⑬，以怒神明，不易行以續蓄⑭，進師以近過⑮，非嬰所知也。師若果進，軍必有殃。」軍進，再舍⑯，鼓毀，將殪⑰。公乃辭乎晏子，散師，不果伐宋。

【今註】 ㊀本章要旨：言景公將伐宋，夢二丈夫立而怒，晏子諫以不可以齊之強，凌宋之弱，應散師與宋平。㊁瞢：目不明，古借為「夢」字。㊂湯與伊尹：湯為商代開國之君；伊尹為相，宋即殷商之後。㊃湯皙而長：舊「湯」下有「質」字。「皙」，人色白。湯皙而長者：言湯面部白淨而身體修長。㊄頤以髯：「頤」舊譌作「顏」，頤以髯者，言面頰多髯子。㊅兌上豐下：兌，讀如「銳」。兌上豐下者，言臉面上尖下寬。㊆倨身而揚聲：倨身，身體微曲；揚聲，聲音高亢。㊇蓬而髯：言蓬頭多髯子。㊈豐上兌下：言臉面上寬下尖。㊉僂身而下聲：僂身，曲背；下聲，聲音低沈。㈡湯太甲武丁祖乙：太甲，湯孫；武丁，小乙子；祖乙，河亶甲子；皆商之賢君。㈢平宋：平，和好。平宋者，言與宋和好也。㈢伐無罪之國：一本「伐」上有「公」字，今從吳則虞集釋校。㈣不易行以續蓄：易行，易伐宋之行；續蓄，蓄，同畜，好。不易行以續蓄者，言如不易伐宋之行，以續修兩國之好。㈤進師以近過：張純一校，疑「進」上脫「終」字。「近過」，陶鴻慶校，以為即「近禍」之叚。㈥再舍：軍行三十里為一舍，再舍，即軍行六十里。㈦將殪：將，將帥；殪，死。

【今譯】景公起兵將攻宋國，軍隊經過泰山時，夢見跟前站著兩個怒氣汹汹的大男人，非常氣忿的樣子。公嚇得從夢中驚醒，奪門而出，急召占夢的來見。告訴他們說：「夢中看到跟前站著兩個怒氣沖天的大男人，不知道他們講些甚麼，祗是脾氣發的很大，到現在我還清楚的記得他們的長像，和講話的聲音。」占瞢的說：「軍隊經過泰山而不先行祭祀，一定是惹泰山神明生氣了，如今請快點兒召見祝史，命他速祭泰山，才是解決之道。」公急忙答應說：「好。」第二天，晏子入朝進見，公把昨日給占夢的講的話，又一一轉告晏子。公說：「占夢的講：『因兵過泰山而未事先祭祀，惹怒了泰山神明。』現在已經派人召祝史去祭祀了。」晏子聽後，低頭不語，稍停片刻，他才回答說：「占夢的真沒有知識，這並非泰山的神明，乃宋國的祖先商湯和伊尹啊。」可是景公相信占夢，也認為是泰山神明作祟。晏子說：「公既然懷疑我講的，那麼我可以報告一下商湯、伊尹的狀貌。湯的長像：是白淨臉，多鬍子，面部上窄下寬，修長的身材，有點兒駝背，講話聲音高亢。」公急忙說道：「是，正合夢中所見的樣子。」「伊尹，皮膚黝黑，身材矮小，頭髮蓬鬆，多鬍子，面部上寬下窄，駝背，講話聲音低沈。」公又說：「對了，和我夢中所見的一樣。你看現在要怎麼辦？」晏子進言道：「湯、太甲、武丁、祖乙，都是商朝的賢君，不應該沒有後代，他們的後代，居今僅存的，祇有宋國了。現在我公竟然率兵攻打他們，因此商湯、伊尹十分惱怒，如今之計，最好請你遣散軍隊，和平相處。」景公不聽，仍堅持攻宋的主張。晏子說：「攻打無罪的宋國，而觸怒神明，如不改變這個作法，來續修兩國之好，仍然進兵宋國，去接近災禍的話，其後果實不堪想像啊。我相信軍隊如繼續前進，必有災殃。」齊軍繼續向前進行，走了六十里。戰鼓敗壞，將帥暴卒，景公才告訴晏子，決定遣散軍隊，不再攻打宋國。

景公從畋十八日不返國晏子諫第二十三㈠

景公畋于署梁㈡，十有八日而不返。晏子自國㈢往見公，比至，衣冠不正，不革衣冠，望游而馳㈣。公望見晏子，下車逆勞曰㈤：「夫子何為遽㈥？國家得無有故乎㈦？」晏子對曰：「不亦急也？雖然，嬰願有復也：國人皆以君為安于野而不安于國㈧，好獸而惡民，毋乃不可乎？」公曰：「何哉？為夫婦獄訟之不正乎⑨？則泰士子牛存矣⑩；為社稷宗廟之不享乎？則泰祝子游存矣⑪；為諸侯賓客莫之應乎？則行人子羽存矣⑫；為田野之不辟，倉廩之不實乎⑬？則申田存矣⑭；為國家之有餘不足乎⑮？則吾子存矣。寡人之有五子，猶心之有四支⑯，心有四支，故心得佚焉。今寡人有五子，故寡人得佚焉，豈不可哉？」晏子對曰：「嬰之所聞與君言異⑰。若乃心之有四支，而心得佚焉，則可；令四支無心，十有八日，不亦久乎？」公于是罷畋而歸。

【今註】㈠本章要旨：言景公縱意畋獵，十八日不返國，晏子諫以君臣之間，猶心之與四肢，必須上下諧和，內外一體。㈡署梁：地名未詳。㈢國：此「國」字指齊都臨淄。㈣望游而馳：游，旗旌之旒。㈤下車逆勞曰：舊作「下車而急帶曰」，文不成義，今從張純一校改。逆，迎；勞，慰。㈥夫子何為遽：遽，疾、卒。夫子何為遽者，言夫子為何疾遽而來哉？㈦國家得無有故乎：舊無「得」字，今據王念孫雜志校增。「得無」，推想之詞；「有故」，有急事。國家得無有故乎者，言國家莫非有急事嗎？㈧國人皆以君為安于野而不安于國：兩「于」字舊脫，從黃以周校據《太平御覽》四百五十六補。㈨為夫婦獄訟之不正乎：「為」上舊有「吾」字，劉師培校云：「吾字不可通，《太平御覽》無，吾蓋若字之譌。」今據《太平御覽》刪。⑩則泰士子牛存矣：泰士，官名，若《周禮・秋官・士師》，掌察獄訟之辭；子牛，人名。㈡則泰祝子游存矣：泰祝，官名，即《周禮・大祝》，掌六祝之辭，以事鬼神；子游，人名。㈢則行人子羽存矣：行人，官名，掌朝覲聘問之事；子羽，人名。㈣則倉廩之不實乎：「乎」字舊脫，「廩」字原為「庫」，《太平御覽》作「廩」，今分別增改。㈤則申田存矣：申田，官名。張純一校云：「此脫人名。」「矣」舊作「焉」，今據《太平御覽》三百七十六改。㈥為國家之有餘不足乎：「足」下舊衍「聘」字，張純一校以為此句語意不明，疑有訛奪。㈥猶心之有四支：支，通肢；四肢，即孟子所謂之四體。㈦嬰之所聞與君言異：「嬰之所聞」舊作「嬰聞之」，今從張純一校增乙。

【今譯】景公畋獵於署梁，十八天不歸，晏子從國都臨淄起程，前往進見，因為旅途匆忙，弄得衣冠不整，到達目的地後，也不稍事換洗整理，便隨即望著景公圍獵的旌旗奔去。公看見晏子到來，下車慰勞說：「先生為何如此匆促？莫非國家發生了甚麼急事嗎？」晏子回答道：「雖然沒發生什麼急事，不過，請容我向你作一個報告：國人都認為我君耽於游獵，而不熱心國事，喜好禽獸，而厭惡人民，像現在畋獵十八天不歸，怕是不可以吧？」公詫異的說：「為甚麼呢？是人民訟案辦理不善嗎？有泰士子牛處理就可以了；是社稷宗廟不按時祭祀嗎？有泰祝子游處理就可以了；是諸侯賓客不應對往來嗎？有行人子羽處理就可以了；是田野土地不開闢嗎？倉廩府庫不充實嗎？有申田方面的官員處理就可以了；至於如何使國家在各方面，損其有餘以補不足嗎？你就可以處理了。寡人有了你們五位大臣，如同心有四肢，心既有四肢來工作，心就可以安佚了。同樣的，現在寡人有了你們五位，寡人也可以安佚了。所以我此次畋獵十八天不歸，難道不行嗎？」晏子回答說：「嬰所聽到的，和國君的說法不同。心有四肢，心得以安佚，還勉強可以；假若四肢失去心的領導十八天，不是太久了嗎？」景公聽了晏子的講話，覺得很有道理，便立即下令停止畋獵，整裝而歸。

景公欲誅駭鳥野人晏子諫第二十四㈠

景公射鳥，野人駭之㈡。公怒，令吏誅之。晏子曰：「野人不知也。臣聞賞無功謂之亂，罪不知謂之虐，兩者，先王之禁也。以飛鳥犯先王之禁，不可！今君不明先王之制，而無仁義之心，是以從欲而輕誅㈢。夫鳥獸，固人之養也，野人駭之，不亦宜乎？」公曰：「善！自今已來，弛鳥獸之禁，無以苛民也。」

【今註】 ㈠本章要旨：言景公欲誅駭鳥的野人，晏子諫以不可賞無功，罪不知；應與民同樂。㈡野人駭之：野人，田野無知的人；駭之，驚鳥使飛去。㈢從欲：從，猶縱也。縱欲，即放縱私欲。

【今譯】 當景公射鳥時，有一位無知的鄉下人，故意驚駭鳥雀，讓牠飛開。公十分生氣，下令官吏們殺掉他。晏子在旁勸告道：「鄉下人不知道國君的禁令啊。我聽說獎勵的目的在於勸善，如果賞無功而勸人為惡，那就是違法亂紀，不知不加罪，如果要是不教而殺，那就是暴虐無道。這兩種情形，都是我們先王所禁止的。因飛鳥而違犯先王的禁令，這斷斷使不得！何況現在國君不明先王的制度，又無仁民愛物的慈心，所以放縱一己的私欲，而隨便的下令殺人。至於鳥獸，本來野生無主，人人得以捕捉飼養；而我君造作苑囿，把鳥獸看成自己的專利，現在無知的鄉下人，驚動鳥雀，使牠飛開，行為不是很正當嗎？」景公說：「講的太好了！從今以往，放寬捕捉鳥獸的禁令，再也不要因為此事而虐待人民了。」

景公所愛馬死欲誅圉人晏子諫第二十五㈠

景公使圉人養所愛馬㈡，暴病死㈢，公怒，令人操刀解養馬者㈣。是時晏子侍前，左右執刀而進，晏子止之㈤，而問于公曰：「古者堯舜支解人㈥，從何軀始？」公懼然曰㈦：「從寡人始㈧。」遂不支解。公曰：「以屬獄㈨。」晏子曰：「此不知其罪而死，臣請為君數之㈩，使自知其罪⑪，然後屬之獄⑫？」公曰：「可。」晏子數之曰：「爾罪有三：公使汝養馬而殺之，當死罪一也；又殺公之所最愛馬㊂，當死罪二也；使公以一馬之故而殺人，百姓聞之，必怨吾君，諸侯聞之，必輕吾國，汝殺公馬，使怨積于百姓，兵弱于鄰國，當死罪三也㊃。今以屬獄！」公喟然嘆曰：「夫子釋之！夫子釋之！勿傷吾仁也。」

【今註】㊀本章要旨：言景公所愛馬死，欲誅養馬者，晏子問：「古時堯舜支解人，從何軀始？」以發景公深省，啟迪其仁心。忠臣謀國，微之以諫，晏子足以當之。㊁圉人：一說在題中者，原為「養馬者」三字，此處「圉」字為衍文。圉人，周官名，掌養馬芻牧事。㊂暴病死：「病」字舊脫，從王念孫雜志校補。㊃令人操刀解養馬者：「令」，《羣書治要》作「命」，「操刀」，《太平御覽》四百五十六作「持刀」。㊄晏子止之：「之」字舊脫，今從王念孫《讀書雜志》校增。㊅古者堯舜支解人：舊無「古者」二字，今從盧文弨校增。支解，古之酷刑。㊆公懼然曰：懼然即瞿然，驚駭的樣子。㊇從寡人始：俞樾平議云：「語殊不倫，必有奪誤。」蘇輿云：「從寡人始不誤，蓋景公悔心乍萌，率爾而對。」吳則虞集釋云：「晏子固知堯舜未嘗支解人，而以何體始為問者，欲借以啟沃景公。景公率爾曰，從寡人始，言未畢，知支解人不當，始戛然即止。此非有缺文，正狀其言之未已也。」張純一校：「此文當作支解人從寡人始，今本脫支解人三字。」未知孰是。㊈以屬獄：屬，付；以屬獄者，以之收付牢獄為囚犯。㊉臣請為君數之：舊無「請」字，今從王念孫《讀書雜志》校增。數，責數其罪。㈡使自知其罪：舊脫「自」字，從盧文弨、蘇輿校據《羣書治要》補。㈢然後屬之獄：「屬」舊作「致」，從孫星衍校據《太平御覽》改。㈢最愛馬：一本無「最」字，「愛」作「善」。㈣當死罪三也：句首舊衍「汝」字，從蘇輿校刪。

【今譯】景公使圉人飼養所愛的馬，馬突然得病暴斃，公十分惱怒，派人持刀支解養馬的人。此時，晏子侍立於旁，左右人等正要執刀前進，晏子一面阻止他們，一面請問景公道：「古時唐堯、虞舜支解犯人，先從身體的那一部分開始？」公大吃一驚，以改悔的心情，順口便說：「從寡人開始。」於是不支解。可是景公餘怒未息，吩咐左右：「把他交付牢獄，處以死刑。」晏子一旁說：「此人不知自己所犯何罪，便處以死刑，恐怕會死不瞑目，不如讓臣替我君一一說明，叫他知道自己犯的罪過，然後再交獄執行，覺得怎麼樣？」公說：「好吧！」晏子便當眾逐條說給他聽道：「你犯了以下三條大罪：第一條，公叫你養馬，結果不小心，使馬突然暴斃，等於你殺了馬一樣，應當判處死刑；第二條，你殺的，又是我公所最喜歡的馬，應當判處死刑；第三條，使我公因為一匹馬的緣故而殺人，讓全國百姓聽說此事，必定埋怨我們的國君，諸侯們聽說此事，必定輕視我們的國家，但追究原因，只由於你殺了公的一匹馬，最後竟使百姓對政府結下了怨仇，武力削弱於鄰近的國家。更應當判處死刑。現在交付獄吏，執行死刑吧！」景公聽了晏子這番話，不禁喟然長嘆說：「先生開釋他吧！先生開釋他吧！無論如何，不能因為這件事，傷害我的仁德啊！」

卷二　內篇諫下第二

凡二十五章

景公藉重而獄多欲託晏子晏子諫第一㈠

景公藉重而獄多㈡，拘者滿囹圄㈢，怨者滿朝野㈣。晏子諫，公不聽。公謂晏子曰：「夫獄，國之重官也，願託之夫子。」晏子對曰：「君將使嬰敕其功乎㈤？則嬰有壹妾能書㈥，足以治之矣。君將使嬰敕其意乎㈦？夫民無欲殘其家室之生，以奉暴上之僻者㈧，則君使吏比而焚之而已矣㈨。」景公不說，曰：「敕其功則使壹妾，敕其意則比而焚，如是，夫子無所謂能治國乎㈩？」晏子曰：「嬰聞與君異。今夫胡貉戎狄之蓄狗也⑪，多者十有餘，寡者五六，然不相害傷。今束雞豚妄投之，其折骨決皮⑫，可立見也⑬。且夫上正其治，下審其論⑭，則貴賤不踰越。今君舉千鍾爵祿⑮，而妄投之于左右，左右爭之，甚于胡狗，而公不知也。寸之管無當⑯，天下不能足之以粟。今齊國丈夫耕，女子織，夜以繼日，不足以奉上，而君側皆雕文刻鏤之觀⑰，天下不能足之以薪⑱。今君之左右，皆操熛之徒⑲，而君終不知。鐘鼓成肆⑳，干戚成舞㉑，雖禹不能禁民之觀。且夫飾民之欲，而嚴其聽，禁其心，聖人所難也。而況奪其財而饑之，勞其力而疲之㉒，常致其苦而嚴聽其獄，痛誅其罪，非嬰所知也。」

【今註】㊀本章要旨：言景公藉斂甚重，獄訟繁興，欲託晏子；晏子諫以應省刑罰，薄稅斂，以紓民困。㊁藉重而獄多：藉，藉斂。此謂民不勝重賦之藉斂，故獄訟繁多。「藉」字註已見前諫上第十九章。㊂拘者滿囹圄：「圄」本應作「圉」，此為同音假借。「圄」上舊無「囹」字，今補。此言所拘捕之罪犯，充滿牢獄。㊃怨者滿朝野：舊無「野」字，今補，與上句對文。㊄敕其功：「敕」舊作「勑」，今改，下同。敕，讀為飭，謂整飭；功，事。敕其功者，謂整飭其事，以驗其懲勸之效。㊅則嬰有壹妾能書：壹，同一字；妾，舊作妄，今據俞樾平議改；能書，能書記。則嬰有一妾能書足以治之者，極言治獄甚易收效，雖婦女可也。㊆君將使嬰敕其意乎：敕其意，言使人民釋怨懲憤，擁護政府。㊇以奉暴上之僻者：暴上，暴斂的君上；僻，通癖，偏好。㊈則君使吏比而焚之而已矣：比，比戶；焚之，焚其租券讞牘。使吏比而焚之者，言百姓積怨，在因君上之橫征暴斂，今欲使其心釋無怨，莫如將每戶租券讞牘，派一官吏用火焚掉。⑩夫子無所謂能治國乎：謂猶為，言夫子無其他方法，能治理國事嗎。⑪胡貉戎狄之蓄狗也：「貉」舊作「狢」，狢俗字，不可從，今依孫星衍音義校改。蓄，通畜，飼養。⑫其折骨決皮：言爭雞豚而相傷，以致骨折皮裂。⑬可立見也：「見」舊譌作「得」。俞樾平議云：「得字義不可通，乃見字之誤。」今據改。⑭下審其論：論讀為倫。倫，理也，下審其論者，言在下的人，能明白彼此相處之理。⑮千鍾：鍾，容器名，六斛四斗，一說八斛，又謂十斛。千鍾，謂粟多。⑯寸之管無當：當，底。⑰雕文刻鏤之觀：觀，有相觀而競尚之意，於此極言景公虛飾浮華的景象。⑱天下不能足之以薪：「之」語助詞，舊誤脫，今據王念孫雜志校補。⑲操熛之徒：「熛」舊譌作「煙」，今據王引之校改。音ㄅㄧㄠ，火也。⑳鐘鼓成肆：肆，陳列。古縣鐘十六為一肆。㉑干戚成舞：干戚，兵器。干戚成舞，謂作干戚之舞也。㉒勞其力而疲之：舊奪「之」字，今從孫星衍音義校補。

【今譯】景公時，苛捐雜稅很重，人民不勝負擔，故獄訟繁多，拘捕的罪犯充滿牢獄，怨恨的情緒遍佈朝野。晏子苦苦相勸，景公不聽。並且還對晏子說：「主持獄政，是國家重要官吏啊，希望請先生擔任。」晏子回答道：「國君是叫我整飭獄政，減少犯罪，以驗懲勸之效嗎？那麼我有一妾，長於書記，請他來擔任，便足以勝任愉快了。如果國君叫我使人民釋怨窒忿，擁護政府嗎？事實上，老百姓沒人願意敗壞家庭生計，專門奉承暴君那種窮奢極慾的癖好的。所以你只要派一官吏，把每家的租券讞牘一把火燒掉，就可以了。」景公聞聽此言，滿臉不高興的說：「整飭獄政，使一妾即可勝任，叫人民釋怨窒忿，把每家的租券用火燒掉，照這樣說來，先生就沒有其他方法，能治理國事嘍？」晏子說：「那倒不然，關於辦理獄政，我所聽說的跟你不同。現在以胡貉戎狄的人們養狗為例，他們每家多者十餘條，少者五、六條，但彼此平常不相傷害。現在如果隨便丟給牠們一束雞肉豬肉，便馬上可以看到牠們爭得骨折皮裂的景象了。況且在上的如能正確實行仁德的政治，在下的能明白彼此相處的道理，那麼貴賤有等，永遠不會侵犯的。現在我君以千鍾之多的高爵厚祿，隨便投之於左右人等，左右人等爭奪的激烈，恐怕更有甚於胡貉戎狄的走狗，然而公高居君位，說不定還不知道這箇中實情哩！再說一寸長的竹筒，如果沒有底的話，即令用盡天下的糧食，也裝不滿。今齊國男子耕田，女子織布，幾乎夜以繼日，辛勤工作，但全部的收入所得，還不夠繳納上級的苛捐雜稅，可是我君身旁都是些精工雕鏤的飾物玩好，這等於沒有底的竹筒，而國君始終安之若素，毫不知情。一個五尺高的小孩子，只要拿著寸長的火種，即令用盡天下的柴薪，也不夠它燃燒的。今我君左右的近侍們，可以說都是些玩火的人，我君更是視而不見，無動於衷。試想鐘鼓樂器，陳列成肆，戈干戚揚，組合成舞，樂聲舞步，動人心弦，當此之時，縱使像治水的夏禹那樣克勤克儉，也不能禁止人民去觀摩。況且既增飾了人民的物質慾望，又嚴禁大家耳朵不聽，心裏不想，就是聖人，也很難辦得到的啊。何況剝削了大家的財產，使他們饑寒交迫；勞動了大家的體力，還要使他們身心疲憊；經常使他們受到痛苦的煎熬，直到今天又要嚴辦獄政，狠狠懲治他們的罪行，如此以往，後果真不堪設想啊。」

景公欲殺犯所愛之槐者晏子諫第二㈠

景公有所愛槐，令吏謹守之，植木之下縣令曰㈡：「犯槐者刑，傷槐者死㈢。」有不聞令，醉而犯之者，公聞之曰：「是先犯我令！」使吏拘之，且加罪焉。其子往辭晏子之家㈣，託曰㈤：「負郭之民賤妾㈥，請有道于相國㈦，不勝其欲㈧，願得充數乎下陳㈨。」晏子聞之，笑曰：「嬰其淫於色乎？何為老而見犇㈩？雖然，是必有故。」令內之⑾。既入門⑿，晏子望見之，曰：「怪哉，有深憂。」進而問焉，曰：「所憂何也？」對曰：「君樹槐縣令，犯之者刑，傷之者死。妾父不仁⒀，不聞令，醉而犯之，吏將加罪焉。妾聞之，明君莅國立政，不損祿⒁，不益刑⒂，又不以私恚害公灋⒃，不為禽獸傷人民，不為草木傷禽獸⒄，不為野草傷禾苗。吾君欲以草木之故殺妾父，孤妾身⒅，此令行于民而灋于國矣。雖然妾聞之，勇士不以衆彊凌孤獨，明惠之君不拂是⒆以行其欲，此譬之猶自治魚鼈者也⒇，去其腥臊㉑者而已。昧墨而與人比居㉒，庾肆而教人危坐㉓。今君出令于民，苟可灋于國，而益善于後世，則父死亦當矣，妾為之收亦宜矣㉔。甚乎！今之令不然，以樹木之故，罪灋妾父㉕，妾恐其傷察吏之灋，而害明君之義也。鄰國聞之，皆謂吾君愛樹而賤人，其可乎？願相國察妾言，以裁犯禁者㉖。」晏子曰：「甚矣！吾將為子言之于君。」使人送之歸。明日，早朝，而後于公，曰：「嬰聞之，窮民財力，以供嗜欲，謂之暴；崇玩好，威嚴擬乎君，謂之逆；刑殺不稱㉗，謂之賊。此三者，守國之大殃也㉘。今君窮民財力，以美飲食之具㉙，緐鐘鼓之樂，極宮室之觀，行暴之大者。崇玩好，縣愛槐之令，載過者馳，步過者趨，威嚴擬乎君，逆民之明者㉚。犯槐者刑，傷槐者死，刑殺不稱，賊民之深者。君享國，德行未見於眾，而三辟著于國㉛，嬰恐其不可以莅國子民也。」公曰：「微大夫教寡人，幾有大罪，以累社稷。今子大夫教之，社稷之福，寡人受命矣！」晏子出，公令吏罷守槐之役㉜，拔縣令之木㉝，廢傷槐之灋，出犯槐之囚。

【今註】㊀本章要旨：言景公欲殺犯所愛之槐者，晏子諫以應積德累行；否則，恐其不可以莅國子民。本章與《列女傳》文略異，與下章及外上九章，外下十一章旨同。㊁植木之下縣令曰：縣，古懸字。此句舊為「植木縣之下令曰」，文不成義，今據鄒太華逸箋校乙。㊂傷槐者死：「槐」舊作「之」，孫星衍音義云：「傷之，藝文類聚作傷槐」，今據改。㊃其子往辭晏子之家：上「子」字，男女之通稱；辭，告。此句舊如是作，黃以周校據《太平御覽》刪作「其子往晏子之家」，於義未若原句為完，今仍從其舊。㊄託曰：託，請託，有女子自媒之意。㊅負郭之民賤妾：負郭，近於城郭，謂郊外。㊆請有道于相國：有道，有所陳述；相國，指晏子。請有道于相國者，言晉謁相國有所陳述。㊇不勝其欲：欲，情欲。不勝其欲者，乃女子自媒之詭辭。㊈願得充數乎下陳：下陳，後列。願得充數乎下陳者，言希望能充當侍妾於後列也。㊉何為老而見犇：犇，古奔字，女子未聘而自至曰奔。言女子為何未經納聘，而見奔於我乎？⑪今內之：內，納本字。⑫既入門：「既」舊作「女子」，《列女傳》作「既」，義較勝，今據改。⑬妾父不仁：仁，讀為佞；不仁即不佞，言不材也。⑭不損祿：損，損公所有；祿，賞。損祿，意謂濫賞。⑮不益刑：益，與溢義近，謂不淫刑於法外。⑯不以私恚害公灋：恚，音ㄨㄟ，怨怒也。言不以公法洩私憤也。⑰不為草木傷禽獸：《列女傳》無此句。⑱孤妾身：無父曰孤，按前「願得充數乎下陳」，即預為此伏筆，蓋擬其父之必死，自陷於孤，因而為下陳之請，而動之晏子也。⑲不拂是：拂，違戾；是，正。不拂是者，言不違背正理。⑳自治魚鼈：自，躬自；治魚鼈，為庖人所司。今為行其所欲，而自治之，則越俎代庖矣。蓋喻果屬違法，宜交付有司，依律讞議，不應以君令代國法也。㉑去其腥臊：腥臊，皆害魚鼈之味者，治魚鼈但去其害味之物，不全棄魚鼈，以喻治國者，但去其有害於國之人，不必以小故而全去之也。㉒昧墨而與人比居：「而」字舊脫，據下句補。昧，闇；墨，黑；比，親。昧墨，猶言黑暗。昧墨而與人比居者，蓋謂黑暗中欲人相親以居也。㉓庾肆而教人危坐：庾，露；肆，市廛；危坐，端坐。蓋謂在露市中教人正襟危坐。連上句，意思蓋指當人在難能之時，而董之以峻法，嚴之以刑戮，是故入人罪，民不堪命矣。㉔妾為之收亦宜矣：收，被坐見捕。蓋謂如此不但孤獨妾身，即坐父罪而被拘捕亦宜矣。㉕罪灋妾父：灋，古法字，刑也。言妾父因罪受刑。㉖以裁犯禁者：裁，裁奪。言量情而斷決之也。㉗刑殺不稱：「不稱」舊作「不辜」，今據王念孫雜志校改。稱，當也，言刑殺不當。下文曰「刑殺不稱，賊民之深者」，即承此文言之。㉘守國之大殃也：「也」字舊脫，從黃以周校據御覽補。㉙以美飲食之具：「美飲」舊譌「羨餒」，今據《列女傳》正。㉚逆民之明者：舊句末衍「也」字，今據上下文刪；「民」字舊脫，依《列女傳》補。謂君尊槐而賤民，違犯民意，甚顯明也。㉛而三辟著于國：辟同僻，邪僻也。三辟者，指上文暴、逆、賊。㉜公令吏罷守槐之役：「吏」舊作「趣」，今從黃以周校據《太平御覽》五百十九改。㉝拔縣令之木：舊作「拔置縣之木」，鄒太華逸箋云：「置縣不成義，縣亦顯為縣令，全文命意甚顯，故改。」今據正。

【今譯】 景公有棵心愛的槐樹，不但專門派官吏守護著，還特別掛塊木牌，明書禁令：「侵犯槐樹的受重罰，傷害槐樹的處死刑。」有個不服從命令的人，酒醉後，侵犯了它，景公知道後，很生氣的說：「這是首先違抗我命令的人！」便立刻派人拘捕在押，準備加罪判刑了。他的女兒走到晏子家來，故意的央求說：「靠近城邊居住的民家小女子，希望晉謁相國，有所報告：因本人年已及笄，不勝情欲之苦，願充當侍妾於後列，經常服侍相國如何？」晏子一聽此言，笑著說：「嬰難道好色嗎？為何未經納聘擇吉之禮，就淫奔於我呢？」雖然如此，她這樣做，相信必有緣故，就暫時收容了她，既經入門，晏子一眼望去，便暗自思忖：「怪了！她為什麼那樣悶悶不樂呢？」於是進前問她說：「妳心裏在煩惱甚麼？」女子回答道：「國君為棵槐樹，明懸禁令，說是侵犯它的受重罰，傷害它的處死刑。妾父不材，不聽命令，竟在酒醉後侵犯了它，眼看政府就要加罪判刑了。我聽說，英明的君主，當國執政，既不濫加賞賜，也不亂施刑罰，更不能假借公法以洩私憤，不為禽獸傷害人民，不為草木傷害禽獸，有用勝於無用。然而我們的國君，現在竟想以心愛的樹木，殺戮我的父親，使我變成一個無父可靠的孤女，固然命令施之於一人，但卻通行於全國，所以制定法律，那能兒戲。我聽說，真正的勇士，決不仗著眾強，去欺凌孤寡，英明慈惠的國君，決不違背正道，去為所欲為。治國理民之道，就好比自己親手下廚，調治魚鼈，祇要除去腥臊的部分就可以了。假使在漆黑無光的地方，讓人相親以居，熱鬧的市場上，教人正襟端坐，這都是十分難能的事情，怎不動輒得咎呢？現在國君向人民頒布的命令，假使能推行於全國，可以化民成俗，傳之於後世，可以流芳千古的話，那麼我父被處於死刑，不僅理所當然，就是我本人受到連坐，而被拘捕，也是罪有應得了。而現在所懸的禁令實在太過分，竟因一棵槐樹的緣故，使我父親判罪受刑，深怕這樣下去，會傷害到廉吏的法治，明君的清譽啊！鄰國諸侯一旦聽說這種事，都批評我們的國君愛樹而賤人，怎麼可以呢？願相國明察我報告的內容，希望轉請國君量情裁決違犯禁令的人。」晏子一聽此言，也覺得好氣，便說：「實在太過分了！我會代妳向國君說明一切的。」於是就派人送她回家安身。第二天趁著早朝的機會，向景公報告道：「我聽說，收刮人民的錢財勞力，來滿足一己的愛好和慾望的，稱之為暴虐；崇尚遊樂玩物，視之若一國之君的，稱之為叛逆；刑殺無辜，於法不當的，稱之為盜賊。這三種，是保有國家的大災禍啊。現在我君竭盡了人民的錢財和勞力，來美化飲食的用具，增加鐘鼓的樂器，裝飾宮室的景觀，可以說是極其暴虐的行為。崇尚遊樂玩物，懸掛著愛槐的禁令，凡車騎經過要疾馳，步行經過要速走，不准稍事停留，儼然視作一國之君，這種尊槐賤民的行為，顯然違背民意。至於侵犯槐樹的受重罰，傷害槐樹的處死刑，刑殺無辜，於法不當，更是賊害人民，莫此為甚。自我君主持齊國的政治以來，德行尚未被民眾所稱道，而暴、逆、賊三種邪僻的劣跡，已昭著於全國，如果長此以往，再不幡然改圖的話，我怕你沒法繼續主持國事，領導人民了。」景公立刻醒悟說：「如非大夫開導寡人，幾乎身犯大罪，累及社稷宗廟，還不自知。現在既承大夫開導，實乃社稷的洪福，寡人接受你的吩咐就是了。」晏子辭出朝廷後，公命令有關的官員，停止護守槐樹的差事，取下懸掛禁令的木牌，廢止傷害槐樹的法律，釋放侵犯槐樹的囚犯。

景公逐得斬竹者囚之晏子諫第三㊀

景公樹竹，令吏謹守之。公出，過之，有斬竹者焉。公以車逐，得而拘之，將加罪焉。晏子入見曰：「君亦聞吾先君丁公乎？」公曰：「何如？」晏子曰：「丁公伐曲城㊁，止其財，出其民。公日自莅之㊂，有輿死人以出者，公怪之，令吏視之，則其中有金與玉焉㊃。吏請殺其人，收其金玉。公曰：『以兵降城，以眾圖財，不仁。且吾聞之，君人者㊄，寬惠慈眾，不身傳誅㊅。』令捨之。」公曰：「善！」晏子退，公令出斬竹之囚。

【今註】㊀本章要旨：言景公逐得斬竹者而囚之，晏子特援先君丁公伐曲城故事，諫其應寬惠慈眾，不可妄殺無辜。㊁丁公伐曲城：丁公，名伋，太公子，見本書諫上第十八註四。曲城，「城」舊作「沃」，今據王念孫雜志校改。地名，故城在今山東掖縣東北。㊂公日自莅之：「日」舊作「曰」，今從盧文弨校改。㊃則其中有金與玉焉：「有」字舊脫，今從王念孫雜志校據《藝文類聚》補。㊄君人者：「君人」舊倒，今據《初學記》二十乙。㊅不身傳誅：言人君對罪人，當付有司治之，不可親自傳令，妄施刑戮。

【今譯】景公種的竹子，專門派官員加以謹慎的守護，巧逢公因事外出，經過竹林的附近，發現有人正在砍伐，公便乘車追趕，把他們逮捕羈押起來，準備問罪受刑了。晏子入而晉見，說：「我君曾經聽說過先君丁公的行事嗎？」公說：「事情怎麼樣呢？」晏子回答道：「當丁公率兵攻打曲城時，大獲全勝後，下令不得搬運財物出城，人民可以行動自由。有一天，公蒞臨視察，見有擡著死人出城埋葬的，公暗自詫異，就叫左右官員開棺檢驗，發現其中全是黃金美玉。官員們就建議殺掉他們，並沒收其財物。丁公毫不考慮的就說：『以兵逞強，佔領了別人的城市；以眾行劫，又想圖謀他人的財物，不合親親仁民之道。況且我聽說，身為君臨天下的領袖，要寬大恩惠，慈愛羣眾，不可親自傳令，妄加殺戮。』於是叫人釋放了他們。」景公聽完了這個故事，連聲誇讚說：「太好了！」等到晏子辭出後，公就下了一道命令，開釋砍伐竹子的囚犯。

景公以摶治之兵未成功將殺之晏子諫第四㊀

景公令兵摶治㊁，當臈㊂，冰月㊃之間而寒，民多凍餒，而功不成。公怒曰：「為我殺兵二人。」晏子曰：「諾。」少間㊄。晏子曰：「昔者先君莊公之伐晉也㊅，其役殺兵四人。今令㊆，而殺兵二人㈧，是殺師之半也㈨。」公曰：「諾。是寡人之過也。」令止之㈩。

【今註】㈠本章要旨：言景公以摶治之兵未成功，將殺之，晏子引莊公伐晉之役，諫其濫殺無當。㈡摶治：治，甄。摶治，和土為甄。㈢當臈：臈，《集韻》：臘或作臈。今謂夏曆十二月為臘月。㈣冰月：結冰之月。㈤少間：舊作「少為間」，「為」字疑衍。㈥昔者先君莊公之伐晉也：「伐」下舊有「于」字，張純一校以為衍文，今據刪。莊公伐晉事，見本書問上第二，《左傳》襄公二十三年，《史記・齊世家》莊公四年。㈦今令：令，指此摶治之令。㈧而殺兵二人：而，反轉之詞，作「卻」解。而殺兵二人，言卻殺兵二人，極言其為小事而多殺妄殺也。㈨是殺師之半也：師，謂伐晉之師。是殺師之半者，言此殺兵二人，等於殺伐晉之役之半也。㈩令止之：言令吏止勿殺。

【今譯】景公命令兵士們和土製甄，而時當臘月，冰天雪地，氣候嚴寒，很多老百姓都過著饑寒交迫的生活。所以事情沒辦成功。公惱怒萬分說：「替我殺兵士二人，以儆效尤。」晏子隨口答應：「是！」稍停片刻，晏子進言道：「在以往先君莊公攻打晉國的時候，那場戰役僅殺兵四人。現在為了和土製甄的小事，卻要殺兵二人，就等於殺掉伐晉之役的半數啊。」景公猛然醒悟，說：「是，這是寡人的罪過啊。」於是下令左右不得妄殺。

景公冬起大臺之役晏子諫第五㈠

晏子使于魯㈡。景公使國人起大臺㈢，歲寒不已，凍餒者鄉有焉㈣，國人望晏子。晏子至，已復事㈤，公延坐㈥，飲酒，樂。晏子曰：「君若賜臣，臣請歌之！」歌曰：「庶民之言曰：『凍水洗我，若之何？太上靡散我㈦，若之何？』」歌終，喟然嘆而流涕。公就止之曰㈧：「夫子何為至此？殆為大臺之役夫？寡人將速罷之。」晏子再拜，出而不言，遂如大臺，執朴鞭其不務者㈨，曰：「吾細人也，皆有盍廬㈩，以避燥溼；今君為一臺而不速成⑪，何以為役⑫？」國人皆曰：「晏子助天為虐！」晏子歸，未至，而君出令，趣罷役，車馳而人趨⑬。仲尼聞之，喟然嘆曰：「古之善為人臣者，聲名歸之君，禍災歸之身，入則切磋其君之不善，出則高義其君之德義；是以雖事惰君，能使垂衣裳，朝諸侯，不敢伐其功。當此道者，其晏子是耶！」

【今註】㈠本章要旨：言景公冬起大臺之役，晏子勸其戒奢以儉，以紓民困。此與下章，並外上十二章大旨相同。㈡晏子使于魯：舊首句下有「比其返也」四字句，張純一校云：「此四字蓋後人妄加。下文國人望晏子，望其返也；晏子至，晏子返也；則此處不應有比其返也四字明矣。當刪。」按四字與下文語意牴牾，今從張說刪。㈢景公使國人起大臺：「臺」下舊衍「之役」二字，不可解，從盧文弨校刪。大臺：館閣名，為景公遊憩之所。㈣凍餒者鄉有焉：舊「餒」下衍「之」字，從盧文弨校刪。鄉有，各鄉皆有其人。㈤已復事：已復命也。㈥公延坐：「延」元刻作「迺」，今從孫星衍校改。㈦太上靡敝我：「敝」舊作「散」，蘇時學云：「散當為敝，敝與散相近而訛，下章言靡敝是也。」今據改。太上：尊辭，指朝廷；靡，侈靡；敝，凋敝。太上靡敝我者：言朝廷多靡，民生凋敝，不容我生存也。㈧公就止之曰：就，親近，言景公離席而接近晏子。㈨執朴鞭其不務者：不務者，不勤力於事務也。言晏子持鞭，鞭其不勤力事務之人，意在抑己以彰君德也。㈩盍廬：「盍」舊作「蓋」，俞樾平議以為「蓋乃盍字之誤，盍讀為闔，襄十七年左傳：『吾儕小人，皆有闔廬，以避燥溼寒暑』，語意與此同。」俞說是，今據改。盍廬：居室意。⑪今君為一臺而不速成：舊脫「今」字，「一」作「壹」，今從《太平御覽》一百八十七及《左傳》增訂。⑫何以為役：舊脫「以」與「役」字，文義不完，今據《左傳》增。⑬車馳而人趨：言車者馳，步者趨，如釋拘囚，一哄而散也。

【今譯】景公趁著晏子出使魯國的期間，徵集都城的人，起造大臺之館，雖然歲暮天寒，工作仍照常進行，因此受凍挨餓的，各地大有人在啊！於是大家一致盼望晏子快點兒回國，能替他們解決困難。

晏子回到國都，向景公復命後，公請他入座，設宴慰勞，觥籌之間，狀極愉快。此時晏子即席請求道：「君若賞賜為臣，臣願高歌一曲，答謝國君的厚愛。」接著他說：「老百姓異口同聲的唱著：『冷水淋溼了我的衣襟，寒澈骨髓，該怎麼辦呢？朝廷祇知道荒淫無度，民生凋敝，該怎麼辦呢？』」歌聲方歇，晏子喟然長嘆，淚數行下。景公看到這種情形，馬上離席走近晏子，勸他說：「先生為什麼這樣難過呢？莫非由於大臺的工程嗎？寡人叫他們停工就是了。」晏子再三行禮致謝。辭出朝廷後，悶聲不響，直往大臺工地，拿起籐條鞭打那些不勤奮工作的人，嘴裏嘀咕著：「我們升斗小民，都有自己的房屋，防避燥熱潮溼，現在國君叫大家合力造一座大臺之館，還不能迅速完成，將來還能做什麼事呢？」滿城的人都認為「晏子傷天害理，專門幫國君虐待老百姓！」晏子事畢回去，還沒到家，景公就發出手令，叫迅速停工，於是整個工地的人們，有車的駕車，無車的疾走，都一哄而散了。魯國的孔仲尼聽說這件事以後，深深的讚嘆說：「古代善作大臣的人，賢聲美名歸功於國君的領導，禍患災殃，自己都一身承擔；在朝廷之上，本著知無不言的態度，去商榷國君治事理民的缺點，出國在外時，本著去國不出惡聲的修養，來稱讚國君高尚的德性和作為。所以雖然事奉懦弱無能的君主，仍可以在清靜無為的狀態下，讓各國諸侯來朝拜順服。但他謹慎小心，虛懷若谷，不願對人誇張這是自己的功勞。時居今日，真能當此而無愧憾的大臣，恐怕就是齊國的晏子了吧！」

景公為長庲欲美之晏子諫第六㊀

景公為長庲㊁，將欲美之，有風雨作，公與晏子入坐飲酒，致堂上之樂㊂。酒酣，晏子作歌曰：「穗兮不得穫㊃，秋風至兮殫零落㊄；風雨之拂殺也㊅，太上之靡敝也。」歌終，顧而流涕，張躬而舞㊆。公就晏子而止之曰：「今日夫子為賜，而誡于寡人，是寡人之罪。」遂廢酒，罷役，不果成長庲㊇。

【今註】㊀本章要旨：言景公為長庲欲美之，晏子作歌，諫以應體念民艱。㊁長庲：音來，舍也。長庲，齊臺名。㊂致堂上之樂：致，盡；堂上，宮殿大堂之上。言在宮殿之上，飲酒盡歡。㊃穗兮不得穫：「兮」舊作「乎」，今據王念孫雜志校改。禾有穗不得穫，言奪民時也。㊄殫零落：殫，盡；殫零落者，盡零落也。㊅風雨之拂殺也：拂，過擊，請擊而過之。殺，音ㄙㄚˋ，放散之意。風雨之拂殺者，言被冷風淒雨吹打著。㊆張躬：躬讀若肱，肱，是肘到腕的部分。張躬，即張肱。㊇不果成長庲：「成」字，鄒太華《晏子逸箋》以為：「首尾語意不貫，疑當是美字。」姑存此說備參。

【今譯】景公起造長庲之臺，想加以裝潢美化，適風雨大作，公與晏子入內落坐，飲酒為歡，極盡殿堂上的樂趣。正當酒酣耳熱的時候，晏子即席作歌，說：「禾稼有穗啊，不能收穫，秋風到來啊，刮得七零八落；我們受著冷風細雨的吹打啊，而朝廷只知道荒淫無度。」歌畢，環顧四周，泫然涕下，伸展兩臂，合聲起舞，情況十分悲傷。公即刻離席，走近晏子，對他說：「今日承先生恩賜，來告誡寡人，是寡人的罪過。」於是命令左右撤去酒宴，停止工程的進行，結果，長庲之臺才算沒有完成。

景公為鄒之長塗晏子諫第七㈠

景公築路寢之臺㈡，三年未息，又為長庲之役，二年未息，又為鄒之長塗㈢。晏子諫曰：「百姓之力勤矣！公不息乎㈣？」公曰：「塗將成矣，請成而息之。」對曰：「明君不屈民財者，以不得其利；不窮民力者，以不得其樂㈤。昔者楚靈王作頃宮㈥，三年未息也；又為章華之臺㈦，五年未息也；而又為乾谿之役㈧，八年，百姓之力不足而自息也。靈王死于乾谿㈨，而民不與歸㈩。今君不遵明王之義⑪，而循靈王之跡，嬰懼君有暴民之行，而不睹長庲之樂也，不若息之。」公曰：「善！非夫子⑫，寡人不知得罪于百姓深也！」于是令勿委壞⑬，餘財勿收，斬板而去之⑭。

【今註】㈠本章要旨：言景公為鄒之長途，晏子推明王之義，諫其當遵修儉德，以恤民力。㈡路寢之臺：路寢，正寢，制如明堂，為人君聽政之所。臺，館閣。㈢鄒之長塗：鄒，地名，今屬山東鄒平縣。塗，字本作涂，涂與塗、途古今字。長塗即長路，今所謂「大馬路」。㈣公不息乎：言公當息事，以恤民力也。㈤以不得其樂：上句「不得其利」與「不得其樂」二語，「不」上各奪「以」字，今據鄒太華逸箋校補。㈥楚靈王作頃宮：春秋，楚康王寵弟，名圍。後改名熊虔，弒郟敖自立。後因太子祿，為蔡大夫觀起所殺，眾叛親離，被逐出宮，自縊而死。頃宮，宮名。㈦章華之臺：臺名，楚靈王造。《左傳》昭公七年：「楚子成章華之臺。」杜預注：「臺在今華容城內。」華容，今屬湖北監利縣東五里。㈧乾谿之役：「谿」舊作「溪」，今從《左傳》昭公十二年改。乾谿，地名，依杜預注在譙國城文縣南，今屬安徽亳縣東南七十里。㈨靈王死于乾谿：治要脫「于」字，「谿」同上改。㈩而民不與歸：「歸」上舊衍「君」字，據治要刪。不與歸，心不歸附也。按《左傳》楚子於昭公六年伐吳，七年成章華之臺，去昭公十二年乾谿之役，恰為五年，而其間又先後滅陳圍蔡，圍蔡之翌年，即乾谿伐徐之役，則民亦過勞矣，故晏子曰：「百姓之力不足而自息也。」時靈王次於乾谿，以為圍徐師之援，故死於乾谿。民不歸附。㈡今君不遵明王之義：「遵」治要作「道」，形近相亂。㈢非夫子：「子」下舊衍「者」字，據治要刪。㈢于是令勿委壞：「壞」舊作「壤」，今據孫詒讓《札迻》校改。委，積。勿委壞，今罷役，不要再積聚土壤。㈣斬板而去之：斬，斷；板，築路之木板。言斬斷其束板之繩，移而去之，以示停工勿築。

【今譯】景公建築正寢附近的臺閣，三年都沒完工，又起造長庲之臺，連續兩年做個不停，接著又開工拓築鄒平的大馬路。晏子進言道：「連年不斷的工作，老百姓太辛苦了！吾公還不下令停止，叫他們略事休息嗎？」公說：「馬路拓寬工程，眼看就完成了，完成後再好好休息吧。」晏子回答說：「英明的國君，所以不願竭盡人民財富者，就怕最後不能得到利益，不願困乏人民勞力者，就怕將來不能得到快樂。過去楚靈王造頃宮，三年不停止；又建章華臺，五年不間斷，接著又興兵伐徐，而有乾谿之役，這樣兵連禍結，前後長達八年之久，最後由於民力不繼，一切國家大事都癱瘓了。直到靈王死於乾谿，人民對他絲毫沒有悼念之情。現在國君不遵守古代明王的義行，反而照著靈王的劣跡去做，深怕長此以往，激起人民的暴動，不會享受長庲的樂趣啊。不如暫時停工，與人民休息吧。」景公覺得所言有理，便說：「太好了！如果不是先生告訴我，寡人還不知道得罪老百姓這樣深呢！」於是下令不再聚積土壤，沒有完納的財稅，不再徵收，工人們割斷繩索，把築路的木板搬離現場，各自停工，返家休息去了。

景公春夏游獵興役晏子諫第八㈠

景公春夏游獵，又起大臺之役。晏子諫曰：「春夏起役，且游獵，奪民農時，國家空虛，不可！」景公曰：「吾聞相賢則國治，臣忠則主逸。吾年無幾矣，欲遂吾所樂，卒吾所好，子其息矣㊁！」晏子曰：「昔文王不敢盤遊于田㊂，故國昌而民安；楚靈王不廢乾谿之役㊃，起章華之臺，而民叛之㊄。今君不革㊅，將危社稷，而為諸侯笑。臣聞忠不避死㊆，諫不畏罪。君不聽臣，臣將逝矣㊇。」景公曰：「唯唯㊈！將弛罷之。」未幾，朝韋罔解役而歸㊉。

【今註】㊀本章要旨：言景公春夏游獵興役，晏子諫其今如不革，將危社稷，為諸侯笑。㊁子其息矣：其，猶庶幾，希望之詞。息，休息。言請息而勿庸干預也。㊂昔文王不敢盤遊于田：「盤遊」，本字當作「般游」。般，樂；田，獵。㊃楚靈王不廢乾谿之役：「谿」舊作「溪」，今正。乾谿之役，見本書內篇諫下第七註十。㊄而民叛之：言人民背叛，不與歸也。㊅今君不革：革，《說文》：「更也。」謂更改之意。㊆臣聞忠不避死：一本「忠」下衍「臣」字。不避死，不怕死。㊇臣將逝矣：逝，去，言臣將辭去職位。㊈唯唯：唯，諾，應答之詞。連稱「唯唯」，見景公訥諫之敏決。㊉朝韋罔解役而歸：朝，召也，朝、召同音通叚。韋罔，人名，言景公既納晏子之諫，故不久，召韋罔解散大臺工程，令人民分別歸家。

【今譯】景公繼春、夏出外狩獵之後，又開始興建大臺的工程。晏子勸諫道：「春夏動工興建大臺，又出外狩獵，剝奪農民耕耘收穫的時間，以致國家府庫空虛，這樣下去是不可以的！」景公說：「我聽說相國賢能，國家就可以太平無事，百官們盡忠職守，君主就可以安享逸樂。我現在已到了衰朽殘年的時候了，想按照自己平常所好，去盡情的享受一番，希望你不必干涉這件事了！」晏子答道：「過去文王兢兢國事，不敢以狩獵為樂，故國運昌隆，民生安康；楚靈王驕奢淫佚，不廢止乾谿伐徐之役，起造章華之臺，結果眾叛親離，民不歸附。現在國君如不改弦更張，非但危及國家，且被天下諸侯所竊笑。我聽說忠臣視生死於度外，進諫置功罪於不計，國君如果不接受為臣的勸告，本人就此解除職位，告老歸田好了。」景公急著說：「是！是！馬上放寬禁令，停止工程。」事隔不久，召韋冏傳令，解散大臺之役，老百姓都安然回家務農了。

景公獵休坐地晏子席而諫第九㈠

景公獵，休，坐地而食。晏子後至，搣葭而席㈡。公不說曰：「寡人不席而坐地，二三子莫席㈢，而子獨搴草而坐之㈣，何也？」晏子對曰：「臣聞介冑坐陳不席㈤，獄訟不席㈥，尸在堂不席㈦，三者皆憂也，故不敢以憂侍坐㈧。」公曰：「善㈨！」令人下席曰：「大夫皆席，寡人亦席矣。」

【今註】㈠本章要旨：言景公狩獵後，坐地休息，晏子搴草為席以諫。《說苑．雜言篇》用此文。㈡搣葭而席：「搣」上舊衍「左右」二字，《太平御覽》三百九十三、七百九，《北堂書鈔》百三十三，《藝文類聚》六十九所引，並無，今據刪。搣音ㄇㄧㄝˋ，《廣韻》：「手拔。」葭，音ㄐㄧㄚ，初生之蘆草。搣葭而席者，言拔蘆草以為席之意。㈢二三子莫席：「莫」上疑脫「亦」字。㈣搴草而坐之：搴，音ㄑㄧㄢ，拔取。言拔草以坐之，與上文「搣葭而席」正相應。㈤介冑坐陳不席：介通甲，介、甲古同音；冑，兜鍪；介冑即甲冑，代表軍士。陳同今「陣」字。㈥獄訟不席：獄訟，訟案。謂兩造以罪相訴。㈦尸在堂不席：「在」舊作「坐」，又「堂」下衍「席」字。王念孫雜志云：「尸為死人，則不得言坐堂上，御覽百卉部七，引作尸在堂上是也。今本在作坐者，涉上下諸坐字而誤，上字疑亦後人所加。」王說是，今據改刪。㈧故不敢以憂侍坐：《說苑》作「今不敢以喪、獄之事侍於君矣。」㈨善：舊作「諾」，王念孫雜志云：「諾本作善，公曰善者，善晏子之席而後坐也。凡晏子有所請於公者，則下有公曰諾之文，此是晏子自言其所以設席之故，非有所請於公，公無為諾之也。蓋善與若字相似，善誤為若，後人因改為諾耳。」王說是，今據正。

【今譯】景公獵後休息，坐地而進食。晏子後到，手拔蘆草，鋪地為席。公看了，頗不高興的問道：

「寡人不鋪薦子，就直接坐在地上，左右人等，也都不坐薦子，惟獨你拔草為薦，而坐其上，這是什麼道理呢？」晏子回答說：「我聽說：軍士們在戰陣之上，坐不鋪薦，兩造以罪相訴，坐而不薦，人死停在堂上，喪家坐不鋪薦，因為戰陣、獄訟、人死三者，都屬憂患之事，臣不敢以憂患的心情，來伺候國君，故拔草為薦，鋪地而坐。」景公聽了這番答話，情不自禁的稱讚著：「太好了！」便一面叫人鋪薦子，一面說：「大夫們都坐薦上，寡人也坐薦子了。」

景公獵逢蛇虎以為不祥晏子諫第十㈠

景公出獵，上山見虎，下澤見蛇。歸，召晏子而問曰：「今日寡人出獵，上山則見虎，下澤則見蛇，殆所謂不祥也？」晏子對曰：「國有三不祥，是不與焉㈡。夫有賢而不知，一不祥；知而不用，二不祥；用而不任㈢，三不祥也。所謂不祥乃若此者。今上山見虎，虎之室也㈣；下澤見蛇，蛇之穴也㈤。如虎之室，如蛇之穴㈥，而見之，曷為不祥也？」

【今註】㈠本章要旨：言景公出外狩獵，上山見虎，下澤見蛇，以為不祥，晏子諫以國之不祥有三，而虎蛇不與。《說苑・君道篇》用此文。㊁是不與焉：是，指虎蛇，言虎蛇不列入也。㊂用而不任：言任之以事，而不加信賴。㊃虎之室也：山為虎所居，故云。㊄蛇之穴也：澤為蛇所止，故云。㊅如蛇之穴：上下句中二「如」字，皆作「於」講，言於虎室蛇穴而見之。

【今譯】景公出外狩獵，上得山來，遇見虎，走到沼澤，看見蛇。回去以後，召見晏子而問道：「今天寡人出外狩獵，上得山來，遇見虎；走到沼澤，看見蛇，恐怕這就是所謂的不祥之兆吧？」晏子回答說：「國家有三種不祥，虎蛇都不列入啊：國有賢能之士而沒發現，一不祥；既經發現，而不任用，二不祥；任用之後，又不加信賴，三不祥。所謂之不祥，應該指這三件事。現在上得山來，遇見虎，山本是虎的住宅啊；走到沼澤，看見蛇，沼澤本是蛇的巢穴啊。在虎的住宅，蛇的巢穴裏，見到老虎、蟲蛇，這不是理所當然嗎？怎能說是不祥呢？」

景公為臺成又欲為鐘晏子諫第十一㊀

景公為臺，臺成，又欲為鐘。晏子諫曰：「君國者，不樂民之哀㊁。君不勝欲，既築臺矣，今復為鐘，是重斂於民，民必哀矣。夫斂民之哀而以為樂，不祥，非所以君國者。」公乃止。

【今註】㊀本章要旨：言景公為臺成，又欲為鐘，晏子諫以不可斂民之哀，以為一己之樂。《說苑．正諫篇》用此文。㊁不樂民之哀：言為一國之君者，當先民之憂而憂，後民之樂而樂。斷不可恣意尋樂，而遺民之哀，更不可斂民之哀，而滿足一己之樂。

【今譯】景公興建臺閣，臺閣的工程完成後，又準備鑄造鐘，晏子勸諫道：「身為一國的國君，當先民之憂而憂，後民之樂而樂，不能把自己的歡樂，建築在人民的痛苦上。國君不能克制自己的慾望，臺閣既已興建完工了，如今再鑄造鐘，毫無疑問的，又要增加人民的苛捐雜稅，苛捐雜稅一增加，人民生活更痛苦了。這種剝削人民的痛苦，來滿足一己的幸福，是不吉利的，同時，更不是身為一國之君者，應該有的行為。」景公聽他說得有理，方才取消了鑄鐘的計畫。

景公為泰呂成將以燕饗晏子諫第十二㊀

景公為泰呂成㊁，謂晏子曰：「吾欲與夫子燕㊂。」對曰：「未祀先君而以燕，非禮也㊃。」公曰：「何以禮為？」對曰：「夫禮者，民之紀㊄，紀亂則民失，亂紀失民，危道也！」公曰：「善！」乃以祀焉㊅。

【今註】㈠本章要旨：言景公為泰呂鐘成，將以燕饗，晏子諫以燕饗必先祭，今未祀先君，即行燕饗，於禮不合。此與本書外下九章，文旨有相同處。㈡景公為泰呂成：舊本脫「為」字，今據標題補。泰呂，即大呂，鐘名；稱大呂者，音屬陰律之故。《呂氏春秋・侈樂篇》：「齊之衰也，作為大呂。」高誘注：「大呂，陰律十二也。」案古制，天子鐘三等：曰特鐘，配十二正律，為十二辰鐘；曰大編鐘鎛；曰小編鐘。諸侯鐘二等，無特鐘。今齊侯為泰呂鐘，即天子十二正律之特鐘，其僭禮甚矣。故《呂氏春秋・侈樂篇》，直刺為「齊之衰也」，〈貴直篇〉更有「無使齊之大呂陳之廷」，而痛詆之。㈢燕：古段借為宴，饗宴之意。㈣未祀先君而以燕非禮也：《周禮・大宗伯》：「以饗燕之禮，親四方賓客。」饗在廟，而燕在寢。凡饗皆應先灌酒以降神祇，供物以祭先君，是饗兼具祭禮和燕禮。燕於寢，賓主得以盡歡。此云「泰呂成，景公謂晏子」云者，必景公在廟言之。廟非歡燕大夫之所，且饗燕之禮，首祭先君，今景公僭越妄行，晏子僅以非禮諫之，譏其未祀而燕，是舍其僭越之大，而舉其妄行之微矣。㈤民之紀：紀，別理絲縷曰紀。引申為紀律、綱紀。㈥乃以祀焉：祀，猶祭也。案祭有四義：一、可以虛中致其誠敬。二、可以充不匱之孝思。三、可使境內之民莫不敬。四、當有大澤惠及於下。如此則私欲滅而祀配先祖矣。

【今譯】景公鑄造泰呂鐘完工，對晏子說：「我想和先生在一起飲宴為樂，以資慶祝。」晏子說：「泰呂鐘完工後，還沒有祭祀先君，就要宴饗慶祝，於理不合。」景公應聲就說：「何必講究這些禮數呢？」晏子回答道：「禮是維繫民心的紀律，紀律敗壞，就失去民心，如果治理國家，弄得敗壞紀律，民心盡失，這是危險的做法啊！」公說：「好極了！」結果，就在宴饗以前，行了祭祀先君之禮。

景公為履而飾以金玉晏子諫第十三㈠

景公為履，黃金之綦㈡，飾以銀，連以珠，良玉之絇㈢，其長尺，冰月服之以聽朝。晏子朝，公迎之，履重，僅能舉足。問曰：「天寒乎？」晏子曰：「君奚問天之寒也？古者聖人製衣服也㈣，冬輕而暖，夏輕而清㈤；今金玉之履㈥，冰月服之，是重而寒也㈦；履重不節㈧，是過任也㈨，失生之情矣。故魯工不知寒溫之節⑩，輕重之量，以害正生⑪，其罪一也；作服不常，以笑諸侯，其罪二也；用財無功⑫，以怨百姓，其罪三也。請拘而使吏度之⑬！」公曰：「魯工苦⑭，請釋之。」晏子曰：「不可。嬰聞之：苦身為善者其賞厚，苦身為非者其罪重。」公不對。晏子出，令吏拘魯工，令人送之境⑮，使不得入⑯。公撤履⑰，不復服也。

【今註】㈠本章要旨：言景公為履，而飾以金玉，晏子諫以履重不節，失去實用價值；因拘魯工，送之出境。㈡黃金之綦：綦，音ㄑㄧ，鞋帶。言用黃金做鞋帶。㈢良玉之絇：絇，音ㄑㄩ，鞋頭。言用美玉做鞋頭。㈣古者聖人製衣服也：舊「古」下無者字，據《藝文類聚》補。言古時聖人裁製衣服也。㈤夏輕而清：清，音ㄐㄧㄥˋ，寒涼。言夏天衣著輕而涼爽。㈥今金玉之履：「金玉」舊作「君」，今據王念孫雜志校改。㈦是重而寒也：「重而寒」舊作「重寒」，據御覽六百九十七補「而」字。㈧履重不節：節，適。言鞋子重不適服用。㈨是過任也：過任則勞，言超過負擔。㈩魯工不知寒溫之節：魯工，魯國之工，指製履者。言魯國之工匠，不知寒暑季節之變化。⑪以害正生：正生，常性，言妨害常性。⑫用財無功：言支用錢財，無功於國。⑬請拘而使吏度之：度，量；謂拘而捕之，使吏量其刑之輕重。⑭魯工苦：舊僅「公苦」二字，今據王念孫雜志說補「曰魯工」三字，即成「公曰，魯工苦。」言景公謂魯工製此鞋甚辛苦。⑮令人送之境：境，邊地，謂令人放之，返於其國。⑯使不得入：言使其不得復入於齊。⑰公撤履：撤當為徹，《說文》有徹無撤。撤，經典通用徹。撤，除去也。

【今譯】景公定製了雙鞋子，拿黃金做鞋帶，白銀做裝飾，珍珠做連貫，美玉做鞋頭，長有一尺，當冰天雪地的嚴冬，穿上它去處理朝政。晏子朝見，景公迎接他，因為鞋子太重，僅僅能把腳提起來，要想移動十分困難。開口便問：「天冷嗎？」晏子答道：「國君何以要問天氣寒冷呢？須知古時聖人裁製衣服啊，冬天穿上，輕而溫暖，夏天穿上，輕而涼爽；現在用黃金美玉做雙鞋子，而又在冰天雪地的嚴冬穿著，不但質量重，還不暖和；鞋子不適合穿用，使腳的負擔過重，便失去真情實性了。由此看來，這位製鞋的魯國工匠，不知寒暑季節的變化，使輕重的份量，弄得不能適度，已妨害人的常性，這是他犯的第一條罪狀；裁製衣服不守一定的常規，奇裝異服，為天下諸侯所嗤笑，這是他犯的第二條罪狀；動用大量的經費，不做對國家有益的事，反使老百姓怨聲載道，這是他犯的第三條罪狀。請准許依法拘捕，並指派官員審判他罪刑的輕重！」景公說：「這位魯國的工匠，在製鞋期間，工作太辛苦，請釋放他好了。」晏子斷然拒絕，說：「不可以，我聽說，勞苦身心，去積極行善的人，應給予重賞，勞苦身心，去為非做歹的人，應治以重罰。」公默不作聲。晏子離開朝廷後，即刻指派官員拘捕這位魯國的工匠，叫人押解出境，命他今後永遠不得再入齊國。景公也脫去這雙金玉做成的鞋子，不再穿著了。

景公欲以聖王之居服而致諸侯晏子諫第十四㈠

景公問晏子曰：「吾欲服聖王之服，居聖王之室，如此，則諸侯其至乎？」晏子對曰：「法其節儉則可，法其服室㈡無益也。三王㈢不同服而王，非以服致諸侯也。誠于愛民，果于行善，天下懷其德而歸其義，善㊃其衣服節儉而眾說也。夫冠足以修敬㊄，不務其飾；衣足以掩形㊅，不務其美。衣無隅差之削㊆，冠無觚羸之理㊇，身服不雜彩，首服不鏤刻。且古者嘗有紩衣攣領㊈而王天下者，其政㊉好生而惡殺，節上而羨⑪下，天下不朝其服，而共歸其義。古者嘗有處橧巢窟穴而王天下者⑫，其政好⑬而不惡，予而不取，天下不朝其室，而共歸其仁⑭。及三代作服，為益敬⑮也，首服足以修敬，而不重也，身服足以行潔，而不害于動作；服之輕重便於身⑯，用財之費順于民⑰。其不為橧巢者，以避風也；其不為窟⑱穴者，以避溼也⑲。是故明堂之制⑳，下之潤溼㉑，不能及也；上之寒暑，不能入㉒也。土事不文，木事不鏤㉓，示民知㉔節也。及其衰也，衣服之侈，過足以敬㉕；宮室之美，過避潤溼㉖，用力甚多，用財甚費，與民為讎㉗。今君欲法聖王之服室㉘，不法其節儉㉙。法其節儉也，則雖未成治，庶其有益也。今君窮臺榭㉚之高，極汙池㉛之深而不止；務于刻鏤之巧，文章之觀而不厭，則亦與民為㉜讎矣。若臣之慮，恐國之危，而公不平也㊂。公乃願致諸侯，不亦難乎？公之言過矣！」

【今註】㊀本章要旨：言景公欲以聖王之居服，而招致諸侯，晏子諫以三王不同服而王，天下不朝其服，而共歸其義；不朝其室，而共歸其仁。㊁法其服室：「室」上舊有「居其」二字。王云：「『居其』二字衍。上文以『居聖王之室』，與『服聖王之服』對文，此文則以『法其服室』與『法其節儉』對文，不當有『居其』二字。御覽居處部二引無。」《藝文類聚》六十四亦無「居其」二字，今據刪。㊂三王：指禹湯周武。㊃善：字舊作「若」；王云：「若當為善字之誤也。懷其德，歸其義，善其節儉，三者相對為文。惟其善之，是以悅之。今本善誤作若，則義不可通。」案王說是，茲據改。㊄冠足以修敬：許氏《說文》解「冠」字云：「冠有法制故从寸。」段注：「法制謂尊卑異服」，故曰：「足以修敬。」㊅衣足以掩形：《說文》：「衣，依也。」段注：「依者倚也，衣者人所倚以蔽體者也。」按舊有「禦寒」二字，張云：「蓋衣足以掩形，與冠足以修敬對文，不應有禦寒二字，意林引此正作衣足以掩形，不務其美。今據刪。」此從張氏。㊆衣無隅差之削：此句舊作「衣不務于隅眥之削」，孫云：「淮南本經訓：衣無隅差之削。高誘注，隅，角也。差，邪也。古者質，皆全幅為衣裳，無有邪角削殺也。」盧校本從淮南作「隅差」。張云：「此文當依淮南作『衣無隅差之削』，與下句為儷文。今涉上文作『不務』，又加『于』字，奪『無』字，句法遂不類。茲據本經訓訂正。」此從張氏說。㊇觚贏之理：張云：「贏舊作嬴，今從淮南本經訓武進莊氏校本改。」孫云：「高誘注：觚羸之理，謂若易目籠相闌干也。言無者，冠文取平直而已也。」按「觚」蓋觚稜，如瓦脊文之縱者。⑨紩衣攣領：孫云：「說文：紩縫也。攣係也。」盧云：「攣領即卷領，亦云句領。」按紩，〈急就篇〉：鍼縷補縫綻紩緣。顏注：納刺謂之紩。按納同衲，補綴也。攣領與領同，《淮南子・氾論訓》注云：攣領，皮衣屈而紩之，如今胡家韋襲反褶以為領也。按反褶之意，蓋與衣身共幅，不另為領也，故曰攣。所以言其簡陋也。⑩政：舊作義。蘇云：「其義疑當為其政，今作義者，蓋緣下其義譌也。」按蘇說是，茲據改。⑪羨：餘也，謂使下民餘饒也。⑫而王天下者：五字舊脫。孫云：「橧當為竲，說文：北地高樓無屋者。御覽作層，明俗從木。初學記、御覽，窟穴下有王天下者四字，疑今本脫之。」今從孫校，據御覽七十六補「而王天下者」五字，與上文一律。⑬好：舊無「好」字，茲從孫說補。好，愛也。《論語・里仁》：「惟仁者能好人能惡人。」⑭共歸其仁：張純一校云：「淮南子論訓云：『法制禮義者，治人之具也，而非所以為治也。故仁以為經，義以為紀，此萬世不更者也。』」⑮益敬：孫云：「一本作蓋益，非。」⑯服之輕重便於身：言人之著衣裳，既以章身蔽寒暑，是衣役於人，人不為衣所役也。⑰順于民：費輕斂薄，故順于民。⑱窟：舊脫，從張本補。⑲以避溼也：言今不為橧巢窟穴而居宮室者，為避風溼也。⑳明堂之制：孫云：「高誘注淮南云：『明堂，王者布政之堂，上圓下方，堂四出各肖左右房，謂之个，凡十二所，王者月居其房，告朔朝歷，頒宣其令，謂之明堂。其中序昭穆，謂之太廟。其上可以望氛祥，書雲物，詔之靈臺。其外圖似璧，詔之辟雍。諸侯之制，半天子之宮。』」按明堂之制，諸書傳說不一，據蔡邕《明堂月令章句》，則凡朝會、祭饗、教學、選士一切庶政，皆所自出，具見古人之尚儉，真如所謂避風濕者矣。㉑溼：孫云：「一本作濕。」按濕，《說文》為水名，與溼潤字別。漢隸以為燥溼字，遂混用。㉒入：孫云：「及、入為韵。」㉓木事不鏤：孫云：「淮南本經訓『古者明堂之制，下之潤溼弗能及，上之霧露弗能入，四方之風弗能襲，土事不文，木事不斲，金器不鏤』，用此文而增『金器不鏤』，謬也。明堂之上尚質，安有金器，以此知晏子書之是。」㉔知：從孫校本，元刻作「之」。㉕過足以敬：蘇云：「上言作服為益敬，侈過于修敬之具，極奢靡也。」按風俗既已頹敝，競以奢靡為榮，已無復知其本旨矣。㉖過：華而無實之謂。㉗與民為讎：言勞苦民力，苛斂民財，無異與民為仇。㉘室：字舊脫，從張據上文增補。㉙不法其節儉：舊作「不法其制」，「制」蓋「節儉」之譌。茲據張氏校改。㉚榭：孫云：「榭當為謝，見荀子，古彝器銘以『宣射』為宣榭。」蘇云：「孫說是，說文無榭字。」㉛汙池：《說文》：「小池為汙。」按《孟子》：壞宮室以為汙池，謂瀦水之池水。㉜為：舊譌作「而」，王云：「而本作為，此草書之誤也。『亦』字正承上文『與民為讎』而言。」此從王校改。㉝平：《說文》：「語平舒也。」段注：「引申為凡安舒之稱。」

【今譯】 景公問晏子道：「我如果穿著聖王的服式，居住聖王的宮室，那麼各國諸侯就會歸順我嗎？」晏子回答說：「效法他們的節儉則可，效法他們的服室，毫無益處的。過去夏、商、周三代的帝王，服式不同，而皆興王天下，可見是不以服式招徠諸侯的啊。誠摯的愛護人民，果敢的施行善政，天下之人，自然懷念德澤，而歸服其義行，稱道其衣服的節儉，而博得眾心的悅服啊。戴帽子，達到整飭威儀就夠了，不求裝飾。穿衣服，達到掩蔽形體就夠了，不求華美。衣料都用全幅，沒有邪角的剪裁，帽子但要平直，不必有觚螺的文理，不佩帶其他的裝飾，帽子上不刻鏤其他的花紋。更何況古人衣服上曾有穿著縫衣係領，而興王天下者。他們的政治是愛護人民，厭惡殺戮，君上節約，民下富饒。所以天下之人，不朝拜其服式，而共同歸順其義行。古人曾有巢居穴處而興王天下者，他們的政治是愛利人民，刑措不用，予民財貨，不尚榨取，所以天下之人，不朝拜其宮室，而共同歸服其仁德。及至三代之時，制作服式，目的是為了增加禮儀節文，頭上的帽子，能整飭威儀就夠了，而不講求豪華，身上的衣服，能乾淨輕便就夠了，而不妨害動作；所以穿戴的時候，輕重適宜，行動便利。是用財不費，順應民心。他們所以不居橧巢之上者，為了避暴風；不住窟穴之中者，為了避潮濕啊。是故明堂的建造，於下，地面的潮濕不能及；於上，空中的寒暑不能入，四面牆壁不加文采，樑柱不加刻鏤，向人民表示節儉之意。及至後世，王政衰微，衣服的奢侈，超過了整飭威儀的程度，宮室的華美，超過了防止潤濕的範圍，為了滿足個人的享受，不惜濫用人民的勞力，浪費人民的財富，所以民之視君如寇仇。今國君只想效法聖王的服式與宮室，而不效法他們的節約與儉樸。假使效法他們的節約與儉樸，即令是不能使天下平治，但必有益於治。今國君窮宮室臺榭之高，極汙潴池沼之深，而不停止；務求於彫琢刻鏤的工巧，黼黻文章的美觀，而不滿足，如此也是與人民為仇了。依照臣的想法，不但怕國家危在旦夕，而我公更不能安然無憂了。當此之時，公竟望招徠各國諸侯的順服，不也太困難了嗎？公之所言，顯然不對啊！」

景公自矜冠裳遊處之貴晏子諫第十五㈠

景公為西曲潢㈡，其深滅軌㈢，高三仞㈣，橫木龍蛇，立木㈤鳥獸。公衣黼黻㈥之衣，素繡之裳㈦，一衣而五綵具焉；帶球玉而冠且，被髮亂首㈧，南面而立，傲然。晏子見。公曰：「昔仲父之霸何如？」晏子抑首㈨而不對。公又曰：「昔管敬仲㈩之霸何如？」晏子對曰：「臣聞之，維翟人與龍蛇比(一一)，今君橫木龍蛇，立木鳥獸，亦室一就矣(一二)，何暇在霸哉！且公伐宮室之美，矜衣服之麗，一衣而五綵具焉，帶球玉而冠且(一三)，亂首被髮，亦室一容矣(一四)，萬乘之君，而壹心于邪，君之魂魄亡矣，以誰與圖霸哉？」公下堂，就晏子曰：「梁丘據、裔款以室之成告寡人，是以竊襲此服，與據款為笑(一五)，又使夫子及(一六)寡人，請改室易服而敬聽命，其可乎？」晏子曰：「夫二子營(一七)君以邪，公安得知道哉！且伐木不自其根，則蘖⑱又生也，公何不去二子者，毋使耳目淫焉。」

【今註】㈠本章要旨：言景公自矜冠裳遊處之貴，晏子諫以欲圖霸天下，唯有去耳目之淫。㈡潰：孫云：「說文：『潰，積水池。』」㈢滅軌：蘇云：「滅者，沒也。軌，車轄頭也，言轄頭沒入水中也。」按軌，《禮記・少儀》、《考工記》注皆為軹，《玉篇》為軸。此與車轍之軌同名異訓。㈣仞：古以周尺八尺為仞，合營造尺六尺四寸八分。或謂七尺。㈤立木：蘇云：「立木，直木也。」㈥黼黻：孫云：「考工記：『白與黑謂之黼，黑與青謂之黻。』」㈦素繡之裳：張云：「案御覽六百九十六作衣縠繡之裳。書鈔繡作綉。」按裳，《說文》作常，或體作裳，下帬也。《釋名》：上曰衣，下曰裳。綉為繡之俗體。㈧被髮亂首：被，音披。龍蛇鳥獸叢攢，蔚成洪荒，因亦被髮亂首，自擬於古。㈨抑首：俛屈其首也。《史記・叔孫通傳》：「皆伏抑首。」⑩管敬仲：舊作管文仲；張校作仲父。孫云：「文疑敬字之壞也。」張云：「案孫說非。據公又曰三字審校，此文本作昔仲父之霸何如，了無疑義。今本父譌文，倒置仲上，後人又增一管字，遂與又曰之義不合。今改。」⑪維翟人與龍蛇比：翟通狄，《說文》翟字段注：「按翟經傳多假狄為之。」孫云：「言在水鄉，與龍蛇為伍。」《史記・吳世家》：「太伯文身。」集解應劭曰：「常在水中，文其身以象龍子，故不見傷害。」⑫亦室一就矣：張云：「五字不成文，當作一室亦就矣。說文：『就，高也，从京从尤。』」

言今以龍蛇鳥獸聚於一室，亦甚高矣，何暇言霸？」按室一無譌。室一，一室於義雖同，於情則殊，細繹即得。就，猶成也、終也。亦，但也。意蓋謂但求一室之美，何暇在意於國之霸？⑬冠且：張云：「二字舊脫，據上文增。」⑭亦室一容矣：張云：「五字義不可通，疑當作一室亦容矣。說文：『容，盛也。』增韻：『盛，大也。』言在一室之內，亦足以自大也。」按容，《說文》：「盛也」，盛，受也，含容也。此言但一美室已足自容，更無霸天下遠略矣。⑮與據款為笑：「款」字舊脫，今從張本補。為笑：與為嬉笑也。⑯及：乘也，謂乘其罅隙也。⑰營：孫云：「說文：『瞀，惑也。』營與瞀聲相近。」⑱蘖：張云：「蘖從黃校，元刻作孽，非。孫本作櫱。」按木萌旁出曰櫱，《說文》本作𣡌，櫱或體也，俗作蘖。人之支子曰櫱，其義同，故古或通用。

【今譯】景公派人在西邊造作彎曲的池沼，水深可以淹沒車軸，高約二十多尺，橫木刻龍蛇，直木刻鳥獸。公身上穿著漂亮的衣裳，五彩具備。腰帶美玉，冠繫細纓，披頭散髮，南面而立，傲氣十足的樣子，自以為不可一世。正當此時，晏子晉見。公問道：「過去仲父的霸業是怎樣的情形呢？」晏子低頭，默不作答。公又問：「過去管敬仲的霸業，到底是怎樣的情形呢？」晏子回答說：「臣聽說，只有狄人居處水鄉，才和龍蛇為伍。今國君橫木刻龍蛇，直木刻鳥獸，一室之內，已經足以自大了，還有閒功夫想到齊國的霸業嗎？且公誇張宮室的華美，炫耀衣服的縟麗，一件衣服，弄得五彩繽紛，腰帶美玉，冠繫細纓，披頭散髮，傲氣十足，一室之內，已經足以自容了，萬乘兵車的大國之君，竟專心於邪惡之事，足證國君的魂魄已喪失殆盡，還教誰去參與圖霸天下的大業呢？」公步下堂屋，走近晏子，說：「梁丘據、裔款把宮室造成的消息報告寡人，所以就偷偷地加上這件衣服，和據、款鬧笑取樂，不料被先生碰到，責備寡人，願改變宮室，更換服裝，而誠懇接受你的吩咐，這樣可以嗎？」晏子道：「他們兩位用邪惡的手段迷惑國君，公怎能曉得這些道理呢！且伐木如不從根砍起，又會萌發新芽來，公何不遠離他們兩位，不使耳目接觸迷惑哩！」

景公為巨冠長衣以聽朝晏子諫第十六㈠

景公為巨冠長衣以聽朝，疾視矜立㈡，日晏不罷。晏子進曰：「聖人之服，中侻而不駔㈢，可以導眾，其動作，克順㈣而不逆，可以奉生，是以下皆法其服，而民爭學其容。今君之服駔華，不可以導眾民，疾視矜立，不可以奉生，日晏矣，君不若脫服就燕㈤。」公曰：「寡人受命。」退朝，遂去衣冠，不復服。

【今註】㈠本章要旨：言景公為巨冠長衣以聽朝，晏子諫以欲導民養生，不如脫服安息。㈡疾視矜立：瞋目惡視也。《孟子．梁惠王》：「夫撫劍疾視。」趙注：「疾視，惡視也。」矜：矜莊自持。㈢中侻而不駔：駔：《說文》：「壯馬也。」壯，大也，故駔亦大馬也；引申為凡大之稱。侻：簡易也，當與脫同。《說文》無其字。中倪，謂合於簡易原則。㊃克順：克舊作倪，張云：「倪、疑涉上中倪而誤。字本作克，詩：『皇矣克順克比。』克順正與中倪對。」按張說可據，易克較安。㊄燕：安息也。

【今譯】景公頭戴巨冠，身著長衣，而上朝聽治，當時怒目而視，矜莊自立，直到天晚，還不罷休。晏子進諫道：「聖人的衣著，以合身為主，不在巨長，可以導民；其舉止動作，以簡便為要，不在矯情，可以奉生。所以下人皆效法他們的服式，而民眾爭學他們的儀容。今國君的衣著如此巨長華美，不足以導民，怒目而視，矜莊而立，不足以養生，天晚了，我君不如脫下巨冠長衣，趕快安息吧。」公說：「寡人願意接受你的勸告。」於是走下朝廷，即刻除去衣冠，不再穿著了。

景公朝居嚴下不言晏子諫第十七㊀

晏子退朝，復于景公曰：「朝居嚴乎㊁？」公曰：「朝居嚴，則曷害于治國家哉？」晏子對曰：「朝居嚴則下無言，下無言則上無聞矣。下無言則吾謂之瘖㊂，上無聞則吾謂之聾。聾瘖，非害國家如何也㊃！且合升斗㊄之微，以滿倉廩，合絲縷之緯，以成帷幕㈥，大山之高，非一石也，累卑然後高。天下者，非用一士之言也㈦，固有受而不用，惡有拒而不受㈧者哉！」

【今註】㈠本章要旨：言景公在朝，為防口杜諫，盛氣凌人。晏子諫以要寬嚴互濟，以御臣下。㈡朝居嚴乎：言朝乃踞而嚴乎？居今作踞。凡今人居處字，古作凥處；居，蹲也。嚴，威嚴也。㈢瘖：《說文》：「不能言也。」《釋文》：「啞也。」㈣也：同耶。㈤斟：《玉篇》：「俗斗字。」㈥帷幕：帷，張校作幃，張云：「緯從說苑，元刻孫本並作綈。孫云：說苑作緯是；綈形近緯，故譌。盧校作帷幕；元刻作帣幕，非。」按綈，《說文》：厚繒也，緯，織橫絲也，易緯為綈，義不可通。幃，《說文》：囊也，帷，在旁曰帷；《釋名》曰：帷，圍也，所以自障圍也；是則帷幕是已。㈦非用一士之言也：當時蓋晏子一人外，則近臣皆瘖，遠臣皆唫，無敢或肯進一言也。㈧拒而不受：《說苑》作距而不入。孫云：「說苑正諫篇用此文。」按納而不用，已自傷明；況乎拒而不納耶？

【今譯】晏子於退朝之後，再進見景公，問道：「我君在朝時，態度是否過分威嚴些呢？」公說：「在朝聽政，態度威嚴，對於治國理民還有妨害嗎？」晏子回答道：「在朝聽政，如態度過分威嚴，臣下便不敢進言，下不進言，則上而無聞。下情不能上達，上情不能下達，可說是形同啞巴，可說是形同聾子。如果臣下有口不敢言，君上有耳不能聞，這不算妨害國家大事，又算什麼呢！要知道倉廩的容量雖大，須合升斗的微數才能裝滿，帷幕的範圍雖長，須合絲縷之經緯才能織成。太山的崇高，非一塊石頭而成，而是累積無量數的土石，然後才由卑而高。天下之所以治平，亦非用一人之言，而是人皆盡其言。所以國君在朝聽政，對臣下進言，固然有受而不用的情形，但是那有拒絕不受的呢！」

景公登路寢臺不終不悅晏子諫第十八㊀

景公登路寢㊁之臺，不能終，而息乎陛，忿然而作色，不說，曰：「孰為高臺，病㊂人之甚也？」晏子曰：「君欲節于身而勿高，使人高之而㊃勿罪也。今高從之以罪，卑亦從以罪，敢問使人如此可乎？古者之為宮室也，足以便乎生，不以為奢侈也，故節于身，謂于民㊄。及夏之衰也，其王桀背棄德行，作為璿室玉門㊅。殷之衰也，其王紂作為頃宮靈臺㊆，卑狹者有罪，高大者有賞，是以身及焉㊇。今君高亦有罪，卑亦有罪，甚于夏殷之王；民力殫乏矣，而不免于罪，嬰恐國之危失，而公不得享也！」公曰：「善！寡人自知，誠費財勞民，以為無功，又從而怨之，是寡人之罪也！非夫子之教，豈得守社稷哉！」遂下，再拜，不果登㊈臺。

【今註】㊀本章要旨：言景公登路寢之臺，不終，不說，晏子引桀紂起宮營臺，罪人亡身之例，諫其毋逞欲暴民。㊁路寢：天子正寢也。《周禮・天官・宮人》：「掌王六寢之修」，疏：「路寢制如明堂，以聽政。」路，大也；人君所居皆曰路。㊂病：疲也。《孟子》：「今日病矣。」注：「病，罷也」，罷同疲。㊃而：上下句中兩而字並與則同義。而與則同義，故二字可以互用。〈雜上篇〉曰：君子有力于民，則進爵祿，不辭富貴；無力于民，而旅食，不惡貧賤。〈雜下篇〉曰：德厚而受祿，德薄則辭祿。而亦則也。㊄謂于民：謂，勤也。訓為勤者，以合音最近也。按《詩經・小雅》：「心乎愛矣，遐不謂矣。」箋：「謂，勤也，勤思君子也。」㊅作為璿室玉門：句首「作」字舊脫，今依王校補。璿室即璿宮，為后妃所居宮闈；蓋璿，美玉也，字俗作璇。玉門，宮闕也。㊆頃宮靈臺：張云：「文選甘泉賦注引本書作夏之衰也，其王桀作為璇室。殷之衰也，其王紂作為傾宮。」按傾當作頃。㊇是以身及焉：謂身及于難也。㊈不果登：謂當日不果登也。

【今譯】景公登路寢之臺，由於臺高坡陡，體力不繼，還沒走上臺頂，就坐在石階上休息了，滿臉不高興的樣子，說：「為什麼造這麼高的臺子，走起來叫人疲憊不堪呢？」晏子回答道：「國君想節省體力，就討厭臺高，既建造了高臺，就不要怪罪別人啊。現在臺高了有罪，低了也有罪，請問以如此的態度，叫人做事可以嗎？古人之建造宮室，目的便於養生，不以奢侈為尚，故儉於己身，勤於為民。及至夏代衰微，其王桀悖德亂行，造璇宮玉闕。殷朝衰微，其王紂造瓊宮靈臺。皆極盡崇飾奢靡的能事，以為卑狹者有罪，高大者有賞，所以身及於難，遭到國滅家亡的慘局。今國君以為臺高了也有罪，臺低了也有罪，較之夏桀殷紂，有過之無不及，老百姓已經是民窮財盡了，還不免於罪過，嬰深怕國家危在旦夕，而必不能享受太平的生活啊！」公說：「你講得很對，真是浪費了錢財，勞動了人民，還以為毫無功勞，又從而抱怨他們，這是寡人的罪過啊！如非先生教誨，怎能保有國家的主權，過著安定的生活呢？」遂走下路寢，再三拜謝，當日不再登臺遊樂。

景公登路寢臺望國而嘆晏子諫第十九㈠

景公與晏子登路寢之臺㈡而望國，公愀然㈢而嘆曰：「使後嗣世世有此，豈不可哉！」晏子曰：「臣聞明君必務正其治，以事利民，然後子孫享之。詩云：『武王豈不事，貽厥孫謀，以燕翼子㈣。』今君處佚怠，逆政害民有日矣，而猶出若㈤言，不亦甚乎！」公曰：「然則後世孰將把㈥齊國？」對曰：「服牛㈦死，夫婦哭㈧，非骨肉之親也，為其利之大也。欲知把齊國者，則其利之者邪？」公曰：「然，何以易⑨？」對曰：「移之以善政。今公之牛馬老于欄⑩牢，不勝服也；車蠹于巨戶⑪，不勝乘也；衣裘襦袴⑫，朽弊于藏，不勝衣也；醯醢腐⑬，不勝沾也；酒醴酸酢⑭，不勝飲也；菽粟鬱積⑮，不勝食也；又厚藉⑯斂于百姓，而不以分餒民。夫藏財而不用，凶也，財苟失守⑰，下其報環至。其次昧⑱財之失守，委而不以分人者，百姓必進而自分也。故君人者與其請⑲于人，不如請于己也。」

【今註】 ① 本章要旨：言景公登路寢臺，望國而嘆，晏子諫以明君務正其治，以事利民，然後子孫永享。此可與問上八章後段、問下十七章、外上十章、又十五章，互相參證。② 路寢之臺：張云：「路寢之臺舊止作寢。」俞云：「寢非可登之地，此本作景公與晏子登路寢之臺而望國，傳寫奪之耳。」按俞說是。今從張俞二氏之說補。③ 愀然：《說文》無愀字；蘇軾〈赤壁賦〉，「蘇子愀然」，注：愁慘貌。④ 詩云：孫云：「大雅文王有聲之詩。事作仕，貽作詒。毛傳仕事二字通。貽俗字，當為詒。」按《毛詩》士仕皆訓事，謂事其所事也。詒，《說文》：相欺詒也；俗叚作貽。燕叚為宴，安也。⑤ 若：猶此也。⑥ 把：謂握政柄也。⑦ 服牛：孫云：「服牛，服駕之牛。」⑧ 夫婦哭：言服牛于人非有骨肉之親，然死而哭之者，為其有利于己故也。⑨ 易：改變也，謂變易其情勢。⑩欄：《玉篇》：「欄，木欄也。」⑪巨戶：出入處也；藏車必近戶。巨：方也，亦大也，戶皆高而狹，方戶則大。⑫繻袴：孫云：「說文繻，短衣也；袴當為絝，說文：脛衣也。」⑬醯醢：下文皆四字句，二實字，二虛字，此句疑脫一「臭」字。⑭酢：張云：「酢字舊脫，盧據御覽補。」⑮鬱積：積聚也。⑯藉：稅也。⑰失守：蓋謂失其所當守之道也，即不當守而守之謂。⑱昧：闇也。⑲請：求也。延世之權非操於人，惟在求之於己。

【今譯】 景公與晏子登路寢之臺，而四望繁華的國都，公悲從中來，愀然長嘆道：「使後代子孫永保此土，難道不可以嗎？」晏子回答說：「臣聽說英明的君主必須專心謀求國家的治平，以實際的行動為民謀福利，然後子孫才能享受他的餘蔭。古詩有云：『難道武王不以澤及後人為事嗎？他遺留遠謀，以保子孫。』今我君居處安逸，行為怠慢，暴政害民，其來已久，而現在還說出這種話，不是太過分了嗎？」公言道：「那麼後世誰將掌握齊國的政權呢？」回答說：「比如駕車的牛死了，夫婦痛哭不已，其實牛和人本無骨肉至親的關係，而他們所以痛哭流涕者，因為平時對他們有大利的緣故，以此類推，你想知道將來掌握齊國政權的是誰，那就看真正為民謀福利的是誰了？」公道：「是，用什麼辦法改變這種情勢呢？」回答說：「唯有實行善政，才能改變這種情勢。現在我公之牛馬甚眾，老死於欄牢用不完；車輛繁多，蠹朽於巨室，坐不完；收藏的衣袴皮襖，都破損了，穿不完；肉都放壞了，食不完；酒都變酸了，喝不完；囤積的米穀，吃不完。在這種情況下，又橫征暴斂於百姓，而不把剩餘物資，分散給那些饑餓的人們。要知道藏財而不善用，是不吉利的，如果貪財貨，不當守而守，最是等而下之的行為，終久會輪到報應的。其次，不了解財貨之是否當守，而日累月積，不分給百姓，那麼百姓必定進而自己去分。故為人國君者，想要改變目前的情勢，與其求之於人，不如求之於己啊！」

景公路寢臺成逢于何願合葬晏子諫而許第二十㈠

景公成路寢之臺，逢于何㈡遭喪，遇晏子于途，再拜乎馬前。晏子下車挹之㈢，曰：「子何以命嬰也？」對曰：「于何之母死，兆㈣在路寢之臺墉下，願請命合骨㈤。」晏子曰：「嘻㈥！難哉！雖然，嬰將為子復之，適為不得㈦，子將若何？」對曰：「夫君子則有以㈧，如我儕者小人，將左手擁格，右手捆心㈨，立餓枯槁而死，以告四方之士曰：『于何不能葬其母者也。』」晏子曰：「諾。」遂入見公，曰：「有逢于何者，母死，兆在路寢當墉下，願請合骨。」公作色不說，曰：「自古及今，子亦嘗聞請合葬人主之宮者乎？」晏子對曰：「古之人君，其宮室節，不侵生人之居(一〇)，其臺榭儉，不殘死人之墓，故未嘗聞請葬人主之宮者也。今君侈為宮室，奪人之居，廣為臺榭，殘人之墓，是生者愁憂(一一)，不得安處，死者離易(一二)，不得合骨。豐樂侈遊，兼傲生死(一三)，非人君之行也。遂欲(一四)滿求，不顧細民，非存撫之道也。且嬰聞之，生者不得安，命之曰蓄憂；死者不得葬，命之曰蓄哀。蓄憂者怨，蓄哀者危，君不如許之。」公曰：「諾。」晏子出，梁丘據曰：「自古及今，未嘗聞求葬公宮者也，若何許之？」公曰：「削人之君，殘人之墓，凌人之喪，而禁其葬，是于生者無施(一五)，于死者無禮也。且詩云(一六)：『穀(一七)則異室，死則同穴。』吾敢不許乎？」逄于何遂葬其母于路寢之臺墉下，解衰去經(一八)，布衣縢履(一九)，玄冠茈武(二〇)，踊(二一)而不哭，躃(二二)而不拜，已乃涕洟而去(二三)。

【今註】㈠本章要旨：言景公路寢臺成，逄于何願合葬，晏子諫以生者愁憂，死者離異，不如許之。此章與外上第十一章景公臺成，盆成适願合葬其母同，而辭少異。㈡逄于何：孫云：「姓逄名于何。古人有逄蒙。」㈢下車挹之：即揖之也。挹與揖同。王禹偁竹樓記：「遠吞山光，平挹江瀨。」亦以揖為挹，是二字固通用。㊃兆：墓塋域也。㊄願請命合骨：言請與其父合葬也。㊅嘻：悲痛驚懼之聲。㊆適：適猶若也，為假設之詞，言若不得其請之意。㊇君子則有以：君子，蓋指有位者，與下小人對稱；言有位者有權勢可為，若我等小人則只有左手擁格云云。蓋哀中隱有怨恚也。以：為也；《論語》：「視其所以。」㊈捆心：猶禮言附心。㊉生人之居：王云：「生民本作生人。民與人雖同義，然與死人對文，則當言生人，不當言生民也。」按人字是，當從。⑪是：猶於是也。《易・繫辭》：「是興神物，以前民用。」詞意與此同。⑫離易：即離析，古析易同音。⑬兼傲生死：傲，輕慢也。此謂既傲生者，復傲死者之意。⑭遂欲：遂，猶從也，遂欲，猶從欲。⑮施：惠也。⑯詩云：此為〈王風・大車〉之詩。⑰穀：生也。⑱解衰去絰：衰，讀ㄘㄨㄟ，同縗，麻布做的喪服，被於胸前。絰，音ㄉㄧㄝˊ，喪服中頭上或腰間繫的麻帶。《六書故》：絰，喪服也，在首為首絰，在腰為腰絰，以麻為之。統言衰絰，則居喪之服也。此言既葬即除喪服。⑲布衣縢履：縢，音ㄊㄥˊ，繩也，約也。按：《儀禮・士喪禮》：「兩籩無縢」，注：「緣也。」正義：「凡緣邊有約束之意，故以縢為緣。」此言於君之宮，惡喪服之凶也，故既葬即除而易之布衣縢履，以示尊敬。⑳玄冠：玄，色黑而赤也。玄冠，謂黑色之冠。蓋喪服尚白，故首絰無色，而玄冠則所以別喪服也。與上布衣縢履，蓋所以別喪凶，禨祥吉兆，以答君之嘉會其親也。㉑踊：謂辟踊，椎胸頓足之意。㉒躃：張云：「躃疑當為擗，形近而誤。孝經喪親章：擗踊哭泣，注：擗，拊心也」。拊：擊也，拍也。㉓涕洟：自目曰涕，自鼻曰洟。按今此之涕洟，蓋但為之而無聲也。

【今譯】景公完成了路寢之臺，逢于何適遭母喪，路上遇到晏子，再拜於馬前。晏子下車還禮，問道：「你有什麼困難叫我幫助解決嗎？」回答說：「于何的母親死了，祖塋剛好在路寢之臺的牆下，請准許和父親合葬。」晏子道：「唉呀！有困難哪！不過，雖然如此，嬰將代你向國君報告，最後如不能達到你的要求時，你準備怎麼辦？」回答說：「在位的君子，他們權勢在身，自能為所欲為，像我這種一介平民，又能怎麼樣呢？萬不得已，只好左手挽著喪車，右手摸著良心，絕食而死，以此正告四方人士，說明『于何沒有辦法埋葬母親的原因啊！』」晏子對他說：「好吧！」就立即晉見景公，說：「有位名叫逢于何的人，母親死了，祖塋剛好就在路寢之臺的牆下，請准許和父親合葬。」公臉色大變，以極不愉悅的口吻道：「從古到今，你聽說過有人合葬於國君的宮室的事嗎？」晏子回答說：「古代人君，宮室簡約，不侵占生民的住宅，臺榭樸實，不破壞死人的墳墓，故未曾聽說有請求合葬於人主宮室的事啊。今國君大事興建宮室，侵占了人民的住宅，擴大臺榭的規模，破壞了死人的墳墓，於是活著的人憂愁憂思，不得安居樂業，死去的人骨肉離析，不得同穴合葬。一味地貪圖玩樂，侈談嬉遊，既傲生者，又慢死者，實非國君應有的行為啊！如此放縱私欲，貪求無饜，不顧小民的生死，實非存問安撫下民應有的道理啊。況且嬰聽說，活著的人不能安居樂業，名之曰蓄憂，死了的人不得合葬，名之曰蓄哀。蓄憂者怨恨填胸，蓄哀者鋌而走險，國君不如答應他的要求。」公道：「好吧！」晏子辭出，梁丘據說：「從古到今，未曾聽說有合葬於國君宮室的事，為什麼要答應他呢？」公道：「侵占別人的住宅，破壞別人的墳墓，凌犯別人的喪事，而又禁人合葬，是對生者沒有施惠，對死者又沒禮貌啊。且古詩講得好：『夫婦之間，活著則正外內之禮，死後則全同穴之義。』我敢不答應嗎？」於是逢于何得合葬其母於路寢之臺的牆下。既葬，馬上除去喪服，換上粗衣布鞋、黑色的帽子，頓足而不哭，椎胸而不拜，只是流著悲傷的涕淚離開了。

景公嬖妾死守之三日不斂晏子諫第二十一㊀

景公之嬖妾嬰子死㊁，公守之，三日不食，膚著於席而不去㊂。左右以復㊃，而君無聽焉。晏子入，復曰：「有術客與醫㊄俱言曰：『聞嬰子病死，願請治之。』」公喜，遽起，曰：「病猶可為乎？」晏子曰：「客之道㊅也，以為良醫也，請嘗試之。君請潔屏，沐浴飲食，間病者之宮，彼亦將有鬼神之事㊆焉。」公曰：「諾。」屏而沐浴。晏子令棺人入斂，已斂，而復曰：「醫不能治病，已斂矣，不敢不以聞。」公作色不說，曰：「夫子以醫命寡人，而不使視，將斂而不以聞，吾之為君，名而已矣。」晏子曰：「君獨不知死者之不可以生邪？嬰聞之，君正臣從謂之順㈧，君僻臣從謂之逆。今君不道順而行僻，從邪者邇，導害者遠，讒諛萌通，而賢良廢滅，是以諂諛繁于間㈨，邪行交于國也。昔吾先君桓公用管仲而霸，嬖乎豎刁而滅，今君薄于賢人之禮，而厚嬖妾之哀。且古聖王畜私不傷行㈩，斂死不失愛⑪，送死不失哀⑫。行傷則溺己⑬，愛失則傷生⑭，哀失則害性⑮。是故聖王節⑯之也。死即畢斂⑰，不以留生事⑱，棺椁衣衾，不以害生養，哭泣處哀，不以害生道。今朽尸以留生⑲，廣⑳愛以傷行，循哀以害性㉑，君失之矣。故諸侯之賓慙入吾國；本朝之臣，慙守其職。崇君之行，不可以導民，從君之欲，不可以持國。且嬰聞之，朽而不斂，謂之僇㉒尸，臭而不收，謂之陳胔㉓。反明王之性，行百姓之誹，而內㉔嬖妾于僇胔，此之為不可。」公曰：「寡人不識，請因夫子而為之㉕。」晏子復曰：「國之士大夫，諸侯四鄰賓客，皆在外，君其哭而節之。」仲尼聞之曰：「星之昭昭，不若月之曀曀㉖，小事之成㉗，不若大事之廢，君子之非㉘，賢于小人之是㉙也。其晏子之謂歟！」

【今註】㊀本章要旨：言景公嬖妾嬰子死，守之三日不斂，晏子諫以不可朽屍留生，廣愛傷行，循哀害性。㊁景公之嬖妾嬰子死：《意林》作「景公嬖妾死，名曰嬰子。」按：嬰子事，又見諫上第九章。㊂膚著於席而不去：「而」字舊奪，從張本據《意林》補。全句指衣著凌亂，至裸膚不掩，袒藉席上，極盡居哀毀滅之狀。㊃復：稟告也。㊄有術客與醫以下二句：是說客有術者與醫生，俱言聞嬰子病死。㊅道：陳道傳達之意。全句是說客之陳說云然。㊆彼亦將有鬼神之事：彼指術客，上言景公應為之事，此言術客之事，故曰亦將。鬼神之事，謂祓惡禳災。㊇君正臣從謂之順二句：已見諫上七章。㊈諂諛繁于間：王云：「間字義不可通，當是閭字之誤。閭謂宮門也。月令：命奄尹申宮令，審門閭。《公羊傳》成二年：二大夫出，相與踦閭而語。何注：閭，當門道。諂諛繁于閭，謂門內皆諂諛之人也。繁于閭與交于國對文。」按：「間」為泛指其所，於義可通，不煩改字。㊉畜私不傷行：謂人各有所私，但不以之而傷其行。人如以私而傷行，則害公矣。⑪斂死不失愛：斂死正所以示愛，反之則失愛之正。⑫送死不失哀：送死正所以示哀，反之則失哀之正。⑬行傷則溺己：行傷則溺己於不明。溺己：謂溺於私欲，不克自拔之意。⑭傷生：戕害生理。⑮害性：隕滅性命。⑯節：制也，謂使不踰越節度。⑰死即畢殮：舊脫「死」字，語意不完，從王校補，蓋承上文斂死而言。畢，終其事也。⑱不以留生事：「以」字舊脫，據下二句補。留生事，謂為留生人之事。事字概括生人之一切；殆係承上畢斂語而為之說明也。下文今朽尸以留生，正所以承此而重言之。⑲留生：即留生事。⑳廣：擴大也。㉑循哀以害性：「循」字原作「脩」。王云：「脩字於義無取，當為循字之誤。循之言遂也。遂哀謂哀而不止也。喪服四制曰：毀不滅性。故曰循哀則害性。墨子非儒篇曰：崇喪循哀，不可使慈民，此循哀二字之證。循遂一聲之轉。史記孔子世家及孔叢子詰墨篇皆作崇喪遂哀。是循哀即遂哀也。」今據正。㊁僇：刑戮也，亦訓辱。㊂胔：本作「骴」，骨有肉也。㊃內：同納。㊄請因夫子而為之：言因夫子之識，以匡寡人之不識。㊅噎噎：陰晦也。《說文》：天陰沈也，蓋陰則曰晦。此言小光之明，不如大光之晦。㊆小事之成二句：言大事雖未全成，而其為益已多於眾小事之成，正如月光雖晦，亦差強於眾星之明也。㊇君子之非：言晏子以行權誑君，非正當手段。㊈賢于小人之是：意思是說君子之非如日月之晦，小人之是如眾星之明。

【今譯】景公的愛妾嬰子死，公守候之，一連三天不進食，居哀毀損，到了衣著凌亂，膚著席上的地步，還捨不得離去。左右人等再三勸告，而君皆置之不理。晏子入見，報告說：「客有法術者與醫生們都說：『得知嬰子病死，願來治療他。』」公十分高興，立刻站起來說：「病情還有希望嗎？」晏子答道：「這是術客的說法，既是天下良醫，何不請他試一試呢。請君屏除不潔，沐浴進餐，離開病患的住處，聽說術客將袚惡禳災，作祭祀鬼神之事啊。」公道：「好極了。」於是屏除不潔，沐浴淨身。晏子命負責棺木的人，將屍體斂入棺內，斂畢，就回報景公說：「醫生不能治病，已經入斂了，不敢不向你說明。」公露出極端不高興的樣子，說：「先生拿醫生的話命令寡人，而不使我親臨觀看，將入斂，而不預先向我報告，這樣看來，我擔任齊國的國君，只不過有名無實而已。」晏子回答道：「國君難道自己真的不知道人死不可以復生的道理嗎？嬰聽說，國君領導正確，大臣依命行事，這叫做順服，國君行為乖張，大臣仍惟命是從，這叫做叛逆，今君領導不正，而行為乖僻，順從邪惡的得到親近，指陳利害的反被疏遠，讒言阿諛的扶搖直上，而賢明善良的反遭罷黜，所以諂諛小人橫行於左右，邪事暴行交錯於國中。過去我先君桓公，任用管仲而稱霸，接近豎刁而亡身，今君輕視賢人的禮遇，而厚愛妻妾之喪事。且古之聖王，各有所私，但不因私而傷其行，斂死所以示愛，但不因斂死而失愛之正，送死可以示哀，但不因送死而失愛。誠因行傷則溺於不明，愛失則戕賊生理，哀失則傷害性命，故古聖先王節制私欲，使其不逾越節度。人死了，立即埋葬，不因久不棺殮而保留生人之事。不因棺椁衣衾之祟，而損害生計之養，不因哭泣哀毀，而隕滅生存之理。今屍體已朽而仍留生人之事，擴大私愛而傷害正當之行，崇喪遂哀而妨害生存之理。國君這樣做錯了。故諸侯聘問之貴賓，以出使我國為恥，本朝的大臣，以恪守職務為羞。推崇國君的言行，不可以領導民眾，順從國君的淫欲，不可以持國。且嬰聽說，屍體腐朽而不埋葬，稱謂『僇尸』，臭惡而不收斂，稱謂『陳胔』。這種作法，違反明王的本性，造成百姓的誹議，並納愛妾於刑戮陳胔之中，是絕對行不通的。」公道：「寡人無知，卻因先生的博學多識，了解這些做人的道理。」晏子又報告說：「本國的卿士大夫，諸侯四鄰的賓客，都在宮外候旨，希望國君能停止悲哭，節哀順變。」魯國孔仲尼聽到這事後，不禁讚嘆說：「天上的星光雖然皎潔，但總比不上天氣陰沈下的日月。小事雖然各有所成，但較之尚未完成的大事，差得還遠。君子雖然運用欺誑的手段，但比較小人的小行小信，還要高明得多。這不就是晏子的為人嗎？」

景公欲厚葬梁丘據晏子諫第二十二㈠

梁丘據死，景公召晏子而告之，曰：「據忠且愛我，我欲豐厚其葬，高大其壟㈡。」晏子曰：「敢問據之忠與愛于君者，可得聞乎？」公曰：「吾有喜于玩好，有司未能我共㈢也，則據以其所有共我，吾是以知其忠也㈣；每有風雨，暮夜求之必存㈤，吾是以知其愛也。」晏子曰：「嬰對則為罪，不對則無以事君㈥，敢不對乎！嬰聞之，臣專其君，謂之不忠；子專其父，謂之不孝；妻專其夫，謂之嫉妬㈦。事君之道，導君以親于父兄㈧，有禮于羣臣，有惠于百姓，有信于諸侯，謂之忠；為子之道，導父以鍾㈨愛其兄弟，施行于諸父，慈惠于眾子，誠信于朋友，謂之孝；為妻之道，使其眾妾皆得歡忻于其夫，謂之不嫉。今四封之民，皆君之臣也，而維據盡力以愛君，何愛者之少邪？四封之貨，皆君之有也，而維據也以其私財忠于君，何忠者之寡邪？據之防塞羣臣，擁蔽君㈩，無乃甚乎？」公曰：「善哉！微夫子㈡，寡人不知據之至於是也。」遂罷為壟之役，廢厚葬之令，令有司據法而責，羣臣陳過而諫。故官無廢法㈢，臣無隱忠，而百姓大說。

【今註】㈠本章要旨：言景公欲厚葬梁丘據，晏子諫以不可濫賞而損君威，傷國信。㈡壟：冢也。㈢共：同供。㈣吾是以知其忠也：舊脫「吾」字，今從王校據治要補。㈤存：在也。㈥不對則無以事君以上二句：意思是指對則與君心違，故必開罪；不對則失其事君之道，是亦有罪也。㈦嫉妬：舊脫「妬」字，從王校據治要補。㈧導君以親于父兄：舊脫「君以」二字，語意不完，據王所見治要補。㈨鍾：孫云：「鍾，一本作忠。」㈩擁蔽君以上二句：直斥梁丘據專君之實。《管子·明法篇》曰：「令出而道留謂之擁，下情不上通謂之塞。」擁壅同。言其防塞羣臣之口，蒙蔽國君之心。

㈡夫子：夫子之稱，本書屢見。此指晏子。㈢廢法：法而不行，故曰廢法。

【今譯】梁丘據死，景公召見晏子，告訴他說：「據對我忠心耿耿且愛無不至，我將隆重他的葬儀，高大他的墳墓。」晏子道：「請問據忠愛國君的情形，可說給我聽一聽嗎？」公說：「我有喜歡的玩好，有關方面未能供給我時，據就將他所有的供我使用，所以知忠實可靠，每有風雨，無論傍晚或深夜，當我寂寞無助時找他，他必在。所以知他愛我備至。」晏子答道：「嬰想回答國君的話，怕與君意不合而得罪，不回答則有失事君之道也得罪，我怎敢知而不答呢？嬰聽說，臣下為獲得國君的寵愛，而獨專其君，此謂之不忠。子女為獲得父母的寵愛，而獨專其親，此謂之不孝；妻妾為獲得丈夫的寵愛，而獨專其夫，此之謂嫉妬。所以事奉國君之道，在引導國君親近於父兄，禮待其羣臣，施惠於百姓，取信於諸侯，此之謂忠。做為子女之道，在引導父母鍾愛其兄弟，施行於諸父，慈惠於眾子，誠信於朋友，此之謂孝。為人妻室之道，要使眾妾都能討得丈夫的歡欣，此之謂不嫉妬。今全國民眾，都是國君的臣屬啊，而唯有梁丘據盡心竭力的愛護國君，試問愛護國君的人，何以如此稀少呢？全國財貨，都屬國君所有啊，而唯有梁丘據用自己的私財向國君效忠，試問效忠國君的人，又何以如此的寡少呢？於此足證據之堵塞羣臣，蒙蔽國君，豈不太過分了嗎？」公道：「好極了！如果沒有先生的開導，寡人還不知道據竟然如此。」於是停止修建墳墓的工作，廢除厚葬的命令。並令有關官員根據法律而責成大家的業務，所有臣僚都可以直陳國君的過失，而抗顏直諫。故官府無廢而不行的法律，臣僚無盡而不勸賞的效忠，因而百姓們皆心悅誠服。

景公欲以人禮葬走狗晏子諫第二十三㈠

景公走狗死，公令外共之棺，內給之祭。晏子聞之，諫。公曰：「亦細物㈡也，特以與左右為笑耳。」晏子曰：「君過矣！

夫厚藉斂不以反民㊂，棄貨財而笑左右㊃，傲細民之憂，而崇左右之笑㊄，則國亦無望已㊅。且夫孤老凍餒，而死狗有祭，鰥寡不恤，而死狗有棺，行辟若此，百姓聞之，必怨吾君，諸侯聞之，必輕吾國㊆。怨聚于百姓，而權㊇輕于諸侯，而乃以為細物，君其圖㊈之。」公曰：「善。」趣庖治狗㊉，以會朝屬㊁。

【今註】㊀本章要旨：言景公欲以人禮葬走狗，晏子諫以為政在於養民，不可重物輕人。㊁細物：盧云：「物猶事也。」按：細，小也，此言小事也。㊂厚藉斂不以反民：斂民之財，不以為民，故曰不以反民。不以反民者，不反用之於民也。㊃棄貨財而笑左右：棄貨財指禮葬走狗，笑左右謂與左右相嬉笑。㊄崇左右之笑以上二句：王云：「傲，輕也，崇，重也，言輕小民之憂，而重左右之笑也。」按：傲，《說文》：倨也。於己為倨，於人為輕也。崇，高也，尚也，尚亦重也。㊅已：猶矣，《書經．洛誥》：「公定，予往已。」已作語尾助詞矣。是其例。㊆必輕吾國以上四句：張云：「四句已見諫上二十五章。」㊇權：威勢也，失民即失勢。㊈圖，謀也。謂善自謀之。㊉趣庖治狗：趣，同促。庖，庖人也。治，烹也。㊁以會朝屬：會，食也。朝屬：朝臣也，謂會朝臣而共饗之也。

【今譯】景公的愛犬死了，公令外府供應棺木，內府供應祭品。晏子聽到此事，入謁進諫。公道：

「這是小事，不過拿來和左右人等逗笑取樂而已。」晏子說：「我君這個說法錯了！試想加重稅收，而不用之於民，浪擲貨財，而與左右逗笑，輕視小民的憂患，而重視左右的笑樂，輕重倒置，則國家前途沒有希望了。況孤老無依的，正飢寒交迫，而死狗竟有豐盛的祭品，鰥寡無靠的人，不加憐恤，而死狗有上好的棺木；行為乖僻如此，百姓聽到此事，必怨恨我君，諸侯聽到此事，必輕視我國。怨恨的情緒，積聚於百姓，國君的權威，輕視於諸侯，而我君竟以此為細物小事，請國君好好地想一想吧！」公道：「你講得對極了。」便立即叫廚師烹治死狗，以與滿朝臣僚，共享美味。

景公養勇士三人無君臣之義晏子諫第二十四㈠

公孫接㈡、田開疆㈢、古冶子㈣事景公，以勇力搏虎聞。晏子過而趨，三子者不起，晏子入見公曰：「臣聞明君之蓄勇力之士也，上有君臣之義，下有長率㈤之倫，內可以禁暴，外可以威敵，上利其功，下服其勇，故尊其位，重其祿。今君之蓄勇力之士也，上無君臣之義，下無長率之倫，內不可以禁暴，外不可以威敵㈥，此危國之器㈦也，不若去之。」公曰：「三子者，搏之恐不得，刺之恐不中也。」晏子曰：「此皆力攻勍敵之人也，無長幼之禮。」因請公使人少餽(八)之二桃，曰：「三子何不計功而食桃？」公孫接仰天而嘆曰：「晏子，智人也，夫使公之計吾功者，不受桃，是無勇也，士眾而桃寡，何不計功而食桃矣。接一搏特(九)，再搏乳虎，若接之功，可以食桃，而無與人同(一〇)矣。」援桃而起。田開疆曰：「吾杖兵而卻三軍(一一)者再，若開疆之功，亦可以食桃，而無與人同矣。」援桃而起。古冶子曰：「吾嘗從君濟于河，黿銜左驂，以入砥柱之中流(一二)。當是時也，冶潛行水底(一三)，逆流百步，順流九里，得黿而殺之，左操驂尾，右挈黿頭，鶴躍而出(一四)。津人皆曰：『河伯也(一五)！』視之則大黿之首也(一六)。若冶之功，亦可以食桃而無與人同矣。二子何不反桃！」抽劍而起。公孫接、田開疆曰：「吾勇不子若，功不子逮，取桃不讓，是貪也；然而不死，無勇(一七)也。」皆反其桃，挈領(一八)而死。古冶子曰：「二子死之，冶獨生之，不仁；恥人以言(一九)，而夸其聲(二〇)，不義；恨(二一)乎所行，不死，無勇。雖然，二子同桃而節，冶專其桃而宜㉒。」亦反其桃，挈領而死。使者復曰：「已死矣。」公殮之以服㉓，葬之以士禮焉㉔。

【今註】 ㈠本章要旨：言景公養勇士三人，無君臣之義，晏子諫以勇而無禮，不如去之。㈡公孫接：孫云：「藝文類聚、後漢書注作捷。頃公之孫，子車也。」㈢田開疆：孫云：「姓田名開疆，陳氏之族。」㈣古冶子：孫云：「姓古名冶。」㈤率：張云：「爾雅釋詁：率，循也，似非此義，此疑少之聲轉。」㈥外不可以威敵以上二句：舊上句脫「可」字，下句脫「以」字，今並從王校補。㈦器：猶材能之意。㈧少餽：餽即饋叚字，餉也。三人餽以二桃，故云少。㈨一搏特：舊脫「特」字，茲從盧校據《爾雅疏》補。特，牡牛也。《廣雅・釋獸》：「獸四歲曰特。」㈩無與人同：與，許也，《論語・公冶長》：「吾與女弗如也。」無與人同，無許人同也。同，共也。⑪杖兵而卻三軍：杖，持也。杖兵，謂持兵器也。卻，退也；亦訓拒，亦止也，與御禦義近。⑫砥柱之中流：「中」字舊脫，從黃校據《爾雅疏》補。《括地志》：「底柱山俗名三門山，在硤石縣東北三十里，黃河之中。」按：《水經・河水注》：砥柱在今河南陝縣黃河中流。硤石縣為唐置而宋廢，故《括地志》謂在硤石縣。故城今隸陝縣，曰硤石關，亦曰峭陵關。⑬潛行水底：「水底」二字舊無。潛，涉水也。類聚潛行下有水底，故從補。⑭鶴躍而出：謂于水中躍上躍下，出沒其首，如鶴之躍行也。⑮河伯也以上二句：津人，渡口操舟者。河伯，水神。⑯視之則大黿之首也：「也」字舊脫，從黃校據《爾雅疏》補。「視之」上舊有「若治」二字，衍文。津人皆曰河伯也，視之則大黿之首。蓋津人始皆驚疑，以為河伯，及審視之，則大黿之首耳。視之者津人，非古冶子也。㈦無勇：不奮而讓之無勇也，奮則勇力不若，死之必矣；故曰不死無勇。㈧挈領：即契領。《爾雅・釋詁》：契，絕也。詩傳：領，頸也。言二子恥功不逮，皆刎頸自殺。㈨恥人以言：恥，辱也，謂以言辱人。⑳夸其聲：夸，通誇，大言也。此言誇大自己的聲名。㉑恨：很之借字。很者，違也。說本王氏雜志。恨當同《荀子》：不知戒，必有恨之「恨」，悔恨之意。㉒冶專其桃而宜以上二句：俞云：「按二語不可曉。古冶子之意，蓋以二子之勇相等，二子同食一桃，則得其節矣；冶專食一桃，則得其宜矣。使二子不死，即以此言處置二桃可也。上文二子死之，冶獨生之云云，已自明不得不死之故；此二語又處置二桃，即以定己與二子之分量，故用雖然二字作轉也。」按：節猶節度、節限之意，得其節：猶言中於節限也。㉓殮之以服：殮，今字，本作斂。服，喪服也，謂成其喪服也。㉔葬之以士禮焉：孫云：「水經注：淄水東經臨淄縣故城南，又東北逕蕩陰里西，水東有冢，一基三墳，東西八十步，是烈士公孫接、田開疆、古冶子之墳也。晏子惡其勇而無禮，投桃以斃之，死葬陽里。即此也。」

【今譯】公孫接、田開疆、古冶子之事奉景公，以勇敢善戰、力格猛虎，聞名於天下。晏子疾行經過時，三人不起身致敬，晏子入見景公道：「臣聞英明的國君蓄養勇力之士啊，對上要有君臣的道義，對下要有長幼的倫序，內可以平息暴亂，外可以威震敵人，上獲得其戰功之利，下佩服其殺敵之勇，故尊崇其地位，優厚其俸祿。今我君之蓄養勇力之士啊，對上沒有君臣的道義，對下沒有長幼的倫序，內不可以平息暴亂，外不可以威震敵人，這是危害國家的東西，不如設法除之。」公道：「三位勇力過人，擊之怕打不到，殺之怕刺不中啊。」晏子說：「這都是些憑力氣攻擊敵人的人，毫無長幼之禮。」就請景公派人以兩枚鮮桃，送三位勇士分享，且當面告訴他們說：「三位為什麼不計功而食桃呢？」公孫接首先仰天而嘆說：「晏子是智慧高超的人啊！一定是他叫景公計算我等功勞的，不接受桃，是沒有勇氣的表現，可是士多而桃少，我們何不計算各人戰功的多寡而食桃呢。接曾經一殺少壯的公牛，再殺初生的猛虎，像我公孫接的功勞，可以吃桃，沒人能和我相比了。」於是就起身取桃。田開疆接著說：「我多次手持兵器而擊退三軍，像我田開疆的功勞，也可以吃桃，沒人能和我相比了。」於是就起身取桃。古冶子最後說：「我曾經隨從國君橫渡黃河，有黿口銜左驂，進入砥柱的中流，當此之時，冶潛行水中，逆流而上者百步，順流而下者九里，得黿後而擊殺之，於是左手抓著左驂的尾巴，右手提著砍斷的黿頭，出沒水面，如白鶴躍行，操舟擺渡的人都驚疑為『水神河伯』，及至細看，原來是大黿的腦袋啊。像冶這樣的功勞，也可以吃桃，而沒人能和我相比了。你們兩位何不將桃還給我呢！」於是拔劍挺身而起。公孫接、田開疆二人異口同聲說：「我們的勇力不如你，功勞趕不上你，取桃而不讓是貪，然而不以死表示取桃的決心是無勇啊。」都歸還所取的桃子，刎頸而死。古冶子說：「兩位均為桃而死，冶獨為桃而生，可謂不仁。用言語污辱別人，而誇大自己的名聲，可謂不義，悔恨自己的言行而不死，可謂無勇。雖然如此，若論功食桃的話，兩位同食一桃，尚合節度，治專食一桃，較為合宜。」說罷，也送回二桃，刎頸自殺了。使者回報說：「已經都死了。」公殮之以喪服，並用烈士之禮儀，埋葬了他們。

景公登射思得勇力士與之圖國晏子諫第二十五㈠

景公登射㈡，晏子修禮而侍㈢。公曰：「選射之禮，寡人厭之矣㈣！吾欲得天下勇士，與之圖國。」晏子對曰：「君子無禮，是庶人也；庶人無禮，是禽獸也。夫臣勇多則弒其君，子力多則弒其長，然而不敢者，維禮之謂也。禮者，所以御民也，轡者，所以御馬也，無禮而能治國家者，嬰未之聞也。」景公曰：「善。」迺飭射更席，以為上客㈤，終日問禮。

【今註】㈠本章要旨：言景公登射，思得勇士，與之圖國，晏子諫以禮治國。《說苑・修文篇》用此文。㈡登射：登，齊人言也。公羊隱五年傳：「登來之也」，注：「登，讀言得。」「登來」，即「來」，「登」、「得」皆發語詞。此云「登射」，即「射」之意。㈢修禮而侍：《禮記・射義篇》曰：「射者進退周旋必中禮。」故晏子修禮而侍。於此可知晏子嫻習儒家之禮。㈣寡人厭之矣：

古者以射選有德之士，有德者非以勇力勝，故景公出是語。㊄上客：言以上客之禮敬晏子。

【今譯】景公行大射之禮以取士，晏子整飭進退周旋之禮，奉侍左右。公道：「選士大射之禮，寡人厭煩極了！我只想得天下勇力之士，和他共圖國家的富強。」晏子回答說：「君子沒有禮等於庶人，庶人沒有禮等於禽獸啊。且臣下勇多，可能篡弒國君，兒子力多，可能弒其長上。然而他們所以不敢下手的原因，就靠禮在維繫啊。禮，是用來駕御人民的，如同轡頭，是用來控制馬的工具一樣。所以人而無禮，還能治國理民，不被滅亡的，嬰從來沒有聽說過啊。」景公說：「你講得很對。」於是整飭大射的禮儀，更換席次，推晏子為上賓，整天向他垂詢「禮」的問題。

卷三　內篇問上第三

凡三十章

莊公問威當世服天下時耶晏子對以行也第一㊀

莊公問晏子曰：「威當世而服天下，時耶？」晏子對曰：「行也。」公曰：「何行？」對曰：「能愛邦內之民者，能服境外之不善；重士民之死力者，能禁暴國之邪逆㊁；中聽任賢㊂者，能威諸侯；安仁義而樂利世者，能服天下。不能愛邦內之民者，不能服境外之不善；輕士民之死力者，不能禁暴國之邪逆；愎諫傲賢㊃者，不能威諸侯；倍㊄仁義而貪名實㊅者，不能服天下，威當世而服天下者，此其道也已㊆。」而公不用㊇，晏子退而窮處㊈。公任勇力之士，而輕臣僕之死，用兵無休，國罷㊉民害。期年，百姓大亂，而身及崔氏禍。君子曰：「盡忠不豫交⑪，不用不懷祿⑫，晏子可謂廉⑬矣！」

【今註】㊀本章要旨：言莊公問威當世，服天下，時耶？晏子對以在行，中聽任賢，安仁樂利之道。㊁邪逆：猶橫逆也，言能重視士民，惜其死儲其力者，縱素逞彊暴之國，不敢以邪逆相加矣。㊂中聽任賢：中聽者，聽中正之言也。言聽中正之言而任用賢能之士，則能威諸侯也。㊃愎諫傲賢：愎諫謂任性而為，不聽諫言之意。傲賢謂傲慢賢士也。㊄倍：反也。㊅名實：名利也，與仁義正相背戾。㊆此其道也已：言道在儉於為己，勤於為人而已。「此」字總賅愛邦內民，重民死力，中聽任賢，安仁義，樂利世之義。㊇不用：不用晏子之言。㊈退而窮處：參閱雜上一章晏子因莊公不用其言，徒行而東耕於海濱。㊉罷：治要作疲。按罷讀如疲。〈少儀〉鄭注：「罷之言疲，勞也。」⑪盡忠不豫交：豫交在求爵干祿也，君子遇事盡忠，不先結交於君。豫，先事而備之意；俗作預。⑫不用不懷祿：不懷祿，謂不思念官祿也。蓋君子不用則卷而藏之。⑬廉：清也，儉也，嚴正也。

【今譯】莊公問晏子道：「威震當世而懾服天下，是靠人的時運吧？」晏子回答說：「那要看個人的身體力行。」公道：「如何力行呢？」回答說：「能愛護國內之民的，才能服境外之不善；能重視士民為國犧牲的，才能禁暴國的邪惡；聽信中正之言，任用賢能之士的，才能使諸侯敬畏；行仁義而造福社會的，才能使天下信服。反之，不能愛護國內之民的，也決不能威服境外之不善；輕視士民為國犧牲的，也決不能嚴禁暴國的邪惡；剛愎自用，不聽諫言，傲慢賢士的，也決不能使諸侯敬畏；違背仁義而貪圖名利的，也決不能使天下信服，所以想要威震當世，而懾服天下，其應行之道，便是如此而已。」公不聽其言。晏子遯隱，退處海濱，過著清閒的生活。以後，公專門信任勇力之士，而輕視臣僕的犧牲，對外作戰，連年不休，國家疲憊，民受其害。前後不過一年的時光，百姓大亂，而自己也遭到崔氏之禍，身首異處。當世的君子，評論此事道：「遇事進盡忠言，不豫存討好國君之心；不為所用時，即退而窮處，不懷念朝廷的爵祿，晏子可說是清廉嚴正的人了。」

莊公問伐晉晏子對以不可若不濟國之福第二㈠

莊公將伐晉㈡，問于晏子，晏子對曰：「不可。君得合而欲多㈢，養欲㈣而意驕。得合而欲多者危，養欲而意驕者困。今君任勇力之士，以伐明主，若不濟，國之福也，不德而有功，憂必及君。」公作色不說。晏子辭，不為臣，退而窮處，堂下生蓼藿㈤，門外生荊棘。莊公終任勇力之士，西伐晉，取朝歌，及太行、孟門㈥，茲于兌㈦，期而民散，身滅于崔氏。崔氏之亂㈧，逐羣公子㈨，及慶氏亡㈩，皆召之，具其器用而反其邑焉。

【今註】㈠本章要旨：言莊公問伐晉，晏子對以不可，事若不成，國之福也。案莊公伐晉，詳見左襄二十三年傳。崔氏亂政，見左襄二十五年傳。慶氏之亡，又見本書雜下十五章，左襄二十八年傳所載稍略。㈡莊公將伐晉：事詳左襄二十三年傳。㈢得合而欲多：合即給也。君得合而欲多，謂所得者既給，而所求者彌多也。㈣養欲：謂縱其欲之滋長也。㈤蓼藋：舊作藜藿，今作蓼藋。藜藋皆穢草，故與荊棘並言。藋藿字形相似。世人多聞藜藿，寡聞藜藋，故諸書中藜藋多誤作藜藿。㈥取朝歌及太行孟門：朝歌，漢置，故城在河南省淇縣南；（一曰淇縣北。）春秋為衛邑，蓋武王封康叔於其地，為衛國也。漢前不稱朝歌。孟門，在今河南省輝縣西，（輝縣與汲縣為東西鄰縣，輝縣在汲縣西。）位太行之東，杜預注《左傳》，謂即太行之白陘（太行八陘之一）。太行，在輝縣西五十里。㈦茲于兌：兌讀為隧。茲于兌，且于之隧也。此言還自伐晉，遂襲莒，入且于之隧也。〈檀弓〉：齊莊公襲莒于奪。鄭注曰：魯襄二十三年，齊侯襲莒是也。春秋傳曰：杞殖華還，載甲，夜入且于之隧。隧奪聲相近；或為兌。故知茲于兌即《左傳》且于之隧。㈧亂：舊作「期」，茲從孫校據《左傳》改。事詳左襄二十五年傳。㈨逐羣公子：崔氏之亂，喪及羣公子。事見左襄二十八年傳。㈩及慶氏亡：孫云：「此下有脫文。」案：《左傳》：「及慶氏亡，皆召之，具其器用而反其邑焉。」孫說是。今據《左傳》補。

【今譯】莊公將攻打晉國，問於晏子。晏子回答說：「如國君此次得到滿足，今後欲望必多，放縱物欲，而意態必更加驕橫。故得到滿足而欲望多的必有危險，放縱物欲而意態驕橫的必有困厄。今君信任勇力之士，以攻英明之主，如戰不成功，是國家的幸福。若不德而倖獲成功，必給我君帶來憂患。」公表示十分不高興的樣子。晏子懇辭現職，不為人臣，隱退海濱，過著悠閒的生活。堂下生蓼藋，門外生荊棘，以清靜自守，拒絕與外人往來。莊公終於信任勇力之士，西伐晉國，攻佔朝歌，和太行、孟門一帶，兵還襲莒，夜入且于之隧，兵敗返國。前後為時一年，民心離散，身為崔氏所殺。崔氏之亂，驅逐眾公子，直到慶氏亡後，才又分別自國外召回，備妥一切日用器具，並歸還他們過去分封的采邑。

景公問伐魯晏子對以不若修政待其亂第三㊀

景公舉兵欲伐魯，問于晏子。晏子對曰：「不可。魯公好義而民戴之，好義者安，見戴者和㊁，伯禽㊂之治存焉，故不可攻。攻義者不祥，危安者必困。且嬰聞之，伐人者德足以安其國，政足以和其民，國安民和，然後可以舉兵而征暴。今君好酒而辟㊃，德無以安國，厚藉斂而㊄急使命，政無以和民。德無以安之則危，政無以和之則亂。未免乎危亂之理，而欲伐安和之國，不可，不若修政而待其亂也㊅。民離其君㊆，上怨其下，然後伐之，則義厚而利多，義厚則敵寡，利多則民歡。」公曰：

「善。」遂不果伐魯。

【今註】㊀本章要旨：言景公問伐魯，晏子對以不若修明內政，而待其亂，然後圖之。㊁見戴者和：謂魯國上下一心，不敢輕侮也。見，被也，謂被人民擁戴，始上下和洽親比，人不敢侮。㊂伯禽：周公長子，始封於魯。事見《詩經・魯頌・閟宮》及《史記・魯世家》。㊃今君好酒而辟：辟讀僻，謂行僻也。此句與下「厚藉斂而急使令」對文，中間疑有脫文。㊄而：舊奪「而」字，張云：「據上句增。」㊅而待其亂也：舊「其」下有「君之」二字，蘇云：「君之二字似不當有；傳寫者緣下衍君字，後又加之字耳。標題亦祇作待其亂，無君之二字，是其證。」蘇說是。今據刪。㊆民離其君：舊作「其君離」三字，王云：「文不成義，當作民離其君，與上怨其下對文。今本離字誤在其君下，又脫去民字耳。」王說是，今據補乙。

【今譯】景公將舉兵攻伐魯國，問於晏子。晏子回答說：「不可。魯公好義而人民擁戴，愛好仁義的，生活安定，被人擁戴的，上下和洽，且周公長子伯禽的遺風治績，還顯然存在啊，故不可舉兵攻伐。攻伐仁義的不得吉利，危害和平的必遭困厄。且嬰聽說：攻打他國的條件，在德性方面，要足以安定國家，政治方面，足以和洽民心；國家安定，民心和洽，然後才可以舉兵征討暴君。今我君好酗酒而行乖僻，德不足以安定國家；橫征暴斂而朝令夕改，政不足以和洽民心。德不能發生安定的力量，則國家必有危險，政沒有和洽的情況，則民心必陷混亂。自己的國家猶不能革除危險亂亡的因素，還想派兵攻打安定和洽的魯國，所以我說不可以；如今之計，不若修明內政，而等待其國自亂。到了民離其君，上怨其下的時候，再舉兵討伐他，則仁深義厚而獲利必多，仁義深厚則樹敵就少，獲利眾多則民心喜悅。」公道：「你講的很對。」遂沒有攻打魯國。

景公伐綦勝之問所當賞晏子對以謀勝祿臣第四㈠

景公伐綦㈡，勝之，問晏子曰：「吾欲賞于綦㈢何如？」對曰：「臣聞之，以臣謀勝國者㈣，益臣之祿；以民力勝國者，益民之利。故上有羨獲㈤，下有加利，君上享其名㈥，臣下利其實㈦。故用智者不偷業㈧，用力者不傷苦㈨，此古之善伐者也。」公曰：「善。」于是破綦之臣，東邑㈩之卒，皆有加利。是上獨擅名，利下流㈡也。

【今註】㈠本章要旨：言景公伐綦，勝之，問所當賞，晏子對以應益臣之祿，增民之利。㈡景公伐綦：孫云：「綦即萊也。服虔注左傳：齊東鄙邑。杜預注：萊國今東萊黃縣。」按：春秋經襄六年：十有二月齊侯滅萊，左氏傳：萊共公浮柔奔棠。注：棠，萊邑也，北海即墨縣有棠鄉。按黃縣居山東半島北岸，濱渤海；即墨則居南岸濱黃海。㊂吾欲賞于欒：言吾欲行賞於從欒之役者。㊃以臣謀勝國者：言以臣之謀勝人之國者，則益臣之祿；以民之力勝人之國者，則益民之利。臣謀與民力對文。下文益臣之祿，正承此而言。㊄上有羨獲以下二句：上，君也；羨，餘也；下，臣民也；加，增益也。此言上有餘獲，即應以分下。㊅君上享其名：言徒享勝羨之名，不與臣民爭利之意。㊆實：指財貨言。㊇偷業：偷，苟且也。業，職也。謂忠職既有利，則不苟且，而另營私求也。㊈用力者不傷苦：言用力而有獲，即不以苦為傷也。㊉東邑：即欒，此指赴欒邑之卒。㊀下流：猶下游也，謂品位居下者。

【今譯】景公攻打萊邑，得勝而歸，問於晏子道：「我想論功行賞於隨從伐萊的人，你看該怎麼辦？」晏子回答說：「臣聽說，用臣下的謀略，戰勝他國時，應增加臣下的爵祿；用民眾的力量，戰勝他國時，應增進民眾的利益。故君上有豐富收穫，臣下可分享利益，君上享戰勝之名，臣下得財貨之實，故使提供智慧的人能盡忠職守，不苟且營私，用力作戰的人犧牲奮鬪，不以苦為傷，如此大臣用命，人人效死，此古之善戰者也。」公道：「所言正是！」於是凡參與計畫破萊的臣屬，隨從攻打東邑的士兵，都論功行賞。是君上獨擅美名，臣下分享利益啊。

景公問聖王其行若何晏子對以衰世而諷第五㊀

景公外傲諸侯，內輕百姓，好勇力，崇樂以從嗜欲，諸侯不說，百姓不親。公患之，問于晏子曰：「古之聖王，其行若何？」晏子對曰：「其行公正而無邪，故讒人不得入；不阿黨，不私色，故羣徒之卒不得容㊁；薄身厚民，故聚斂之人不得行；不侵大國之地，不秏㊂小國之民，故諸侯皆欲其尊；不刼人以甲兵，不威人以衆彊，故天下皆欲其彊；德行教訓加于諸侯，慈愛利澤加于百姓，故海內歸之若流水。今衰世君人者，辟邪阿黨，故讒諂羣徒之卒繁；厚身養，薄視民，故聚斂之人行；侵大國之地，秏小國之民，故諸侯不欲其尊；刼人以兵甲，威人以衆彊，故天下不欲其彊；災害加于諸侯，勞苦施于百姓，故讐敵進伐，天下不救；貴戚㊃離散，百姓不與㊄。」公曰：「然則若何？」對曰：「請卑辭重幣，以說于諸侯，輕罪省功㊅，以謝于百姓，其可乎？」公曰：「諾。」于是卑辭重幣，而諸侯附，輕罪省功，而百姓親，故小國入朝，燕魯共貢。墨子聞之曰：「晏子知道，道在為人，而失在為己。為人者重㊆，自為者輕。景公自為，而百姓不與㊇，為人㊈，而諸侯為役，則道在為人，而行在反己㊉矣，故晏子知道矣。」

【今註】㊀本章要旨：言景公問聖王其行若何，晏子對以其行公正而無邪。㊁羣徒之卒不得容：張云：「羣徒之卒兩見，文不成義。此四字，只羣小二字足以了之。疑本作故羣小不得容，與故讒人不得入對文。羣小、謂君所嬖倖之臣妾，不得容、謂無容身之地。」按：羣小之說可取。惟謂「羣徒之卒」不成義，亦未必全是。㊂秏：秏本字。㊃貴戚：指內外親族也。㊄百姓不與：與，親附也。㊅百姓不與，即上文之百姓不親也。㊅輕罪省功以下二句：輕罪，省刑罰也。省功，少力役戰攻也。㊆為人者重以下二句：張云：「墨子經說上曰：任、為身之所惡，以成人之所急。」謝，引過之意也。㊆為人者重以下二句：張云：「墨子經說上曰：任、為身之所惡，以成人之所急。」孟子盡心上曰：墨子兼愛，摩頂放踵利天下為之。胥此道也。蓋儉以自利，兼以利人，所以適性，一也。墨子書今存五十三篇，此二語足以蔽之。晏子書總二百十五章，亦以此二語攝盡。推之六經百子，乃至釋氏三藏世出世法，無能舍此以為教者。」㊇百姓不與：百姓，原作「小國」，當為「百姓」之誤。上文皆百姓與諸侯對言，此不應獨作小國，致與諸侯義複，而文不相對；蓋傳寫之誤，今校改。㊈為人：無我之謂也。㊉行在反己：言為己則失，反己則得也。本文立論之重點在為人為己，故反己必為反乎為己，與為人對言；若釋為反求諸己，則大失所旨矣。

【今譯】景公對外傲慢各國諸侯，對內輕視全體百姓，喜好勇力之士，崇尚玩樂，放縱物質欲望。因而諸侯不悅服，百姓不親近。公引以為憂，於是問晏子道：「古之聖王，他們的做法怎麼樣？」晏子回答說：「他們的做法公正，毫無偏私，故讒邪之輩不能入；不結黨，不好色，故嬖倖小人不能容；薄以自奉，厚以待人，故橫征暴斂之徒不能行；不侵略大國的土地，不凌虐弱國的人民，故諸侯都希望尊他為共主；不用武力劫持別人，不用強暴威脅弱小，故天下都希望他國勢強盛；德性教訓加之於諸侯，慈愛利益施之於百姓，故四海之內，人心歸向，如流水之就下啊。今逢衰世，做國君的人，行為邪僻，結黨營私，故讒邪嬖倖之輩多受重視；厚以自奉，薄於待民，故橫征暴斂之人肆行無忌；侵略大國的土地，凌虐弱國的人民，故諸侯不願尊他為共主；用武力劫持別人，用強暴威脅弱小，故天下不願他強盛，災害加於諸侯，勞苦施於百姓，故遭受仇敵的攻擊時，天下坐視不救；貴族親戚離散，全國百姓不附。」公道：「那麼我們該怎麼辦？」回答說：「希望對外以謙卑的態度，厚重的禮物，取悅各國諸侯，對內要減輕刑罰，節省民力，向全國百姓謝罪，也許還可以挽救吧？」公道：「所言正是。」於是依照晏子的勸告，對外以謙卑的態度，厚重的禮物，去接納諸侯，而諸侯親附。對內減輕刑罰，節省民力，而百姓擁戴，故小國入朝，燕魯納貢。墨子聽到此事，評論說：「晏子真正了解為人之道，因為道在於為人，而為己則失。為人者受人尊重，為己者受人輕視。景公自為，而百姓不親附，為人，而諸侯為之役使。由此可知，道在於為人，而行在反乎為己，故晏子是位深切了解為人之道的人了。」

景公問欲善齊國之政以干霸王晏子對以官未具第六㊀

景公問晏子曰：「吾欲善治齊國之政，以干霸王，可乎㊁？」晏子對曰㊂：「官未具也。臣數以聞，而君不肯聽也。臣聞仲尼居處惰倦，廉隅不正㊃，則季次、原憲㊄侍；氣鬱而疾，志意不通㊅，則仲由、卜商㊆侍；德不盛，行不厚㊇，則顏回、騫、雍㊈侍。今君之朝臣萬人，兵車千乘，不善之政加于下民者眾矣㊉，未有能士敢以聞者。臣故曰：官未具也。」公曰：「寡人今欲從夫子而善齊國之政，可乎？」對曰：「嬰聞國有具官，然後其政可善。」公作色不說，曰：「齊國雖小，則何謂官不具？」對曰：「此非臣之所復㊁也。昔吾先君桓公身體惰懈，辭令不給㊂，則隰朋暱侍㊂；左右多過，獄讞不中，則弦甯㊃暱侍；田野不修，民氓㊄不安，則甯戚㊅暱侍；軍吏怠，戎士偷㊆，則王子成甫㈧晅侍；居處佚怠，左右懾畏，繁乎樂，省乎治，則東郭牙㈨晅侍；德義不中，信行衰微，則管子晅侍。先君能以人之長續其短，以人之厚補其薄，是以辭令窮遠而不逆㈩，兵加于有罪而不頓㈡，是以諸侯朝其德，而天子致其胙㈢。今君之過失多矣，未有一士以聞者也。故曰：官不具。」公曰：「善。」

【今註】㈠本章要旨：言景公問欲善齊國之政，以干霸王，晏子對以任賢使能，官稱其職。《說苑．君道篇》，《孔叢子．詰墨篇》均用此文。㈡以干霸王可乎：舊作「以干霸王之諸侯」，無「可乎」二字。張云：「案以干霸王之諸侯，義不可通。管子小匡篇有若欲霸王，夷吾在此之說。據標題云以干霸王，此文或作以干霸王可乎？」按：張說近是，姑據改。㈢晏子對曰：「對」上舊衍「作色」二字，從王校刪。㈣廉隅不正以上二句：謂志行餒惰，退處不振之意。㈤季次原憲：《史記．仲尼弟子列傳》載：公晳哀字季次。孔子曰：天下無行，多為家臣仕於都，唯季次未嘗試。家語作公晳克。孔叢作季羔。原憲字子思，孔子弟子，清靜守節，貧而樂道。㈥志意不通以上二句：謂意氣鬱湮，困坷不暢。㈦卜商：即子夏。子夏擅文學，志堅以勇。㈧行不厚以上二句：謂德不敏，而行不稱。㈨顏回騫雍：顏淵不遷怒，不貳過，簞食陋居，不改其樂。閔子騫性孝友，以德行著。冉仲弓仁而不佞，孔曰：雍也，可使南面；蓋以仁見稱。以上皆孔門弟子，故言孔子有能士也。㈩不善之政加于下民者眾矣：舊為「不善政之所失于下實墜於民者眾矣」。張云：「此文不順而義亢複，孔叢作不善政之加于下民者眾矣，當據刪訂。」按：原文不成句法，顯有譌誤，據《孔叢子》及張校刪正。⑪所復：指非具其官，在得其人言。⑫辭令不給：辭令，酬接之辭。給，言辭捷給。⑬隰朋暱侍：隰朋，謚成子，莊公曾孫戴仲之子。《潛夫論・志氏姓》：齊之隰氏姜姓。按：隰、齊邑名，此蓋以地名為氏也。隰朋以公族為大夫，佐管仲相桓公，成霸業，與管子同年卒。暱，《爾雅・釋詁》：近也。⑭弦甯：甯與寧同，《新序》作弦寧。蘇云：「此與諫景公飲酒之弦章，相隔百餘年。治要正作弦甯。」⑮民氓：張云：「民氓、說苑作人民。」蘇云：「治要氓作萌。」⑯甯戚：衞人，桓公知其賢，舉為客卿。⑰偷：苟且也。⑱王子成甫：孫云：「韓非作公子成父，是。說苑甫作父。」按：周有大夫王子成父，後世複姓王子即其後，本姬姓。⑲東郭牙：孫云：「姓東郭名牙。韓非外儲說：桓公問置吏於管仲，曰：辨察於辭，清潔於貨，習人情，夷吾不如弦商；請立以為大理。登降肅讓，以明禮待賓，臣不如隰朋；請立以為大行。墾草仞邑，辟地生粟，臣不如甯武；請立以為大田。三軍既成陳，使士視死如歸，吾不如公子成父；請立以為大司馬。犯顏極諫，臣不如東郭牙；請立以為諫臣。」⑳窮遠而不逆：言無遠弗屆，而無違失。㉑不頓：指無往不利，毫無躓礙。㉒天子致其胙：《左傳》僖公九年：王使宰孔賜齊侯胙。杜注：胙、祭肉，尊之比二王後。

【今譯】景公問晏子道：「吾想改善齊國的政治，以稱霸諸侯，可以嗎？」晏子回答說：「官吏尚未具備啊。臣屢次向國君報告，而國君都不肯接受。臣聽說魯之仲尼，精神怠惰，志行不正，則有季次、原憲奉侍。心情苦悶，意志不通，則有仲由、卜商奉侍。德性不敏，言行不稱，則有顏回、閔子騫、冉雍奉侍。因為孔子有這麼多賢能的弟子，所以才能成就他的偉大。今國君朝廷之臣多達萬人，兵車可出萬輛，不良的施政加於人民的太多了，向來沒有見過賢能之士，把這些說給國君聽的。臣所以說，官吏尚未具備啊。」公道：「寡人現在想聽從先生之言，而改善齊國的政治，可以嗎？」回答說：「嬰所說的是國家必須先具有各級官吏，然後政治始可獲得改善。」公十分不高興的樣子，道：「齊國雖小，怎能說是官吏不備呢？」回答說：「此非臣所報告的要旨，臣所報告者，非指具備官吏，而在得賢人。過去我先君桓公身心懈怠，辭令不善，則有隰朋在旁奉侍。左右多過失，刑罰不得當，則有弦甯在旁奉侍。田野不整治，人民不安樂，則有甯戚在旁奉侍。軍吏怠惰，戰士放恣，則有王子成甫在旁奉侍。生活放肆，左右畏懼，過分玩樂，忽視治理，則有東郭牙在旁奉侍。德義不合，信行衰微，則有管子在旁奉侍。先君能運用他人之長，補救自己之短，用他人的優點，彌補自己的缺點，所以辭令無遠弗屆，都能奉行無違。武力加於有罪，毫無阻礙。所以諸侯們因服其威德而來朝，天子嘉其輔弼有功而致祭肉。現在國君的過失太多了，沒有一位賢能之士敢犯言直諫的啊。因此我說，賢能的官吏尚未具備。」公道：「你講的太對了。」

景公問欲如桓公用管仲以成霸業晏子對以不能第七㈠

景公問晏子曰：「昔吾先君桓公，有管仲夷吾保乂齊國㈡，能遂武功而立文德，糾合兄弟㈢，撫存冀州㈣，吳越受令，荊楚惛憂㈤，莫不賓服，勤于周室，天子加㈥德，先君昭功，管子之力㈦也。今寡人亦欲存㈧齊國之政于夫子，夫子以佐佑寡人，彰先君之功烈，而繼管子之業。」晏子對曰：「昔吾先君桓公，能任用賢，國有什伍㈨，治徧細民㈩，貴不凌賤，富不傲貧，功不遺罷⑪，佞不吐愚⑫，舉事不私，聽獄不阿，內妾無羨食，外臣無羨⑬祿，鰥寡無飢色；不以飲食之辟⑭，害民之財，不以宮室之侈，勞人之力；節取于民，而普施之，府無藏，食無粟，上無驕行，下無諂德。是以管子能以齊國免于難，而以吾先君參乎天子。今君欲彰先君之功烈，而繼管子之業，則無以多辟傷百姓，無以嗜欲怨諸侯⑮，臣孰敢不承善盡力，以順君意，今君疏遠賢人，而任讒諛；使民若不勝⑯，藉斂若不得⑰；厚取于民，而薄其施；多求于諸侯，而輕其禮；府藏朽蠹，而禮悖于諸侯；菽粟藏深，而怨積于百姓；君臣交惡，而政刑無常。臣恐國之危失，而公不得享也。又惡能彰先君之功烈，而繼管子之業乎！」

【今註】㊀本章要旨：言景公問，欲如桓公用管仲，以成霸業，晏子對以欲之不以其道，不可得也。㊁乂：治也。㊂糾合兄弟：謂糾合兄弟之國。㊃撫存冀州：撫存，安撫存問。「冀」、舊譌「翌」，王云：「翌州二字，義不可通，翌當為冀。王肅注家語正論篇曰：中國為冀。僖四年公羊傳曰：桓公救中國而攘夷狄，卒怗荊。故曰撫存冀州、荊楚惛憂也。今本作翌州者，冀誤為翼，又誤為翌耳。」今據改。㊄惛憂：王云：「惛者、悶之借字也。呂氏春秋本生篇：下為匹夫而不惛。高注曰：惛讀憂悶之悶。」㊅加：猶嘉也。引申凡善惡語加人皆可稱。㊆孫云：「國德、州憂、德力，各為韻。」㊇存：置也，寄托也。此與《論語・泰伯篇》：「可以寄百里之命。」同義。㊈什伍：軍制十人為什，五人為伍。孫云：「謂管子作內政以寓軍令也。」按《管子・小匡》曰：「鄉有行伍卒長，則其制令，且以田獵，因以賞罰，則百姓通於軍事矣。……是故卒伍政定於里，軍旅政定於郊。」㊉治偏細民：謂政之所施，不遺一人。⑪功不遺罷：罷同疲；與賤、貧、愚為儷文。有偷惰之意。問下二十四章曰：齊尚而不遺罷。不遺罷為晏子之雅言。功不遺罷，謂雖偷惰之人，有功亦賞也。⑫佞不吐愚：佞，有才辯之稱。吐，《說文》：「寫（俗作瀉）也。」引申為棄也。《左傳》僖五年：神其吐之乎？此謂才愚皆取，非取才棄愚也。㊂羨：餘也，此謂逾分之意。㊃辟：當作「癖」。癖之謂言好也。下文則無以多辟傷百姓，與嗜欲玩好對言。㊄無以嗜欲怨諸侯：舊「嗜欲」下衍「玩好」二字，按此與上句為對文，「玩好」二字，蓋後人妄加，今刪。言勿逞攻伐之貪欲，以構怨於諸侯。㊅使民若不勝：意使民唯恐不能竭其力。㊆藉斂若不得：言斂之唯恐不能殫其財。

【今譯】景公問晏子道：「過去我先君桓公，有管仲夷吾治理齊國，終能成就武功，樹立文德，糾合兄弟之邦，安撫中國，攘除夷狄，吳越聽命，荊楚憂懼。四海之內，莫不服從，勤於周室，於是天子嘉許其德，先君昭明其功，此皆管仲輔相之力啊。今寡人也想將齊國之政託於先生，先生幫助寡人，以表彰先君的功勳，而繼承管子的偉業。如何？」晏子回答說：「過去我先君桓公，能任賢使能，作內政寄軍令，國有什伍之兵，政治普及人民；高貴的不欺凌低賤，富有的不驕傲貧窮；賞有功，不遺修惰，取辯才，不棄下愚；凡事不徇私心，決獄不講關係；宮內妻妾無過分的享受，朝廷大臣無特殊的俸祿，鰥寡無告的人，沒有飢餓的表情；不因飲食的癖好，而傷害人民的財貨，不因宮室的奢侈，勞動人民的力役；取之於民少，而施之於民多；泉府無財寶的收藏，倉庫無粟米的積存；上無驕慢的行為，下無諂媚的德操；所以管子能以齊國的富強，解脫諸侯於苦難之中，提高我先君的地位，與周天子並駕，而為天下霸主。今君欲表彰先君的功動，而繼承管子的偉業。那麼就要祛除各種癖好，以免傷害了百姓，祛除攻伐的嗜欲，以免結怨於諸侯。如此，誰敢不順承善旨，盡力而為，以完成國君尊王踐霸的心意呢？如今我君疏遠賢人，任用諂諛；使民唯恐不竭其力，聚斂唯恐不盡其財，取之於民者務多，而施之於民者極少；多求之於諸侯，而禮遇不夠；府庫的收藏已經腐壞，但卻違犯了諸侯間聘問之禮；菽粟深藏於倉廩，但卻遭到全國百姓們的埋怨；君臣情感敗壞，上下離心離德，而政令多變，刑政無常。臣恐國家的危亡，就在旦夕之間，而公不能久享大位啊；似此，又怎能表彰先君的功勳，而繼承管子的偉業呢？」

景公問莒魯孰先亡晏子對以魯後莒先第八㊀

景公問晏子：「莒與魯孰先亡？」對曰：「以臣觀之也，莒之細人，變而不化㊁，貪而好假㊂，高勇而賤仁㊃，士武以疾，忿急以速竭㊄，是以上不能養其下，下不能事其上，上下不能相收，則政之大體失矣。故以臣觀之也，莒其先亡㊅。」公曰：「魯何如？」對曰：「魯之君臣，猶好為義，下之妥妥㊆也，奄然寡聞㊇，是以上能養其下，下能事其上，上下相收，政之大體存矣。故魯猶可長守，然其亦有一焉。彼鄒滕雉犇㊈而出其地，猶稱公侯(一〇)，大之事小，弱之事彊久矣，彼晉者，周之樹國(一一)也，魯近齊而親晉，以編小國，而不服于鄰，以遠望晉，滅國之道也(一二)。齊其有魯與莒乎(一三)？」公曰：「魯與莒之事，寡人既得而聞之矣，寡人之德亦薄，然後世孰踐有齊國者？」對曰：「田無宇之後為幾(一四)。」公曰：「何故也？」對曰：「公量小(一五)，私量大，以施于民，其與士交也，用財無筐篋(一六)之藏，國人負攜其子而歸之，若水之流下也。夫先與人利，而後辭其難，不亦寡乎！若苟勿辭也，從而撫之，不亦幾乎(一七)！」

【今註】㈠本章要旨：言景公問魯莒孰先亡，晏子對以莒人變而不化，先亡；魯之君臣，猶好為義，故後亡。㈡變而不化：好變而不肯化善，故曰變而不化。㈢貪而好假：假，非真也。貪即好詐，故曰貪而好假。㈣高勇而賤仁：高，尚也。賤，輕也。㈤忿急以速竭：竭，盡也。謂急遽而無耐，不可以久也。㈥莒其先亡：周武王封少昊之後於莒，地在今山東省莒縣，周考王十年先魯滅於楚。晏子之言果驗。㈦妥妥：孫云：「妥當為綏。爾雅釋詁：綏、安也。」張云：「曲禮下：大夫則綏之。釋文：綏讀曰妥。漢書燕刺王旦傳：北州以妥。集注孟康曰：古綏字也。臣瓚曰：妥，安也。下之妥妥，言士民莫不安居樂業也。」㈧奄然寡聞：奄然即闇然。此喻魯民不妄動，不妄聽。㈨鄒滕雉犇：《說文》：「郰，魯縣，古邾國，帝顓頊之後所封。杜預注左傳：滕國在沛國公邱縣。」俞云：「按雉奔而出其地，乃極言其地之小，謂一雉奔竄，即出其邦域之外也。」⑩猶稱公侯：言在國稱公，在外稱列侯。此言郰滕雖弱小，而能近事強大，至今猶不失為通侯；以明魯國近齊而親殷，以編小國而不服於近鄰，卒以滅亡之意也。㈡樹國：樹，門屏。樹國者，倚為屏障之國也。㈢滅國之道也以上數句：晏子之意，蓋謂魯與齊為鄰，而不知事齊，所望者晉；晉相去又遠，緩急不足恃，故曰此滅國之道也。㈢齊其有魯與莒乎：其猶將也，蓋謂魯莒有亡徵，惟恐齊不能有之耳。孫云：「魯後並入楚；莒滅於楚，而地入齊。」㈣田無宇之後為幾：孫云：「田無宇，陳桓子也，須無之子。幾，爾雅釋詁：近也。」按：外上十五章景公問後將踐齊者，晏子以田氏對，蓋察之幾微，理不爽失也。㈤公量小以下三句：量謂量器。謂私量大以貸與民，公量小以收民貸，蓋所以施惠於民也。㈥筐篋：筐，藏物竹器。篋，小箱。此謂竭盡其財物以與士相交也。㈦不亦幾乎：言田氏於有國臨民之道，亦庶幾矣。

【今譯】景公問晏子道：「莒與魯，誰先滅亡呢？」回答說：「以臣的觀察，莒國的人，民性多變而不肯化善，貪得無厭而好虛偽，崇尚勇力而輕仁義，戰士英勇而易忿怒。容易忿怒而無耐心，則不可以持久，所以上不能養育其下，下不能敬事其上；上下不能共生共容，則政治的大原則已經失去了。故以臣的觀察，恐怕莒國首先滅亡。」公道：「魯國怎麼樣？」回答說：「魯國君臣，尚好行仁講義，士民安居樂業，沉默寡言，靜而少聞。所以上能養育其下，下能事奉其上，上下共生共容，則政治的重大原則還依然存在著，故魯國還可以長守，然而他也有一個缺點。如鄒、滕二國，面積狹小，尚可在內稱公，對外稱侯，為獨立自主之國，可見大國之照顧小國，弱國之敬事強國，由來已久了。晉國，周天子的屏障啊，以地緣關係來說，魯與齊接近，但他卻親近晉國，試想，以一個褊小之國，而不賓服於近鄰，卻反而遠望晉國的幫助，這種捨本逐末的做法，是國家自取滅亡的原因啊。將來齊國或許會佔有魯與莒吧？」公道：「魯與莒二國的情形，寡人已經知道了，寡人的德能也不夠，然後世誰能繼有齊國的政權呢？」回答說：「田無宇的後代或有可能。」公道：「是何緣故？」回答說：「公家的量器小，私人的量器大，他用公家的量器，來收民貸，用私人的量器，放貸與民，這就是暗中施惠。至於和知識分子的交往，更是傾盡一己之所藏，來供給他們，相信將來全國人民肩負手攜自己的子女來歸向他的情形，就如水流之由高而下，是自然的趨勢啊。如果接受了別人的利益，而後辭不赴難的人太少了！假使大家都不辭而赴難，再從旁加以安撫鼓勵的話，事情的成功，不就很有可能了嗎？」

景公問治國何患晏子對以社鼠猛狗第九㊀

景公問于晏子曰：「治國何患？」晏子對曰：「患夫社鼠。」

公曰：「何謂也？」對曰：「夫社，束木而塗之，鼠因往託焉，熏之則恐燒其木，灌之則恐敗其塗，此鼠所以不可得殺者，以社故也㈡。夫國亦有焉，人主左右是也。內則蔽善惡于君上，外則賣權重于百姓㈢，不誅之則亂，誅之則為人主所案據㈣，腹而有之㈤，此亦國之社鼠也。宋㈥人有酤酒者，為器甚潔清，置表甚長，而酒酸不售，問之里人其故㈦，里人云：『公之狗猛，人挈器而入，且酤公酒，狗迎而噬之，此酒所以酸而不售也。』夫國亦有猛狗，用事者是也。有道術之士，欲干萬乘之主，而用事者迎而齕㈧之，此亦國之猛狗也。左右為社鼠，用事者為猛狗，主安得無壅㈨，國安得無患乎？」

【今註】㈠本章要旨：景公問治國何患？晏子對以君之左右佞臣，如社鼠猛狗，最是可患。此與本書外上十四章大旨略同。《韓非子．外儲說》、《韓詩外傳》、《說苑．政理篇》用此文。㈡以社故：猶《漢書．賈誼傳》：欲投鼠而忌器。社，《白虎通．社稷》曰：按古者自天子下至庶人，皆得封土立社，以祈福報功。其所祀之神曰社，其祀神之所亦曰社。《說文》社字段注：社為地主而尊天親地，二十五家得立之。故《周禮》：二十五家為社。㈢賣權重于百姓：賣謂害人利己；權重謂權勢尊威。上句謂奄善庇惡，欺君蒙上；下句謂憑陵威勢，殘民利己。《韓非子》作：「出則為勢重，而收利於民；入則比周，而蔽惡於君。」㊃案據：王云：「案據連讀。方言：據，定也。廣雅同。僖五年左傳注：據猶安也。案據謂安定之也。史記白起傳：趙軍長平以案據上黨民。正與此同。」案據者，猶今人恒言所謂把持也。㊄劉云：「有字當作宥。」作赦免、保護解。㊅宋：「宋」字舊脫，據《韓非子》補。孫云：「韓非作宋人有酤酒者。」㊆問之里人其故：言以其故問於里人也。㊇齕：音ㄏㄜˊ，《說文》：「齕，齧也。」《韓詩外傳》作齧。㊈壅：蔽塞也。

【今譯】景公問於晏子道：「治理國家最怕甚麼？」晏子回答說：「怕的是社鼠。」公道：「這怎麼說呢？」回答說：「神社用木材建造，再加粉刷而成，於是老鼠認為有隙可乘，就託身於內。用火燻之，又怕燒掉木材，引水灌之，又怕沖倒牆壁，此老鼠之不可得而消滅，其原因由於神社的關係。一國之內，也有類乎神社的老鼠，那就是人主左右的近侍啊。他們對內，蒙蔽善惡，淆亂君上的視聽，對外，賣弄權術，漁肉鄉里百姓。不消滅他，怕他違法亂紀，消滅他，則又被人主所鍾愛，百般地庇護他，這也可以說是國家的社鼠啊。宋國有位賣酒的，酒器擦拭得非常清潔，可是酒都放酸了，也賣不出去。於是向鄰里們打聽原因，鄰里們說：你們家的狗太兇，人提著酒器，進去買酒時，狗迎頭就咬，此酒之所以放酸還不能出售的原因啊。一國之內也有猛狗，那就是用事的佞臣啊。有道德學術的人士，想晉見萬乘之主時，那些用事的佞臣們就像惡犬一般，迎面狂吠，這也可說是國家的猛狗啊。左右的近侍為社鼠，用事的佞臣為猛狗，君主安得不受蒙蔽，治國又安得不引為憂患呢？」

景公問欲令祝史求福晏子對以當辭罪而無求第十㊀

景公問于晏子曰：「寡人意氣衰，身病甚。今吾欲具珪璧㊁犧牲，令祝宗薦之乎上帝宗廟，意者祀可以干福乎㊂？」晏子對曰：「嬰聞之：古者先君之干福也，政必合乎民，行必順乎神；節宮室，不敢大斬伐，以無偪㊃山林；節飲食，無多畋漁，以無偪川澤；祝宗用事，辭罪㊄而不敢有所求也。是以神民俱順，而山川納祿㊅。今君政反乎民，而行悖乎神；大宮室，多斬伐，以偪山林；羨飲食，多畋漁，以偪川澤。是以神民俱怨，而山川收祿㊆，司過薦罪㊇，而祝宗祈福，意者逆乎㊈！」公曰：「寡人非夫子無所聞此，請革心易行。」于是廢公阜之遊，止海食之獻，斬伐者以時，畋漁者有數㊉，君處飲食，節之勿羨，祝宗用事，辭罪而不敢有所求也。故鄰國忌⑪之，百姓親之，晏子沒而後衰。

【今註】 ㊀本章要旨：言景公問，欲令祝史求福，晏子對以應革心易行，辭罪而無求也。治要載此章在問下篇。㈡珪璧：「璧」舊譌「璋」，王云：「季文王。大雅雲漢曰：圭璧既卒，寧莫我聽。諫上篇曰：寡人之病病矣，使史固與祝佗巡山川宗廟，犧牲珪璧，莫不備具。是其證。羣書治要正作圭璧犧牲。」按：《說文》圭、古文作珪。段曰：「古文从玉，謂頒玉以命諸侯守此土田培敦也。小篆重土而省玉，蓋李斯之失與？今經典中圭珪錯見。」㈢意者祀可以干福乎：言意欲賄上帝及其先以求福。孟子曰：「禍福無不自己求之者」，今乃干上帝，左矣。㈣偪：侵迫也。㈤辭罪：辭，告也。辭罪，謂自認其罪，以示疚悔，冀其赦免之意。㈥納祿：納猶致也。祿，福也。納祿猶言致福。下云收祿，正與此反言。㈦收祿：收，收歛也，此猶結束之意，謂結束其利祿之供給也。㈧司過薦罪：司過，官名，內史也。薦，舉也。㈨意者逆乎：此承上數句言，謂一舉罪，一祈福，自陷矛盾，而仍為是想者，其不背逆事理乎？㈩畋漁者有數：《易・繫辭》：「以佃以漁。」數，定數也，謂有定限也。㈡忌：敬也。

【今譯】景公問晏子道：「寡人精神不振，身體病的很厲害，現在我想準備些珪璧犧牲之物，命祝宗進獻於上帝宗廟，想用祭祀的辦法，可以求上帝賜福嗎？」晏子回答說：「嬰聽說：古時先君之祈福啊，政治必合乎民意，行事必順乎神明，節制宮室，不敢大事砍伐，以免侵迫山林；節制飲食，不去多畋獵捕魚，以免侵迫川澤；祝宗一旦有祭祀上帝宗廟之事，只是內懷歉疚，告罪神明，不敢有所祈求啊。所以神民順服，而山川致福。今我君於政治違反民意，而行事違悖神明；擴充宮室，多所砍伐，以侵迫山林；講求飲宴，多畋獵捕魚，以侵迫山澤。所以神民共怨。而山川結束利祿，司過舉罪，如此，祝宗竟向神明祈福，豈非自相矛盾，違背事理？」公道：「寡人若非夫子指點，斷不會聽到這些道理。但願我能革心洗面，改弦更張。」於是罷除公阜的遊樂，停止海產的進獻，砍伐山林有定時，畋獵捕魚有定數，生活飲食，節制而不浪費，祝宗祭神時，但向神告罪，而不敢有祈福的要求啊。以此之故，博得鄰國尊敬，百姓親附，直到晏子去世以後才稍衰。

景公問古之盛君其行如何晏子對以問道者更正第十一㊀

景公問晏子曰：「古之盛君，其行如何？」晏子對曰：「薄于身而厚于民㊁，約于身而廣于世㊂；其處上也，足以明政行教㊃，不以威天下。其取財也，權有無，均貧富，不以養嗜欲；誅不避貴，賞不遺賤；不淫于樂，不遁于哀㊄；盡智導民，而不伐焉㊅，勞力事民，而不責焉㊆；政尚相利，故下不以相害為行，教尚相愛，故民不以相惡為名；刑罰中于法，廢置順于民㊇。是以賢者處上而不華㊈，不肖者處下而不怨。四海之內，社稷之中，粒食之民，一意同欲。若夫私家之政，生有厚利，死有遺教，此盛君之行也。臣聞問道者更心(一〇)，聞道者更容(一一)。今君稅斂重，故民心離；市買悖(一二)，故商旅絕；玩好充，故家貨殫(一三)。積邪在于上，蓄怨藏于民，嗜欲備于側，毀非滿于國(一四)，而公不圖。」公曰：「善。」于是令玩好不御(一五)，公市不豫(一六)，宮室不飾，業土不成(一七)，止役輕稅，上下行之，而百姓相親。

【今註】 ㈠本章要旨：言景公問，古之盛君，其行如何？晏子對以薄於身而厚於民，約於身而廣於世。㈡薄于身而厚于民：言自奉者薄，而施于人者甚厚。㈢約于身而廣于世：言自律者嚴，而廣其檢束于世；蓋心全於內，而形全於外也。㈣明政行教：古者政謂刑禁，教謂禮義；明政即所以行教，故政教為一；此即管子之政也。㈤不遁于哀：言哀樂有節度。遁古音與循同。循，《說文》：「行也」。㈥不伐：伐，《說文》段注：「伐人者有功，引伸之自功曰伐。」不伐，旨同《論語》：「無伐善。」㈦勞力事民而不責焉：「事民」舊作「歲事」，王云：「歲事本作事民。事、治也，見呂覽、淮南、戰國策注。謂盡智以導民，而不自矜伐；勞力以治民，而不加督責也。後人不解事民二字之義，而改事民為歲事，則既與勞力不相承，又與上句導民不對矣。羣書治要正作勞力事民而不責。化之相愛，故不相惡。」㈧廢置順于民：指應廢應舉，不違民意。㈨不華：即下第二十章所謂諫乎前不華乎外之意。按：下第二十章諫乎前不華乎外，意謂忠臣進諫於君前，而不宣揚於外。孫云：

「不華、不諠譁也。義殆近。」⑩更心：《荀子・非相》：相形不如論心，論心不如擇術，形不勝心，心不勝術，術正而心順之，則形相雖惡而心術善，無害為君子也；形相雖善而心術惡，無害為小人也。術，《說文》：邑中道。《初學記》：道路別名。故術猶道也；擇術猶問道也。而術正心順，故曰更心。⑪更容：言當肅然起敬。按：容蓋謂儀態容止也。此言既聞而知道，即應從道而改其故態也；雖其心猶未化善。⑫市買悖：市，買賣之所。買，市也。悖，亂也。因之，凡買凡賣皆曰市。⑬家貨殫：殫，盡也。市面充斥玩好，不見家用正品，人民皆崇尚奢侈也。⑭毀非滿于國：毀，謗訾也；非，毀也，總言國人怨謗。⑮御：進也，謂進用也。⑯不豫：豫猶誑也。不豫，謂不誑也。言公市俱以誠信相貿易，無有誑詐也。⑰業土不成：業，既也，謂既興之土木建築，不待完成而作罷。

【今譯】景公問晏子道：「古代盛德之君，他們的做法怎麼樣？」晏子回答說：「自奉薄而待人厚，自律嚴而對人寬。其居於上位，足以修明政事，推行教化，不以武力威脅天下。其取財，權衡有無以賦斂，平均貧富以濟民，不長養一己的物質慾望；刑戮不避權貴，獎賞不遺貧賤，不過分享樂，不迴避哀傷；盡心領導民眾，而不炫耀功勞，竭力講習民事，而不要求美名；施政以互利為尚，故下不以相害為行，教化以相愛為重，故民不以相惡為名；刑罰合乎國法，廢置順乎民心，所以賢能之士，居於上而不浮華，不肖之輩，處於下而無怨尤。四海之內，一國之中，凡吃飯長大的人，沒有不心同理同，想法一致的。這樣治天下若治一家，生有厚利，廣被當時，死有遺教，永垂將來，此古代盛德之君的做法啊。臣聽說，問道的人，目的在洗面革心，為求正己，聞而知道的人，就應改變故態，疾力向善。現在國君苛捐雜稅太重，故民心離散；市場買賣混亂，故商旅裹足不前；玩好之物充斥，故家庭用品不足。邪惡的施政積於君上，怨恨的心理藏於人民，犬馬聲色之嗜欲備於左右，毀謗斥責之情緒充滿全國，而公還不自己好好作個打算！」公道：「你講的很對。」於是立刻下令，玩好之物不許進用，市場買賣不准欺詐，宮室陳設不可過分裝飾，已經開始的工程馬上停工，停止人民的勞役，減輕賦稅的征收，上下一體遵行，而百姓相親相愛。

景公問謀必得事必成何術晏子對以度義因民第十二㈠

景公問晏子曰：「謀必得，事必成，有術乎？」晏子對曰：「有。」公曰：「其術如何？」晏子曰：「謀度于義者必得，事因于民者必成。」公曰：「奚謂也㈡？」對曰：「其謀也，左右無所繫㈢，上下無所縻㈣，其聲不悖㈤，其實不逆㈥，謀于上，不違天，謀于下，不違民，以此謀者必得矣。事大則利厚，事小則利薄，稱事之大小，權利之輕重，國有義勞㈦，民有加利㈧，以此舉事者必成矣。夫逃義而謨㊈，雖成不安；傲民舉事，雖成不榮。故臣聞義，謀之法也；民，事之本也㊉，故反義而謀，倍民而動⑪，未聞存者也。昔三代之興也，謀必度于義，事必因于民。及其衰也，建謀反義，興事傷民。故度義因民，謀事之術也。」公曰：「寡人不敏，聞善不行，其危如何？」對曰：「上君全善，其次出入⑫焉，其次結邪而羞問⑬。全善之君能制；出入之君時問，雖曰危，尚可以沒身⑭；羞問之君，不能保其身⑮。今君雖危，尚可沒身也。」

【今註】 ㊀本章要旨：言景公問，謀必得，事必成，何術？晏子對以謀度於義者必得，事因於民者必成。㊁也：同耶，疑詞。㊂繫：縛也，此謂牽制。㊃縻：繫也，此謂羈絆。㊄其聲不悖：名也，此謂名無不正。㊅其實不逆：事迹也，此謂行不違道。㊆義勞：勞與利對文，言國雖勞而民利也。國之勞皆合於義，雖為國之勞，實為民之利，故曰義勞。㊇民有加利：謂舉一事而利加於民也。前第四章上有羨獲，下有加利，語意與此相似。㊈逃義而謨：言謀不及於義也。㊉民事之本也：言舉事以利民為本。⑪反義而謀倍民而動：義為謀之法，民為事之本，故反義而謀，倍民而動，未有能存者也。上文云逃義而謀，雖成不安；傲民舉事，雖成不榮。正與此文相應。⑫其次出入：出，脫也；入，中也。謂次焉者，時善時不善也。㊂結邪而羞問：結，凝也，謂又次則凝結於邪，而羞於問善。㊃沒身：沒，終也，沒身猶終其天年也。此謂雖日陷於危，猶可全其生年。㊄不能保其身：言既不知向善，又不肯問善，則罪惡貫盈，天命誅之，故不能保其身。

【今譯】景公問晏子道：「計謀必有所得，行事必能成功，有方法嗎？」晏子回答說：「有。」公道：「方法如何？」晏子說：「計謀度量於義，則必有所得，行事順應乎民，則必能成功。」公道：「這怎麼說呢？」回答說：「在計謀之時，左右無所牽掣，上下沒有羈絆，名無不正，事無不合，謀之於上，不違背天道，謀之於下，不違犯民意，以此謀求者，必有所得。事大則利益厚，事小則利益薄，衡量事情的大小，權利的輕重，然後國家有義勞，人民有增利，以此行事者，必然成功了。如計謀不合於義理，謀雖成而不能穩固；行事藐視民意，事雖成而不算光榮。故臣聽說，義理是計謀的準則；人民乃行事的張本。故違犯義理而計謀，背叛人民而行動，這樣，國家還能存在的，是向所未聞啊！過去夏、商、周三代初興之時，凡計謀必度量於義理，行事必順乎民心，及至世衰道微，籌謀違犯義理，興事傷害人民。由此看來，則衡量義理，順應民心，誠為建謀興事的良法啊。」公道：「寡人反應遲鈍得很，如果我聽到善良的建議而不實行，其危險情形又將如何呢？」回答說：「最好的國君是無論建謀或興事，都盡善盡美，其次是時善時不善，再其次是堅持邪念，而羞於問善。最好的國君，能制定法度，協和萬民；時善時不善的國君，間或問難，端正言行，雖日陷於危險，尚可以全其天年；至若羞於問善的國君，由於不肯問善，惡貫滿盈，不能保其性命。今國君雖面臨危險，但還可以全其天年啊！」

景公問善為國家者何如晏子對以舉賢官能第十三㈠

景公問晏子曰：「善㈡為國家者何如？」晏子對曰：「舉賢以臨國，官能以敕民㈢，則其道也。舉賢官能，則民與㈣君矣。」公曰：「雖有賢能，吾庸知乎？」晏子對曰：「賢而隱，庸為賢乎㈤，吾君亦不務乎是，故不知也。」公曰：「請問求賢。」對曰：「觀之以其游㈥，說之以其行㈦，無以靡曼辯辭㈧定其行，無以毀譽非議㈨定其身，如此，則不為行以揚聲㈩，不掩欲以榮君(一一)。故通則視其所舉(一二)，窮則視其所不為(一三)，富則視其所分(一四)，貧則視其所不取(一五)。夫上士，難進而易退(一六)也；其次，易進易退也(一七)；其下，易進難退也(一八)。以此數物(一九)者取人，其可乎！」

【今註】㈠本章要旨：言景公問，善為國家者何如？晏子對以要舉賢以臨國，官能以治民。㈡善：「善」上舊有「莅國治民」四字，莅國與為國意複，顯為羨文，今據標題刪。㈢敕民：敕，理也。

理民之意。㊃與：親附也。㊄賢而隱庸為賢乎：此謂賢者不同於眾，一言一行均可看出，故曰賢無隱，如本書前桓公聞甯戚歌，而知其賢，舉為客卿，是。如賢而與眾人無異，何以為賢，特在求者是否加意觀察耳。故下文曰：「觀之以其游，說之以其行。」㊅觀之以其游：觀其交游，則知其為人如何。㊆說之以其行：說，論也；論，考量也。考之其所行，則知其賢否。故後二十七章晏子復景公問取人得賢之道曰：「舉之以語，考之以事。」㊇靡曼辯辭：謂言辭華麗辯捷也。㊈毀譽非議：謂毀譽非議常出自私怨，失之偏陂，不足據信。㊉不為行以揚聲：言不偽託高行以揚聲譽。此承上句說，言既不以靡曼辯辭定其行，自無須更偽其行以揚聲譽矣。⑪不掩欲以榮君：榮通營，惑也。掩欲以營君者，外為廉絜，以自掩其貪，將以惑君也。第二十一章說佞人之事君曰：「以偽廉求上采聽，而幸以求進。」正謂此也。⑫通則視其所舉：言藉此以觀其賢也。如後二十章曰：「忠臣選賢進能，睹賢不居其上。」《史記・管晏列傳》：「鮑叔既進管仲，以身下之。」又如襄三年左傳：「君子謂祁奚舉其讎解狐，不為諂；舉其子午，不為比；舉其偏伯華，不為黨。」夫惟善故能舉其類也。⑬窮則視其所不為：言藉此以觀其義也。問下二十四章曰：「貧窮不易行。」《論語・衛靈公篇》曰：「君子固窮。」⑭富則視其所分：言藉此以觀其善也。諫下十九章曰：「藏財而不用，凶也。」蓋有財貴相分，但視其所分予者之賢否，即可定其人之賢否。⑮貧則視其所不取：言藉此以觀其廉，並可知其操守。⑯難進而易退：背祿鄉義，故難進而易退。⑰易進易退：鄉祿亦不背義，故易進亦易退。⑱易進難退：背義鄉祿，故易進而難退。⑲物：猶事也。

【今譯】景公問晏子道：「善於治理國家的，是怎麼樣呢？」晏子回答說：「舉薦賢人以治國，任用才能以理民，這就是善為國家的法門啊！舉薦賢人，任用才能，那麼，人民就親附國君了。」公道：「雖然有賢明能幹的人，我怎麼知道呢？」晏子回答說：「有賢德的人，舉止云為都與眾不同，又怎能不知道呢？誠因我君以向不專心致力於此，所以不知道啊！」公言道：「請問求賢之法，究竟如何呢？」回答說：「觀察他的交游，考量他的行為，不要聽到他那華麗辯捷的辭藻，就相信他的為人；不要聽到別人批評誹謗的話語，就確定他的品格，如此，他就不會偽託高潔的行為，以宣揚名聲；不會掩飾一己的私欲，而迷惑國君。故當他仕途亨通時，看他所舉薦的人如何；當他不得意時，看他是否不易其行；當他家庭富有時，看他分財的對象是誰；當他生活貧窮時，看他取予的操守怎麼樣。一個性行高潔之士，由於背祿向義，所以難以引進，易於辭退；其次，由於向祿亦不背義，所以易於引進，但也易於辭退；至於下流之輩，由於背義向祿，所以易於引進，而難以辭退啊！如果用以上所說的幾件事情，作對人去取的依據，也許就大致可以達成舉賢官能的任務了吧？」

景公問君臣身尊而榮難乎晏子對以易第十四㈠

景公問晏子曰：「為君，身尊民安，為臣，事治身榮，難乎？

易乎？」晏子對曰：「易。」公曰：「何若？」對曰：「為君節養其餘以顧民，則身㊁尊而民安；為臣忠信而無踰職業㊂，則事治而身榮。」公又問：「為君何行則危？為臣何行則廢？」晏子對曰：「為君，厚藉歛而託之為民㊃，進讒諛而託之用賢，遠公正而託之不順，君行此三者則危；為臣，比周以求進㊄，踰職業，防下隱利而求多㊅，從君，不陳過而求親㊆，臣行此三者則廢。故明君不以邪觀民㊇，守則㊈而不虧，立法儀而不犯㊉，苟有所求于民，而不以身害之，是故刑政安于下，民心固于上。故察士不比周而進，不為苟⑪而求，言無陰陽⑫，行無內外⑬，順則進，否則退⑭，不與上行邪⑮，是以進不失廉，退不失行⑯也。」

【今註】㊀本章要旨：言景公問，君臣身尊而榮，難乎？晏子對以易。㊁身：舊譌作「君」，從王校正。㊂踰職業：謂踰閑蕩檢，超出所業的軌範。㊃託之為民：託，託名。謂實厚斂以自封，但卻假託為民謀利之美名。㊄比周以求進：求進與下文求多、求親對文。此言臣有三求則廢。上言君有三託則危，亦對文。㊅隱利而求多：言越其職司之分，而防下之人隱匿其利也蓋上下交征利，而貪求自肥。㊆不陳過而求親：此謂臣在君側，不陳君過，專意諂諛，而但求親近。㊇不以邪觀民：

觀，示也，全句言不以邪示民也。㊈則：常也，法也。㊉立法儀而不犯：君必不自犯法儀，始能導民於治。所謂立法以為萬民之儀表，而君身不得自犯也。㊁苟：苟且，不守禮法，不依道義，不務實際者皆是。㊂陰陽：猶云面背，不面從背違。有兩面不一之言。蓋信之屬也。㊂內外：指心口一致之謂。蓋忠之屬也。㊃否則退以上二句：言進退一準于道，與上章「難進而易退」義同。㊄不與上行邪：與，猶助也。謂德操貞固，不枉道事上。蓋廉之屬也。㊅行：操守。惟如是方能身尊而榮。

【今譯】景公問晏子道：「做國君的能多受到尊敬，人民生活安樂，做大臣的事務處理得當，自己得享榮耀，想達到這種目標，是困難呢？或容易呢？」晏子回答說：「容易。」公道：「情形如何呢？」回答說：「做國君的如果節制物慾，施惠人民，自會受人尊敬而民生安樂，做大臣的如果盡忠職守，不越權枉法，必能處事得當而得享榮耀。」公又問道：「當國君的怎麼樣做，就有危險？當大臣的怎麼樣做，就會失職？」晏子回答說：「做國君的，如果假託利民的口實，而橫徵暴斂；假託任賢使能，而進用讒邪小人；假託不順君意，而遠棄公正之士；行此三者，就可能遭遇危險。做大臣的，如果朋比結黨，以求官位；越權枉法，嚴防下級隱匿其利，而貪求自肥；奉侍國君，不陳君過，而但求親近；行此三者，就會有失職守。故賢明的國君，不把邪惡展示給人民；遵守常法，而無虧職守；建立法儀，而不違犯；假使所要求於民的，自己不去違犯它，如此，則刑政安於下，人民樂從；民心固於上，團結一致。故明察之士，不需朋比結黨而進用，不苟且營私而求自肥。講話不陽奉陰違，做事心口如一。順從己意，就進而在朝為官；意見不合，就退而居鄉為民，不幫助君上做邪惡之事。所以在朝為官時，不失清廉；在野為民時，不失操守啊。」

景公問天下之所以存亡晏子對以六說第十五㊀

景公問晏子曰：「寡人持不仁，其無義耳也㊁。不然，北面與夫子而義㊂。」晏子對曰：「嬰，人臣也，公曷為出若言㊃？」公曰：「請終問天下之所以存亡㊄。」晏子曰：「縵密不能，蔍苴不學者詘㊅，身無以用人，而又不為人用者卑㊆。善人不能戚，惡人不能疏者危㊇。交游朋友㊈，無以說于人，又不能說人者窮㊉。事君要利㊀，大者不得，小者不為者餒。修道立義㊂，大不能專，小不能附者滅。此足以觀存亡矣。」

【今註】㊀本章要旨：言景公問，天下之所以存亡，晏子對以六說可以觀存亡。此與外上十七章事異而辭多同。㊁其無義耳也：義當為議的叚字。其無議，含有命令語氣，蓋謂寡人之常居不仁，其不要談矣！耳猶矣。然此其無議，實因無足議而發，蓋公先內蓄無足議之意（內自疚慊），而後外示晏子其無可與議之言。㊂北面與夫子而義：此承上語為說。㊃若言：若，為懸指之詞。若言，指

「北面」之為言。㊄請終問天下之所以存亡：請為發語詞，無義。終，竟也。此反承上文「不然與夫子義」，而曰然，終則仍願知天下存亡之道。態度極為謙挹。㊅縵密不能麤苴不學者詘：麤苴者，言縵密之事既不能，麤苴之事又不學，則未有不絀者也。下文曰「身無以用人，而又不為人用者卑。善人不能戚，惡人不能疏者危。交游朋友，無以說於人，又不能說人者窮。事君要利，大者不得，小者不為者餧。修道立義，大不能專，小不能附者滅。」語意並與此同。外上篇曰：「微事不通，麤事不能者必勞。大事不得，小事不為者必貧。大者不能致人，小者不能至人之門者必困。」語意亦與此同。微事不通，麤事不能，正所謂縵密不能，麤苴不學也。㊆不為人用者卑以上三句：此即孟子所謂「既不能令，又不受命」也。卑，卑賤鄙陋。㊇惡人不能疏者危以上三句：戚，親近也。疏，遠也。化善無因，誨惡有自，焉得不危？㊈交游朋友：「朋友」下舊衍「從」字，從王校刪。㊉不能說人者窮以上三句：意指與人交往，既無可取悅於人之處，又不能悅人之可處，則必窮困而難達。⑪事君要利以下三句：謂事君不以忠義，惟利祿是求，終則大者不可得，小者不屑為，故餧。餧，同餒，飢餓。⑫修道立義以下三句：大道大義，既不能專修以立，其小者又不能附而益之，則不為聖賢，便為禽獸，終必滅沒其頂，故存亡可知矣。

【今譯】景公問晏子道：「寡人常持不仁，這根本不用說了。不如我改就臣位，以此人君之位，與夫子為宜。」晏子回答說：「嬰，是人臣啊，公為何口出此言呢？」公道：「最後，我請問你，天下所以存亡的因素何在？」晏子答稱：「精細的事既不能，粗笨的事又不學的，必受挫折；自身既不能用人，又不接受別人使令的，必定低賤；對善人既不親近，對惡人又不疏遠的，必遭危險；和朋友交遊，既無才德取悅於人，又不能見他人才德而心悅誠服的，必窮而難達；事君不以忠義，惟利是圖，結果大者不可得，小者不可為的，一定窮愁潦倒；大道大義，既不能專心修為，其小者又不能附而益之的，終必國滅身亡。由上述六點，足可以顯示天下所以存亡的因素了。」

景公問君子常行曷若晏子對以三者第十六㈠

景公問晏子曰：「君子常行曷若㈡？」晏子對曰：「衣冠不中㈢，不敢以入朝；所言不義，不敢以要君；身行㈣不順，治事不公，不敢以莅眾㈤。衣冠無不中，故朝無奇僻之服；所言無不義，故下無偽㈥上之報；身行順，治事公，故國無阿黨之義㈦。三者，君子之常行者也。」

【今註】㈠本章要旨：言景公問，君子常行何如？晏子對以應注意衣冠、所言、身行與治事三條件。㈡曷若：曷，何也。若，如也。㈢中：正也。㈣身行：舊作「行己」。王云：「行己本作身行，行讀去聲，此後人習聞行己之語，而罕見身行之文，故改之耳。不知身即己也。玉篇：己、身也。下文身行順，治事公，正承此文言之。未見全文，而輒以意改，粗心人大抵皆然。羣書治要正作身行不順。」今據正。㈤莅眾：莅，臨也，行不順、事不公，無以服眾，何以治人？㈥偽：詐也。此言不相欺罔。㈦義：猶行也。

【今譯】景公問晏子道：「君子通常的行為如何？」晏子回答說：「衣冠不整，不敢進入朝廷；言不合義，不敢要求國君；行為不正，辦事不公，不敢面對民眾。衣冠整齊，朝廷便不會有奇裝異服；言皆合義，臣下便不會有虛偽的報告；行為順正，辦事公允，國家便不會有營私結黨的情形。以上三事，就是君子的通常行為啊。」

景公問賢君治國若何晏子對以任賢愛民第十七㈠

景公問晏子曰：「賢君之治國若何？」晏子對曰：「其政任賢，其行愛民，其取下節，其自養儉。在上不犯下，在治不傲窮。進善舉過者有賞，其政刻上而饒下㈡，赦過而救窮㈢。不因喜以加賞㈣，不因怒以加罰。不從欲以勞民㈤，不修怒而危國㈥。上無驕行，下無諂德。上無私義，下無竊權。上無朽蠹之藏，下無凍餒之民。不事驕行而尚同㊆，其民安樂而尚親。賢君之治國若此。」

【今註】㊀本章要旨：言景公問賢君治國，當用何法？晏子對以任賢愛民，方為賢君治國之道。㊁刻上而饒下：刻，苛刻也。饒，寬容也。此言嚴制權貴，寬撫下民。㊂赦過而救窮：過，謂不在意之謬誤也。此言赦宥過失，振救乏絕。㊃不因喜以加賞以下二句：賞罰明當，不私喜怒。此與魏文貞〈諫太宗十思疏〉：「恩所加，則思無因喜以謬賞；罰所及，則思無因怒而濫刑。」旨同。㊄從欲以勞民：從讀為縱。言放縱私欲以勞民也。㊅修怒而危國：修怒，易怒。易怒故危國也。㊆不事驕行而尚同：「同」舊譌「司」，《墨子》有〈尚同篇〉。今據正。上不驕下，故能相親，能相親，始同而一，而民亦始得安樂矣。故下文曰：其民安樂而尚親。

【今譯】景公問晏子道：「賢明的君主治國理民，當用何法呢？」晏子回答說：「其政在於任用賢能，其行在於愛民若己，其取下有節制，其自養能儉約。在朝廷之上，不侮慢下民；辦理政事，不輕視窮困。對進善舉過，犯顏直諫的人，給予獎勵。為政要嚴限上級官吏的特權，寬慰窮苦無告的下民。宥赦無心的過失，振救無助的鰥寡。賞必當賢，不因私喜而濫賞；罰必當暴，不因己怒而亂罰。不放縱私慾以勞苦人民，不易怒修怨而危及國本。上無驕慢的行為，則下就無諂媚的德操。上無偏私之心，則下即無竊權之事。上能輕徭薄賦，無朽蠹之藏，則下即能飽食暖衣，無凍餒之民。上不恣己為政，而上同天心；其民皆安居樂業，而相親相愛。賢明的君主，治國理民就是如此。」

景公問明王之教民何若晏子對以先行義第十八㈠

景公問晏子曰：「明王之教民若何？」晏子對曰：「明其教令，而先之㈡以行義；養民不苛，而防之以刑辟㈢；所求于下者㈣，必務于上；所禁于民者，不行于身。守于民財，無虧之以利，立于儀法，不犯之以邪，苟所求于民，不以身害之，故下從其教㈤也。稱事㈥以任民，中聽㈦以禁邪，不窮之以勞，不害之以罰㈧，苟所禁于民，不以事逆㈨之，故下不敢犯其上也。古者百里而異習，千里而殊俗，故明王修道，一民同俗，上以愛民為法，下以相親為義，是以天下不相違㈩，此明王之教民也⑪。」

【今註】㈠本章要旨：言景公問明王之教化萬民，行當如何？晏子對以應先其民而行義。㈡先之：先其民也。之，民之代詞。㈢防之以刑辟：辟，法也。言寬以撫民，而設刑以防其姦。㈣求于下者以下二句：求于下者，上必先務之。「必」舊譌「不」，王引之云：「不務于上，義不可通。不務當作必務，此涉上下文諸不字而誤也。羣書治要亦作不務，則唐初本已然。案所禁于民者，不行于身，謂無諸己而後非諸人也。所求于下者，必務于上，謂有諸己而後求諸人也。則當作必務明矣。下文云苟所求於民，不以身害之。苟所禁於民，不以事逆之。即承此四句而言。」王說是，今據正。㈤下從其教：「從」上舊衍「之勸」二字，從蘇校刪。㈥稱事：稱，權衡也，謂權事輕重，量力而行。㈦中聽：中，正也，不偏也。謂正其聽以議獄。俞云：「聽謂聽訟也，古謂聽訟為聽。書大傳：諸侯不同聽。注曰：聽、議獄也。中聽以禁邪，言聽訟得中，則足以禁邪也。」㈧害之以罰：「罰」舊譌「實」。王云：「害之以實，義不可通。實本作罰，謂不以刑罰害民也。窮之以勞，害之以罰，皆虐民之事。羣書治要正作不害之以罰。」今據正。㈨逆：迕也。意同上「所禁于民者，不行于身。」㈩不相違：故相親。⑪此明王之教民也：舊作「此明王教民之理也。」王云：「本作此明王之教民也。上章賢君之治國若此，正對賢君治國若何之問。本章此明王之教民也，亦正對明王教民何若之問。今本作此明王教民之理也，詞意庸劣，乃後人所改。羣書治要正作此明王之教民也。」今據改。

【今譯】景公問晏子道：「明王之教化萬民，行當如何？」晏子回答說：「明白公告其教諭法令，並率先以行義；使民寬而不苛，則設刑以防姦；凡對下有所要求時，在上者務必先切實奉行；凡對人民有所禁止時，自身千萬不可違法干禁。保障全民的財富，不侵削他們的利益；立法令為人民儀表，國君不得犯之以邪惡。假使所要求於人民的，自己不去違害它，則下民自然順從他的教化啊。如能權事量力，去使用人民；聽訟得中，以禁止邪惡；不以過分的勞動折磨他們，不以暴虐的刑罰，迫害他們，假使對人民有所禁止的話，自身不藉故加以違犯，如此，則下民尊君守法，不敢違紀干上了。古時候，由於交通不便，百里之內，生活習慣就不同；千里之外，民情風俗大有區別。故賢明的君王，應修明治道，使四海之內，粒食之民，能一意同俗，團結合作。君上以愛民為法，下民以相親為義。如此，則普天之下，自能上愛民，下相親，合作無間。這就是明王教化萬民之法啊！」

景公問忠臣之事君何若晏子對以不與君陷于難第十九㊀

景公問于晏子曰：「忠臣之事君何若㊁？」晏子對曰：「有難不死，出亡不送。」公不說，曰：「君裂㊂地而封之，疏爵而貴之㊃，君有難不死，出亡不送，可謂忠乎㊄？」對曰：「言而見用，終身無難，臣奚死焉；謀而見從，終身不亡㊅，臣奚送焉。若言不見㊆用，有難而死之，是妄死也；謀而不見從，出亡而送之，是詐偽也。故忠臣也者，能納㊇善于君，不能與君陷于難㊈。」

【今註】㊀本章要旨：景公問忠臣之事奉國君，應當如何？晏子答以不與國君同陷於死難之地。《論衡・定賢篇》，及《說苑・臣術篇》用此文。㊁忠臣之事君何若：舊「君」下衍「也」字。盧云：

「論衡及說苑臣術篇事下皆有其字。」張云：「太平御覽六百二十一亦無也字。」今據刪。㊂裂：《說文》：「繒餘也。」引申為分散，殘餘。㊃疏爵而貴之：《史記・黥布傳》云：「上裂地而王之，疏爵而貴之。」文與此同。集解引《漢書音義》曰：「疏，分也。禹決江疏河，是也。」㊄可謂忠乎：王云：「可謂忠乎，本作其說何也。下文晏子對詞，正申明不死不送之說。今本作可謂忠乎者，後人依說苑臣術篇、論衡定賢篇改之。羣書治要及太平御覽治道部二引此，並作其說何也。」㊅亡：舊作「出」，治要御覽同。《論衡》《說苑》作亡。按：亡，出亡也。今據改。㊆見：舊脫，茲從盧校據《論衡》、《說苑》補。㊇納：猶致也，進也。㊈不能與君陷于難：即不死君難，不送君亡之謂。

【今譯】景公問晏子道：「忠臣之事奉國君，應當如何？」晏子回答說：「國君有難，不為身死。國君出亡，不為送行。」公深感不快的說：「國君裂土地而封之，分爵祿而貴之；到了君有難竟不為身死，出亡不為送行，這樣能算是忠臣嗎？」晏子答道：「如果平時大臣的進言多被採納，國君將終身無難，臣又何由為之身死；所謀之策略能夠聽從，國君終身不亡，臣又何由送行。如果忠言不被採納，國君有難竟以身死，其死便毫無價值；計謀不加聽從，國君出亡竟為之送行，其行便詐偽不實。故所謂忠臣也者，端視其能否進善言於國君，不在其能死君難啊！」

景公問忠臣之行何如晏子對以不與君行邪第二十㊀

景公問晏子曰：「忠臣之行何如？」對曰：「不掩㊁君過，諫乎前，不華㊂乎外；選賢進能，不私乎內㊃；稱身就位㊄，計能定祿㊅；睹賢不居其上，受祿不過其量；權居以為行㊆，稱位以為忠；不揜㊇賢以隱長，不刻下以諛上㊈；君在不事太子，國危不交諸侯；順則進，否則退，不與㊉君行邪也。」

【今註】㊀本章要旨：景公問忠臣的性行修養如何？晏子對以不幫助國君做邪惡之事。㊁不掩：謂不掩而諫，非宣之於外也。㊂不華：不諠譁也。㊃不私乎內：此與孔子內舉不避親，墨子不黨父兄，同義。不私乎內，非不舉內，謂以其能，不以其私而舉之也。㊄稱身就位：身，兼賅才德言。謂權其才德以就，不為苟進，與管子爵授有德，祿予有功，同。㊅計能定祿：謂祿不妄受也，與《論語》陳力就列同義。㊆權居以為行：權居與稱位相對。權猶稱也，居猶位也。古之君子所居雖卑，所行則高；所居雖污，所行則潔。「權居以為行」即「素其位而行」。㊇不揜：揜，覆蔽也。此言不揜人賢，不隱人長。㊈刻下以諛上：刻，苛刻也。謂不薄下而諂上。㊉與：助也。

【今譯】景公問晏子道：「忠臣的性行修養如何乎？」晏子回答說：「不掩飾國君的過失，諫諍必於當面，事後決不張揚。選賢進能憑的是真才實學，不講求私人關係。接受本身力可勝任的職位去擔當，決不倖進；計量才能之大小給予俸祿，使祿不妄受。見到賢能的人，而不高居上位，願以身下之；接受朝廷的俸祿，而不超過其量，以免苟得；權衡所居以行事，計量職位以進忠；不掩蔽人之賢，不隱藏人之長；不苛刻下民，不諂諛君上；國君在時，不事奉太子；國家危險，不結交諸侯；政治上軌道時，就進而為官，否則，就退而為民，決不幫助國君做邪惡之事啊！」

景公問佞人之事君何如晏子對以愚君所信也第二十一(一)

景公問：「佞人之事君如何？」晏子對曰：「意難(二)，難不至也。明言行之以飾身(三)，偽言無欲以說人(四)，嚴其交以見其愛(五)；觀上之所欲，而微為之偶(六)，求君之逼邇(七)，而陰為之與(八)，內重爵祿，而外輕之以誣行(九)，下事左右(一〇)，而面示公正以偽廉；求上采聽，而幸以求進(一一)；傲祿以求多(一二)，辭任以求重(一三)；工乎取？鄙(一四)乎予；歡乎新，慢乎故(一五)；悋(一六)乎財，薄乎施；覩貧窮若不識，趨利若不及；外交以自揚(一七)，背親以自厚(一八)；積豐羨(一九)

之養，而聲⑳矜卹之義；非譽乎情㉑，而㉒言不行身，涉時所議，而好論賢不肖；有之己㉓，不難非之人，無之己，不難求之人；其言彊梁而信㉔，其進敏遜而順㉕：此佞人之行也。明君㉖之所誅，愚君之所信也。」

【今註】㈠本章要旨：景公問卑諂善辯之佞人，如何事奉國君乎？晏子對以祇有愚昧無知的國君，對這種人纔深信不疑。此與本書外上十四章，大旨略同。㈡意難以下二句：難通戁，音ㄋㄢˇ，敬也。敬則必恐，君子不戁；惟佞人始意恭而戁，戁其恭之不至，而利不達也。㈢飾身：指空言無實，飾身以要信。㈣偽言無欲以說人：偽稱無欲，悅人以欺君。㈤嚴其交以見其愛：尊其所交，以示其愛。㈥微為之偶：微，隱也。偶，合也。隱為迎合上之所欲，以要君寵。㈦邇：近也。㈧與：黨與也。言求君寵倖之人，而陰結為黨與。㈨誣行：誣，欺罔也。謂內實重於爵祿，而外以詐行輕之。⑩下事左右以下二句：下，卑屈也。貪以屈己，而以偽廉表示公正。⑪幸以求進：言為干進，而冀上采聽其詐偽之言。⑫傲祿以求多：言偽以輕祿，而希望更求多俸。⑬辭任以求重：言佯為辭官，而希望更求重爵。任，官職也。⑭鄙：嗇也，鄙吝也。⑮歡乎新慢乎故：故猶故步、故行之意。蓋封於故步，則無罅可乘；惟能變新，始有投機取巧之機會也。⑯恡：當為吝。《說文》作吝，俗作恡。吝嗇之意。⑰外交以自揚：假借鄰國權要以自重。⑱背親以自厚：背，後也、棄也。自厚猶自封也。㈨豐羨：羨，餘也、饒也。豐羨猶豐饒。㈩聲：聲揚也。此謂以矜卹之虛名愚弄人。㈪非譽乎情：即非譽徇乎情也。非，同誹。情，私意也。徇乎情，謂不當理也。㈫而：和下句「而」字皆為承接詞，與上句「而」字為轉接詞不同。㈬有之已以下四句：難，蓋詰責之謂。全句殆為有之於己，則不詰非己之人，以見其溫溫恭人敬德之容，若無所為焉者；無之於己，則不詰求己之人，以難之，反益彰其短矣。㈭彊梁而信：彊梁，剛強也，信，誠也。此指持論執義言；蓋詐偽也。㈮敏遜而順：敏，捷也。遜，謙也。順，順應情勢也。此指趨利干進言。㈯明君：明者洞其姦，闇者受其愚。

【今譯】景公問道：「卑諂善辯的佞人如何事奉國君呢？」晏子回答說：「這種人終日患得患失，生怕名利不能到手啊。身無實行，徒託空言，自飾其身以要國君的信任。私欲甚盛，但卻偽言無欲，希望能藉此取悅於國君。尊敬和國君相接的人，以見其愛君之意。觀察君上的愛好，而倍加迎合，以要寵眷。專求國君親倖的人，和其陰結黨與。內心特別重視爵祿，但表面卻故作輕視的模樣。低聲下氣，去事奉國君左右的親信，而外貌卻假示公正，以博取廉潔之名。為了求君上采聽其無欲輕祿的美名，達到徼幸干進的目的。有時故意輕視利祿，希求更多的薪俸。有時佯辭不勝的任務，期求更重要的職位。善取人之所不能取，但卻愛財如命。特別喜歡更新變法，不安故步，以便從中投機取利。貪圖錢財，不樂意施捨。目睹貧窮的鄰里親友，若不相識，可是看到名利時，卻又趨之若鶩，惟恐後人。外交鄰國的權貴，到處張揚以提高身價。利之所在，雖情屬至親，也棄而不顧，厚顏自取。家中雖有豐富的積蓄以自養，卻無矜恤同情他人之心，但還想博得矜憐之名。其所譽既不合事實，所言又不能身體力行。偶涉時人所議，反好論評他人的長短。如有之於己，不詰非己之人，無之於己，不詰求己之人。立說持論似乎剛毅不屈，趨利干進好像敏捷謙遜而順利。這些都是卑諂善辯的佞人的做法啊！明君洞察其姦，必加誅戮；愚君昏暗無知，就只有聽信他的擺佈了。」

景公問聖人之不得意何如晏子對以不與世陷乎邪第二十二㈠

景公問晏子曰：「聖人之不得意何如？」晏子對曰：「上作事反天時㈡，從政逆鬼神，藉歛殫㈢百姓；四時易序，神祇並怨；道忠者不聽，薦善者不行，諛過者有賚㈣，救失者有罪。故聖人伏匿隱處，不干㈤長上，潔身守道㈥，不與世陷乎邪，是以卑而不失義㈦，瘁而不失廉。此聖人之不得意也。」公曰㈧：「聖人之得意何如？」對曰：「世治政平，舉事調乎天㈨，藉歛和乎民㈩；百姓樂其政，遠者㈡懷其德；四時不失序㈢，風雨不降虐㈢；天明象而致贊㈣，地長育而具物；神降福而不靡㈤，民服教而不偽；治無怨業，居無廢民㈥，此聖人之得意也。」

【今註】㈠本章要旨：景公問聖人如不得意，將何以自處乎？晏子對以潔身自好，不與污世同流。㈡作事反天時：以下二語儷文。反天時，逆鬼神，皆所以悖亂自然與常情。㈢殫：《說文》：「極盡也。」謂窮極而盡之也。㈣賚：賜也。㈤干：求也，干祿也。不干，言遯世退藏。㈥潔身守道以下二句：謂獨善自好。㈦卑而不失義以下二句：謂不以地處卑微而不義，不以際遇窘阨而不廉。㈧公曰：二字舊脫，問答之界劃不清，今從王校據《羣書治要》補。㈨調乎天：調，和也。即《易經》乾文言「與天地合其德」之意。㈩藉歛和乎民以下二句：藉歛和乎民，與上「舉事調乎天」對文；「百姓樂其政」，與下「遠者懷其德」對文。⑪遠者：指對外之人。⑫四時不失序：應上「四時易序。」⑬不降虐：風調雨順之謂。⑭天明象而致贊：致贊，謂天致禎祥以贊王者。贊，佐助也。《淮南子·本經篇》曰：「四時不失其敘，風雨不降其虐，日月淑清而揚光，五星循軌而不失其行」，正所謂天明象而致贊。⑮靡：奢也、過也。⑯廢民：謂無業游民也。

【今譯】景公問晏子道：「聖人如不得意，將何以自處乎？」晏子回答說：「國君作事違反自然，施政悖逆鬼神。搜刮百姓，弄得民窮財盡，結果春行夏令，夏行秋令，四時失序，神祇共怨，不聽逆耳的忠言，不行進薦的善政，諂諛諉過的有賞，補偏救失的反而遭罪，是非不明，忠奸不分，當此之時，聖人只有退而隱居山林，潛修德業，不再干求政府的利祿。高潔其身，堅守正道，不與污濁的社會同流共處。是以地處卑微，而不失正義的態度，身體勞瘁，而不失清廉的行為。這便是聖人不得意時的做法啊。」景公又問道：「聖人得意時，又將如何乎？」晏子回答說：「社會秩序良好，政治上軌道，一切施政都調和有序，不違天時；所有賦稅都公平合理，重視民生。如此國內的百姓悅樂其施政，境外的人民懷念其恩德。四時順行，不失其序；風雨調暢，不降災害。天致禎祥之象，以贊助國君；地具水土之宜，以發育萬物。神鬼永遠不盡的降福，百姓悅服的順從教化，官無積怨不解之事，居無游手好閒之民，這便是聖人得意時候的情形啊。」

景公問古者君民用國不危弱晏子對以文王第二十三㊀

景公問晏子曰：「古者君民而不危，用國而不弱，惡乎失之？」晏子對曰：「嬰聞之，以邪莅國，以暴臨㊁民者危；修道以要利，得求而返邪者弱。古者文王修德，不以要利，滅暴不以順紂，干崇侯之暴㊂，而禮梅伯之醢㊃，是以諸侯明乎其行，百姓通乎其德，故君民而不危，用國而不弱㊄也。」

【今註】㊀本章要旨：景公問古代賢明之主，君民用國而不危弱，此其故何也？晏子舉文王興國之例以對。此章文字似欠條暢，疑有脫譌。㊁臨：舊作「和」，文義不通。今從張說據本書後二十九章正。㊂干崇侯之暴：干，犯也。語指崇侯虎譖西伯於殷紂。㊃禮梅伯之醢：孫云：「韓非難言篇：梅伯醢。呂氏春秋行論篇：終為無道，殺梅伯而醢之，以禮諸侯於廟，文王流涕而咨之。過理篇：殺梅伯而遺文王其醢，不適也；文王貌受以告諸侯。」張云：「案淮南子說林訓：紂醢梅伯，文王與諸侯構之。」㊄用國而不弱：此言諸侯明其行故。

【今譯】景公問晏子道：「古代賢明之主，本當君臨萬民而不危險，治理國家而不衰弱，可是，最後竟然發生危弱之失，其故為何？」晏子回答說：「嬰聽說，以邪惡執掌國政，以暴虐管理人民的，才會危險。修明治道，目的在要功圖利，達到目的之後，又無惡不作的，才會衰弱。古時周文王修明治道，不要功圖利。消滅殘暴，不順服殷紂。冒犯崇侯之暴，尊禮梅伯之醢。所以諸侯明白他的義行，百姓了解他的德操，故君臨萬民而沒有危險，治理國家不會衰弱啊。」

景公問古之莅國者任人如何晏子對以人不同能第二十四㊀

景公問晏子曰：「古之莅國治民者，其任人何如？」晏子對曰：「地不同生㊁，而任之以一種，責其俱生不可得㊂；人不同能，而任之以一事，不可責㊃徧成。責焉無已，智者有不能給矣，求焉無饜，天地有不能贍矣。故明王之任人，諂諛不邇乎左右，阿黨不治乎本朝；任人之長，不彊其短，任人之工，不彊其拙㊄。此任人之大略㊅也。」

【今註】㊀本章要旨：景公問古代掌理國事者，如何任人？晏子對以每人的能力不同，要用其所長，不彊其短。㊁地不同生：俞云：「古生性字通用，周官大司徒職曰：辨五地之物生。杜子春讀生為性。然則此文生字，亦當讀為性。地不同性，即所謂辨五地之物性也。羣書治要作宜，蓋不知生為性之叚字而改之，未足為據。」按俞說是。㊂不可得：蘇云：「治要於得下有也字。」㊃責：求也。㊄不彊其拙：謂量力而任，不彊短為長，彊拙為工。㊅大略：簡要也。

【今譯】景公問晏子道：「古代執掌國政，治理人民的君主，其用人的情形如何乎？」晏子回答說：「譬如土壤，性質不同，而使用時，只能用其中的一種，如要求它具備各種性質，這是不可能的。以此類推，人彼此也備有不同的能力，任用時，只能讓他做某一件事情，不可要求其樣樣皆通。如果責之無已，即令是他的智慧再高，也會窮於應付。求之無饜，就是天地之大，也不能滿足人們的欲望。故明王之用人，在使諂媚阿諛的人，不接近自己身旁，結黨營私的人，不讓他立足朝廷。用人的長處，不勉強其短處；用人的工巧，不勉強其笨拙。這就是古代掌理國事者，用人的大致情形啊。」

景公問古者離散其民如何晏子對以今聞公令如逃寇讎第二十五㊀

景公問晏子曰：「古者離散其民，而隕失其國者，其常行何如？」晏子對曰：「國貧而好大㊁，智薄而好專㊂；貴賤無親焉㊃，大臣無禮焉㊄；尚讒諛而賤賢人，樂簡慢而玩百姓㊅；國無常法，民無經紀㊆；好辯以為智㊇，刻民以為忠，流湎而忘國㊈，好兵而忘民；肅㊉于罪誅，而慢于慶賞㊁；樂人之哀，利人之難；德不足以懷人，政不足以惠民；賞不足以勸善，刑不足以防非㊂：此亡國之行也。今民聞公令如逃寇讎，此古之離散其民，隕失其國者之常行者也。」

【今註】㊀本章要旨：景公問古時離散其民的國君，其平常行事如何乎？晏子對以今民聞公令如逃寇讎。㊁好大：謂好為誇大也。《孔叢子》：「自大而不修其所以大，不大矣。」可為確詁。㊂智薄而好專：好專：《書經・仲虺之誥》曰：「好問則裕，自用則小。況乎其智本鄙薄乎？」全句言才智鄙薄好為專橫也。㊃貴賤無親焉：言親戚叛之。㊄大臣無禮焉：參見諫上第二：「羣臣固欲君之無禮也，力多足以勝其長，勇多足以弑其君。」㊅簡慢而玩百姓：簡慢，謂惰廢輕忽也。玩，謂輕藐不恭也。㊆無經紀：即無依循。㊇好辯以為智：謂以口給為才智，以苛民為忠臣。㊈流湎而忘國以下二句：言以湛樂誤國，以窮兵殘民。㊉肅：疾也。㊀慢于慶賞以下三句：言刑賞樂利，皆反于性而悖于情。與《孟子・離婁上》：「安其危而利其菑，樂其所以亡者。」義同。㊁刑不足以防非：言賞罰不中，不足以興利除暴。

【今譯】景公問晏子道：「古代離散其民，而喪失國家的君主，其平常行事，情形如何乎？」晏子回答說：「國家貧窮而好誇大；智能淺薄而喜自用；貴賤不敢親近，勢成孤立；大臣對之無禮，舉國詭隨；崇尚讒言阿諛，而輕視賢人；樂於簡慢輕浮，而戲弄百姓；國家沒有常法，人民無所遵循；好強言辯解以為智慧，苛待人民以為忠實；沈迷酒色而不顧國是，窮兵黷武而塗炭生靈；誅罪疾速，而慶賞緩慢；樂人之所哀，利人之所難，完全反性悖情；行為涼薄，不足以使人懷德；施政苛刻，不足以使民受惠；賞而淫施，不足以勸善；刑而濫用，不足以防非；此乃亡國的做法啊！現在人民聽說公令下達，怕得如逃避寇仇，躲藏惟恐不及，這就是古代離散其民，喪失國家的君主，日常行事的象徵啊！」

景公問欲和臣親下晏子對以信順儉節第二十六㈠

景公問晏子曰：「吾欲和臣親下奈何㈡？」晏子對曰：「君得臣而任使之，與言信，必順其令，赦其過，任大臣㈢無多責焉，使邇臣無求嬖焉㈣，無以嗜欲貧其家，無信讒人傷其心，家不外求而足㈤，事君不因人而進，則臣和矣。儉于藉斂，節于貨財，作工不歷時㈥，使民不盡力，百官節適㈦，關市省征，山林陂澤，不專其利㈧，領民治民，勿使煩亂㈨，知其貧富，勿使凍餒，則民親矣。」公曰：「善！寡人聞命矣。」故令諸子無外親謁㈩，辟梁丘據無使受報㈡，百官節飾，關市省征，山林㈢陂澤不禁，冤報者過㈢，留獄者請焉㈣。

【今註】 ㈠本章要旨：景公問我想和臣親下，當如何而可？晏子對以信順節儉，天下自能翕然景從。㈡吾欲和臣親下奈何：俞云：「下文晏子對曰：君得臣而任使之云云，則臣和矣。可證此文『民』字之誤。」按：此文通篇分任臣治民兩方面言之，先言任臣，次言治民，親下謂親民也，次於和臣；故「和臣」作「和民」，顯屬譌誤。㈢臣：舊脫，從孫校補。㈣使邇臣無求嬖焉：不苛責大臣，不嬖倖褻近，前後二句，於文則對，於義則相因緣。㊄家不外求而足：言俸祿當足以贍養其家，使其不待外求，以分其盡職之心。㊅歷時：謂超越定時也。㊆百官節適：謂適於節度，不冗設也。㊇不專其利：言不與民爭利也。㊈煩亂：猶干擾也，此言官不擾民。㊉勿外親謁：言不令外人親近干謁，所以防讒邪與夤緣干進也。⑪辟梁丘據無使受報：辟，去。報，論罪。此句蓋謂辟去梁丘據，無使受理訊鞫論報，防其議罪不當也。⑫山林：二字舊奪，從張據上文補。⑬過：責也。⑭請：言請脫其罪，蓋省刑之謂也。

【今譯】景公問晏子道：「我想和睦大臣，親近下民，當用何法方可？」晏子回答說：「國君得臣而任用之，與之言而有信，但必須順從法令，宥赦他的過失，任大臣萬勿苛責，用近臣無求倖近；不可使其家庭貧寒，有生活上的困難；不要聽信小人的讒言，傷害大臣的忠心；俸祿足以養家，不必分心外求；事君不因人而進，只是守分盡職。如此，則可與臣下和睦相處了。減少民眾的賦稅，節約政府的開支；體恤民力，勞動不可過時，設置百官，要做適當的調度；關卡市場的貿易往來，營業稅盡量減輕，山林礦藏，陂澤漁鹽，加以開放，不與民爭利；官吏治理地方，嚴禁干擾人民，了解人民的貧富，勿使遭受凍餒之苦。如此，則人民就親近了。」公道：「好極了，寡人願意接納你的意見。」故令諸子，不准外人親近干謁，以防讒邪夤緣。免除梁丘據理訟論報的職務，以免議罪不當。設置百官，作適當的調度；關市貿易，多能減輕稅收；山林陂澤，加以開放；對報罪不當，造成冤情的官吏，予以責罰；滯留獄中的罪人，也酌情加以釋放。

景公問得賢之道晏子對以舉之以語考之以事第二十七㈠

景公問晏子曰：「取人得賢之道何如？」晏子對曰：「舉之以語，考之以事，能諭㈡，則尚而親之，近而勿辱㈢，以此取人㈣，則得賢之道也。是以明君居上，寡其官而多其行㈤，拙于文而工于事，言不中不言㈥，行不法不為㈦也。」

【今註】㈠本章要旨：景公問羅致賢才之法，晏子對以觀其舉止言語，察其辨事能力。㈡能諭：能曉喻也。㈢辱：言屈辱無禮。㈣以此取人：舊無「此」字。以取人，文不成義。張云：「以下當有此字，前十二章云：以此數物者取人。語意正同。」今據補。㈤多其行：《書經・周官》曰：「官不必備，惟其人。」惟其人者，即多其行也。㈥言不中不言：不中無益，反而有失，故云不中不言。《論語・先進》曰：「言必有中。」㈦行不法不為：行不中禮法不為。《論語・顏淵篇》曰：「非禮勿動。」

【今譯】景公問晏子道：「國君羅致賢人的方法，如何？」晏子回答說：「觀其言語舉措，察其辦事能力，並透徹了解為政之道者，可尊崇而親近之。但既已親近，不可對其屈辱勿禮。運用以上幾個條件取人，就是羅致賢人的方法了。所以英明的國君居於上位，要減少冗濫的官員，而加重其職責；凡事固勿需繁文縟節，但必求其穩妥；言不當理者不講；行不合法者不為啊！」

景公問臣之報君何以晏子對報以德第二十八㊀

景公問晏子曰：「臣之報君何以？」晏子對曰：「臣雖不知㊁，必務報君以德。士逢有道之君，則順其令㊂；逢無道之君，則爭其不義㊃。故君者擇臣而使之，臣雖賤，亦得擇君而事之。」

【今註】㊀本章要旨：景公問臣之報答國君，當用何法？晏子對以當報之以德。馬總《意林》取此文。而字詞略異。㊁知：讀若智。㊂順其令：胡為有道，令順之謂也，是為君道之極；而臣亦順遂其令也。㊃爭其不義：不與君行邪。《孝經・諫諍章》曰：「天子有爭臣七人，雖無道不失其天下。諸侯有爭臣五人，雖無道不失其國。故當不義，臣不可不爭於君。」《管子・四稱篇》曰：「有道之臣，君若有過，進諫不疑。」

【今譯】景公問晏子道：「臣之報答國君，當用何法？」晏子回答說：「臣雖下愚，務必以德報君。賢明之士，如逢有道之君，就順從其命令；逢無道之君，就諫諍其過失。故國君自可選擇大臣而任使之，人臣的職位雖然卑下，也有權選擇國君去事奉他。」

景公問臨國莅民所患何也晏子對以患者三第二十九㈠

景公問晏子曰：「臨國莅民，所患何也？」晏子對曰：「所患者三：忠臣不信㈡，一患也；信臣不忠㈢，二患也；君臣異心㈣，三患也。是以明君居上，無忠而不信，無信而不忠者。是故君臣同欲㈤，而百姓無怨也。」

【今註】㈠本章要旨：景公問君臨全國，治理萬民，所患者為何？晏子對以所患有三。魏徵治要用此文。㈡忠臣不信：信，《說文》：「誠也。」不誠之忠，蓋欺君為忠也。㈢信臣不忠：《說文》：「盡心曰忠。」蓋君之所信，而臣不盡其心。不盡心，謂懺二其心也。㈣異心：猶異志也。㈤君臣同欲：君臣一德，故能同欲。

【今譯】景公問晏子道：「君臨全國，治理萬民，所患的是什麼？」晏子回答說：「所患有三：忠良的大臣不加信任，一患；信任的大臣不是忠良，二患；君臣之間，存有二心，三患。所以英明的國君居於上位，絕無忠良的大臣不加信任，或信任的大臣而不忠良的。是故君臣一體，同心同德，則臨國莅民之時，自然政通人和，百姓毫無怨言了。」

景公問為政何患晏子對以善惡不分第三十㊀

景公問于晏子曰：「為政何患？」晏子對曰：「患善惡不分。」公曰：「何以察之？」對曰：「審擇左右。左右善㊁，則百僚㊂各得其所宜，而善惡分。」孔子聞之曰：「此言也信矣！善進，則不善無由入矣㊃；不善進，則善無由入矣。」

【今註】㊀本章要旨：景公問為政何患？晏子對以患在善惡不分。《說苑・政理篇》用此文。㊁左右善：孫云：「今本脫左右二字，據說苑增。」㊂僚：本作寮，《爾雅・釋詁》：「同官為寮。」《釋文》：「寮又作僚。」㊃不善無由入矣：君子道長，小人道消。《論語・顏淵》曰：「舉直錯諸枉，能使枉者直。」能化枉為直，則欲求不善已不可得，復何慮其有由入也？

【今譯】景公問於晏子道：「辦理政事所患為何？」晏子回答說：「患在善惡不能分明。」公道：「如何能明察善惡呢？」回答說：「審慎選擇左右的親信。如果左右的親信能十分理想，則朝廷百官便各得其所宜，而善惡自能分辨清楚了。」孔子聽說這件事以後，說道：「晏子講的這番話，實在很有道理啊！善人進用，則不善之人便無由而入了；不善之人進用後，則善人也無由而入了。」

卷四　內篇問下第四

凡三十章

景公問何修則夫先王之遊晏子對以省耕實第一㊀

景公出遊，問于晏子曰㊁：「吾欲觀于轉附、朝舞㊂，遵海而南㊃，至于瑯琊㊄，寡人何修，則夫先王之遊㊅？」晏子再拜曰：「善哉！君之問也。嬰聞之㊆：天子之㊇諸侯為巡狩，諸侯之天子為述職。故春省耕而補不足者謂之遊，秋省實而助不給者謂之豫㊈。夏諺曰㊉：『吾君不遊，我曷以休⑪？吾君不豫⑫，我何以助？一遊一豫，為諸侯度。』今君之遊不然，師行而糧食其民⑬，貧者不補⑭，勞者不息。夫從下歷⑮時而不反謂之流，從高歷時而不反謂之連⑯，從獸而不歸謂之荒，從樂而不歸謂之亡⑰。古者聖王無流連之遊，荒亡之行。」公曰：「善。」命吏計公稟⑱之粟，藉⑲長幼貧氓之數。吏所委⑳者，發稟出粟，以予貧民者三千鍾，公所身見癃⑮老者七十人，振贍之，然後歸也。

【今註】㊀本章要旨：言景公問如何修為，才可以效先王之遊。晏子對以春省耕耘，秋察收穫。《管子·戒篇》桓公將東遊，管子所答問，與本章晏子所答略同。㊁晏子曰：蘇云：「管子載桓公將東游云云，管子之對，亦略有同晏子處。孟子述之宣王，以為景公事，自係屬實。疑桓公先為此游，景公欲倣之，而晏子亦遂本管仲之意以對耳。」㊂轉附朝舞：《孟子》趙岐注：「轉附朝舞，皆山名也。」㊃遵海而南：王云：「羣書治要載此文，本作吾欲循海而南，至於琅邪。續漢書郡國志注亦云齊景公曰，吾欲循海而南。今本吾欲下有觀於轉附朝舞六字，循海作遵海，皆後人以孟子改之。」㊄瑯琊：即琅邪，為今山東省諸城縣，秦置郡，因山得名。東漢改郡為國，移治開陽，在今臨沂縣北；故今多指臨沂為古琅邪。㊅則夫先王之遊：猶言于先王之游，何能遵從效法也。《孟子》作「吾何修而可以比于先王觀也。」㊆嬰聞之：「嬰」字「之」字舊脫，從蘇校據治要補。㊇之：往也。㊈豫：遊也。㊉夏諺曰：《羣書治要》作「夏語曰」。今本「語」作「諺」，亦後人據《孟子》改。⑪休：通煦，溫暖也。⑫吾君不豫以下四句：言吾王不豫，我何以得見賑贍，助不足也。王者一遊一豫，行恩布德，應時而出，可以見諸侯之法度也。⑬師行而糧食其民：舊無「其民」二字，今據《管子》補。「糧食」者即「糧食其民」，猶言就食於民也。⑭貧者不補：「者」舊譌「苦」。今據《孟子》改。劉云：「補當作餔，以食食人曰餔。呂氏春秋介立篇曰：狐父之盜曰邱，見而下壺餐而餔之。漢書高帝紀：呂后因餔之。餔即食也。」可備一說。⑮歷：越也。⑯連：耽游無度謂之流，留滯於所好謂之連。⑰從樂而不歸謂之亡：孫云：「管子作夫師行而糧食其民者謂之亡，從樂而不反者謂之荒。孟子作從獸無厭謂之荒，樂酒無厭謂之亡。」按遣詞雖彼此不同，而命意無殊。⑱稟：舊譌「掌」，王引之云：「掌字義不可通，當為稟字之譌。稟，古廩字也，下文發廩出粟是其證。隸書掌或作掌，與稟字略相似，故諸書稟字或誤為掌。」王說是，今據改。⑲藉：因也。⑳委：積也。㉑癃：罷病也。

【今譯】景公出遊，問於晏子道：「我想於觀賞轉附、朝舞二山後，順海南下，至於琅琊。寡人如何修為，才可以效法先王之遊呢？」晏子再拜說：「好極了！國君的問題啊。嬰聽說，天子往諸侯之國謂巡狩，諸侯朝天子謂述職。故春天察耕耘的情形，以補不足，謂之遊，秋天察收成的結果，以助不給，謂之豫。夏代的時候有句俗話說：『我君不遊，我如何能獲得溫暖；我君不豫，我如何獲得幫助。可見先王之一遊一豫，行恩布德，均為諸侯的法度。』現在吾君之出遊竟不如此，隊伍出發後，所有的給養都靠人民的供應。貧苦的不補其不足，勞苦的不使其休息。浮水而下，耽遊而無度，謂之流；引舟上行，留滯而忘返，謂之連。畋獵無厭，久而不歸，謂之荒；縱酒淫樂，沈湎日夜，謂之亡。古聖先王無流連的游樂，荒亡的行為。」公道：「太好了。」遂命官員計算公倉的存糧，按照長幼貧民的實際人數，叫他打開倉廩，發粟賑濟。總計此次賑濟所用高達三千鍾。至於景公親見的老弱病患者七十人，另由自己單獨救助，然後取消行程，駕返國都。

景公問桓公何以致霸晏子對以下賢以身第二㈠

景公問于晏子曰：「昔吾先君桓公，善飲酒，窮樂，食味方丈㈡，好色，無別辟㈢，若此，何以能率諸侯以朝天子乎？」晏子對曰：「昔吾先君桓公，變俗以政㈣，下賢以身㈤。管仲，君之賊也㈥，知其能足以安國濟㈦功，故迎之于魯郊，自御，禮之于廟㈧。異日，君過于康莊㈨，聞甯戚歌㈩，止車而聽之，則賢人之風也，舉以為大田㈡。先君見賢不留㈢，使能不怠㈢，是以內政則民懷之，征伐則諸侯畏之。今君聞先君之過，而不能明其大節㈣，桓公之霸也，君奚疑焉？」

【今註】㈠本章要旨：言景公問桓公以何法獲致霸業？晏子對以禮賢下士，以身作則。㈡食味方丈：《孟子・盡心》：「食前方丈」，趙注：「極五味之饌，食列於前方一丈。」意同此句。㈢無別辟：此言除享樂之外，別無其他癖好。㈣變俗以政：言以政變俗，蔚成風氣。㈤下賢以身：言以身下賢，棄瑕尚能。㈥君之賊也：「也」上舊衍「者」字。賊，害也。管仲射桓公中鉤，故曰君之賊。㈦濟：成也。㈧禮之于廟：《國語・越語》勾踐復仇：「四方之士來者，必廟禮之。」禮之於宗廟者，在告其祖先，以示敬重也。㈨康莊：大路也。《爾雅・釋宮》：「五達謂之康，六達謂之莊。」㈩聞甯戚歌以下三句：甯戚修德不用而商賈，宿齊東門外，桓公夜出，甯戚方飯牛而歌，桓公聞而知其賢，舉為客卿。事分見於《離騷》、《呂氏春秋》、《淮南子》、《史記》、《後漢書》、《說苑》諸書。惟不但史事稍有不同，即名字亦或稱甯戚、寧戚、甯遬、甯越也極不一致。㈡大田：《史記》作「大農」，主管農業之官。㈢不留：不留滯也。㈢使能不怠：使，任也。怠，慢也。㈣明其大節：謂但知先君飲酒享樂之過失，而不能昌明其任賢使能之大節。

【今譯】景公問於晏子道：「過去吾先君桓公，善飲酒，窮歡極樂，極五味之饌，食列於前方丈，喜好女色，除此之外，別無其他癖好。以如此情形，又何能統率諸侯而朝天子呢？」晏子回答說：「過去我們的先君桓公，以政變俗，蔚成風氣。以身下賢，不棄才能。例如管仲，射桓公中鉤，可說是陷害國君的敵人啊；可是桓公知道他的才能足以安國成功，故親迎於魯國郊外，並且自己駕著車子，禮之於宗廟，以告先祖。另外，有一天，先君經過康莊大道，聞寧戚高歌，就停車而聽，知道他有賢人的風範，於是推薦他做主管農業的官員。先君發見賢人，毫不遲疑的重用；任使才能的人，更一刻不敢怠慢。所以任賢使能則多惠政，人民懷其德。一旦國富兵強，征伐不義，諸侯畏其威。今我君祇聽說先君的過失，竟不能明白他以身下賢的偉大節操。所以先君之稱霸天下，真是理所當然，君有何疑惑的地方呢？」

景公問欲逮桓公之後晏子對以任非其人第三㈠

景公問晏子曰：「昔吾先君桓公，從車三百乘，九合㈡諸侯，一匡天下。今吾從車千乘，可以逮㈢先君桓公之後乎？」晏子對曰：「桓公從車三百乘，九合諸侯，一匡天下者，左有鮑叔，右有仲父㈣。今君左為倡，右為優，讒人在前，諛人在後，又焉可逮桓公之後乎㈤？」

【今註】㈠本章要旨：言景公問，想要趕上先君桓公，前後媲美，如何而可？晏子對以用人不當。魏徵治要錄此文。㈡合：會合也。《管子・幼官篇》有「九會諸侯之令。」㈢逮：及也。㈣右有仲父以上五句：大旨言國君在任賢使能，不在從車多寡。㈤「乎」上舊衍「者」字，今據王校刪。

【今譯】景公問晏子道：「過去我先君桓公，隨從兵車三百輛，九合諸侯，一匡天下。今日我的隨從兵車有千輛之多，也可以趕得上先君桓公，和他前後媲美了吧？」晏子回答說：「桓公隨從兵車三百輛，九合諸侯，一匡天下的原因，是左有鮑叔，右有仲父的輔助。今日我君左邊是倡俳，右邊是優伶，讒邪的人在前，阿諛的人在後，如此，又怎能趕上先君桓公，而與之前後媲美呢？」

景公問廉政而長久晏子對以其行水也第四㈠

景公問晏子曰：「廉政而長久㈡，其行何也㈢？」晏子對曰：「其行水也㈣。美哉！水乎清清，其濁無不雩途㈤，其清無不灑除㈥，是以長久也。」公曰：「廉政而遬㈦亡，其行何也？」對曰：「其行石也㈧。堅哉！石乎落落㈨，視之則堅，循之則堅，內外皆堅㈩，無以為久㈡，是以遬亡也。」

【今註】 ㈠本章要旨：言景公問廉潔正直而能長久，其行如何？晏子對以其行當如水之外柔內韌。㈡廉政而長久：王云：「政與正同，文選運命論注引作廉正。」蘇云：「王說是。晏子以水石為喻，正析廉政之人性有不同處。水以柔為性，猶之人有廉政之質，而出之以和平，故智能馭物，而物樂為馭，所謂柔弱處上也。石以剛為性，猶之人有廉政之質，而復以堅強行之，故隨在忤物，所謂強自取柱也。此以長久速亡之分論人性也。」㈢何也：《白帖》作「何如」。《太平御覽》五十九、《藝文類聚》八並引作「景公問廉政何如。」㈣其行水也：謂廉政之行，其德如水。蓋水利萬物而不爭其利；又居處卑下穢污，為眾人所惡，故人無與爭，故能長久。㈤雩途：「途」《白帖》作「塗」。《說文》：「汙，涂也。」「雩途」即「汙涂」。㈥灑除：《白帖》作「灑洗渫也。」御覽作「其濁无不塗，其清无不掃。」二語蓋謂體雖濁而能清物，物雖穢而不傷其清。其濁無不雩途，雩，污叚，去垢汙也。途，涂叚，飾也。飾，刷也。言體濁而無物不清。㈦遬：《說文》：「速，籀文从欶。」段注：「二傳作速，公羊作遬。」按諸子亦或作「遬」。㈧其行石也：言其行堅如石也。㈨落落：不苟合也。㈩內外皆堅：內不容物，外不容於物，內外皆不相容，故曰「內外皆堅」。㈡無以為久：以其忤眾，故無法持久。

【今譯】景公問晏子道：「我欲廉潔正直而又能長久，其做法該當如何？」晏子回答說：「其行若水，內明而外柔。多麼美麗啊！清清柔弱的流水。其濁而能去垢，不傷於清；其清可以洗污，不亂於濁。因為他能利施萬物而不爭，所以長久啊！」公道：「有時廉潔正直反而速亡，做法又是如何？」回答說：「其行若石，固執不通啊！落落寡合的石頭。看起來堅固，撫摸時也堅固，內外都堅固，既不能容物，又不為物所容，似此，當然無法維持長久，是以速亡啊！」

景公問為臣之道晏子對以九節第五㈠

景公問晏子曰：「請問為臣之道。」晏子對曰：「見善必通㈡，不私其利，薦善而不有其名㈢；稱㈣身居位，不為苟進；稱事授祿，不為苟得㊄；體貴側賤㊅，不逆其倫㊆；居賢不肖㊇，不亂其序；肥㊈利之地，不為私邑㊉，賢質之士，不為私臣㊁；君用其所言，民得其所利㊂，而不伐㊃其功。此臣之道㊄也。」

【今註】㊀本章要旨：言景公問為臣之道，晏子對以道有九種。魏徵治要載此文於問上篇。㊁通：周徧也。謂善必使之周徧。㊂薦善而不有其名：不有其名，謂不以薦善自居也。㊃稱：讀去聲，當其宜也。下稱字同。㊄不為苟得：即受祿不過其功之義。㊅體貴側賤：體，親也；側，近也。㊆不逆其倫：倫，序也。言應親應近，不亂其倫序。㊇居賢不肖以下二句：猶言使賢不肖各得其位。㊈肥：饒裕也。㊉不為私邑：私邑，食邑采地也。言饒裕之地，不以自私。㊁私臣：家臣之屬。謂賢士應薦之於朝，不為私用。㊂所利：謂所謀利也。㊃不伐：謂不自誇也。㊄此臣之道：言此即為臣之道也。照應本章首句景公問為臣之道語。

【今譯】景公問晏子道：「請問為臣之道如何？」晏子回答說：「見到善事必推而行之，不私藏其利。舉薦善人能加以重用，不自居其功。衡量本身的條件而受官，不使輕易倖進。衡量事功的輕重而受祿，不使輕易獲得。接觸貴賤人等，應不違悖其倫序。安置賢與不肖，當不破壞其次第。肥沃的土地，不據為私人的采邑。賢能的人才，不屈為一己的家臣。國君重用他所進的意見，人民得享他所謀的利益，而不自誇其功。這就是為臣之道啊。」

景公問賢不肖可學乎晏子對以彊勉為上第六㈠

景公問晏子曰：「人性有賢不肖，可學乎㈡？」晏子對曰：「詩云㈢：『高山仰之，景行行之。』之者其人也。故諸侯竝立，善而不怠者為長㈣；列士竝學，終善者為師。」

【今註】㈠本章要旨：言景公問，賢與不肖，得之天賦，不知可學否？晏子對以要強力勉學，取法乎上。㈡可學乎：張云：「可上當有賢字，而今本脫之，義不可通。」按：景公人性語，指先天言，可學，指後天言，意謂人性先天有賢不肖，則賢不肖，後天亦可學而能乎？張氏脫賢字說，不確。㈢詩云：見《詩經・小雅・車舝》之詩。㈣長：孫云：「讀如令長之長。」

【今譯】景公問晏子道：「人之天性有賢與不肖的分別，不知亦可以學而能嗎？」晏子回答說：「詩云：『高山仰之，景行行之』，可見人心皆嚮往崇高的目標啊。故諸侯雖並國而立，惟有那推行善政，持久不懈者，才可以為天下雄長。列士並處共學，惟有自始至終、孜孜為善者，始可以為人倫師表。」

景公問富民安眾晏子對以節欲中聽第七㊀

景公問晏子曰：「富民安眾難乎？」晏子對曰：「易。節欲則民富㊁，中聽㊂則民安，行此兩者而已矣。」

【今註】㊀本章要旨：言景公問使人民生活富足，社會安定之道。晏子對以節制物欲，聽獄得中。魏徵治要載此文在問上篇。㊁節欲則民富：按：「老子曰：我無事，而民自富；我無欲，而民自樸。蓋上有所好，下必甚焉。」㊂中聽：聽獄得中也。俞云：「夫刑罰不中，民無所措手足，故中聽則民安也。」

【今譯】景公問晏子道：「欲使人民生活富足，社會安定，事有困難嗎？」晏子回答說：「此事容易。節制物欲，則人民生活自然富足；聽獄得中，則社會羣眾必能安定。國君只要實行上述二事就夠了。」

景公問國如何則謂安晏子對以內安政外歸義第八㈠

景公問晏子曰：「國如何則可謂安矣？」晏子對曰：「下無諱言㈡，官無怨治㈢；通人不華㈣，窮民不怨；喜樂無羨賞㈤，忿怒無羨刑㈥；上有禮于士，下有恩于民㈦；地博不兼小㈧，兵彊不劫弱；百姓內安其政，諸侯外歸其義㈨：可謂安矣。」

【今註】㈠本章要旨：言景公問國家在怎樣的情形下，才可稱為安和樂利？晏子對以百姓內安其政，諸侯外歸其義。㈡下無諱言：意指不防民口，宣之使言。㈢官無怨治：根據王說，怨同蘊。無怨治者，治無蘊積之事也。㈣通人不華：通人，猶達官顯要，謂顯官不尚浮華。㈤羨賞：溢也，溢則濫。故羨賞，即謂濫賞。㈥忿怒無羨刑：此與問上十七章：「不因喜以加賞，不因怒以加罰」，魏徵〈諫太宗十思疏〉：「無因喜以謬賞，無因怒而濫刑」旨並同。㈦下有恩于民：因政通人和，故百姓內安其政。㈧地博不兼小以下二句：因大不兼小，強不凌弱，故諸侯外歸其義。㈨諸侯外歸其義：舊無「諸侯」二字。張云：「外歸上當有諸侯二字，諸侯與百姓對文；今本脫去，文不成義。」按：張說是；無「諸侯」二字，則上句「百姓」二字將為其主詞，即成為百姓既內安其政，又外歸其義矣，豈不大謬？今據張說增補。

【今譯】景公問晏子道：「國家在怎樣的情況下，才算是安和樂利呢？」晏子回答說：「使屬下暢所欲言，毫無忌諱。官員盡忠職守，治無蘊積。達官顯貴，不尚浮華。窮苦人民，勞而不怨。既不因喜樂而濫賞，亦不因忿怒而加罰。上有禮於賢能的才士，下有恩於全國的人民。土地雖大，不兼併寡小。兵力雖強，不劫持柔弱。百姓於內，可安享政治的穩定，諸侯於外，則歸附正義的支援。治國如此，便可以稱得上是安和樂利了。」

景公問諸侯孰危晏子對以莒其先亡第九㊀

景公問晏子曰：「當今之時，諸侯孰危？」晏子對曰：「莒其先亡乎㊁！」公曰：「何故？」對曰：「地侵于齊，貨竭㊂于晉，是以亡也。」

【今註】㊀本章要旨：言景公問諸侯各國，誰的處境最為危險？晏子對以莒國先亡。此與問上第八章同為預言莒必先亡而理論之。惟本文以其制於強大，是據外在之處境而言；彼則依政風民俗，是就內在之政治而言。《說苑・檢謀篇》用此文。㊁莒其先亡乎：張云：「說苑無先字。」按莒，周時莒國，在今山東莒縣。初周武王封少昊之後於莒，周考王十年滅於楚。㊂竭：張云：「竭從元刻。」

孫云：「一本作謁。」盧校據《說苑》改竭。竭，盡也。

【今譯】景公問晏子道：「在當今之時，諸侯各國，以誰的處境最為危險？」晏子回答說：「恐怕是莒國先亡吧！」公道：「是何緣故？」回答說：「因它四境的土地受到齊國侵略，市場的貨物完全由晉國操縱，所以先亡啊。」

晏子使吳吳王問可處可去晏子對以視國治亂第十㊀

晏子聘于吳，吳王曰：「子大夫以君命辱在敝邑㊁，施貺㊂寡人，寡人受貺矣，願有私問焉。」晏子逡遁㊃而對曰：「嬰，北方之賤臣也，得奉君命，以趨于朝末㊄，恐辭令不審㊅，譏㊆于下吏，懼不知所以對者。」吳王曰：「寡人聞夫子久矣，今乃得見，願終其問。」晏子避席㊇對曰：「敬受命矣。」吳王曰：「國如何則可處，如何則可去也？」晏子對曰：「嬰聞之，親疏得處其倫㊈，大臣得盡其忠㊉，民無怨治，國無虐刑，則可處矣。是以君子懷不逆之君⑪，居治國之位。親疏不得居其倫⑫，大臣不得盡其忠⑬，民多怨治，國有虐刑，則可去矣。是以君子不懷暴君之祿，不處亂國之位。」

【今註】㊀本章要旨：言晏子出使吳國，吳王問國君如何則可以使君子居處，如何則可以使其隱退？晏子對以端視國家之治亂來決定。本文與外篇第十六章大旨相同。㊁潎邑：「邑」下舊有「之地」二字。張云：「潎，元刻作弊。」劉云：「之地二字衍文也。地為施之誤字，後人並存之，因於地上增之字。實則左傳諸書，凡稱潎邑，無有復言之地二字者。下晏子聘魯節，辱臨潎邑，亦無之地二字。」按劉說是，今據刪。㊂貺：賜也。按《說文》有況無貺。況，俗改作況。㊃逡遁：《說文》遁字段注云：「此字古音同循，遷延之意；凡逡遁字如此，今之逡巡也。」逡遁，卻退之意。㊄朝末：原作「末朝」，張云：「按嬰齊臣，不得稱吳為本朝或末朝。末朝當是朝末誤倒。趨於朝末，謂趨於吳朝之末位也。」按張說差近。今據乙。㊅審：慎也。㊆譏：誹也，非也。㊇避席：古人席地而坐，有所敬則離坐而起，謂之避席。㊈親疏得處其倫：倫，序也，亦道也。全句謂親疏各得其序。與下句對文。㊉大臣得盡其忠：先能信任大臣，乃能盡其忠誠。⑪懷不逆之君：懷，歸也，思也。不逆，不悖正道也。⑫親疏不得居其倫：應親應疏，失其倫序。故親疏不得居其倫。⑬大臣不得盡其忠：言不見信任，謀而不從。故大臣不得盡其忠。

【今譯】晏子聘問吳國，吳王道：「大夫奉命駕臨潎邑，施惠寡人，寡人於受惠之外，希望有點私人的問題，向您請教啊！」晏子欠身答禮說：「嬰，北方之賤臣啊！得奉國君之命，敬陪於吳朝的末位，深恐辭令不慎，被官員們嗤笑，怕不知所以應對啊！」吳王道：「寡人聞先生大名已經很久了，今日方得會面，希望疑問能獲得解決。」晏子避席還禮說：「敬請賜教。」吳王道：「國家如何則可以使君子居處，如何則可以使其隱退呢？」晏子回答說：「嬰曾聽說，賢者親之，不肖者疏之，使親疏各得其倫序。信任大臣，克勤民事，使其能各盡忠誠。德惠加於百姓，使人民無怨積之治。賞罰各得其當，使國家無暴虐之刑，如此則可以居處了。是以君子歸向於不悖正道的國君，居處於治國的爵位。如親近諂諛，疏遠賢人，使親疏失其倫序。不見信任，謀而不從，使大臣不能盡其忠誠。上多暴政，使人民有怨積之治。逞意濫罰，使國家有暴虐之刑。如此，則可以退而隱去了。是以君子不接受暴君的俸祿，不居處亂國的爵位。」

吳王問保威彊不失之道晏子對以先民後身第十一㈠

晏子聘于吳，吳王曰：「敢問長保威彊勿失之道若何？」晏子對曰：「先民而後身㈡，先施而後誅㈢；彊不暴弱，貴不凌賤，富不傲貧；百姓並進㈣，有司不侵㈤，民和政平；不以威彊退人之君㈥，不以眾彊兼人之地㈦；其用法，為時禁暴，故世不逆其志；其用兵，為眾屏患，故民不疾其勞：此長保威彊勿失之道也。失此者危矣！」吳王忿然作色，不說㈧。晏子曰：「寡君之事畢矣，嬰無斧鑕㈨之罪，請辭而行。」遂不復見。

【今註】㈠本章要旨：言吳王問保持威彊，永不喪失之道。晏子對以先民之急務，而後其一己之私事。蓋法以禁暴，人不疾其嚴；兵以弭患，眾不厭其勞。如法之所施，兵之所舉，皆以私己，而悖乎羣情，是處眾人之所惡。如此，身將不保，又遑言保威彊而不失乎！㈡先民而後身：意指先民之急，而後其身之私。㈢先施而後誅：施言施惠，謂先施恩惠，而後加刑戮。㈣百姓並進：言為政之道，在列德而尚賢，雖農工巫醫之人，有能則舉之；故官無常貴，而民無終賤，是之謂百姓並進。㈤有司不侵：政府官員不以職權侵害人民權益。㈥不以威彊退人之君：俞云：「退人之君，義不可通；退疑迫字之誤。」劉云：「退當如字；不以威彊退人之君，言不以威力抑人之君也。」按：退，減也，猶言使人君出己下也。㈦不以眾彊兼人之地：彊通疆。眾彊猶言廣土，言不恃土地之廣，以併人之國也。㈧不說：按春秋吳自敬王五年弒其君僚，終闔閭之世，計自立後，三年滅徐；五年滅越；七年誘楚克曹，獲楚公子繁；九年用楚伍員言伐楚，大敗之，楚昭王奔隨；十年秦師救昭王還郢。又《史記・十二諸侯年表》，吳闔閭十一年伐楚取番，是以眾彊兼人之地。十三年陳懷公來，留之，死於吳，是以威彊退人之君。晏子先景公卒，上二事晏子當不及見，然闔閭類此之行，必有為晏子所知，而經史不及載者。定四年左傳：楚自昭王即位，無歲不有吳師。是用兵非為眾屏患，而民疾其勞者。事皆晏子所及知，故以為諷。㊈鑕：孫云：「鑕當為質，玉篇：鑕，鐵鑕砧，章溢切。古今韻會：鑕通作質。」按質，刑具也，亦作鑕、櫍。

【今譯】晏子聘問吳國，吳王道：「請問要想永遠保持威彊而勿失，其道如何乎？」晏子回答說：「要先從事人民的急務，而後再謀己身的利益。先施恩惠，再加刑戮。彊不殘暴弱小，貴不欺凌卑賤，富不驕傲貧窮。百姓之有才能者，都能為國效力。任職之政府官員，不侵害人民權益。如此，民心和睦，政治清平。不以武力之強大，威脅他國之君，不恃土地之廣遠，兼併別人之國。其執行法律，在為時除暴安良，故社會不違背其意志。其出兵征討，在為眾屏除患難，故人民不疾恨其辛勞。此乃永遠保持威彊勿失之道啊。假如失去此道，則國家即陷於危險境地了。」吳王聽後，面帶忿怒的表情，十分不快。晏子繼而又說：「寡君之事已經辦完了，嬰無斧鑕之罪，請准予辭行。」於是不再進見。

晏子使魯魯君問何事回曲之君晏子對以庇族第十二㈠

晏子使魯，見昭公，昭公說曰：「天下以子大夫語寡人者眾矣，今得見而羨㈡乎所聞，請私而無為罪㈢。寡人聞大國之君，蓋回曲㈣之君也，曷為以子大夫之行，事回曲之君乎？」晏子逡循㈤對曰：「嬰不肖，嬰之族㈥又不若嬰，待嬰而祀先㈦者五百家，故嬰不敢擇君㈧。」晏子出，昭公語人曰：「晏子，仁人也。反亡君㈨，定危國，而不私利焉㈩；僇崔杼之尸⑪，滅賊亂之徒⑫，不獲名焉⑬；使齊外無諸侯之憂，內無國家之患，不伐⑭功焉；歁然不滿⑮，退託于族⑯，晏子可謂仁人矣。」

【今註】㈠本章要旨：言晏子出使魯國，魯君問為何事奉邪曲之君。晏子對以不敢擇君而事者，在周濟同族之需要。此文與外篇上第十七章，旨同而辭異。㈡羨：溢也，謂目見勝過耳聞。㈢請私而無為罪：私，私昵也，謂以私人關係交談，即令言而有失，亦不為罪。㈣回曲：《爾雅・釋詁》云：「回，衺也。」回曲猶言邪曲。㈤逡循：《爾雅・釋言》：「逡，退也」，《漢書・萬章傳》：「逡循甚懼。」今本書作「逡巡」或「逡循」、「逡遁」。說見前第十章。㈥族：指同族者而言。㈦祀先：意指待助乃能祀其祖先者。㈧不敢擇君：謙言志在干祿，故不擇君而仕。㈨反亡君：張云：「案晏子與反亡君之事，反疑哭之譌，哭亡君，謂哭莊公，詳雜上二章，及襄二十五年左傳。」按反，違也。自晏子不為用而一嘆一笑，至崔子弒莊公而不死不亡，無非違也；尤以昭公居人君立場，故直以晏子之行為反其君矣。然而不為私利也。㈩不私利焉：莊公既弒，晏子立崔子之門，既又入，枕屍哭，已復飲血不變其言，凡可死者屢，終舍命不渝，皆非所以為己謀，故云「不私利焉」。⑪尸：當作屍。事見襄公二十八年傳。⑫滅賊亂之徒：事見襄公二十八年傳。⑬不獲名焉：謂目的不在顯揚一己之名聲。⑭伐：《說文》段注：「自功曰伐。又通拔，吏上功曰伐；自誇其能亦曰伐」。⑮歁然不滿：歁，音ㄎㄢˇ。原作「錤」，不可訓。孫云：「玉篇：歁，丑甚切，此當為欿然之段音。」俞云：「錤當為歁，說文欠部，歁，食不滿；从欠甚聲。是歁之本義為食不滿，引申之凡不滿者，皆得言歁，故曰錤然不滿。」按「錤」為斫木之工具，《說文》不收，當如俞說為「歁」字之譌，今據改。⑯退託于族：言謙退而託於族以為辭也。

【今譯】晏子出使魯國，進見昭公。昭公高興的說：「天下之士以大夫之嘉言懿行告訴寡人的太多了，今日晤面後，感覺更超過耳聞。以下請以私人的關係交談，即令所言不當，也不加罪。寡人聽說大國之君，乃邪曲之君啊，以大夫高潔的行為，為何去事奉邪曲之君呢？」晏子後退為禮回答說：「嬰不賢，嬰之親族又不如嬰，因為依賴嬰的周濟，才能祭祀祖先的有五百家，所以嬰不敢擇君而仕。」晏子辭出後，昭公向別人道：「晏子真是位仁人啊！違反亡國之君，安定危險之國，而不計較私人的利益。戮辱崔杼之屍，消滅賊亂之徒，不顯揚自己的名聲。使齊外無諸侯侵凌之憂，內無叛國亡家之患，不誇張一己的功勞。內心對國君雖然不滿，但卻以庇族為辭，態度十分謙退。晏子可說是仁人了。」

魯昭公問魯一國迷何也晏子對以化為一心第十三㈠

晏子聘于魯，魯昭公問焉，曰㈡：「吾聞之，莫三人而迷㈢，今吾以一國慮之，魯不免于亂㈣，何也？」晏子對曰：「君之所尊舉而富貴，入所以與圖身㈤，出所以與圖國；及左右偪邇㈥，皆同于君之心者也。撟㈦魯國化而為一心，曾無與二㈧，其何暇有三？夫偪邇于君之側者，距㈨本朝之勢，國之所以殆㈩也；左右讒諛，相與塞善，行之所以衰也；士者持祿⑪，遊者養交⑫，身之所以危也⑬。詩曰⑭：『芃芃棫樸，薪之槱之，濟濟辟王，左右趣⑮之。』此言古者聖王明君之使以善也。故外知事之情⑯，而內得心之誠⑰，是以不迷也。」

【今註】㈠本章要旨：言魯昭公問，今魯以一國謀慮之，仍不免於亂，其故何也？晏子對以應舉魯國化而為一心。《韓非子》用此文。㈡曰：「曰」字舊脫，今從蘇校補。㈢莫三人而迷：《韓非子．內儲說》作魯哀公問於孔子曰：「鄙諺曰，莫眾而迷。」一曰晏嬰聘魯，哀公問曰：「語曰，莫三人而迷。」此句本意，言舉事不與三人謀，必知迷惑也。㈣魯不免于亂：舊作「今吾以魯一國迷慮之不免於亂。」王云：「既言迷，不得更言亂，此迷字蓋涉上迷字而衍；魯字當在不免於亂上。今吾以一國慮之，魯不免於亂者，以猶與也，言吾與一國慮之，而魯猶不免於亂也。韓非子內儲說作，今寡人與一國慮之，魯不免於亂。是其證。今本迷字重出，魯字又誤在一國上，則文不成義。」今據王說正。㈤入所以與圖身以下二句：劉云：「以即與也，蓋本文作以。所以圖身，所以圖國，猶之所與圖身，所與圖國也。淺人不識以有與訓，妄增二與字，誤矣。上文今吾以一國慮之，即與一國慮之，以彼例此，則此文無二與字，明矣。」按劉說可備參考。㈥及左右偪邇：上言「朝士」，此言「近臣」，故用「及」。㈦撟：音ㄐㄧㄠˋ，舊譌「槁」。盧云：「槁，文選勸進表注引作矯。此當為撟，與矯同。韓非作舉，義同。」俞云：「槁當作撟，字之誤也。說文手部撟，舉手也。故引申之有舉義，史記扁鵲倉公列傳：舌撟然而不下，索隱云：撟，舉也。撟魯國化而為一心，猶云舉魯國化而為一心。韓非子內儲說作舉魯國盡化為一。此作撟，彼作舉，文異而義同。若作槁，則不可通矣。」按盧俞說是，今從正。㈧曾無與二以下二句：劉云：「文選劉琨勸進表『億兆攸歸，曾無與二。』注引作『君曾無與二，何暇有三乎。』」㈨距：雞距也。抵拒字作歫，二字義別。作距，殆歫之叚借也。此指近臣能專擅本朝之大權。㊀殆：舊譌「治」。俞云：「此言近臣專權也，乃云國所以治，於義難通；治蓋殆字之誤。與下文行之所以衰也，身之所以危也一律。」按俞說是，今據正。㊁持祿：謂但保持祿位，無所陳力。㊂養交：謂投以所好，偷合苟容。㊂身之所以危也：此並前「所以與圖身」之「身」字，皆指「君身」言。㊃詩曰：見《詩經・大雅・棫樸》之詩。㊄趨：詩作趣。按詩叚趣為趨。意謂君王德盛，人則趨附。《晏子》全書引詩多同毛傳。㊅外知事之情：情，實也。無讒諛塞善隱惡。故「外知事之情」。㊆誠：情誠義同。

【今譯】晏子聘問魯國，魯昭公問他道：「我聽說，凡事不經過三個人商量，辦起來就迷惑不解。今我遇事和一國人共同思慮，魯國仍不免陷於混亂，這到底是甚麼緣故呢？」晏子回答說：「國君推薦提拔既富且貴的大臣，入而與他們謀本身的利益，出而與他們圖國家的興亡；以及左右的近侍們，這都是和國君同心的人啊！以此舉魯國化而為一心，大家既無二志，更那裏有第三種不同的意見呢？且由於接近國君身旁的近臣，把持了朝廷的大權，此國家之所以不安啊！左右讒言阿諛之士，相互勾結，阻塞善言，此行為之所以衰敗啊！為官的但知保持祿位，不願效力；遊談的只知投以所好，苟合取容，此國君本身之所以危險啊！詩云：『芃芃棫樸，薪之槱之，濟濟辟王，左右趨之。』此言古之聖王明君，由於他們德盛化鈞，人們皆趨而歸附，同心向善啊。如此，故於外可知事實的真象，於內可得心中的實情，所以在處理國事的時候，就決不迷惑了。」

魯昭公問安國眾民晏子對以事大養小謹聽節斂第十四㊀

晏子聘于魯，魯昭公問曰：「子大夫儼然㊁辱臨敝邑㊂，竊甚嘉之，寡人受貺，請問安國眾民㊃如何？」晏子對曰：「嬰聞傲大賤小則國危㊄，慢聽厚斂則民散㊅。事大養小，安國之器㊆也；謹聽節斂㊇，眾民之術也。」

【今註】㊀本章要旨：言魯哀公問安國眾民之道。晏子對以事大養小，則無敵國外患；謹聽節斂，則淳化洽而財阜。標題「斂」字，舊譌作「儉」，今從俞說校正。㊁儼然：莊嚴之意。㊂敝邑：《說文》：「國也。」按古時「國」「邑」通稱，稱人曰大國，自稱曰敝邑。㊃眾民：眾猶涖也，眾民猶涖民也。㊄傲大賤小則國危：《孟子．梁惠王下》曰：「以大事小者，樂天者也；以小事大者，畏天者也。樂天者保天下，畏天者保其國。」今反之而傲大賤小，是違其所天矣，故危。㊅散：言刑罰不中，厚斂暴征，殘民莫甚，故「散」。㊆器：猶術也，術以應事，猶器之於工。《墨子．非攻下篇》曰：「今若有能信效先利天下諸侯者，以此効大國，則大國之君說；以此効小國，則小國之君說。」義可互明。㊇斂：舊譌作「儉」，俞云：「儉乃斂字之誤。上云慢聽厚斂則民散，此云謹聽節斂眾民之術也，兩文正相應。」俞說是，今據正。

【今譯】晏子聘問於魯國，魯昭公問道：「大夫大駕辱臨敝邑，私心甚喜。寡人除接受厚贈之外，請問安定國家，蒞臨眾民之道如何呢？」晏子回答說：「嬰聽說傲慢大國，輕視小國，則國家危險。聽獄不中，橫征暴斂，則人民離散。事奉大國，保護弱小，是安定國家的工具啊。聽獄謹慎，稅斂有節，是蒞臨眾民的方法啊。」

晏子使晉晉平公問子先君得眾若何晏子對以如雨淵澤第十五㈠

晏子使晉，晉平公饗之文室㈡，既靜矣，以宴㈢，平公問焉㈣：「昔吾子先君㈤得眾若何？」晏子對曰：「君饗寡君㈥，施及使臣，御㈦在君側，恐懼不知所以對。」平公曰：「聞子大夫數㈧矣，今迺得見，願終聞之。」晏子對曰：「臣聞君子如雨㈨，淵澤容之，眾人歸之，如魚有依，極其游泳之樂㈩；若淵澤決竭⑪，其魚動流⑫，夫往者維雨乎，不可復已⑬。」公又問曰：「請問莊公與今君⑭孰賢？」晏子曰：「兩君之行不同，臣不敢知⑮也。」公曰：「王室之不正⑯也，諸侯之專制也，是以欲聞子大夫之言也。」對曰：「先君莊公不安靜處㊄，樂節飲食，不好鐘鼓，好兵作武㊅，與士㊆同飢渴寒暑，君之彊，過人之量㊇，有一過不能已焉㊈，是以不免于難㊉。今君大宮室㊀，美臺榭，以辟飢渴寒暑，畏禍敬鬼神㊁，君之善，足以沒身㊂，不足以及子孫矣。」

【今註】㊀本章要旨：言晏子出使晉國，晉平公問子先君桓公如何獲得民眾之擁戴？晏子對以如雨沛降，有深淵大澤足以容之。由本章以下，至第二十七章，為一時之事，皆在昭公三年。㊁文室：文室不詳。按《禮記・明堂位》：「魯公之廟，文世室也。」方氏曰：「周以祖文王為不毀之廟，而魯以伯禽之廟比之，故曰文世室。」魯既周後，則此文室，豈亦猶魯之世室乎？姑闕如。㊂以宴：元刻作「晏已」，孫本作「晏以」。黃云：「晏以，當作以宴，下章叔向從之宴（下十七章），相與語。禮：主君饗賓，親進醴，其禮嚴肅。饗畢，又宴，賓辭讓，請用臣禮。上介為賓，賓為苟敬，于是語，于是道古。」按黃說是，今據乙。㊃平公問焉：言平公問於宴上。㊄吾子先君：「子」字舊脫。黃云：「問齊桓公也。吾下當有子字。下章吾子之君，德行高下如何？文同。」黃說是，今據補。㊅君饗寡君：劉云：「上言晏子使晉，不言從齊侯如晉；又下言平公問莊公與今君孰賢，則景公不在席甚明。此言君饗寡君，饗必誤字，疑本作君貺寡君，即上晏子聘吳章施貺寡人之貺也。饗貺音近，涉上饗字而誤。」按根據下文，明為先饗其君，後宴及臣；故君饗寡君，正與饗之文室相應；施及使臣，正與既靜以宴相應也。劉說非是。㈦御：隨侍之意。㈧數：屢次。㈨君子如雨：雨舊譌美。于云：「美字必誤，疑本作雨。君子如雨，故云淵澤容之，淵澤，容雨者也。下文云，夫往者維雨乎，正與君子如雨相照，否則，彼雨字亦無著矣。」于說是，今據正。⑩極其游泳之樂：言君子含宏其德，化育萬物，有如此者。喻桓公下賢以身，能使諸侯來朝也。⑪決竭：由決而竭，言不能容。⑫其魚動流：言魚逐決瀾而流移。⑬不可復已：承上句「往」字而言。往者，歸往也。「歸往者維雨乎，不可復已」，猶孟子言「孰能禦之」。⑭今君：「君」字舊脫，從王校補。⑮知：「知」上舊衍「不」字，從盧校刪。⑯不正：「不」字舊脫，從劉校補。⑰不安靜處：言其宿志好動。⑱好兵作武：言不好鐘鼓之樂，而好兵逞武。⑲與士：「與」「士」舊倒，文義不順，今依文例乙。⑳過人之量：言其矜勇力故強力過人。㉑有一過不能已焉：言其強力偶一過人，即不能自止也。㉒不免于難：言不免後遭崔杼之難。㉓今君大宮室以下二句：上言莊公與士同飢渴寒暑，此言今君為己辟飢渴寒暑，前後正反見義。㉔敬鬼神：懼鬼神之能賞賢而罰暴也，故始忌憚而致敬。㉕沒身：謂終其天年。

【今譯】晏子出使晉國，晉平公宴饗他於文室。饗事已畢，又繼之以宴。當此之時，平公問道：「往昔吾子先君桓公，如何得到民眾的擁戴？」晏子回答說：「君宴饗寡君，並惠及使臣，今我隨侍於國君之側，戒慎恐懼，真不知用什麼來回答的好。」平公道：「聽人們對大夫的稱道很多次了，今天方才見面，無論如何，一定要聽一聽你的高論。」晏子回答說：「臣聽說有德的君子，受人擁戴，如同落下的雨水，有淵澤容納它。眾人之歸附，就像魚依存於水，那種含宏其德，化育生民，極盡優游涵泳的樂趣。如果一旦淵澤潰決，積水乾涸，游魚便逐決隨瀾，流移而去。所以民眾的歸往，如同雨水之流入淵澤，誰也沒法禁止的。」公又問道：「請問莊公和今君景公相較，誰最賢明？」晏子回答說：「兩位國君的作風不同，臣不敢妄加批評啊！」公道：「現在由於王室之未能正確領導，造成諸侯之專制坐大，所以很想聽一聽大夫的高論啊！」回答說：「先君莊公宿志好動，樂於節制飲食，不喜鐘鼓之樂，但好兵逞武，與士卒同甘苦；可是往往矜持彊力，和過人的勇氣，一旦他認為強力過人時，就不能自止，做出越禮的事，所以後來不免於崔杼之難。今君喜歡大修宮室，裝飾臺榭，以避免飢寒之苦，畏懼災禍，敬事鬼神。君之善行，足以終養天年，可是不足以傳及子孫啊！」

晉平公問齊君德行高下晏子對以小善第十六㈠

晏子使于晉，晉平公問曰：「吾子之君，德行高下如何？」晏子對以「小善」。公曰：「否，吾非問小善，問子之君德行高下也。」晏子蹵然㈡曰：「諸侯之交，紹㈢而相見，辭之有所隱㈣也。君之命質㈤，臣無所隱㈥，嬰之君無稱㈦焉。」平公蹵然而辭送，再拜而反曰：「殆哉吾過㈧！誰曰齊君不肖，直稱之士，正在本朝也㈨。」

【今註】㈠本章要旨：言晉平公問齊君德行之高下。晏子對以小有善行而已，實無德而稱焉。㈡蹵然：不安的樣子。㈢紹：紹介也。《史記索隱》：「紹介猶媒也。凡禮，賓至必因介以傳辭，紹者，繼也，介不一人，故禮云：紹而傳命。」㈣隱：謂隱其所當為君諱者。㈤君之命質：質，實也，言君之所問直而實。《大戴禮記・衛將軍文子》：「子貢以其質告」，義同。㈥無所隱：使無以隱諱。㈦無稱：稱，讚揚也，言無德可揚。㈧殆哉吾過：孫云：「明己之臣，亦且不能隱過，故殆也。」按殆也可釋為吾過甚危，以無直諫而使改也。蓋晏子於外不妄稱其君，於內必是直諫之士。㈨正在本朝也以上三句：言君能容直臣，何以謂之不肖乎？

【今譯】晏子出使晉國，晉平公問道：「先生的國君，德行高下情形如何？」晏子回答說：「小有善行。」公道：「不，我問的不是小有善行，而是問先生的國君德行高下啊？」晏子形色不安的回答話：「諸侯交往，需經過紹介而後相見，其目的在使措辭有所隱諱啊！今國君問的過於直實，臣不容有所隱諱，所以依實來講，嬰之國君無德可以稱揚啊！」平公頗覺尷尬的辭送了晏子，再拜而返道：「因為缺乏直諫之臣，我的過失更危險了。誰說齊君不肖呢！直稱之士，正在朝廷啊！」

晉叔向問齊國若何晏子對以齊德衰民歸田氏第十七㈠

晏子聘于晉，叔向從之宴，相與語。叔向曰：「齊其何如？」晏子對曰：「此季世也，吾弗知，齊其為田氏㈡乎！」叔向曰：「何謂也？」晏子曰：「公棄其民㈢，而歸于田氏。齊舊四量：豆、區、釜、鍾㈣，四升為豆，各自其四，以登于釜㈤，釜十則鍾㈥。田氏三量，皆登一焉，鍾乃巨矣㈦。以家量貸㈧，以公量收之。山木如市㈨，弗加于山，魚鹽蜃蛤，弗加于海。民參其力，二入于公㈩，而衣食其一；公積朽蠹，而老少凍餒；國之都市⑪，屨賤而踊貴⑫；民人痛疾，或燠休⑬之。昔者殷人誅殺不當，僇⑭民無時，文王慈惠殷眾，收衈無主，是故天下歸之，民無私與⑮，維德之授⑯。今公室驕暴，而田氏慈惠，其愛之如父母⑰，而歸之如流水，無獲民，將焉避之⑱？箕伯、直柄、虞遂、伯戲⑲，其相胡公太姬，已在齊矣⑳。」叔向曰：「雖吾公室，亦季世也㉑。戎馬不駕，卿無軍行㉒，公乘無人㉓，卒列無長；庶民罷弊㉔，宮室滋㉕侈，道殣㉖相望，而女富溢尤㉗；民聞公命，如逃寇讎；欒、郤、胥、原、狐、續、慶、伯，降在皁隸㉘；政在家門㉙，民無所依㉚，而君日不悛㉛，以樂慆憂㉜；公室之卑，其何日之有㉝！讒鼎㉞之銘曰：『昧旦丕顯㉟，後世猶怠』，況日不悛，其竜㊱久乎！」晏子曰：「然則子將若何㊲？」叔向曰：「人事畢矣，待天而已矣！晉之公族盡矣。肸㊳聞之，公室將卑，其宗族枝葉先落，則公室從之。肸之宗十一族㊴，維羊舌氏在而已，肸又無子㊵，公室無度，幸而得免㊶，豈其獲祀焉㊷。」

【今註】 ㈠本章要旨：言晉國叔向問齊國近況若何？晏子對以齊德日衰，民多歸附田氏，夫怨不在大，可畏惟人；載舟覆舟，所宜深慎！案齊為田氏之事，又見於本書諫下第十九章、問上第八章，外上第十章、十五章。㈡田氏：《左傳》作陳氏。田陳古同音。《說文》田字段注：「陳敬仲之後為田氏，田即陳字，叚田為陳也。」㈢棄其民：不恤其民之意。㈣豆區釜鍾：區，音又。鍾，或作鐘，按鍾通鐘；樂器鐘字，經傳多作鍾，叚借也；用為量器時作鍾。豆、區、釜、鍾，皆古量器名。㈤以登于釜以上三句：杜注：四豆為區，區，斗六升，四區為釜，釜，六斗四升。各自其四，以登於釜者，謂各以四進位，最後成釜。⑥鍾：六斛四斗。⑦鍾乃巨矣以上三句：巨，大也。三量，豆、區、釜。登，加也。加一，謂加舊量之一也。以五升為豆，五豆為區，五區為釜，則區二斗，釜八斗，鍾八斛也。⑧以家量貸二句：此言以三量登一貸，以四進登釜收，貸厚而收薄。⑨山木如市以下四句：價如在山海，不加貴。如，往也。言將山木送往市場。於木既言如市，魚鹽蜃蛤，亦如市可知，意指其價如在山海，而不加貴，言田氏厚民。⑩民參其力二入于公：此言公重賦斂，民三之二之力入於官，三一始為自己衣食生養之需。⑪國之都市：舊作「國都之市」。孫云：「左傳作國之諸市，非。」王云：「晏子本作國之都市，都諸古字通，都市即諸市也。國中之市非一，故曰諸市。後人不知都為諸之叚字，而誤以為都邑之都，故改為國都之市；不知古所謂國，即今所謂都也。既言國，又言都，則贅矣。」王說是，今據乙。⑫屨賤而踊貴：《左傳》無「而」字。杜注：「踊，刖足者屨也，言刑多也。」⑬燠休：讀如嫗煦。痛念之聲，謂陳（田）氏也。服虔云：「若今小兒痛，父母以口就之曰：燠休！代其痛也。」⑭僇：刑戮也。⑮民無私與：「民」字舊脫，從王校補。與，親附也。⑯維德之授：謂民之所附，維有德於民者。⑰其愛之如父母：「其」，指田氏，言其愛民如父母之愛子女，以應上文「維德之授」，下文故曰「而民歸之如流水」。⑱將焉避之：此與孟子曰：「由水之就下，沛然誰能禦之」意同。⑲箕伯直柄虞遂伯戲：四人皆舜後，陳（田）氏之先祖也。⑳其相胡公太姬以下二句：杜注：「胡公，四人之後，周始封陳之祖；太姬其妃也。言陳氏雖為人臣，然將有國，其先祖鬼神已與胡公共在齊。」正義：「相訓為助，言箕伯四人其皆助胡公太姬，神靈已在齊矣。」㉑亦季世也：言晉亦季世也。㉒戎馬不駕二句：此指晉室衰弱，不能征討，以救諸侯。㉓公乘無人：乘，ㄕㄥˋ。公乘，公家之戎車也。杜注：「百人為卒。言人皆非其人，非其長。」㉔罷弊：罷同疲。《左傳》：「弊」作「敝」。㉕滋：益也。㉖殣：餓死曰殣。㉗女富溢尤：「女」「如」古同字。尤，過甚意。「溢尤」猶益尤，益甚。此言道殣相望，民窮極矣，而公室則如富益甚也。㉘欒郤胥原狐續慶伯降在阜隸：張云：杜注「狐」，原作「孤」，茲據《左傳》改。欒、郤、胥、原、狐、續、慶、伯八姓，皆晉舊臣之族。阜隸，賤官也。㉙政在家門：言大夫專政。㉚民無所依：任人暴殘，民無依歸。㉛悛：改也。㉜以樂慆憂：慆，藏也。言苦中作樂，將自己的憂愁埋藏於音樂之中。㉝何日之有：言自古以來，公室無如此卑微。㉞讒鼎：讒，鼎名。服虔云：讒鼎，「疾讒之鼎」。亦名「饞鼎」，蓋著貪食之戒。㉟昧旦丕顯：昧，昧爽。旦，明。丕，大也。銘意蓋謂：昧旦之時即起，而勤其所務也。㊱竜：《左傳》作「能」，按「竜」為「龍」之俗體，實為「能」字之譌。㊲然則子將若何：《左傳》無「然則」二字。問何以得免此難。㊳肸：音ㄒㄧˋ，羊舌肸，字叔向，後以字為氏。㊴肸之宗十一族：杜注：「同祖為宗。」正義曰：「世族譜云：羊舌氏晉之公族也。羊舌，其所食邑名。唯言晉之公族，不知出何公也。杜云同祖為宗，謂同出一公有十一族也。」㊵無子：無賢子。㊶幸而得免：言免於死難，得以壽終為幸。㊷豈其獲祀焉：言不必得祀。

【今譯】晏子聘問於晉國之時，叔向從之歡宴，相互交談。叔向問道：「齊國的近況如何？」晏子回答說：「這是一個國衰將亡之世。別的我不知道，唯知齊將為田氏所有啊！」叔向道：「這怎麼講呢？」晏子說：「公室不體恤人民，人民轉而依附田氏。例如齊國舊有的量器，分豆、區、釜、鍾四種；四升為豆，四豆為區，都以四進位，最後以進於釜，十釜為一鍾。可是田氏皆於舊量加一，以五升為豆，五豆為區，五區為釜。區二斗，釜八斗，鍾八斛，一鍾的容量較舊量大多了。他便以平常舊量加一之法貸給貧民，又用公量逢四進一之法來收賬。把山上的木材送往市場，海中的魚鹽蜃蛤賣給人民，價格和原產地一樣，決不抬高物價。反觀公室的作法，只知道加重賦稅，讓人民三分之二的財力被繳入官府，賸下三分之一才能做自己衣食生養之需。而國家刑罰又重，在通都大邑的地方，由於受刖足之刑的太多，以致造成屨賤踊貴的現象。當此民生痛苦，求告無門的時候，田氏即時加以親切撫慰。回想過去殷人誅殺不當，刑戮無已。文王施惠於殷民，同情無告。是故天下人民多來歸附他。人民不會隨便親附的，維有恩德者始可。今公室驕橫暴虐，而田氏仁慈有恩，其愛民如父母之愛子女，而人民歸之如流水之就下，雖然不想獲得人民之擁戴，又怎能阻止得了呢？至於箕伯、直柄、虞遂、伯戲四人，皆虞舜之後，田氏先祖，都幫助胡公、太姬。他們的神靈，早就在齊國了。」叔向道：「縱使我的公室，也是國衰將亡的季世啊！晉國衰弱，不能出兵征討，以救諸侯。戎車無人駕駛，卒列無人領導。民生疲弊不堪，宮室益加奢靡，餓莩相望於道路，公室卻越發富厚。人民聽到公室的命令，懼之如逃寇仇。欒、郤、胥、原、狐、續、慶、伯八大舊族，皆降而為卑官賤職。政在家門，大夫專政，任人殘暴，民無所歸。而君始終不改，只是苦中作樂，藉酒澆愁。自古以來，公室之卑弱，沒有像這個樣子的！讒鼎之銘文說：『昧旦即起，勤於事務』，何況吾君淫樂不改，國家怎能久存呢！」晏子說：「既然如此，你打算怎麼辦？」叔向道：「我現在只有善盡人事，以待天命而已啊！晉之公族完了。肸聽說，公室行將衰弱之時，其宗族就像一棵樹木，枝葉總是先期零落，而後公室即隨之滅亡。肸之同祖為宗者，原有十一族，到現在只賸下我們羊舌氏一支而已。肸既無賢能的子孫繼承，公室又荒淫無度，如果我今後能幸免死難，得以壽終正寢，也就夠了，還怎敢奢望獲得後人的祭祀呢！」

叔向問齊德衰子若何晏子對以進不失忠退不失行第十八㈠

叔向問晏子曰：「齊國之德衰矣，今子何若？」晏子對曰：「嬰聞事明君者，竭心力以沒其身㈡，行不逮則退㈢，不以誣持祿㈣；事惰君者，優游㈤其身以沒其世，力不能㈥則去，不以諛持危㈦。且嬰聞君子之事君也，進不失忠，退不失行。不苟合以隱㈧忠，可謂不失忠；不持利以傷廉，可謂不失行。」叔向曰：「善哉！詩有之曰㈨：『進退維谷㈩。』其此之謂歟！」

【今註】㊀本章要旨：言叔向問，齊君德衰國弱，今後子將若何？晏子對以進而為官，不失其忠，退而為民，不失其行。務期進退有據，窮而有節也。㊁竭心力以沒其身：意謂竭忠盡瘁，以死自效。㊂行不逮則退：與《論語》「陳力就列，不能者止」之意合。㊃不以誣持祿：誣，阿其所好以相與也，與表記：「受祿不誣」之旨同。㊄優游：委心任運也。此言順從自然，因勢而利導之。㊅力不能：能，勝任也。力不能，力不勝任也。㊆不以諛持危：因為諛衰世，非以持祿，實以持危。㊇隱：蔽也，引申義同違。㊈詩有之曰：見《詩經・大雅・桑柔》之篇。㊉谷：窮也。此叔向問晏子齊德之衰，德衰則為臣下者處境最窮，叔向引詩正贊此義。

【今譯】叔向問晏子道：「齊國德衰力弱了，現在你的打算如何？」晏子回答說：「嬰聽說事奉英明的國君時，應盡心竭力，死而後已；如果力有不及，就自動隱退，決不阿其所好，保持爵祿。事奉偷惰的國君時，要委心任運，渡過一生；如果力有不能，就自動求去，決不諂諛衰世，甘冒危險。且嬰聽說成德的君子，當事奉國君時，進而為官，不失其忠；退而為民，不失其行；不隨聲附和以違忠，可謂之不失忠；不競名奪利以傷廉，可謂之不失行。」叔向道：「太好了！古詩曾經有『進退維谷』的話，講的就是你這種處境困窮時的做法吧！」

叔向問正士邪人之行如何晏子對以使下順逆第十九㈠

叔向問晏子曰：「正士之義，邪人之行，何如？」晏子對曰：「正士處勢臨衆不阿私，行國足養而不忘其故㈡；通㈢則事上，使卹其下，窮㈣則教下，使順其上；其事君也㈤，盡禮行忠，不為苟祿，不用，則去而不議㈥。其交友也，論信行義㈦，不為苟戚㈧，不同，則疏而不誹㈨；不以毀行進于君㈩，不以刻民尊于國⑪。故用于上則民安⑫，行于下則君尊⑬；故得衆上不疑其身⑭，用于君不悖于行⑮。是以進不喪己⑯，退不危身⑰，此正士之行也。邪人則不然，用于上則虐民⑱，行于下則逆上⑲；事君苟進不道⑳忠，交友苟合不道行㉑；持諛巧以勾祿㉒，比㉓姦邪以厚養；矜㉔爵祿以臨人，夸體貌以華世㉕；不任于上㉖則輕㉗議，不篤于友㉘則好誹。故用于上則民憂㉙，行于下則君危㉚，是以其事君近于罪，其交友近于患，其得上辟于辱㉛，其為生僨于刑㉜，故用于上則誅，行于下則弒。是故交通則辱，生患則危，此邪人之行也。」

【今註】㊀本章要旨：言叔向問方正之士與姦邪小人的行事，彼此有何區別？晏子對以方正之士卹下順上，姦邪小人虐民逆上。㊁行國足養而不忘其故：行國猶處勢，謂得行政事於國也。全句蓋謂因行國足養，而不忘其親故。㊂通：謂見信於君。㊃窮：謂不見信於君。㊄其事君也以下三句：舊作「事君盡禮行忠不正爵祿。」顧云：「當作其事君也，盡禮道忠，不為苟祿。」顧說是。今並據以補正。惟「盡禮行忠」，文義自明，不必破「行」作「道」耳。㊅去而不議：此句與《孟子・公孫丑》：「遺佚而不怨」恉同。亦前章「退不失行」之謂。㊆諭信行義：舊作「論身義行」。劉云：「論當作諭，身為信字之叚，義行當倒文作行義。諭信行義，與上盡禮行忠對文。」劉說是，今據正乙。㊇戚：親也，近也。㊈誹：舊譌「悱」，從黃校據下文正。㊉不以毀行進于君：舊作「不毀進于君」，張校云：「此句脫二字，文不成義。綜上文觀之，當作不以毀行進于君，與不以刻民尊于國對文。」張說是，今據增補。⑪不以刻民尊于國：既見尊于國，即見信于君，則使上卹下，故「不以刻民尊于國」也。⑫用于上則民安：因使上卹下故也。⑬行于下則君尊：因教下順上故也。⑭不疑其身：以其教下順上故也。⑮不悖于行：能盡禮行忠，不為苟祿，故不悖於行。⑯進不喪己：舊譌「亡」，王云：「進不喪亡，文不成義。亡當為己字之誤也。喪己，失己也，失己與危身對文。下文交通則辱，生患則危，正與此相反。辱謂喪己，危謂危身。」王說是，今據正。⑰退不危身：因退不失行，故不危身。㈥用于上則虐民：因其驕以暴下。㈨行于下則逆上：因其衡以逆上。㈩道：由也。㈡不道行：行不由義，此「行」字即指「義行」而言。㈢匄祿：匄，舊譌「正」，王云：「正當為匄，廣雅曰：匄，求也，謂持詖巧之術以求祿也。俗書匄字作丐，與正相似而誤。」王說是，今據正。㈢此：阿比。㈣矜：妄自尊大意。㈤華世：華，虛譽。以虛譽邀寵，故曰「華世」。㈥不任于上：任，信任也。謂不見君上之信任。㈦輕：輕率也。㈧不篤于友：篤，厚也，謂不為朋友所厚遇。㈨用于上則民憂：因民不得卹。㈩行于下則君危：因不順君上。㈠辟于辱：辟，偏邪也。謂偏於奴顏婢膝，行自取辱。㈢生僨于刑：僨，覆敗也。言生而不免覆敗於刑戮。

【今譯】叔向問晏子道：「正士之義，邪人之行，是怎樣的呢？」晏子回答說：「方正之士居處高位，統馭民眾時，決不結黨營私，推行國事，祿足自養後，決不遺忘故舊。當被信任時，即事奉國君，使其體卹下民的疾苦。如不能獲取國君的信任，便教導下民，使其順從君上的領導。他事奉國君，盡禮行忠，不在博取爵祿；即令棄不見用，則退而隱去，也不橫加非議。其對待朋友，講信行義，不在逢迎親近，如果意見不同，就自動疏遠，不事後誹謗。不以毀譖之言進獻於君，不以刻薄人民取信於國。是故一旦引用而居高位，則人民享受安樂，退而歸隱民間，則國君得到尊敬。當他深得民眾的信賴時，上不疑其身有他，用於朝廷時，不違悖其日常言行。是以進而為官，不喪失平日的節操；退而為民，不危及自己的身家。此乃正士之義行啊！至於姦邪小人則不然，一旦在朝為官，就暴虐人民，在野為民，就教下逆上。事奉國君，只求爭名奪利而不道忠言，朋友交往，只是苟且結合而不講道義，運用諂諛巧詐的手段以求爵祿，聯合姦黨邪徒的小人以提高身價。常炫耀高官厚祿以統馭人民，誇張體貌以譁世取寵。不為君上重用時，就輕率議論；不為朋友信任時，就橫加批評。故用之於上，就增加人民的憂患，行之於下，則危及國君的領導。是以其事奉國君，就使其接近罪惡；其結交朋友，則教其接近於禍患；其所以能得到君上的垂青，往往是運用奴顏婢膝的方法；其有生之年，將不免遭覆敗於刑戮。故用之於上則殺戮無辜，行之於下，則叛國弒君。是故，即令被朝廷重用，則辱及人格；生之於世，則危及身家，此乃姦邪小人之行徑啊！」

叔向問事君徒處之義奚如晏子對以大賢無擇第二十㈠

叔向問晏子曰：「事君之倫，徒處之義，奚如？」晏子對曰：「事君之倫，知㈡慮足以安國，譽㈢厚足以導民，和柔足以懷㈣眾，不廉上以沽名㈤，不倍㈥民以為行，上也；潔于治己，不飾過以求先㈦，不讒諛以求進，不阿以私㈧，不誣以能㈨，次也；盡力守職不怠㈩，奉官從上不敢隋㈡，畏上故不苟㈢，忌罪故不辟，下也。三者，事君之倫㈢也。及夫大賢，則徒處與有事無擇也，隨時宜者也(一四)。有所謂君子者，能不足以補上，退處不順(一五)上，治唐園(一六)，考菲履(一七)，共恤上令(一八)，弟長鄉里，不夸言，不愧行(一九)，君子也。不以上為本(二〇)，不以民為憂，內不恤其家(二一)，外不顧其游(二二)，夸言愧(二三)行，自勤于飢寒(二四)，不及醜儕(二五)，命之曰狂僻之民(二六)，明上之所禁(二七)也。進也不能及上(二八)，退也不能徒處(二九)，作(三〇)窮于富利之門，畢志于畎畝之業(三一)，窮通行無常，處慮佚于心(三二)，通利不能(三三)，窮業不成(三四)，命之曰處封之民(三五)，明上之所誅(三六)也。有智不足以補君(三七)，有能不足以勞民(三八)，俞身徒處(三九)，謂之傲上，苟進不擇所道(四〇)，苟得不知所惡(四一)，謂之亂賊。身無以與(四二)君，能無以勞民，飾(四三)徒處之義，揚輕上之名(四四)，謂之亂國(四五)。明君在上，三者不免罪(四六)。」叔向曰：「賢不肖，性夫(四七)！吾每有問，而未嘗自得也。」

【今註】㈠本章要旨：言叔向問貴進事君，與貧賤獨處之道何如？晏子對以智德高尚的大賢，不選擇居處，而隨時制宜也。按徒處之義，又見於外上第十八章。㈡知：讀去聲，同智。㈢譽：聲名美好。因美名深入人心，故足以導民。㈣懷：歸也。《書經・大禹謨》：「黎民懷之」義同。㈤不廉上以沽名：廉，嚴峻也。全句謂不故為嚴正事上以沽聲名。⑥倍：反也，或作偝、作背、作悖。⑦不飾過以求先：言有過不自欺飾，心存退讓，故曰不求先。⑧不阿以私：私，謂私好，言不以私情所好阿人也。⑨不誣以能：言不以偽能欺人也。⑩不怠：劉引戴校云：「不下當有敢字」。⑪隋：張云：「惰從元刻，孫本作隋」，又云：「隋同惰。」按《說文》本作憜，或省作惰，不敬也；隋，裂肉也，音同形異。隋同惰說，不知所據，疑為「憜」字譌。⑫不苟：謂不敢苟且。⑬倫：道也。⑭隨時宜者也：無事則隱，有事則見，見隱各隨時宜。故上句曰「無擇」。⑮順：循也，循徇同詁。⑯治唐園：唐園，菜圃也。唐訓空，以菜圃地多空曠，故名。治唐園者，謂整理菜圃也。⑰考菲履：菲履，草履也。考，就也，考菲履者，謂著草履也。⑱共恤上令：共讀若恭。恤，訓慎。言恭慎上令，不敢相犯。⑲愧行：孫云：「愧當作傀。」傀猶怪也，傀行，猶言怪異之行。⑳不以上為本：言遺忘其君上。㉑家：指家族。㉒游：交游。游上舊衍「身」字，今依王校刪。㉓愧：《荀子》楊倞注作傀，參上註十九。㉔自勤于飢寒：勤訓憂，《呂氏春秋．不廣篇》：「勤天子之難」，高誘注：「勤，憂也」。自勤於飢寒者，言惟一己之飢寒是憂。㉕不及醜儕：醜，同類也，段作疇，俗作儔。不及醜儕，言不卹交遊之意。㉖狂僻之民：以無君無民，夸言愧行，故曰狂僻之民。狂僻，狂枉邪僻。㉗明上之所禁：明上，明君也。以失所徒處之義，故禁。㉘不能及上：及上謂上達於君，而見信任。不能及上，不可以事君。㉙不能徒處：言不能久處貧賤。㉚作：變也。㉛畢志于畎畝之業：畢猶絕也，畎畝，農事也。此言專意非分，不肯盡力於農事；故下文曰「窮業不成」。

㉜窮通行無常處慮佚于心：上句為「窮通行無常」，言或窮或通，行無常則。下句為「處慮佚于心」，言或處或慮，皆出於分外。㉝通利不能：通利舊倒，文義不順；今據張校乙。言既不能通利於人。㉞窮業不成：言不能窮業以成。㉟處封之民：處謂安處。封謂富厚。蓋謂不能有為，而貪享富厚。故下句有「明上之所以為誅也」。㊱誅：責罰。㊲有智不足以補君：言知見不正，無益於君。㊳有能不足以勞民：勞，功也，言能力不足有功於民。㊴俞身徒處：「俞」當為偷之壞字。言苟且偷生，超然獨處，以自鳴清高也。㊵苟進不擇所道：苟，苟且也。道，由也。言幸而為官，陰結寵倖，不由正道。㊶苟得不知所惡：言苟求利祿，任人唾罵。㊷與：助也。㊸飾：矯飾也。㊹揚輕上之名：輕上自高。㊺謂之亂國：此總束「身無以與君」以下四句，所作之結語。㊻三者不免罪：此據上義複說。㊼性夫：言不得其所以，故疑為天性。

【今譯】叔向問晏子道：「敬事國君之道，與守約獨處之義，兩者情形究竟如何呢？」晏子回答說：「為官事君之道：智慧思慮足以安定國家，美名深厚足以領導人民，和平溫柔足使眾人歸心，不以嚴正事上來沽名釣譽，不以違悖民意來特立獨行，此之謂上等。勤於潔身自愛，不粉飾過失，以求超過他人；不讒言阿諛，作為進身之階；不以私情所好結黨，不以偽能欺人，此之謂次等。盡力守職，決不懈怠；奉官從上，不敢偷惰；敬畏君上，故不苟且從事；忌生罪過，故不違犯刑辟，此之謂下等。以上三種情形，皆屬敬事國君之道啊！至於智德兼備的大賢們，對於守約獨處和從政事君，或見或隱，隨時制宜，是沒有什麼區別的啊！另外，有所謂君子之人，能力雖不足以裨益君上，但退而隱處，卻能固守善道，不徇上惡；平常整理菜圃，穿著草鞋，勤儉度日；恭慎君上的政令，不敢相犯；與鄉里居處，孝親弟長；言不誇張，行不怪異，此之謂潔身自愛的君子啊！還有一些忘君遺民的人，不以上為根本，不以民為憂慮，內不體卹家族，外不照顧朋友，誇大言詞，標新立異，終日為生活奔波，想不到自己的親友，似此，可以名之曰狂枉邪僻之民，是英明君主嚴禁的對象啊！還有一些人，進而為官，不可以事君；退而在野，又不能久處貧賤；只想藉富貴人家的財勢，改變自己的生活；不願耕田樹藝，盡力於農事；或窮或通，行無常則，或居或慮，時生非分之念；既不能與人通利，又不能守窮成業；似此，可以名之曰貪享富貴之民，是英明君主責罰的對象啊！至於有的知見不正，不足以補益君上；才能褊狹，不足以服務人民；還要苟且偷生，超然獨處，自鳴清高，似此，可以謂之傲慢君上。如幸而為官，則不由正道，陰結近侍；求得利祿，則不擇手段，任人唾罵；似此，可以謂之亂臣賊子。身無法助益國君，能無法服務人民，表面上還要裝扮守約獨處的高義，標榜傲視君王的美名，似此，可以稱之為亂國之民。如果英明的國君執政，以上三者必不能免於罪刑。」叔向聞言道：「賢與不肖，天性使然嗎？我每每以此自問，但都未曾自得於心啊！」

叔向問處亂世其行正曲晏子對以民為本第二十一㈠

叔向問晏子曰：「世亂不遵道，上辟㈡不用義；正行則民遺㈢，曲行㈣則道廢。正行而遺民乎？與持㈤民而遺道乎？此二者之于行何如？」晏子對曰：「嬰聞之，卑而不失尊㈥，曲而不失正者，以民為本也。苟持民矣，安有遺道！苟遺民矣，安有正行焉！」

【今註】㈠本章要旨：言叔向問處於亂世，其行正曲，如何抉擇乎？晏子對以應以民為本。㈡辟：同僻，邪僻也。㈢正行則民遺：遺，違棄也。言民不由義，故正行即違民也。《史記・屈原傳》曰：「方正不容」，是其義。㈣曲行：曲，邪曲。曲行，謂不以正道，隨宜區處。㈤與持：與猶抑也，有與其、如其之意。持猶保守也。㈥卑而不失尊：問上第二十二章曰：「潔身守道，不與世陷乎邪，是以卑而不失義。」蓋以道義自尊，所以正民命也。故曰：「卑而不失尊。」

【今譯】叔向問晏子道：「社會混亂不循正道，君王邪僻不用義士。此時，如方正行事，則被人民遺棄；以邪曲行事，則正道遂廢。是方正行事而遭人民遺棄呢？或是保有人民而廢棄正道呢？這兩者我們究應如何去做呢？」晏子回答說：「嬰曾經聽說，人如以道義自守，地位雖卑而不尊，行事雖曲而不失正，蓋以民為本故也。假使保有人民，安有廢棄正道之理！假使遺棄人民，又安能說是方正行事呢！」

叔向問德孰為高行孰為厚晏子對以愛民樂民第二十二㈠

叔向問晏子曰：「德孰為高？行孰為厚？」對曰：「德莫高于愛民㈡，行莫厚于樂民㈢。」又問曰：「德孰為下？行孰為賤？」對曰：「德莫下于刻民㈣，行莫賤于害身㈤也。」

【今註】㈠本章要旨：言叔向問那種德行最崇高，那種行為最寬厚？晏子對以德以愛民為高，行以樂民為厚。本章標題及正文五「德」字，舊刻均作「意」，因「德」正字作「悳」，與「意」形近而譌，今依劉校及長孫元齡說正。㈡愛民：愛，慈惠也，為政愛民，德莫高焉。㈢樂民：樂，安樂也。有與民同樂意。㈣刻民：刻，苛刻也。苛刻人民，毒萬倍於蛇蝎，故品莫下於此。㈤害身：謂醜德敗行，不但害身，尤足以辱親，故賤莫甚於此。

【今譯】叔向問晏子道：「那種德行最崇高，那種行為最寬厚？」晏子回答說：「德莫崇高於對人民慈愛，行莫寬厚於使人民康樂。」又問道：「那種德行最低下？那種行為最卑賤？」回答說：「德莫低下於刻薄人民，行莫卑賤於害己辱親。」

叔向問嗇吝愛之于行何如晏子對以嗇者君子之道第二十三㈠

叔向問晏子曰：「嗇、吝、愛之于行何如？」晏子對曰：「嗇㈡者，君子之道；吝、愛㈢者，小人之行也。」叔向曰：「何謂也？」晏子曰：「稱㈣財多寡而節用之，富無金藏㈤，貧不假貸㈥，謂之嗇；積多不能分人，而厚自養，謂之吝；不能分人，又不能自養，謂之愛。故夫嗇者，君子之道；吝愛者，小人之行也。」

【今註】㈠本章要旨：言叔向問嗇、吝、愛三者之於德行，其高下如何？晏子對以嗇者，多入少出，謹身節用，為君子之道也。㈡嗇：《說文》嗇字段注：「嗇者，多入而少出。」此為不妄費之意。㈢吝愛：吝：慳吝，《說文》：「恨惜也。」愛則於人外，又慳吝自虐。故稱小人之行。㈣稱：量也。㈤富無金藏：言多財，必以分貧。故曰富無金藏。㈥貧不假貸：言衣麤食惡，自苦為極，雖貧亦不借貸。

【今譯】叔向問晏子道：「嗇、吝、愛三者於德行，其高下如何？」晏子回答說：「嗇者，多入而少出，不妄加化費，可謂君子之道。至於慳吝和愛財如命，是小人的行徑啊！」叔向道：「這怎麼講呢？」晏子說：「衡量財富之多寡，謹身節用，如富而有餘，必以濟貧；不然，雖麤衣惡食，亦不向人告貸，此之謂儉嗇。財多富積，不能分貧，而自己卻豐衣足食，特別享受，此之謂慳吝。有的人財富雖多，既不能博施濟貧，又不能豐厚自養，此之謂愛財如命。三者相較，則『嗇』乃君子之道，『吝』、『愛』皆小人之行啊。」

叔向問君子之大義何若晏子對以尊賢不退不肖第二十四㊀

叔向問晏子曰：「君子之大義何若？」晏子對曰：「君子之大義，和調而不緣㊁，溪盎而不苛㊂，莊敬而不狡㊃，和柔而不銓㊄，刻廉而不劌㊅，行精而不以明污㊆，齊尚而不以遺罷㊇，富貴不傲物㊈，貧窮不易行㊉，尊賢而不退不肖㊁。此君子之大義也。」

【今註】㊀本章要旨：言叔向問君子對人接物之義行，以何為大乎？晏子對以尊敬賢能，而不退不肖。標題「退」上舊無「不」字，茲依張校並依正文補。㊁和調而不緣：緣，循也。言仗物而行。全句是指雖與俗和調，但不循俗而行，猶「君子和而不同」之意。㊂溪盎而不苛：溪盎，孫蜀丞云：「疑『傒醯』之殘」。案《方言》：「傒醯，危也。東齊掎物而危謂之傒醯。」後「醯」字殘缺而為「盎」，「盎」不成字，寫者易為「盎」，致失其義。苛，疑為「苟」字之形譌。「傒醯而不苟」，猶言「臨危難而不苟免」也。㊃莊敬而不狡：狡，《文選・洞簫賦》注曰：「狡，急也」。昭元年左傳注曰：「絞，切也。」莊敬而不狡，謂從容中禮，而不急切。㊄和柔而不銓：銓，《說文》：「跧，卑也」；《廣雅》：「跧，伏也」。作銓者，借字。和柔而不銓，謂和柔而不卑屈。㊅刻廉而不劌：刻，損減也，又不敢自侈意。《老子》：「廉而不劌」，王弼注：「廉，清也」。劌，傷也。刻廉而不劌，謂不以刻損清廉傷於物。㊆行精而不以明汚：精，純潔也。言不以賢者之行潔明不賢者之汚。㊇齊尚而不以遺罷：罷通疲；齊，同也；尚，尊也，謂尊賢也。此言尊賢而不棄無能者。㊈富貴不傲物：即「富而無驕」之意。㊉貧窮不易行：即「貧賤不能移」之意。⑪不退不肖：《論語・子張篇》曰：「君子尊賢而容眾，嘉善而矜不能。」不退不肖，即容之矜之之意。

【今譯】叔向問晏子道：「君子對人接物之義行，以何事為大呢？」晏子回答說：「君子之大義，是與人相處諧和，但不循俗而行；身臨危難，但不苟且偷生；端莊敬己，但不急切行事；態度柔和，但不卑屈奉承；刻苦清廉，但不傷於物用；不以志行精純，而揭發他人汚點；不以齊同尚賢，而遺棄無能；富而有禮，不對人驕矜；貧而無諂，不改變常行；尊敬賢能之士，但對不肖者，當矜憐勿喜。此乃君子對人接物的偉大義行啊！」

叔向問傲世樂業能行道乎晏子對以狂惑也第二十五㈠

叔向問晏子曰：「進不能事上，退不能為家，傲世樂業㈡，枯槁為名㈢，不疑其所守者，可謂能行其道乎？」晏子對曰：「嬰聞古之能行道者，世可以正則正，不可以正則曲。其正也，不失上下之倫；其曲也，不失仁義之理。道用，與世樂業㈣；不用，有所依歸。不以傲上華世㈤，不以枯槁為名。故道者，世之所以治，而身之所以安也。今以不事上為道，以不顧家為行㈥，以枯槁為名，世行之則亂，身行之則危。且天之與地，而上下有衰矣㈦；明王始立，而居國為制㈧矣；政教錯㈨，而民行有倫㈩矣。今以不事上為道，反天地之衰矣；以不顧家為行，倍⑪先聖之道矣；以枯槁為名，則塞政教之途矣。有明上⑫，不可以為下；遭亂世，不可以治亂⑬。說若道⑭，謂之惑，行若道，謂之狂。惑者狂者，木石之樸也⑮，而道義未戴⑯焉。」

【今註】㈠本章要旨：言叔向問，人如傲上華世，與人樂其業，可謂能行道乎？晏子對以此之謂狂惑，尚未通曉道義也。㈡樂業：自樂其業。㈢枯槁為名：槁當作稾。語謂譬如稾木，生機已絕，寂寞無情。蓋指不事政教者，遺世獨立，自鳴清高之意。㈣與世樂業：言與世共樂其業。㈤華世：謂以美名令譽博取世人之寵愛。㈥行：猶義也。㈦衰：音ㄘㄨㄟ。殺也，即差等之意。㈧制：制度，言設官分職，有一定的制度。㈨錯：通措，施行。㈩倫：道也，即人倫之謂也。⑪倍：背本字，經傳或叚用背字。⑫有明上二句：「不」字舊脫，從王校補。「有明上，不可以為下」者，即上文所云「身行之則危也」。⑬遭亂世不可以治亂：即上文所云「世行之則亂也」。言此反天地之衰，倍先聖之道，塞政教之途者，有明上則足以危身；遭亂世則足以惑世；故曰有明上不可以為下，遭亂世不可以治亂。⑭說若道：說，音悅。若，猶此也。⑮木石之樸：《說文》：「樸，木素也」。高誘注《呂氏春秋》：「樸，本也，言未彫治。」此與《論語》「質勝文則野」，義可互明。⑯道義未戴：「戴」通「載」。《說文》戴字段注：「言其上曰戴，言其下曰載也」。此言如木石之樸未經彫治，猶人之未化於道義也。

【今譯】 叔向問晏子道：「進而為官，不能事奉君上；退而為民，不能治理家庭，目空一切，自樂其業。並以槁木死灰，忘情遺世為名。堅持所守而確信不疑，這種人，能行其理想之道嗎？」晏子回答說：「嬰曾經聽說，古之能行其道者，世可以正，就正道而行；不可以正，就委曲求全。當正道而行時，不失上下之倫；委曲求全時，不失仁義之理。如道而見用，便與世共樂其業；不用，也有所依歸。不以傲慢君上，沽名釣譽，遺世獨立，枯槁忘情為名。故其道也，國家用之得以治平，個人行之得以安身啊！今以不事奉君上為正道，以不顧及家庭為義行，以枯槁忘情為美名，如國家行之，則綱紀敗壞；個人行之，則危及身家。況且天地上下，萬物各有差等，明王開始建國立極，其設官分職，均有制度；政教措施，與人民行事，皆有倫序。現在如果以不事奉君上為正道，就違反天地上下的等差了；以不顧及家庭為常行，就悖叛古先聖王的大道了；以枯槁忘情為美名，就阻礙政教發展的途徑了。如有明王在上，決不容其為民下；遭遇亂世，決不可以使其治亂持危。悅慕此道者，謂之迷惑；實行此道者，謂之狂妄。迷惑狂妄之徒，如同木石之樸，未經彫治，還根本談不上道義教化哩！」

叔向問人何若則榮晏子對以事君親忠孝第二十六㈠

叔向問晏子曰：「人何若㈡則可謂榮矣？」晏子對曰：「事親孝，無悔往行㈢，事君忠，無悔往辭㈣；和于兄弟，信于朋友，不謟過㈤，不責㈥得；言不相坐㈦，行不相反㈧；在上㈨治民，足以尊君，在下莅修㈩，足以變人⑪，身無所咎，行無所創⑫：可謂榮矣。」

【今註】㈠本章要旨：言叔向問人當如何，才可榮顯？晏子對以事親孝，事君忠。㈡人何若：「何若」上誤奪「人」字，今從文廷式校並據標題增。㊂無悔往行：言事親盡孝，於往行無悔也；「悔」謂其不可復者。㊃無悔往辭：言事君盡忠，於往辭無悔也。行接於親者多，言關於君者重，均無後悔，豈非大賢乎？㊄不謟過：《爾雅．釋詁》：「謟，疑也。」過，責也，言相見以誠，不相疑責。㊅責：求也。㊆言不相坐：凡爭辨曲直是非曰「坐」，昭二十三年左傳：「使與邾大夫坐。」注：「訟曲直也。」則「言不相坐」，謂不相爭訟之意。與下句「行不相反」對文。㊇行不相反：反猶畔也，謂行不與言相反也。㊈在上：指居上位者。㊉莅修：莅涖同。修，治也。莅修即立修。㊁變人：使人改過遷善之意。㊂創：傷也。

【今譯】叔向問晏子道：「人當如何，才可以榮顯呢？」晏子回答說：「事親盡孝，於德行無悔；事君盡忠，於往辭無悔；和睦於兄弟，信用於朋友；相見以誠，不懷疑對方；道義相交，不企求名利；言談不與人爭辯是非，行事不與所言背道而馳；居上位治國理民，足以使人尊君敬上；在下位潔身自修，足以使人遷善改過；身不犯罪咎，行無所損傷；一切完美而無缺憾，如此，則可稱之為榮顯了。」

叔向問人何以則可保身晏子對以不要幸第二十七㊀

叔向問晏子曰：「人何以則可謂保其身？」晏子對曰：「詩

曰㈡：『既明且哲，以保其身，夙夜匪懈㈢，以事一人㈣。』不庶幾㈤，不要幸㈥，先其難乎，而後幸得之㈦，得之時其所㈧也，失之非其罪㈨也，可謂保其身㈩矣。」

【今註】㈠本章要旨：言叔向問人當如何，才可以保全己身而無禍敗呢？晏子對以不可行險以徼幸。㈡詩曰：見《詩經・大雅・烝民》之篇。㈢懈：詩作「解」。按古多叚「解」為「懈」。㈣一人：指天子。因此一人乃為兆民謀福利而立，夙夜匪懈以事之者，所以使天下無一夫之不得其所也。㈤不庶幾：庶幾，希望之詞。此言無多所冀望。㈥不要幸：要，與徼通，並訓為「求」。《禮記・中庸》：「小人行險以徼幸。」朱注：「徼、求也；幸謂不當得而得者。」㈦而後幸得之：此與《論語・雍也篇》：「仁者先難而後獲」旨同。按先難後獲，謂非徼幸所得也。㈧時其所：時，是也，對下句「非」言。所猶宜也，對下句「罪」言。㈨非其罪：言人事既盡，雖失無恨，故曰「非其罪」。㈩保其身：謂不失其身也。

【今譯】叔向問晏子道：「人當如何去做，才能保全己身而無禍敗呢？」晏子回答說：「古詩說得好：『既能明白善惡，且又是非辨知，以此明哲，自能擇安去危，保全其身，不會發生禍敗。無論早起夜臥，一刻也不倦怠的，去敬事天子，使其為萬姓兆民謀福祉啊。』不存非分企圖，不求徼幸所得；凡事先克服困難，然後再得其效果；人事已盡，得之為其所當得，失之也失而無所恨。如此，可以說是明哲保身，守己無失了。」

曾子問不諫上不顧民以成行義者晏子對以何以成也第二十八㈠

曾子問晏子曰：「古者嘗有上不諫上，下不顧民，退處山谷，以成行義者也㈡？」晏子對曰：「察其身無能也，而託乎不欲諫上，謂之誕意㈢也。上惛亂，德義不行，而邪辟朋黨，賢人不用，士亦不易其行㈣，而從邪以求進，故有隱有不隱㈤。其行法士也㈥？迺夫議上，則不取也㈦。夫上不諫上，下不顧民，退處山谷，嬰不識其何以為成行義者也。」

【今註】㈠本章要旨：言曾子問不進諫君上，不施惠人民，可成行義之人嗎？晏子對以如此怎能成為行義之人呢！㈡也：同邪。㈢誕意：誕，欺也，妄為大言。此言以妄誕之意欺人。㈣士亦不易其行：易，變也。謂上邪辟，而士亦從而阿好求進，不能易其邪辟之行。㈤有隱有不隱：言求不得則隱，非潔身也；求得則不隱，非為民也。㈥其行法士也：也，同邪。此謂其行豈為諫上不用而退，足為士法之法士乎？㈦則不取也：此章自「故有隱有不隱」以下，脫譌甚多，無可取校，亦不易索解。

【今譯】曾子問晏子道：「古代曾有上不進諫君王，下不施惠人民，退隱於山林谿谷之間，以成潔行高義之人嗎？」晏子回答說：「察其本身，並無過人的才能，竟假託乎不欲進諫君上，此謂之妄誕欺人啊。當君上心惛意亂，道德仁義不行，邪僻之人朋黨為姦，賢能無法進用時，而有志之士竟阿其所好，從邪求進，不能改變其僻行，因此當他所求不得時，就退而歸隱，並非潔身；求而有得時，就出而做官，亦非為民。如從邪倖進，其行足為法士之行乎？至於諫議君王，又為其所不取。似此，上不諫議君王，下不施惠人民，只是假託退隱山林谿谷之名，嬰不知其怎能成為潔行高義之人啊！」

梁丘據問子事三君不同心晏子對以一心可以事百君第二十九㈠

梁丘據問晏子曰：「子事三君，君不同心，而子俱順㈡焉，仁人固多心乎？」晏子對曰：「嬰聞之，順愛㈢不懈，可以使百姓，彊暴不忠，不可以使一人。一心可以事百君，三心㈣不可以事一君。」仲尼聞之曰：「小子識㈤之！晏子以一心事百君者也。」

【今註】㈠本章要旨：言梁丘據問，先生曾事奉過威公、莊公、景公三位國君，而皆不同心乎？晏子對以如心無異念，一心不懈，可以敬事百君。《風俗通義・過譽篇》，《孔叢子・詰墨》，俱用此文。並與本書外上第十九章，外下第三章、第四章旨同。㊁順：《藝文類聚》作「從」。㊂順愛：順，循理也。愛，愛民也。㊃三心：《意林》、《藝文類聚》、《太平御覽》、《風俗通義》、《孔叢子》俱作「百心」。御覽引子思子曰：「百心不可得一人，一心可得百人。」按三，多數之稱，三心猶多心。㊄識：《太平御覽》、《孔叢子》俱作「記」。

【今譯】梁丘據問晏子道：「先生曾經事奉威公、莊公、景公三位國君，三君皆不同心，而先生都能委婉順從，應付裕如，由此觀之，仁人之心本來有很多嘍？」晏子回答說：「嬰聽說，順理愛民，專心不懈，可以領導百姓；彊力殘暴，對主不忠，不可以使用一人。推而廣之，如能一心不怠，可以事奉百君；三心二意，不可以事奉一君。」仲尼聞聽此言，便對左右的學生們說：「小子們記著，晏子是用一心事奉百君的啊！」

柏常騫問道無滅身無廢晏子對以養世君子第三十㊀

柏常騫去周之齊，見晏子曰㊁：「騫，周室之賤史㊂也，不量其不肖，願事君子。敢問正道直行，則不容于世，隱道危行㊃，則不忍，道亦無滅，身亦無廢者何若㊄？」晏子對曰：「善哉！問事君乎。嬰聞之，執一法裾㊅，則不取也；輕進苟合，則不信㊆也；直易無諱㊇，則速傷也；新始好利，則無不敝㊈也。且嬰聞養⑩世之君子，從輕不為進，從重不為退⑪，省行⑫而不伐，讓利而不夸⑬，陳物而勿專⑭，見象而勿彊⑮，道不滅，身不廢矣。」

【今註】 ㊀本章要旨：言柏常騫問，使正道不滅，身亦不廢，可以嗎？晏子對以惟有治世君子，才可以辦到。《孔子家語・三恕篇》用此文。㊁見晏子曰：家語作「柏常騫問于孔子曰」。㊂史：家語作「吏」。㊃隱道危行：劉云：「隱道與正道對文，則隱讀若違，隱道即違道也。」案上叔向問齊德衰章，不苟合以隱忠，隱忠與傷廉對文，隱忠即違忠也，與此同。危行，王云：「此危行與論語之危言危行不同。危讀若詭；詭行與直行正相反。作危者，借字耳。」㊄身亦無廢者何若：家語作「今欲身亦不窮，道亦不隱，為之有道乎？」㊅執一法裾：舊作「執二法裾」。孫云：「家語作浩倨者則不親。王肅注浩倨，簡略不恭之貌。法或當為浩。」盧云：「二，李本作一，當從之。」黃云：「法裾，當依家語作浩倨，裾與倨通。執一浩倨，謂剛愎自用。」按此執一謂偏執不變，意近剛愎。㊆不信：不見信任。㊇直易無諱：直易，長短不飾，以情自適之謂。無諱，為犯忌干諱，無所隱避之謂。㊈敝：敗也。今本敝上脫不字，義不可通；茲據家語補。⑩養：治也。⑪從輕不為進從重不為退：輕，易也。重，難也。謂不見易而進，不見難而退也。㊂省行：即省身檢行。㊂讓利而不夸：夸同誇，真心讓利必不誇。㊃陳物而勿專：物，事也。專，擅也。㊄見象而勿彊：象，家語作「像」，法也。此句言因其自然，勿彊泥法式之意。

【今譯】柏常騫去周往齊，見晏子道：「騫，周室的賤史啊，不自量其不肖，望能事奉君子。請問按照正道直行，則不為當世所容；違道詭行，則於心又有不忍。如想道亦不滅，身亦不廢，不知其法如何？」晏子回答說：「好極了！問的是事奉國君嗎？我聽說，如果固執己見，剛愎自用，則為國君所不取。輕率進言，妄加附和，則為國君所不信。不修編幅，犯忌干諱，則會受到損失。喜新厭舊，愛好名利，則無不失敗。且嬰聽說一個治世的君子，赴憂患，從勞苦，輕者宜為後，重者宜為先，省身檢行而不矜誇，禮讓財貨而不張揚，陳述事物而不專擅，因應自然而不拘泥法式，如此，則正道不滅，身亦不廢了。」

卷五　內篇雜上第五

凡三十章

莊公不說晏子晏子坐地訟公而歸第一㈠

晏子臣于莊公，公不說㈡，飲酒，令召晏子。晏子至，入門，公令樂人奏歌曰：「已哉已哉！寡人不能說也，爾何來為？」晏子入坐，樂人三奏，然後知其謂己也。遂起，北面㈢坐地。公曰：「夫子從㈣席，曷㈤為坐地？」晏子對曰：「嬰聞訟夫坐地，今嬰將與君訟㈥，敢毋坐地乎？嬰聞之，眾而無義，彊而無禮，好勇而惡賢者，禍必及其身，若公者之謂矣。且嬰言不用，願請身去㈦。」遂趨而歸，管籥其家者納之公㈧，財在外者斥之市㈨。曰：「君子有力于民，則進爵祿，不辭富貴㈩；無力于民而旅食⑪，不惡貧賤。」遂徒行而東，畊于海濱⑫。居數年，果有崔杼之難⑬。

【今註】㊀本章要旨：言莊公不喜歡晏子，晏子坐地與公爭論，而後辭職歸田。事亦見本書外上第二十二章。㊁說：音悅，喜悅。㊂北面：臣禮。㊃從：就也。㊄曷：何也。㊅訟：謂爭論是非曲直。㊆願請身去：仕則致其身，去則請其身。請身者，言臣委身於君，今言不見用，祇得請身於君而去。外上二十章云：「願乞骸骨。」義同。諫上五章已有請身之說。㊇管籥其家者納之公：管籥，鎖匙也，籥通作鑰。其，猶在也。此言納其家私於公。㊈財在外者斥之市：財，言「穀布」之屬。斥，斥賣也。㊉不辭富貴：言能為民陳力，則享爵祿；祿給雖豐不辭。㊁而旅食：旅食，謂寄食他鄉。而，則也。㊂畊于海濱：畊同耕，東耕海濱，亦見外上第二十二章。㊂果有崔杼之難：此寓言也。晏子之父桓子卒於襄公十七年，《左傳正義》謂晏子時猶未為大夫，時齊靈公二十六年也。適年，晉人來伐，靈公入臨菑，晏子止公，見〈齊世家〉。是晏子入仕，在靈公二十七年，又適年，崔杼立莊公，在位先後五年，而崔子弒君，晏子哭尸。晏子於此時，並未去朝居東海，此不可信者一；古無臣與君訟之理，晏子既以無禮為諫，而已復以無禮要君，必無其事，此不可信者二；觀其諍諫之辭，膚廓而不切於事，其辭人人能言之，亦毋庸坐地而後發，此不可信者三；崔氏之擅權，早在靈公之時，不待智者皆知崔氏之患，況崔氏之弒，發於莊公之好色邪僻，與此樂人奏歌若不相涉，此不可信者四。此乃後人託辭為之，至為顯然。

【今譯】晏子臣事於莊公，公不悅，飲酒之時，下令召見晏子。晏子至，入門，公令樂工奏歌，歌詞是：「算了！算了！寡人不高興，你來幹甚麼？」晏子入坐，樂工連奏三遍，然後才知道原來是對自己講的啊。於是離坐而起，北面坐於地上。公道：「先生就席，為何坐地？」晏子回答說：「嬰聞妻子和丈夫爭辯時，要坐於地面，今嬰將和國君爭辯是非曲直，敢不坐在地面嗎？嬰聽說：勢眾而不主正義，力彊而不講禮節，好勇而厭惡賢能，是自取滅亡之道，禍必降臨到己身，像國君現在，就是這種情形了。且嬰之忠告如不被採納，請准辭現職。」遂疾行而歸，凡鎖匙之在家者，繳還公庫；財貨之可賣者，送到市場。他說：「君子有能力為民服務時，就享有爵祿，祿位再豐亦有所不辭；無力為民服務時，縱然是寄食他鄉，生活再貧賤也不該厭惡。」於是步行東去，躬耕於東海之濱。停幾年，果然發生了崔杼弒君的亂子。

莊公不用晏子晏子致邑而退後有崔氏之禍第二㊀

晏子為莊公臣，言大用，每朝，賜爵益邑㊁；俄而不用，每朝，致㊂邑與爵。爵邑盡，退朝而乘㊃，喟然而歎㊄，終而笑。其僕曰：「何歎笑相從數㊅也？」晏子曰：「吾歎也，哀吾君不免于難；吾笑也，喜吾自得也，吾亦無死矣㊆。」崔杼果弒莊公，晏子立崔杼之門㊇，從者曰：「死乎？」晏子曰：「獨吾君也乎哉！吾死也(九)？」曰：「行乎？」曰：「獨吾罪也乎哉！吾亡也(一〇)？」曰：「歸乎？」曰：「吾君死，安歸(一一)？君民者，豈以陵民，社稷是主；臣君者，豈為其口實(一二)，社稷是養(一三)。故君為社稷死，則死之，為社稷亡，則亡之(一四)；若君為己死而為己亡，非其私暱(一五)，孰能任之。且人有君而弒之，吾焉得死之？而焉得亡之(一六)？將庸何歸(一七)？」門啟而入，崔子曰：「子何不死？子何不死？」晏子曰：「禍始，吾不在也；禍終，吾不知也(一八)，吾何為死？且吾聞之，以亡為行者，不足以存君(一九)；以死為義者，不足以立功(二〇)。嬰豈其婢子也哉！其縊而從之也(二一)？」遂袒免(二二)，坐，枕君尸(二三)而哭，興(二四)，三踊而出(二五)。人謂崔子必殺之，崔子曰：「民之望也，舍(二六)之得民。」

【今註】(一)本章要旨：言莊公不用晏子，晏子歸還采邑而退，以後發生崔杼弒君之禍。(二)益邑：增加其所食之采邑。(三)致：歸還之意。(四)退朝而乘：歸朝乘車。(五)喟然而歎：《說文》：「喟，太息也；或作嘳。」《字林》：喟，息憐也。歎，吞聲也；一曰太息也。(六)數：屢次。(七)吾亦無死矣：言吾不必死君難矣。然則崔氏難，而晏子在朝則死矣。(八)晏子立崔杼之門：崔杼弒莊公事，見襄公二十五年左傳。《左傳》門下有「外」字。此晏子聞難而來。⑨吾死也：也同邪。下同。言己與眾臣無異，吾何為而死也。⑩吾亡也：自謂無罪，吾何為而亡逃也。⑪安歸：此言吾君已死，安可以歸。⑫口實：猶口糧。言口中食物也。⑬養：奉也。言君不徒居於民上，臣不徒求得爵祿，皆為社稷。⑭為社稷亡則亡之：言為公義死亡，則死亡之也。⑮私暱：親近也。⑯而焉得亡之以上三句：言己非正卿，見待無異於眾臣，故不得死其難也。「人」指崔杼言，此晏子憤慨之辭。⑰將庸何歸：言將用死亡之義何所歸逃？「庸」乃也。此承上死乎行乎歸乎為言。⑱吾不知也：言禍之由始至終，吾皆未參與。⑲不足以存君以上二句：行猶義也。存，恤慰也。⑳不足以立功：言為臣之道，以能存君為社稷立功為重，死亡不足以塞責。㉑其縊而從之也以上二句：言嬰既非婢子，焉能如婢子之行，縊而從之乎。㉒袒免：謂袒衣免冠。喪禮露左臂曰袒；去冠括髮曰免。㉓尸：當作「屍」。《左傳》作「枕尸股而哭」。㉔興：起也。㉕踊：跳躍也。㉖舍：置也。

【今譯】晏子擔任莊公的大臣，言皆重用，每次上朝，都加官增邑；突然之間，不但不納其言，且每次上朝，都奉令退還官爵與采邑。等到爵邑退完之後，晏子退朝乘車，先是喟然歎息，最後繼之以笑。在旁駕車的僕人說：「為何一再的歎息冷笑呢？」晏子說：「我歎息的是哀傷我君不免於災禍；吾冷笑的是高興自己能心安理得，不必死於君難了。」魯襄公二十九年，崔杼果然殺害莊公。晏子聞難而來，立於崔杼門前，侍從的人問道：「為君難而死嗎？」晏子說：「他又不是我獨自一人的國君，我何為而死呢？」又問：「出亡國外嗎？」答道：「那是我一個人的罪過嗎，我何為而出亡呢？」

又問說：「回去嗎？」他道：「吾君既死，怎可以不顧而歸呢？君臨萬民的人，難道只是高高在上，吃喝玩樂嗎？一切要以社稷人民為念；臣服國君的人，難道僅是為了口腹之需？一切要遵奉社稷人民的意願。故君為社稷而死，臣就應為他效忠犧牲；為社稷出亡，就應當隨其出亡；若君為貪圖一己之淫樂享受而自取死亡之禍，如果不是他左右親近的人，誰能負這個責任。何況人有國君而予以殺害，我又何必去為他犧牲？為他出亡呢？」開門入內，崔子問道：「先生為何不死呢？先生為何不死呢？」晏子說：「災禍發生的時候，我不在，災禍結束的時候，我不知道，我可以說全未參與，我為什麼要死？況且我曾經聽說，以出亡為潔行的，不足以安慰國君；以赴死為高義的，不足以建立功業。嬰怎能像那些奴婢僕伕們！懸樑自殺，以從君於九泉之下呢！」於是袒衣免冠坐下，將君屍枕於股上，放聲大哭，然後起來，縱身跳躍三次後，始行離開。有人說崔子必定殺他以洩恨，可是崔子卻道：「他是人民仰望的領袖啊，放了他，才能獲得人民的支持。」

崔慶劫齊將軍大夫盟晏子不與第三㊀

崔杼既弒㊁莊公而立景公，杼與慶封相之㊂，劫㊃諸將軍大夫及顯士庶人于太宮之坎上，令無得不盟者。為壇三仞㊄，埳㊅其下，以甲千列環其內外[七]，盟者皆脫劍而入。維晏子不肯[八]，崔杼許之[九]。有敢不盟者，戟鉤[一〇]其頸，劍承[一一]其心，令自盟曰：「不與[一二]崔慶而與公室者，受其不祥。言不疾[一三]，指不至血[一四]者死。」所殺七人[一五]。次及晏子，晏子奉桮[一六]血，仰天歎曰：「嗚呼！崔子為無道，而弒其君，不與公室而與崔慶者，受此不祥。」俛而飲血[一七]。崔子謂晏子曰：「子變子言，則齊國吾與子共之；子不變子言，戟既在脰[一八]，劍既在心，維子圖之也[一九]。」晏子曰：「劫吾以刃，而失其志，非勇也；回[二〇]吾以利，而倍其君，非義[二一]也。崔子！子獨不為夫詩乎[二二]！詩云[二三]：『莫莫[二四]葛藟，施于條枚[二五]，愷弟君子，求福不回[二六]。』今嬰且[二七]可以回而求福乎？曲刃鉤之，直兵推之[二八]，嬰不革矣[二九]。」崔杼將殺之，或曰：「不可！子以子之君無道而殺之，今其臣有道之士也，又從而殺之，不可以為教矣。」崔子遂舍[三〇]之。晏子曰：「若大夫為大不仁[三一]，而為小仁，焉有中[三二]乎！」趨出，援綏而乘[三三]。其僕將馳[三四]，晏子撫[三五]其手曰：「徐之[三六]！疾不必生，徐不必死，鹿生于野㊲，命縣于廚㊳，嬰命有繫矣㊴。」按之成節㊵而後去。詩云㊶：「彼己㊷之子，舍命不渝㊸。」晏子之謂也。

【今註】㊀本章要旨：言崔杼、慶封劫持齊國諸將軍大夫，歃血為盟，以示對己效忠。晏子拒不參與。《呂氏春秋．知分篇》、《新序．義勇篇》、《韓詩外傳》二，俱用此文。㊁弒：《後漢書》注、《太平御覽》均作「殺」。㊂杼與慶封相之：《史記．齊世家》：「以崔杼為右相，慶封為左相。」㊃劫：張云：「說文力部曰：人欲去，以力脅止曰劫。漢書高帝紀上：因以劫眾。注：劫為威脅之。」㊄仞：八尺為仞。㊅埳：孫云：「埳當為坎，說文陷也。玉篇：埳亦與坎同，苦感切。」按《說文》有坎無埳，埳殆俗出。㊆以甲千列環其內外：甲：甲士也，兵也。此言以甲士環列。㊇不肯：不肯脫劍之意。㊈許之：以其不可強，故許之。㊉鉤：舊作「拘」。黃云：「拘當依後漢馮衍傳注作鉤。下云曲刃鉤之；御覽四百八十、三百七十六並作戟鉤。」今正。⑪承：迎也，亦通懲，此取懲義亦通。⑫與：歸附也。⑬言不疾：猶豫之意。⑭指不至血：蓋躊躇不果決也。⑮七人：孫云：「韓詩外傳作十餘人。新序作十人。」⑯梧：杯之正字。⑰俛而飲血：孫云：「後漢書注作若有能復崔氏，而嬰不與盟，明神視之，遂仰而飲血。」⑱戟既在脰以下二句：蘇云：「後漢書注無二既字。」⑲維子圖之也：《後漢書》注無「維」「也」二字。⑳回：眩惑也。㉑義：《韓詩外傳》作「仁」。㉒子獨不為夫詩乎：張云：「案元刻正作夫詩乎。新序無此句。」蘇云：「韓詩外傳、後漢書注並無此句。」按為，治也。㉓詩云：此〈大雅・旱麓〉之末章。㉔莫莫：葛藟之貌。㉕施于條枚：言蔓延於枝幹之上。㉖回：邪曲也。㉗且：猶豈也。㉘直兵摧之：「摧」舊作「推」。劉云：「推乃摧字之譌也。摧者，摧陷之義也。韓詩外傳及新序知勇篇均作推，與此同誤。當從淮南高注訂正。呂氏春秋知命篇作子惟之矣。惟亦摧字之誤也。高注淮南所據蓋古本。」今據劉校正。㉙革：更也，改也。㉚舍：釋也。㉛若大夫為大不仁：張云：「若與下句而字並汝也，指或者言。」為大不仁，謂殺君；為小仁，言其舍己。㉜中：合也。謂焉能有合於為教？蓋反駁或者不可為教之語。既被舍，猶為仁教爭辯，則晏子衞道，非惜死者矣。㉝援綏而乘：《說文》：「車中靶也。」為援以登車者，《論語・鄉黨》：升車，必正立執綏。援，舊作「授」。今據張校改作「援」。㉞將馳：速離險境也。㉟撫：《新序》作拊。按撫拊、《說文》並訓摩也。㊱徐之：指緩慢而行之意。㊲野：張云：「野，御覽兩引俱作山。呂覽意林引並同。」㊳命縣于廚：縣，懸本字。孫云：「太平御覽作庖廚。新序作虎豹在山林，其命在庖廚，文義不逮此矣。」蘇云：「韓詩外傳作麋鹿在山林，其命在庖廚。」㊴嬰命有繫矣：蓋謂命既如鹿有所縣繫，疾亦無益。㊵節：節度。㊶詩云：此〈鄭風・羔裘〉之詩。㊷己：孫云：「己，詩作其。」㊸舍命不渝：孫云：「韓詩外傳渝作偷。」詩傳：「渝，變也。」

【今譯】崔杼既已弒莊公而立景公，於是崔杼與慶封自為左右相，並劫持諸將軍大夫及顯達之士庶民人等，於太宮的方坎之上，命令所有的人一律參加盟誓，不得例外。搭建高壇二十四尺，下挖方坑，帶甲兵士環列其內外，凡參加盟誓者皆脫劍進入，惟晏子不肯，崔杼以其不可威逼，乃特別允許之。有膽敢不參加盟誓的，就持戟挑取他的腦袋，舉劍挖出他的心臟。令他們自述誓言說：「不歸附崔慶二家，而歸附公室者，願接受嚴酷的懲罰。如言辭猶豫，行不果決者，雖死無怨。」結果反抗者七人皆被殺，輪到晏子要歃血為盟的時候，晏子手捧杯中之血，仰天長歎說：「唉呀！崔子惡迹昭彰，而弒其國君，如有不歸附公室，而歸附崔慶二家的，願接受嚴酷的懲罰。」於是低頭飲血，以表決心。崔子對晏子說：「假若先生能更改剛才的誓詞，我將和你共同分享齊國的利益；先生如不能更改剛才的誓詞，戟已在頸，劍已在心，馬上可置你於死地，希望你好好想一想。」晏子說：「以武力劫持我，而喪失其意志，不能謂之勇；以利祿迷惑我，而背叛其國君，不能謂之義。崔子啊！你難道沒有讀過古詩嗎？詩云：『莫莫葛藟，施于條枚，愷弟君子，求福不回。』現在我晏嬰豈可敗德妄行，以求非分之福乎？即令是你用曲刃之戟，鉤取我的腦袋，直兵之劍，摧毀我的心臟，嬰將勇往直前，決不改變初衷啊！」崔杼本來要殺他的，有人卻勸他說：「千萬不能魯莽！你因國君無道所以甘冒弒君之名而殺他，今其臣為有道之士，如果也接著被你殺掉的話，則將不可為教於天下了。」崔子就釋放了他。晏子道：「你們這些身為大夫之官的，為大不仁以弒其君，而為小仁釋放了我，這算合理嗎！」於是急行離開，援綏登車，僕人準備策馬速離險境，晏子摸摸他的手，說：「慢點兒！人該死的話，即令車子跑得再快，也活不了；不該死的話，即令車子緩慢而行，也死不成。麋鹿生於山野，而命卻懸於庖丁之手，由此看來，我的這條命已經繫在別人的手上了。」因此，車子便不疾不徐，很有節度的離去了。古詩說得好：「彼己之子，舍命不渝。」即令犧牲一己之性命，也不向惡勢力低頭，這種精神，正是晏子的寫照啊！

晏子再治阿而見信景公任以國政第四㊀

景公使晏子為東阿㊁宰，三年，而毀聞于國㊂。景公不說，召而免之㊃。晏子謝曰：「嬰知嬰之過矣㊄，請復治阿，三年而譽必聞于國。」景公不忍，復使治阿，三年而譽聞于國。景公說，召公賞之，辭而不受㊅。景公問其故，對曰：「昔者嬰之治阿也，築蹊徑㊆，急門閭之政㊇，而淫民惡之；舉儉力㊈孝弟，罰偷窳㊉，而惰民惡之；決獄不避貴彊，而貴彊惡之⑪；左右所求，法則予，非法則否，而左右惡之；事貴人體⑫不過禮，而貴人惡之。是以三邪⑬毀乎外，二讒⑭毀于內，三年而毀聞乎君也。今臣謹更之⑮，不築蹊徑，而緩門閭之政，而淫民說；不舉儉力孝弟，不罰偷窳，而惰民說；決獄阿貴彊，而貴彊說；左右所求言諾㈥，而左右說，事貴人體過禮，而貴人說。是以三邪譽乎外，二讒譽乎內，三年而譽聞于君也。昔者嬰之所以當誅者宜賞，而今之所以當賞者宜誅，是故不敢受。」景公知晏子賢，迺㈦任以國政，三年而齊大興。

【今註】㈠本章要旨：言晏子再治理東阿而被信任，景公授以國政。此與本書外上第二十章旨同。㈡東阿：孫云：「左傳莊十三年，公會齊侯盟于柯。」杜注：「齊之阿邑，齊威王烹阿大夫即此。元和郡縣志：東阿縣，漢舊縣也。春秋時齊之阿地。」按東阿：春秋時曰柯邑，戰國曰阿邑，曹沫劫盟即其地。㈢而毀聞于國：舊脫「而」字。王云：「三年下有而字，而今本脫之。下文云三年而譽聞於國，又云三年而毀聞於君，三年而譽聞於君，則此亦當有而字。羣書治要及藝文類聚職官部六、太平御覽職官部六十四皆作三年而毀聞於國。」今從王校補。㈣召而免之：孫云：「一本脫而字，非。意林作召而問之。」㈤嬰知嬰之過矣：張云：「類聚作嬰知過矣。」㈥辭而不受：陶鴻慶云：「召而賞之下，當依藝文類聚補辭而不受四字，公問其故，即問其不受之故也。下文云昔者嬰之所以當誅者宜賞，今所以當賞者宜誅，是以不敢受，是其明證。」茲據補「辭而不受」四字。㈦築蹊徑：此皆指蹊徑言也。《周禮・秋官・野廬氏》「禁野之橫行徑踰者」，注：「皆為防姦也。橫行妄由田中。徑踰，射邪趨疾，越隄渠也。」此言「築蹊徑」，當即指此，故下云「淫民惡之」。㈧門閭之政：指防遏寇盜。⑨儉力：力謂力田，勤也。晏子尚儉尚勤之故。⑩窳：汙邪也；惰也。⑪而貴彊惡之：張云：「舊脫而貴彊三字。」孫云：「意林作不畏貴彊，此下疑有貴強二字，後人以貴強重出故脫之。」黃云：「盧校作決獄不避貴強，而貴強惡之，當依補。」今從盧校，與上下文例補。⑫體：接納也。⑬三邪：謂淫民、惰民、貴強。⑭二讒：謂左右與貴人。⑮今臣謹更之：孫云：「意林作臣請改轍，更治三年，必有譽也。」蘇云：「治要無謹字。」張云：「更：改也。」⑯所求言諾：陶鴻慶云：「言蓋皆之壞字，『所求皆諾』，與上文『法則予，非法則否』正相反。」⑰迺：《玉篇》與乃同。按古乃作迺。

【今譯】景公派晏子為東阿縣宰，三年而名聲敗壞，國人皆知。景公甚是不悅，乃召而免除其職務。晏子報告說：「嬰知過矣，請再給我一個治理東阿的機會，三年之中，而聲譽必定聞於全國。」景公聞言，心有不忍，就派他再次治理東阿，時經三年，果然聲譽聞於全國。景公內心大悅，特召而獎賞其治績，但他卻婉言辭謝，不肯接受。景公問其原因，他回答說：「往日嬰治理東阿時，開闢交通，修築道路，嚴密地方行政，注意基層建設，於是淫邪刁民惡之；獎勵儉力孝弟，處罰偷薄邪惡，於是懶惰成性者惡之；判決訟案，不因權貴而有退讓，於是權民貴族惡之；左右近侍有所請求，合法就答應，違法就拒絕，於是左右近侍惡之；事奉貴人不越禮犯分，於是貴人惡之。這樣以來，那些淫民、惰民與貴彊三種邪惡之民，對我敗壞於外；左右與貴人兩種讒諛之士又破壞於內，所以三年之間弄得惡名昭彰，名聞乎國君。今臣對以往的作法，小心的加以改變，交通方面，不再修築道路；行政方面，延緩基層建設，於是邪惡刁民悅之；不獎勵儉力孝弟，不處罰偷薄邪惡，於是懶惰成性者悅之；判決訟案，尊重權貴們的意見，於是權門貴族者悅之；左右近侍凡有所求，一律允諾，於是左右近侍悅之；事奉貴人，逢迎過禮，於是貴人悅之。如此以來，那些淫民、惰民與貴彊三種邪惡之民對我讚譽於外，左右與貴人兩種讒諛之士又稱頌於內，所以三年之中，而善名美譽，傳聞於國君。往日嬰之作為，所以認為當誅者，實應加以獎賞；而今之所以認為當賞者，實應加以懲罰，因此之故，不敢接受。」景公從此得知晏子賢能，乃授之以國家大政，三年而齊國的政務，都次第步上正軌。

景公惡故人晏子退國亂復召晏子第五㈠

景公與晏子立于曲潰之上，晏子稱曰：「衣莫若新，人莫若故㈡。」公曰：「衣之新也，信善矣，人之故，相知情㈢。」晏子歸，負載㈣，使人辭于公曰：「嬰故㈤老耄無能也，請毋服壯者之事㈥。」公自治國，身弱于高國㈦，百姓大亂。公恐，復召晏子㈧。諸侯忌其威，而高國服其政㈨，田疇墾辟㈩，蠶桑豢牧之處不足⑪，絲蠶于燕⑫，牧馬于魯，共貢入朝⑬。墨子⑭聞之曰：「晏子知道㊄，景公知窮㊅矣。」

【今註】㊀本章要旨：言景公厭惡故舊，晏子知而引退後，齊國大亂；於是又召晏子，受以國政。此與本書外上第二十二章為一事。㊁衣莫若新人莫若故：蘇時學云：「案古樂府有此二語，蓋出晏子。」張云：「書盤庚上曰：人惟求舊；器非求舊，惟新。義與此略同。」㊂相知情：蘇時學云：「即日久見人心之意。」㊃負載：猶負戴。負於背，戴於首，任勞役也。㊄故：今多以固為之，蓋叚固為故也。㊅請毋服壯者之事：毋，語助，無義。言嬰固老耄，無能從政，請服壯者之事。㊆高國：齊之卿族。高為齊太公之後，食采於高，因氏焉。國氏亦太公後，世為上卿。㊇復召晏子：仍復其職。㊈高國服其政：言高、國二氏不敢傲慢其上。㊉墾辟：墾，耕也，治也。辟，闢之叚字。㊁蠶桑豢牧之處不足：盧文弨云：「言民皆勤於事也。勤事者眾，而地不足，故下云：『絲蠶于燕，牧馬于魯』。然則『豢牧』當作『豢養牧放』解明矣。」㊂絲蠶于燕以下二句：應上句不足，故乃于燕于魯。㊂共貢入朝：因財貨既阜，故能貢賦以時入朝。㊃墨子：按《漢書・藝文志》：「墨子七十一篇。名翟，為宋大夫，在孔子後。」孔子卒於周敬王四十一年，晏子約卒於周敬王二十年，若然，則墨子聞於晏子身後矣。㊄晏子知道：知道在此，言晏子知順則進，否則退，能儉且勤，並且事必因民而厚利之之道也。㊅知窮：言景公窮於應付，即聽於晏子。應前文「公自治國」以下各句。

【今譯】景公和晏子立於曲潢之上，晏子說：「衣服莫如新，朋友莫如舊」。公道：「衣服莫如新，誠屬事實，而朋友莫如舊，因為日久相處，了解太多，恐不易統馭。」晏子心知景公之意，回來後，立即收拾行李，備好車馬，然後向景公請辭說：「嬰年事老邁，沒有能力辦理政治。請准予辭職，改服耕田之事吧！」此後公便親自處理政務，結果受到高、國二家的輕視，百姓秩序大亂。公見如此，甚是憂懼，於是召回晏子，恢復了他原來的職權。從此各國諸侯忌憚其威勢，高國二家佩服其施政，荒蕪的田地普遍開墾，蠶桑畜牧的處所不敷使用，因而借燕國之地以養蠶取絲，假魯國之地以放牧馬牛，國富民足，貢賦以時入朝。後來墨子聽說了這件事後，便說：「晏子可說深知順則進，否則退之道；景公深知國事如麻，窮於應付之理了。」

齊饑晏子因路寢之役以振民第六㈠

景公之時饑，晏子請為民發粟，公不許，當㈡為路寢之臺，晏子令吏重其賃㈢，遠其兆㈣，徐其日，而不趨㈤。三年臺成而民振㈥，故上說乎游，民足乎食。君子曰：「政則晏子欲發粟與民而已，若使不可得，則依物而偶于政㈦。」

【今註】㈠本章要旨：言齊國饑荒連年，晏子就利用興建路寢之臺的工程，以救濟災民。此乃通權達變，寓事於政的範例。㈡當：值也，謂適逢也。㈢重其賃：孫星衍云：「說文：賃，庸也。言重其庸直。」即今人所謂加倍發給工資之意。㈣遠其兆：義不可通。張云：「兆為臺之營域。」按「遠其兆」，擴大臺之營域規模也。㈤不趨：謂不促其加速完工之意。㈥振：救也，謂民得救卹。㈦依物而偶于政：孫云：「物，事也。言據事而不違於政。事謂為臺。」俞云：「依猶因也。偶讀為寓，古字通用。寓猶寄也。依物而偶於政者，因物而寄於政也。若晏子因築臺之事，而寄發粟之政，是也。」張云：「偶，合也，言依為臺之事而發粟，合於振民之政也。」綜合各家之說，大意是指：因為臺之事而合於發粟振民之政。意此句有脫文，不可強為之解。

【今譯】景公時，齊國鬧饑荒，晏子請求為人民發放糧食，公不許。適逢政府興建路寢之臺，晏子便暗令負責的官員加重工資，擴大臺的規模，同時把全部工程的完成時間，向後拖延。經過三年的時光，不但築臺的工程結束了，而人民也得到了救濟。故君上滿足了游玩的樂趣，人民獲得了生活的需要。當時賢德的君子評論此事時說：「按照施政方式，晏子只要發放救濟的糧食給人民就夠了，可是這個辦法行不通，他就藉著築臺之事，行發粟於民之政，通權達變，真是善政的楷模啊！」

景公欲墮東門之堤晏子謂不可變古第七㊀

景公登門防㊁，民單服然後上㊂，公曰：「此大傷牛馬蹄矣，夫何不下六尺哉？」晏子對曰：「昔者吾先君桓公，明君也，而管仲賢相也。夫以賢相佐明君，而東門防全也，古者不為㊃，殆有為㊄也。蚤歲淄水㊅至，入廣門㊆，即下㊇六尺耳，鄉㊈者防下六尺，則無齊㊉矣。夫古之重變古常㊁，此之謂也㊂。」

【今註】㊀本章要旨：言景公打算毀壞東門的堤防，晏子建議說，堤為先君桓公因應需要而建，高低有一定標準，不能率然變動。㊁門防：孫云：「說文：防，堤也。」黃云：「東門坊亦稱防門。」㊂單服然後上：蘇云：「單服，單衣也。言東門隄高，登者必減衣然後能進。」下文云「此大傷牛馬蹄矣」，正言陂陡難登。㊃不為：指不下六尺事。㊄為：因也。㊅淄水：淄舊作「溜」。盧文弨云：「『溜』，『淄』字之譌。淄水在齊，以下文『入廣門』云云，當為『淄』字明矣。」俞樾云：「『溜』疑『淄』字之誤，齊都營丘，淄水過其南及東，故有時淄水大至而為害也。」茲依盧俞二氏校改。㊆廣門：即「廣里」，見左氏襄公十八年傳。㊇下：低也。㊈鄉：孫云：「鄉即曏省。」㊉無齊：言國皆漂沒也。㊁重變古常：言其致有因，故重變而不敢率然。《莊子‧天運》：「不主故常。」故常即古常，故古互訓。㊂此之謂也：言其來有因也。

【今譯】景公登東門附近的堤防，看到民眾匍匐委蛇然後才能爬上來，公道：「堤防陂度太陡，恐怕牛馬經過的時候太吃力了，何不降低六尺呢？」晏子在旁回答說：「過去我們先君桓公，英明之君啊，而管仲賢能的宰相啊。以賢能的宰相輔佐英明的國君，東門的堤防才得以興建完成。古時所以不降低六尺，恐怕是有原因的。過去有一年，淄水氾濫，大水湧入廣門，當時就因為低了六尺。如果以往堤防低六尺的話，整個齊國就全被漂沒了。所以自古以來，都尊重相傳的常法，不敢輕率改變，這是有原因的啊。」

景公憐饑者晏子稱治國之本以長其意第八㊀

景公遊于壽宮㊁，睹長年負薪者，面有飢色。公悲之，喟然㊂令吏養之！晏子曰：「臣聞之，樂賢而哀不肖，守國之本也。今君愛老，而恩無不逮，治國之本也。」公笑，有喜色。晏子曰：「聖王見賢以樂賢，見不肖以哀不肖㊃。今請求老弱之不養，鰥寡之無室者，論其共秩焉㊄。」公曰：「諾」。于是老弱有養，鰥寡有室。

【今註】㈠本章要旨：言景公同情飢餓的人，晏子即藉機說明治國之本務，以長養其樂賢哀不肖之意。劉向《說苑・貴德篇》曾用此文。㈡壽宮：張云：「藝文類聚八十引無於字。壽宮即胡宮，本齊先君胡公之宮，胡公壽考，故亦稱壽宮。」按胡宮已見本書諫上第十六：「身死乎胡宮而不舉。」㈢喟然：下舊有「歎曰」。王念孫云：「案『歎曰』二字，後人所加。『公悲之，喟然令吏養之』，皆是記者之詞（諫上篇『令吏誅之』，下篇『令吏謹守之』，雜下篇『令吏葬之』，皆記者之詞）。後人加『歎曰』二字，則以『令吏養之』為景公語，謬以千里矣。說苑貴德篇有『歎曰』二字，亦後人依俗本晏子加之。藝文類聚火部引晏子作『公喟然令吏養之』，無『歎曰』二字。諫上篇『公喟然曰』，後人加『歎』字，下篇『喟然流涕』，後人加『歎曰』二字，謬皆與此同。」王說是，今據刪。㈣見不肖以哀不肖：即今之所謂擴大同情心之意。㈤論其共秩焉：論，考量也；共同供；秩，祿也。

【今譯】景公遊於壽宮，見一年長背負柴薪的人，面帶飢餓表情。公甚為悲傷，於是喟然長歎，就命令有關人員予以收養。晏子道：「臣聽說，樂見賢能而哀憐不肖，是保有國家的根本啊。今國君憐愛老者，而恩惠廣被，此乃治理國家的根本啊。」公欣然而笑，面有喜悅表情。晏子趁機說：「聖明的君王見賢能以樂賢能，見不肖以同情不肖，這正是推己及人的表現，現在我請求凡年老幼弱無人養活的，鰥夫寡婦沒有室家的，都能加以通盤調查，妥善照顧。」公道：「如此甚善，就照著你說的去辦吧！」於是年老幼弱的有了養活，鰥夫寡婦有了室家。

景公探雀鷇鷇弱反之晏子稱長幼以賀第九㈠

景公探雀鷇㈡，鷇弱，反之㈢。晏子聞之，不時而入見㈣。公汗出㈤，惕然㈥，晏子曰：「君何為者也？」公曰：「吾探雀鷇，鷇弱，故反之。」晏之逡巡㈦北面再拜而賀曰：「吾君有聖王之道矣！」公曰：「寡人探雀鷇，鷇弱，故反之，其當㈧聖王之道者何也？」晏子對曰：「君探雀鷇，鷇弱，反之，是長幼也。吾君仁愛，曾禽獸之加焉㈨，而況于人乎㈩！此聖王之道也。」

【今註】 ㈠本章要旨：言景公掏麻雀，見雀兒太小，遂放回原處。晏子以其有長養幼弱之心，特別向他道賀。劉向《說苑・貴德篇》曾用此文。㈡雀鷇：音ㄎㄡˋ。靠母鳥哺食之雛鳥。《說文》：「雀，依人小鳥也。」㈢反之：蘇云：「治要反上有而字。」張云：「北堂書鈔八十五引反上有故字。藝文類聚九十二引同。」按反，還也，同返；返，經典多作反。㈣不時而入見：張云：「舊

『時』上有『待』字，見下有『景公』二字。」王云：「各本有『景公』二字，乃涉上文而衍，今據羣書治要刪。不待時而入見，本作不時而入見，時即待字也。不待而入見，謂先入見也。古書待字多作時，外下篇：晏子不時而入見，即其證。後人不知時為待字借字，故又加待字耳。」「待」與「景公」二字皆衍，茲從王說刪。㊄公汗出：過勞於探也。㊅惕然：突見晏子故。惕：一切經音義：「驚也」。㊆逡巡：孫云：「爾雅釋言：逡，退也。說文：巡，視行也。」按此有後退數步，無所措手之意。㊇當：稱也，相副之謂。此語與《孟子・梁惠王篇》「此心之所以合於王者，何也？」旨同。㊈曾禽獸之加：曾猶乃也。禽獸之加，猶言禽獸是加。㊉而況于人乎：此句旨在激勵。

【今譯】景公探麻雀，因雀兒太小，遂將牠放回原處，晏子聞聽此事，不依通常朝會的時間，即先行入見。公正因掏小鳥而汗流浹背，突見晏子，不禁為之一驚。晏子說：「不知君做些什麼事，以至如此呢？」公道：「適才掏麻雀，因麻雀太小，故又將牠放回原處。」晏子略退數步北面再拜致賀說：「吾君作為，有合古聖先王治平的大道啊！」公道：「寡人掏麻雀，因雀兒太小，故又將其放回原處，你說合乎古聖先王治平的大道，其理安在乎？」晏子回答說：「君掏麻雀，因雀兒太小，故又放回原處。是慈愛幼弱的表現。吾君仁愛之心，乃施之於禽獸，更何況乎人呢？所以我說合乎古聖先王治國安邦的大道啊！」

景公睹乞兒于塗晏子諷公使養第十㈠

景公睹嬰兒㈡有乞于塗者，公曰：「是無歸夫㈢！」晏子對曰：「君存，何為無歸㈣？使吏養之，可立而以聞㈤。」

【今註】㈠本章要旨：言景公在路上看到一位討飯的小孩，晏子就藉著這個機會，諷勸國君收養孤苦。此與本卷第八章求老弱之不養，論其共秩，意旨相同。劉向《說苑・貴德篇》用此文。㈡嬰兒：嬰，《釋名・釋長幼》：「人始生曰嬰兒。」兒，《說文》：「孺子也。」孺子幼童之通稱。㈢歸夫：夫，舊作「矣」，今正。歸，謂歸依。㈣何為無歸：前第二章有「君死安歸」之語，故有君即當有歸。君非棄民，何為無歸？何為無歸，蓋責言也，此與《孟子》「責難於君謂之恭」旨意正合。㈤可立而以聞：立，謂立身成人。而，猶則也。意指嬰兒長大成人後，則報聞於公。

【今譯】景公目睹有嬰兒乞討於路途者，公道：「莫非是無家可歸嗎？」晏子在旁回答說：「國君尚存，怎能無家可歸呢？令有關官員妥善收養，等長大成人後，再報告給國君。」

景公慙刖跪之辱不朝晏子稱直請賞之第十一㈠

景公正晝㈡，被髮，乘六馬，御㈢婦人以出正閨，刖跪㈣擊其馬而反之，曰：「爾非吾君也。」公慙而不朝。晏子睹裔款㈤而問曰：「君何故不朝？」對曰：「昔者君正晝，被髮，乘六馬，御婦人以出正閨，刖跪擊其馬而反之，曰：『爾非吾君也。』公慙而反，不果出㈥，是以不朝。」晏子入見。景公曰：「昔者寡人有罪，被髮，乘六馬，以出正閨，刖跪擊馬而反之，曰：『爾非吾君也。』寡人以子大夫㈦之賜，得率百姓以守宗廟，今見戮㈧于刖跪，以辱㈨社稷，吾猶可以齊㈩于諸侯乎？」晏子對曰：「君勿惡⑪焉！臣聞下無直辭，上有隱惡⑫；民多諱言，君有驕行。古者明君在上，下多直辭；君上好善，民無諱言⑬。今君有失行，刖跪直辭禁之，是君之福也。故臣來慶。請賞之，以明君之好善；禮之，以明君之受諫。」公笑曰：「可乎？」晏子曰：「可。」于是令刖跪倍資無征⑭，時朝無事也⑮。

【今註】㊀本章要旨：言景公受刖足者之羞辱，內心慚愧，無臉上朝；晏子卻稱其直辭無隱，請加獎賞，以勵來茲。劉向《說苑．正諫篇》用此文。㊁正晝：正，表時間之辭，猶方也。晝，《說文》：「日之出入與夜為介。」今或但謂日中曰晝。正晝，蓋晝之正中，謂日間之中。㊂御：侍也。此謂婦人侍從。㊃刖跪：跪，足也。《荀子．勸學篇》：「蟹六跪而二螯。」《說文》跪字作足。刖足者使守門，是也。㊄裔款：君之近倖，故晏子問之。㊅公慙而反不果出：張云：「元本作公慙而出反不果，孫本據太平御覽校訂。」㊆子大夫：子上舊有「天」字，王念孫云：「案『天』字後人所加，『以子大夫之賜，得率百姓以守宗廟』，猶宋穆公言『若以大夫之靈，得保首領以沒』也。後人不解古書文義，乃妄加一『天』字，『天子』『大夫』並稱，斯為不倫。說苑正諫篇有『天』字，亦後人依俗本晏子加之，治要正作『子大夫』。」㊇戮：辱也。㊈辱：羞辱之意。㊉齊：列也。謂列於諸侯也。㊀惡：音ㄨˋ，憎也。㊁惡：舊作「君」。蘇云：「一本作隱惡，是也；與下驕行對文。治要作隳君。」按此二句與下二句皆兩兩相對，今從張據蘇校正。㊂民無諱言：張云：「堯設諫鼓，舜立謗木，禹縣鐘鼓鐸磬而置鞀，四海之士，教以道者擊鼓；教以義者擊鐘；教以事者擊鐸；語以憂者擊磬，告以獄訟者揮鞀。」即民無諱言之意。㊃倍資無征：資，稟也，即稟穀，俸祿之謂。征，賦稅也。此謂倍其俸而不稅。㊄時朝無事也：張云：「不必有事，隨時可朝。」

【今譯】景公在日頭正午之時，披散頭髮，乘坐六馬，由婦人陪同，離開宮中，把守宮門的人，擊其馬並趕回宮內。說：「你不是我的國君。」公獨自慚愧，而不朝會百官。晏子見到裔款，就向他探問道：「國君是何原因不來上朝呢？」回答說：「因為過去有一天，君在日正中午之時，披散頭髮，乘坐六馬，由婦人陪同，離開宮中。結果守門的人竟擊其馬，令其不得外出，還說：『你不是我的國君』，公慚愧而歸，不再出去，是以無顏朝會百官。」晏子聞言，入宮晉見。景公道：「過去寡人有了過失，披散頭髮，乘坐六馬，離開宮中，守門的人竟擊馬，把我趕回宮內，還說：『你不是我的國君』，寡人由於大夫及百官們的輔助，得以統率百姓，以奉宗廟社稷，如今竟被守門的人侮辱，使社稷蒙羞，不知道我還能躋身於諸侯之列嗎？」晏子回答說：「國君千萬不要懊惱！臣聽說在下的人若無正直之辭，一定是由於上級有隱藏的惡疾；人民如多諱而不言，一定是因為君有驕橫之行。古代明君在上位，而下人多正直之辭，君上與人為善，人民便無隱諱之言。今國君有了失檢的行為，守門者以直言加以禁止，此乃國君之福也。故臣特來慶賀，並請吾君予以適當的獎勵，以明國君樂與人為善的態度；和相當的禮遇，以明國君坦誠接納下民的諫諍。」公笑著道：「這樣做可以嗎？」晏子回答說：「當然可以。」於是就下令加倍發給守門者的薪俸並免除稅捐，同時准其不必有事，可隨時來朝啊！

景公夜從晏子飲晏子稱不敢與第十二㊀

景公飲酒，夜移于晏子之家㊁，前驅款㊂門曰：「君至！」晏子被元端㊃，立于門曰：「諸侯得微有故㊄乎？國家得微有事乎？君何為非時而夜辱㊅？」公曰：「酒醴之味，金石之聲，願與夫子樂之。」晏子對曰：「夫布薦席㊆，陳簠簋者，有人，臣不敢與㊇焉。」公曰：「移于司馬穰苴㊈之家。」前驅款門，曰：「君至！」穰苴介㊉冑操戟立于門曰：「諸侯得微有兵乎？大臣得微有叛者⑪乎？君何為非時而夜辱？」公曰：「酒醴之味，金石之聲，願與夫子⑫樂之。」穰苴對曰：「夫布薦席，陳簠簋者，有人，臣不敢與焉。」公曰：「移于梁丘據之家。」前驅款門，曰：「君至！」梁丘據左操瑟，右挈竽，行歌而出。公曰：「樂哉！今夕吾飲也。微彼二子者，何以治吾國；微此一臣者，何以樂吾身。」君子曰⑬：「聖賢之君，皆有益友，無偷樂之臣，景公弗能及，故兩用之，僅得不亡。」

【今註】㈠本章要旨：言景公夜就晏子飲宴玩樂，晏子告以不敢參與其事。劉向《說苑・正諫篇》用此文。㈡之家：二字舊脫，文不成義。茲根據下文「司馬穰苴之家」，「梁丘據之家」增。㈢款：《說文》：「意有所欲也。」《史記・商君傳》：「款關請見。」款，叩也，蓋引伸之義。㈣元端：孫云：「元端，御覽作朝衣。說文：端，衣正幅；端與褍通。」㈤得微有故：《說文》微字段注：「叚微為非。」說是。此「得微」即「得非」。故，事也。㈥辱：謂辱臨。又屈也，有屈駕之意。㈦布薦席：孫云：「布，御覽一作鋪。」蘇云：「廣雅：薦，席也。」《釋名》云：「薦所以自薦，藉也。」㈧與：參與。㈨司馬穰苴：司馬，官名。唐虞時已有之。周制夏官大司馬為六卿之一，掌軍政。孫云：「史記列傳：司馬穰苴者，田完之苗裔也，齊景公時，晏嬰乃薦田穰苴。」按景公時因卻燕晉之師，尊穰苴為大司馬。㈩介：與甲通。⑪叛者：治要：「叛者」作「兵」，下有「大臣得微有不服乎」一句。張云：「治要：大臣得微有兵乎句衍；不服即是叛。」⑫夫子：舊作「將軍」。王云：「此文本作願與夫子樂之，與上答晏子之言，文同一例。後人以此所稱是司馬穰苴，故改夫子為將軍耳；不知春秋之時，君稱其臣無曰將軍者。說苑作夫子，即用晏子之文。治要所引，正作夫子。」今據王校正。⑬君子曰：王云：「羣書治要及太平御覽人事部百九、飲食部二所引，皆無君子曰以下文；說苑有，而無君子曰三字；疑後人依說苑增入，而又加君子曰也。」張云：「案君子曰云云，明是記者之結論，不得因治要御覽未引，遂疑為後人增也。說苑脫君子曰，當據此補。」

【今譯】景公飲酒，時已入夜，於是轉移到晏子之家，先行人士一到，就叩門說：「國君駕到！」晏子身著黑色的禮服，迎立於門外。說：「諸侯莫非有甚麼變故嗎？國家莫非發生甚麼事情嗎？國君為何不在朝會之時，而乘夜屈駕光臨呢？」公道：「美酒的滋味，金石的樂聲，願與先生共享。」晏子回答說：「鋪薦枕蓆，陳列簠簋，自有人侍候，臣不敢奉陪啊！」公道：「轉到司馬穰苴之家。」先行人士一到，就叩門說：「國君駕到！」穰苴披甲戴盔持戟迎立於門外，說：「諸侯莫非有了戰事嗎？大臣莫非有人叛變嗎？國君為何不在朝會之時，而乘夜屈駕光臨呢？」公道：「美酒的滋味，金石的樂聲，願與先生共享。」穰苴回答說：「鋪薦枕蓆，陳列簠簋，自有人侍候，臣不敢奉陪啊。」公道：「再轉到梁丘據之家。」先行人士一到，叩門說：「國君駕到。」此時梁丘據左手操瑟，右手提竽，一面走，一面嘴裏哼著歌曲，出迎於門外。公道：「太令人高興啦！今晚我可以喝個痛快了。沒有他們兩位先生，何以治理我的國家；沒有這樣一位侍臣，又何以歡娛我的身心呢。」當世的君子評論此事說：「聖賢之君，所交皆屬益友，絕無苟且玩樂之臣，而景公不能及，故益友與倖臣並用，最後僅得不亡而已。」

景公使進食與裘晏子對以社稷臣第十三㈠

晏子侍于景公，朝寒㈡，公曰：「請進暖食㈢。」晏子對曰：

「嬰非君奉餽㊃之臣也，敢辭。」公曰：「請進服裘。」對曰：「嬰非君茵蓆㊄之臣也，敢辭。」公曰：「然夫子之于寡人何為者也㊅？」對曰：「嬰，社稷之臣也。」公曰：「何謂社稷之臣？」對曰：「夫社稷之臣，能立社稷㊆，別上下之義㊇，使當其理；制百官之序，使得其宜㊈；作為辭令，可分布于四方㊉。」自是之後，君不以禮，不見晏子。

【今註】㊀本章要旨：言景公使晏子進用熱食和皮襖，晏子答以身為社稷之臣，雖細如一介，亦不可苟取。劉向《說苑・臣術篇》用此文。㊁朝寒：朝，音ㄓㄠ，旦也。此言早朝天寒之時。㊂暖食：孫云：「暖，說苑作熱。」張云：「北堂書鈔百四十三暖作煖。」按《說文》从火作煖。㊃餽：張云：「北堂書鈔餽作餞。孔校云：吳氏倣宋本作餽。」㊄茵蓆：《說文》：「茵，車重席；又作鞇。司馬相如說茵从革。」蓆本應作席。蓆，《說文》：「廣多也。」「席，藉也。」此段蓆為席。㊅然……何為者也：然則也。此言非奉餽茵席，然則何耶？㊆立社稷：即安而無傾之謂。㊇上下之義：即君臣有義。㊈得其宜：使優劣得所也。㊉分布于四方：蓋成章則達之意。《孟子・盡心》「不成章不達」。朱注：「成章，所積者厚而文章外見也；達者，足於此而通於彼也」，旨殆近。

【今譯】晏子陪侍於景公，早朝天寒，公道：「請進用熱食。」晏子回答說：「嬰非奉食國君之臣啊，請准予辭謝。」公道：「請穿著皮褉」，回答說：「嬰非薦席國君之臣啊，請准予辭謝。」公道：「那麼先生之對寡人，是一位怎樣的大臣呢？」回答說：「嬰是社稷之臣啊。」公道：「甚麼是社稷之臣呢？」回答說：「所謂社稷之臣，能立國家於磐石之安，分別君臣上下之義，使其合乎理；制定百官之統序，使優劣得所；作為應對辭令，可布達於四方。」從此以後，國君不以禮，就不接見晏子了。

晏子飲景公止家老斂欲與民共樂第十四㈠

晏子飲景公酒㈡，令器必新㈢，家老㈣曰：「財不足，請斂于氓。」晏子曰：「止！夫樂者，上下同之㈤。故天子與天下，諸侯與境內，大夫以下各與其僚，無有獨樂。今上樂其樂，下傷其費，是獨樂者也，不可！」

【今註】㈠本章要旨：言晏子設酒飲景公，嚴禁家臣聚斂，願與全民共樂。㈡飲景公酒：即晏子具酒飲景公也。㈢令器必新：蓋晏子自分儉於器用，故令置新，以示禮敬。㈣家老：家臣之長，仕於大夫者。㈤上下同之：有與民同樂之意。

【今譯】晏子設酒飲景公，為表示敬意，特令器用物品必定重新購置。家臣報告說：「財用不夠，是否可稍增人民的稅收，以便添購設備。」晏子道：「不可！宴飲享樂，必須上下與共。故天子與天下，諸侯與四境，大夫以下各與其官員屬僚，不可以獨自享樂的。今君上樂其所樂，而下民失其財貨，這是獨自享樂，而非與民共樂，千萬不可！」

晏子飲景公酒公呼具火晏子稱詩以辭第十五㈠

晏子飲景公酒，日暮，公呼具火㈡，晏子辭曰：「詩云㈢：『側弁之俄㈣』，言失德也。『屢舞傞傞㈤』，言失容也。『既醉而出㈥，竝受其福』，賓主之禮也。『醉而不出，是謂伐㈦德』，賓主之罪也㈧。嬰已㈨卜其日，未卜其夜㈩。」公曰：「善。」舉酒祭之，再拜而出。曰：「豈過我哉⑪，吾託國于晏子也。以其家貧善⑫寡人，不欲其淫侈也，而況與寡人謀國乎⑬！」

【今註】㈠本章要旨：言晏子備酒宴請景公，時近黃昏，公呼點上燈火，繼續暢飲，晏子引「賓之初筵」一詩加以婉辭。劉向《說苑・反質篇》用此文。㈡具火：點燃燈火也。㈢詩云：見《毛詩・小雅・賓之初筵》。㈣側弁之俄：弁，音ㄅㄧㄢˋ。詩箋云：「側，傾也。俄，傾貌。」㈤屢舞傞傞：傞，音ㄙㄨㄛ。孫云：「屢，屨省文，當作婁。」按：婁，俗作屢。屨通屢。㈥既醉而出：句上舊有「既醉以酒，既飽以德」二句。王云：「此二句後人所加，晏子引賓之初筵以戒景公，前後所引，皆不出本詩之外，忽闌入既醉之詩，則大為不倫，其謬一也；既醉之詩，是說祭宗廟旅族無筭爵之事，非賓主之禮，今加此二句，則與下文賓主之禮也五字不合，其謬二也；說苑反質篇有此二句，亦後人依俗本晏子加之，斷不可信。」王說是也。今據刪。㈦伐：戕害也。又與悖通。㈧賓主之罪也：張云：「舊無主字。」俞云：「說苑反質篇作賓主之罪也，當從之。上云既罪而出，並受其福，賓主之禮也；此云醉而不出，是謂伐德，賓主之罪也；兩文相應，不得無主字。後人因醉而不出，以賓言，不以主言，故刪主字。然不出者賓也，留賓不出者主也。是時晏子為主人，則固不應專罪賓者；當從說苑補主字。」說是，茲據補。㈨已：止也。㈩未卜其夜：今謂宴樂無度，故曰止卜其晝，未卜其夜。⑪豈過我哉：此謂晏子辭以賓主之罪，豈為責我乎？因吾既託國於晏子，為國家計，晏子不得不如此也。過，責備之意。⑫善：通膳，《莊子・至樂》：「奏九韶以為樂，具大牢以為善。」膳：《說文》：「具食也」。⑬而況與寡人謀國乎：與，助也。此言既膳寡人，猶不欲其淫侈，足見其忠，於私猶爾，而況助寡人以謀邦國大事乎？

【今譯】晏子設酒飲景公，時已日落，公興甚濃，遂命人點火續飲。晏子婉辭說：「古詩云：『側弁之俄』，言君臣飲酒過量，一旦衣冠不正，有失德操啊！『屢舞傞傞』，言酒後酣舞，接連不止，有失體態啊！『既醉而出，並受其福』，言既醉而後離去，並受享其福，此乃賓主宴飲盡歡之禮啊！『醉而不出，是謂伐德』言如酒醉，還要續飲，而不適時離去，叫做敗德亂行，此乃賓主相待之罪啊！嬰止卜白天，未卜夜晚，故不敢苟同。」公聞言說道：「所言甚善」。於是舉酒致祭，再拜而後離去。並說：「晏子以賓主之罪責備我，我既託國於晏子，為國家計，晏子也不得不如此啊。他以居家極平常的酒食款待寡人，是表示無意鋪張浪費啊，更何況幫助寡人圖謀國家的大事呢！」

晉欲攻齊使人往觀晏子以禮侍而折其謀第十六㈠

晉平公欲伐齊，使范昭往觀焉。景公觴之㈡，飲酒酣，范昭起曰㈢：「請君之棄罇㈣。」公曰：「酌寡人之罇，進之于客㈤。」范昭已飲，晏子曰：「徹罇，更之㈥。」罇觶具矣㈦，范昭佯醉，不說而起舞，謂太師㈧曰：「能為我調成周之樂㈨乎？吾為子舞之㈩。」太師曰：「冥臣不習㈡。」范昭趨而出㈢。景公謂晏子曰：「晉，大國也，使人來將觀吾政，今子怒大國之使者，將奈何？」晏子曰：「夫范昭之為人也，非陋而不知禮也，且欲試吾君臣，故絕之也。」景公謂太師曰：「子何以不為客調成周之樂乎？」太師對曰：「夫成周之樂，天子之樂也，調之，必人主舞之。今范昭人臣，欲舞天子之樂，臣故不為也。」范昭歸，以報平公曰：「齊未可伐也。臣欲試其君，而晏子識之；臣欲犯其禮，而太師知之。」于是輟伐齊謀⑬。仲尼聞之曰：「夫不出于尊俎之間，而折衝于千里之外，晏子之謂也。而太師其與焉。」

【今註】 ㈠本章要旨：言晉想出兵攻打齊國，派人先來探聽齊國的虛實。晏子待之以禮，並揭穿了他的陰謀。《韓詩外傳》、劉向《新序・雜事篇》均用此文。㈡觴之：酒器實內（有酒）曰觴。觴之：賜宴。㈢范昭起曰：「起」字舊奪，茲從孫校據《文選》注補。㈣棄罇：言用餘之尊，謙詞也。張云：「范昭故意犯分。」說指請用君尊言。㈤進之于客：此令下之言，蓋公許范昭所請；故曰：「進之于客。」㈥徹罇更之：言徹公之尊以易之。此晏子隱斥范昭之無禮。㈦罇觶具矣：觶，音ㄓ，觶亦酒器。言尊已更畢。㈧太師：樂官之長。㈨調成周之樂：調，今讀去一ㄠˊ，度也。周，周天子也。黃云：「文選陸機演連珠注調作奏。」張云：「張協雜詩注同。韓詩外傳八作子為我奏成周之樂。」⑩吾為子舞之：非人主不能舞天子樂，是范昭又故意犯分。⑪冥臣不習：言不習，所以拒之。《周禮・春官》：「大師下大夫二人，小師上士四人。」注：「凡樂之歌，必使瞽矇為焉，命其賢知者以為大師小師。大音泰，亦作太師，樂官名。」《論語》微子疏：「太師，樂官之長。」既以為瞽矇，則曰盲臣，為實稱矣。㊁范昭趨而出：無以自容故也。㊂于是輟伐齊謀：此句原奪。張云：「輟、止也。此句承上文晉平公欲伐齊，使范昭往觀焉作結。與標題晏子以禮侍而折其謀，亦甚相應。今本脫之，語意未完。文選張協雜詩注、陸機演連珠注並有，今據補。」張說是，茲據補。

【今譯】晉平公有意攻打齊國，先派大夫范昭往探虛實。景公賜宴，當酒酣耳熱時，范昭起身說：「請允許我用國君的酒杯。」公道：「添滿寡人杯中之酒，獻之於賓客。」范昭奉杯飲畢。晏子命侍者：「把國君的酒杯，重新換過。」杯子換過後，范昭偽裝酒醉，面帶不悅而起身舞蹈，並對太師說：「能為我奏成周之樂嗎？我為你舞蹈。」太師答道：「盲臣素來不習此等音樂。」范臣自知沒趣，疾步走出。景公對晏子說：「晉，大國啊！派人來觀我政治情形，今先生惹惱了大國的使者，怎麼辦呢？」晏子答道：「據我了解，范昭的為人，並非蒙昧無知，而不懂禮儀，其目的在想藉著這個機會來考驗我們君臣，因此之故，我對他不客氣啊！」景公又問太師道：「先生何以不為賓客奏成周之樂呢？」太師回答說：「成周之樂，乃天子之樂啊。演奏之時，必定是身為人主者，方能舞蹈；今范昭不過是人臣的身分，想舞天子的音樂，臣所以不替他演奏啊！」范昭歸來，向平公報告此行觀感說：「齊不可攻打啊。因為臣想考驗他們君臣，結果被晏子識破。臣想越禮犯分，又被太師看了出來。」於是停止了攻打齊國的計畫。當時魯國的孔仲尼聽說此事後，加以評論說：「在飲酒燕客的中間，竟阻止了千里以外敵人的衝突，這就是晏子的功勞，而太師也有一份貢獻啊。」

景公問東門無澤年穀而對以冰晏子請罷伐魯第十七㊀

景公伐魯，傅許㊁，得東門無澤㊂，公問焉曰㊃：「魯之年穀㊄何如？」對曰：「陰冰凝，陽冰厚五寸㊅。」公不知㊆，以告晏子。晏子對曰：「君子㊇也。問年穀而對以冰，禮也。陰冰凝，陽冰厚五寸者，寒溫節，節則刑政平，平則上下和，和則年穀熟。年充㊈眾和而伐之，臣恐罷民弊兵，不成君之意。請禮魯以息吾怨㊉，遣其執⑪，以明吾德。」公曰：「善。」迺不伐魯。

【今註】㊀本章要旨：言景公問東門無澤今年收成如何，對以「陰冰凝，陽冰厚五寸」，晏子請擱置伐魯之議。㊁傅許：諸本無注。蓋周成王賜周公子伯禽之采邑曰許，故地在今山東省臨沂縣西北。傅，至也。㊂東門無澤：東門，複姓，名無澤。㊃公問焉曰：張云：「焉下疑脫曰字，後二十章景公問焉曰，是其例。」今據補。㊄年穀：孫云：「說文年，穀孰（熟本字）也。」㊅陰冰凝陽冰厚五寸：「陰冰凝」舊譌作「陰水厥」。王云：「此文本作陰冰凝句，陽冰厚五寸句。陰冰者，不見日之冰也；陽冰者，見日之冰也。言不見日之冰皆凝，見日之冰則但厚五寸也。文選注及御覽皆作陰冰凝，自是舊本如此。今本作陰水厥，誤也。」黃云：「王讀是也，而義又未盡。陰冰者，陰寒之冰，凍於地下者也。陽冰者，陽烜之冰，結於水上者也。陰冰凝，陽冰厚五寸，謂寒溫得其時，故下曰寒溫節。冬有堅冰，為下年穀熟之兆，今俗尚有此占。」今從王說正。蓋陰冰不測其厚，故不言厚；陽冰可測，故曰厚五寸。又瑞雪壯凍能殺蟲利農，故並兆豐年；北人訖以為驗占。㈦公不知：舊脫「公」字，從王校補。㈧君子：指東門無澤。㈨年充：猶年豐。㈩請禮魯以息吾怨：謂既禮魯，而再息吾對魯之怨也。㈡執：捕罪人也，引申為俘虜。

【今譯】景公派兵攻打魯國，兵行至許，得東門無澤。公問他道：「魯國今年的收成如何？」回答說：「陰冰凝結，陽冰厚達五寸。」公不知其意，而轉問晏子。晏子回答道：「東門無澤，君子也。問他今年的收成如何。不直言其事，而對以結冰情形，可謂知禮啊！陰冰凝結，陽冰厚達五寸的意思，是指天氣寒溫有節，寒溫有節則刑政公平，刑政公平則上下和睦，上下和睦則年穀豐收，年穀豐收，上下和睦而用兵攻打他們，臣怕疲憊人民，士卒辛勞，不能達成國君的期望。請優禮魯國，而平息對他們的怨恨，遣返戰俘，以表明我們寬大為懷的恩德。」公道：「所言甚是。」就不再繼續攻打魯國了。

景公使晏子予魯地而魯使不盡受第十八㈠

景公予魯君地，山陰數百社㈡，使晏子致之，魯使子叔昭伯㈢受地，不盡受也。晏子曰：「寡君獻地，忠廉㈣也，曷為不盡受？」子叔昭伯曰：「臣受命于君曰：『諸侯相見，交讓，爭處其卑，禮之文也㈤；交委㈥，多爭受少，行之實也。禮成文于前，行成章于後，交之所以長久也。』且吾聞君子不盡人之歡，不竭人之忠㈦，吾是以不盡受也。」晏子歸，報公，公喜，笑曰：「魯君猶若是乎。」晏子曰：「臣聞大國貪于名，小國貪于實㈧，此諸侯之通患也。今魯處卑而不貪乎尊，辭實而不貪乎多，行廉不為苟得，道㈨義不為苟合，不盡人之歡，不竭人之忠，以全其交，君之道義，殊于世俗，國免于公患。」公曰：「寡人說魯君，故予之地，今行果若此，吾將使人賀之。」晏子曰㈩：「不！君以驩予之地，而賀其辭，則交不親，而地不為德矣。」公曰：「善。」于是重魯之幣，毋比諸侯㈡，厚其禮，毋比賓客㊂。君子于魯，而後明行廉辭地之可為重名㊂也。

【今註】㊀本章要旨：言景公派晏子贈予魯君土地，而魯國使臣沒有全部收下。所謂「不盡人之歡，不竭人之忠，以全其交也」。㊁山陰數百社：山陰，泰山之陰。二十五家為一社。㊂子叔昭伯：孫云：「左傳昭十六年，有子服昭伯。杜預注：惠伯之子，子服回也。疑即此人。」㊃忠廉：忠，誠也；廉，清也，有無所貪圖之意。㊄禮之文也：《禮記・曲禮上》曰：「退讓以明禮。夫禮者，自卑而尊人。」按文：華也，與下實字對言。㊅交委：委，當為委贄，古相見之禮。交委，言互送以禮物也。㊆不竭人之忠：張云：「曲禮上：君子不盡人之歡，不竭人之忠，以全交也。疏曰：明與人交者，不宜事事悉受；若使彼罄盡，則交結之道不全；若不竭盡，交乃全也。」㊇實：謂財貨也。㊈道：由也。㊉晏子曰以下數句：在言賀人不受，具見予地非忠也，故地亦不德。㊁重魯之幣毋比諸侯：幣，聘禮也。幣重於他國之諸侯。㊂毋比賓客：言禮厚於他國之賓客。㊂重名：言於魯辭地後，乃知廉之為名，見重於世如此。

【今譯】景公贈予魯君土地，在泰山的北邊，有數百社之多，並派晏子專程致送之。魯乃派子叔昭伯受地，結果沒有全部收下。晏子道：「寡君贈地，目的在敦睦邦交，並無其他意圖，為何不全部收下呢？」子叔昭伯說：「臣得我君的命令說：『諸侯相見，要彼此互讓，自處卑下，以尊敬別人，乃禮儀之節文啊！互送禮品，自取其少，多者與人，乃行事之誠實啊！文采成於舉禮之前，美章成於行事之後，這樣的友誼才可以長久保持啊。』況且我聽說成德的君子，不享盡別人的歡欣，不悉受別人的效忠，我所以不能全部收下者，原因在此。」晏子歸來，向景公報告經過後，公喜不自禁，笑道：「魯君是這樣講的嗎！」晏子說：「臣聞大國貪於聲名，小國貪於財貨，此乃一般諸侯的通病啊！現在魯國地位卑下，而不貪婪尊貴之名，辭謝財貨，而不貪圖土地之多，行為廉潔，不為微倖之獲得，堅守道義，不為苟且之結合，不享盡別人的歡欣，不悉受別人的效忠，以維持友誼之完整與永久，可見魯君的道德行為，和世俗之人大不相同，所以國家才能免除一切的患難。」公道：「寡人因為欽佩魯君，所以才贈予土地，現在他竟然如此做法，我準備派人向他道賀。」晏子說：「不可！君因欽佩，才贈予土地，今又打算派人賀其辭不全受，這樣不但顯示友誼不夠親密，就連原來贈地之事，也被人視為別有用心，成了不道德的行為了。」公道：「言之有理。」於是報聘之幣帛，重於他國諸侯，款待的禮儀，厚於他國賓客。當世君子對於魯國此次的外交表現，一致認為行廉辭地，足以名重天下啊！

景公遊紀得金壺中書晏子因以諷之第十九㈠

景公遊于紀㈡，得金壺㈢，發而視之㈣，中有丹書㈤，曰：「無食反魚㊅，勿乘駑馬㊆。」公曰：「善哉！如若言㊇，食魚無反㊈，則惡其鱢也⑩；勿乘駑馬，惡其不遠取道⑪也。」晏子對曰：「不然。食魚無反，毋盡民力乎！勿乘駑馬，則無置不肖于側乎！」公曰：「紀有書⑫，何以亡也⑬？」晏子對曰：「有以亡也⑭。嬰聞之，君子有道，懸之閭⑮。紀有此言，注之壺⑯，不亡何待乎！」

【今註】 ㊀本章要旨：言景公遊於紀，得金壺，中有丹書，晏子就藉著這個機會，向景公進諫。㊁景公遊于紀：「景」字舊脫。茲據《太平御覽》增。《括地志》：「劇，菑州縣也。故劇城在青州壽光縣南三十一里，故紀國。」㊂得金壺：孫云：「今本脫壺字；一本作緘字，非。據太平御覽壺部引此文訂正。」㊃發而視之：元刻作發其視之。王云：「本作發而視之，今本而作其，則文不成義。太平御覽器物部六、獸部八、玉海十四引此，並作發而視之。一本作乃發視之，亦後人以意改。」今據正。㊄丹書：蓋即印刻，所謂朱文也。㊅無食反魚：舊作「食魚無反」，蓋涉下文誤倒。本作無食反魚，與勿乘駑馬對文。《太平御覽》八百九十六引此，正作勿食反魚，無乘駑馬。今據乙。㊆駑馬：最下馬也。㊇如若言：「如」舊譌「知」。「若」舊作「苦」。俞云：「知當作如，苦當作若，皆形似而誤也。善哉如若言，猶云善哉如彼所言。」今據正。㊈食魚無反：反，翻也。食魚無反者，言不食翻身之魚，其義在戒過食，不為他人留有餘也。故晏子以毋盡民力為喻。⑩鱢：音ㄙㄠ。《說文》：「鱢，鮏臭也。」按鮏：《說文》：「魚臭也。」俗作鯹，更混以腥為，猶鱢或混同臊。⑪不遠取道：舊作「取道不遠」。劉云：「此節均叶韻，如下文力與側叶，閭與壺叶，是也。此文遠與鱢不叶，疑正文本作惡其不遠取道也，道與鱢叶。淺人不察，妄易為取道不遠，不復知其於韻不叶也。」劉說是，今據乙。⑫紀有書：紀，紀國也。書，指壺內丹書。⑬何以亡也：意謂其言可傳，不當亡國。⑭有以亡也：以猶因也。有以亡，言其亡有因之意。⑮懸之閭：懸，縣之俗字。閭，里門也。君子有道懸之閭者，言君子有道，應懸之里門，化民成俗也。⑯注之壺：注，投也，投之壺內，人不得知，雖有若無。

【今譯】景公遊於紀，得金壺，打開一看，中有朱文丹書，內容是「無食反魚，勿乘駑馬」。公道：「好極了，如照此言，意思是說吃魚不可翻轉，或則怕它有腥味；乘騎不可坐劣馬，也許怕牠跑不遠」。晏子回答說：「不是這個意思。它講吃魚無翻轉，是指不可竭盡民力啊！乘騎勿坐劣馬，是指國君不可任用不肖之士啊！」公道：「紀國既有此丹書，何以亡國乎？」晏子回答說：「亡國是有原因的。嬰聽人說，君子有道應懸之里門，教化大眾。而紀國有此丹書，竟投之壺中，國之不亡，又有何待乎！」

景公賢魯昭公去國而自悔晏子謂無及已第二十㈠

魯昭公棄國走齊㈡，景公問焉㈢，曰：「子之年甚少㈣，奚道至于此乎？」昭公對曰：「吾少之時，人多愛我者，吾體不能親；人多諫我者，吾志不能用；是以內無拂㈤而外無輔，輔拂無一人，諂諛者甚眾。譬之猶秋蓬也，孤其根而美枝葉，秋風一至，僨且揭矣㈥。」景公辯其言㈦，以語晏子，曰：「使是人反其國，豈不為古之賢君乎？」晏子對曰：「不然。夫愚者多悔，不肖者自賢㈧，溺者不問隊㈨，迷者不問路。溺而後問隊，迷而後問路，譬之猶臨難而遽鑄兵，噎而遽掘井㈩，雖遬亦無及已。」

【今註】㈠本章要旨：言景公稱讚魯昭公去國流亡，而自悔以德之失敗；晏子認為事後悔悟，已噬臍莫及了。劉向《說苑・雜言篇》用此文，而以晏子為越石父。㈡魯昭公棄國走齊：事見《左傳》昭公二十五年。此為周敬王三年事，當齊景公三十一年。㈢景公問焉：舊作「齊公問焉」，「齊」字涉上句「走齊」而誤，當從御覽作「景公問焉」。茲據王說正。㈣子之年甚少以下二句：舊作「君何年之少而棄國之蚤，奚道至于此乎？」王云：「案類聚、御覽並作子之年甚少，奚道至於此乎？

道，由也，言何由至于此也。此字正指失國而言。說苑作君何年之少，而棄國之蚤？無奚道至于此乎六字。今既從說苑作君何年之少而棄國之蚤，又從晏子作奚道至于此乎；既言何，又言奚；既言棄國，又言至於此：則累於詞矣。」王說是，今據刪訂。㊄拂：通弼。弼亦作𢐀，輔弼之意。㊅僨且揭矣：僨，音ㄈㄣˋ。舊作「根且拔矣。」王云：「羣書治要作孤其根荄，密其枝葉，春風至，僨以揭矣。僨，仆也。揭，蹶也。秋蓬末大而本小，故春風至則根爛而仆於地。御覽並作孤其根本，密其枝葉。今本云云，亦後人以說苑竄改。說苑作惡於根本，而美於枝葉，秋風一起，根且拔矣。程氏易疇（按名瑤田字易疇）通藝錄曰：蓬之根孤，而枝葉甚繁，既枯，則近根處易折，折則浮置於地，大風舉之，戾于天，故言飛蓬也。說苑言拔，蓋考之不審矣。案程說甚核。」案當依治要作「僨且揭」。《說文》：僨，僵仆也，揭，高舉也，蓬至秋既仆於地，大風舉之，終且高戾于天，程說是也。㊆辯其言：辯猶辯贍，此謂稱其言辭辯析，義理豐贍也。㊇不肖者自賢：張云：「上文人多諫我者，吾志不能用是。」按自賢故好自用，自用則小，故謂愚曰不肖。㊈隊：舊譌「墜」。王云：「墜本作隊，隊與隧同。廣雅曰：隧，道也。大雅桑柔傳曰：隧，道也。溺者不問隊，謂不問涉水之路，故溺也。不問隊，不問路，其義一而已矣。荀子大略篇曰：迷者不問路，溺者不問遂。楊倞曰：遂謂徑隧，水中可涉之徑也。是其證。後人誤以隊為顛墜之墜，故妄加土耳。」按不問隊，即不問津渡也。津渡即楊倞所謂水中可涉之徑，為水之最淺處；外此或即深可沒頂致溺，故涉者以流濁不測淺深，而必先問津；亦或懼於陷溺，而問其深處，蓋知深即知淺矣。㊉噎而遽掘井：噎，音一せ。《說文》：

「噎，飯窒也。」噎遽而掘井者，言掘井雖速，無濟於噎也。

【今譯】魯昭公去國流亡於齊，景公問道：「你的年齡很輕，何由至於如此乎？」昭公回答說：「我幼小之時，人多愛護我，我不能親身體察，人多諫諍我，我不能採納改進；所以內無拂弼之士，外無輔佐之臣，輔拂無一人，而諂媚阿諛者甚多。此等情形，猶秋天的蓬草，其根孤立，枝葉雖美，可是秋風一到，就根拔葉脫了。」景公以為他講的話很有道理，乃轉告晏子，並且說：「假使讓此人再返回自己的國家，豈不成古代賢能的國君嗎？」晏子回答說：「不是這個說法。愚昧的人每多懊悔，不肖的人自以為賢德，這就等於溺於水中的不問深淺，迷失道途的不問路徑。一旦陷溺水中不能自拔，而後再問深淺，迷失道途不知方向，而後再問路徑，譬如國難臨頭了，才急著鑄造兵器，喉嚨噎著了，才急著掘井取水。縱然是疾力從事，但因為時已晚，也噬臍莫及了。」

晏子使魯有事已仲尼以為知禮第二十一㊀

晏子使魯，仲尼命門弟子往觀㊁。子貢反，報曰：「孰謂晏子習于禮乎？夫禮曰：『登階不歷㊂，堂上不趨，授玉㊃不跪。』今晏子皆反此，孰謂晏子習于禮者？」晏子既已有事于魯君，退見仲尼，仲尼曰：「夫禮，登階不歷，堂上不趨，授玉不跪。夫子反此，禮乎㈤？」晏子曰：「嬰聞兩楹㈥之間，君臣有位焉，君行其一㈦，臣行其二。君子來遬㈧，是以登階歷，堂上趨㈨，以及位也。君授玉卑，故跪以下之㈩。且吾聞之，大者不踰閑㈡，小者出入可也。」晏子出，仲尼送之以賓客之禮，反，命門弟子曰㈢：「不法之禮，維晏子為能行之。」

【今註】㈠本章要旨：言晏子奉命出使魯國，公事畢，往見仲尼，仲尼以為禮貴隨時，惟有晏子能行而中節。《韓詩外傳》四用此文而小異。㈡仲尼命門弟子往觀：孔子命弟子往觀者，殆以聞晏子令名故。㈢登階不歷：歷，越也，與孟子不歷位而相與語之歷同義。登階不歷，即連階以上之謂。㈣玉：指圭璋，君子比德於玉，故以為聘，以示重禮輕財之意。㈤禮乎：「禮」字舊脫，今從黃校據《初學記・文部》校補。㈥楹：從元刻，各本譌作「檻」，孫、盧校同。㈦君行其一以下二句：黃云：「此君臣行趨之通例，鄭注禮經屢言之。初學記無兩其字。」㈧遬：孫云：「遬，初學記作速。說文速，疾也。籀文作遬。」㈨堂上趨以下二句：意在求疾速及位，臣如後君失禮矣。㈩跪以下之：便於接受也。《禮記・曲禮》：「授立不跪，授坐不立。」同其義理。㈡大者不踰閑以下二句：《論語・子張篇》：「大德不踰閑，小德出入可也。」孔注：「閑猶法也。小德不能不踰法，故曰出入可。」按閑，防也，此謂禮防，訓法欠洽，意謂謹守大節不出其樊籬，小節則出入可也。㈢反命門弟子曰以下數句：舊脫「反命門弟子曰」六字。「不法之禮」作「不計之義」。王云：「不計之義，初學記文部作不法之禮，上有反命門弟子曰六字；然則不計之義二句，乃孔子命門弟子之語，今脫去上六字，則不知為何人語矣。外上篇曰：晏子出，仲尼送之以賓客之禮，再拜其辱，反命門弟子曰云云，文義正與此同。韓詩外傳四載此事，亦云：孔子曰善，禮中又有禮。」王說是，今據補正。

【今譯】晏子奉命出使魯國，仲尼命門弟子前往參觀。子貢回來報告說：「誰說晏子熟習禮儀呢？古禮稱『登階不歷，堂上不趨，授玉不跪。』今晏子所為，皆與古禮規定不合，誰說晏子熟習禮儀呢？」晏子辦完魯君之公事以後，退而會見仲尼。仲尼問道：「古禮規定，登階之時，依次而行，不可越級；朝堂之上，不可急趨而行；接受圭璋，不需下跪，而夫子所為皆與之相反，合禮嗎？」晏子道：「嬰聽說在兩楹之間，國君與臣各有固定的位置啊，君行一步，臣行兩步。因此次魯君迅速蒞止，惟恐時間來不及，所以我才越級而登，疾趨於堂上，以便立即就位啊。再以君授玉的姿勢過低，不得已，故跪而下之，方能承接。況且我曾聽說，為人做事只要謹守大節，不出樊籬，至於小節方面略有出入，也沒有關係啊。」晏子辭出，仲尼於是以賓客之禮相送。回來後，對門弟子說：「禮貴因時制宜，像這種不合常法的禮制，惟有晏子才能行而有節啊！」

晏子之魯進食有豚亡二肩不求其人第二十二㊀

晏子之魯，朝食進餽膳㊁，有豚焉㊂。晏子曰：「去其二肩㊃。」晝者進膳㊄，則豚肩不具。侍者曰：「膳豚肩亡㊅。」晏子曰：「釋㊆之矣。」侍者曰：「我能得其人㊇。」晏子曰：「止。吾聞之，量功而不量力，則民盡㊈；藏餘不分，則民盜㊉。子教我所以改之㊁，無教我求其人也。」

【今註】㊀本章要旨：言晏子到魯國，進餐時，有豚，被人私藏二肩，晏子以哀矜無喜的同情心，不追究盜竊的人。㊁餽膳：餽叚為「饋」字。饋，餉也；餽，祭鬼也。此指君饋。膳，具食之善者也。㊂有豚焉：《周禮・天官・膳夫》正義：「日中與夕饌具減殺，別於禮食及朝食盛饌，故此饋為全豚。」豚，小豬也。㊃去其二肩：去：古弆字，藏也。此謂藏其二肩；故下曰藏餘不分。肩，豚膞也。㊄晝者進膳以下二句：言白晝不應有盜。此隱含諷刺之意。具：備也，全也。㊅亡：盜失也。此句侍者意在委過。㊆釋：捨也。言既為盜失，則應捨之。捨對豚肩而言。㊇人：指盜者。蓋慮與委蛇之辭。㊈量功而不量力則民盡：言但校量功而不衡量民力，則民力必盡。㊉藏餘不分則民盜：藏其所餘而不分予貧窮，則民必為盜；是盜者乃生活所迫也。㊁子教我所以改之：此言子亡豚肩事，適足教我改之，有勿以苛政迫民使盜之意。

【今譯】晏子到了魯國，朝晨進餐，有蒸豚。晏子道：「少了兩隻前面的肩髆。」尤其是白天進餐，不應該豚肩不完備啊。在旁服務的侍者說：「豚失二肩，可能被人偷了。」晏子道：「既然是被人所偷，那就不要豚肩好了。」侍者說：「不過，我能查出這個竊賊。」晏子道：「不必了，我聽說施政之時，但較量事功之多寡，而不衡量人民實際的能力，則民力盡竭；收藏賸餘的財富，而不分送給貧窮，則將逼民為盜。今天進餐而發生豚肩失竊的事，適足以教我勿以苛政迫民為盜，千萬不要教我去求索那個為盜的人啊。」

曾子將行晏子送之而贈以善言第二十三㊀

曾子將行㊁，晏子送之曰：「君子贈人以軒㊂，不若以言。吾請以言乎㊃，以軒乎？」曾子曰：「請以言。」晏子曰：「今夫車輪，山之直木也，良匠揉之，其圓中規，雖有槁暴㊄，不復嬴㊅矣，故君子慎隱揉㊆。和氏之璧㊇，井里之困㊈也，良工修之，則為存國之寶㊉，故君子慎所修。今夫蘭本㊁，三年而成，湛之苦酒㊂，則君子不近，庶人不佩；湛之櫜醢㊂，而賈馬匹矣。非蘭本美也，所湛然也。願子之必求所湛。嬰聞之，君子居必擇鄰，遊必就士，擇居所以求士，求士所以避患也。嬰聞汩常移質㊃，習俗移性，不可不慎也。」

【今註】㊀本章要旨：言曾子將有遠行，晏子送他，並贈善言以留念。文中旨趣，多與《墨子・所染篇》同，惟此多就理言因，〈所染篇〉多就事言果。《荀子・大略篇》，劉向《說苑・雜言篇》均用此文，亦傳聞異辭也。㊁曾子將行：《說苑》：「曾子從孔子於齊，齊景公以下卿禮聘曾子，曾子固辭，將行。」《禮記》亦有晏子曾子之言。張云：「案史記十二諸侯年表，孔子生於魯襄公二十二年，當齊莊公三年。前五年晉圍臨淄，晏嬰大破之。則是長孔子至少二十餘歲。仲尼弟子列傳：曾子小孔子四十六歲。則少晏子七十餘歲。至從孔子於齊，縱不及二十歲，亦當晏子九十歲；未知晏子果有此壽否？又據年表，景公五十八年薨；孔子年六十二。據齊世家，晏子先景公卒十年，適當孔子五十二歲，曾子生甫七歲。楊倞謂好事者為之，信而有徵矣。然本書問下二十八章，既載曾子問晏子云云，此章又載晏子之贈言，則曾子不必曾參；或史記多不足據與？又案孔子世家，孔子適周見老子後，老子送之曰：吾聞富貴者送人以財，仁人者送人以言。吾不能富貴；竊仁人之號，送子以言。或好事者之所仿與？」按張說殆可信。㊂軒：車也。孫云：「說苑作財，非。」㊃乎：舊譌「之」，據盧、蘇校改。㊄暴：陸德明音義：「暴，步角反。劉步莫反；一音蒲報反。」楊倞注：「槁枯暴乾。」㊅贏：孫云：「楊倞注贏、荀子勸學篇：木直中繩，輮以為輪，其曲中規，雖有槁暴，不復挺者，輮使之然也。按贏挺聲相近。」㊆隱揉：《荀子・大略篇》：「君子之隱栝，不可不慎也！慎之。」《荀子・性惡篇》：「枸木必將待隱栝烝矯然後直。」按字亦作隱括，矯制邪曲之器。㊇和氏之璧：《藝文類聚》引琴操：「卞和者，楚野民，得玉璞獻懷王，懷王使樂正占之，言玉石，以為欺謾，斬其一足。懷王死，子平王立，和復獻之。」云云。按晏子已稱和氏之璧，則非懷王時事。《韓非子・和氏篇》：「楚人和氏得玉璞楚山中，奉而獻之厲王，使人相之，曰石也。王以和氏為誑，而刖其左足。及厲王薨，武王即位，和又奉其璞而獻之。武王使玉人相之，又曰石也。王又以和誑，而刖其右足。武王薨，文王即位，和乃抱其璞，而哭於楚山之下。王乃使玉人理其璞而寶焉。遂命為和氏之璧。」《淮南子・冥覽訓》高注，以卞和得美玉璞於荊山之下，獻之武王、文王、成王。以上三說各異，未知孰是。㊈井里之困：孫云：「意林作井里璞耳。荀子大略篇：和氏之璧，井里之厥也。楊倞注：井里，里名。厥也未詳；或曰厥石也。晏子春秋作井里之困也。謝侍郎墉：案厥同橜，說文：橜，門梱也；梱，門橜也。荀子以厥為橜，晏子以困為梱，皆謂門限。意林不解，乃改為璞矣。星衍案宋人刻石，稱門限為閫根。厥與困，蓋言石塊耳。」按「井里」蓋鄉里之汎稱，古二十五家為里，里有井，故曰井里。困通梱，梱，《說文》：門橛也。本文井里之困，殆賤和璞如鄉里民居之石門座也。稱井里則賤之尤甚，蓋鄉民多貧，門座多陋，每以不加工之粗石為之。㊉存國之寶：

蘇云：「荀子大略篇作玉人琢之，為天子寶。」按存，有也。㈡蘭本：孫云：「蘭與槀本，二草名也。神農本草經：蘭一名水香；槀本一名鬼卿，一名地新。」㈢湛之苦酒：湛，音ㄓㄢˋ。《荀子・大略篇》作「漸於蜜醴」；〈勸學篇〉作「漸滫。」㈢麋醢：麋舊譌作「縻」。王云：「縻醢當作麋醢，字之誤也。周官醢人：麋臡鹿臡。鄭注曰：臡亦醢也。鄭司農云：有骨為臡，無骨為醢。內則有麋腥醢醬。說苑離言篇、家語六本篇並作湛之以鹿醢。則縻為麋之誤，明矣。文選王粲贈蔡子篤詩注、太平御覽香部三引此，並作麋醢。」今從王說正。㈣汨常：孫云：「汨常，說苑作反常。」按汨从曰，與汨羅字異。

【今譯】曾子將有遠行，晏子送他的時候說：「古之君子於人臨行，認為贈之以車，不如贈之以言，敢問我對你是贈之以言呢？或是以車呢？」曾子說：「希望你能贈之以言。」晏子道：「今車上之輪，原本山中的直木啊。經過良匠的矯揉，由直而圓，恰恰中規，雖枯槁暴乾，也不能再恢復原先的挺直了。由此觀之，故君子之人應取以為法，重視檃栝之術。例如和氏之璧，原本只像鄉里人家的門砧，沒人重視；可是一旦經過良工的精彫細琢，則為有國者之瑰寶，故君子亦當謹慎個人的修為啊。至於今之所謂蘭草與槁本兩種植物，經過三年才長大成熟，如浸之以苦酒，則君子不敢接近，庶人不願佩戴；但如浸入麋醢之中，其身價之高，就值一匹良馬了。這並非蘭草、槁本本質之美，而是浸染的不同啊。希望你能注意薰陶漸染的重要。嬰嘗聽他人說，君子居鄉必選擇鄰里，出遊必親近賢士，選擇鄰里即所以尋求賢士，尋求賢士即所以避免禍患啊。嬰又聽說，日常生活能轉移資質，風俗習慣可改變性情，不可不謹慎啊。」

晏子之晉睹齊纍越石父解左驂贖之與歸第二十四㈠

晏子之晉，至中牟㈡，睹獘冠反裘㈢負芻，息于塗㈣側者，以為君子也，使人問焉。曰：「子何為者也？」對曰：「我越石父也㈤。」晏子曰：「何為至此？」曰：「吾為人臣僕㈥于中牟，見使將歸㈦。」晏子曰：「何為為僕？」對曰：「不免凍餓之切吾身㈧，是以為僕。」晏子曰：「為僕幾何？」對曰：「三年矣。」晏子曰：「可得贖乎？」對曰：「可。」遂解左驂以贈之㈨，因載而與之俱歸。至舍，不辭而入㈩，越石父怒而請絕⑪，晏子使人應之曰：「吾未嘗得交夫子⑫也，子為僕三年，吾迺今日睹而贖之，吾于子尚未可乎？子何絕我之暴⑬也。」越石父對曰⑭：「臣聞之，士者詘⑮乎不知己，而申乎知己⑯，故君子不以功輕人之身⑰，不為彼功詘身之理。吾三年為人臣僕，而莫吾知⑱也。今子贖我，吾以子為知我矣；嚮者子乘，不我辭⑲也，吾以子為忘⑳；今又不辭而入，是與臣僕㉑我者同矣。我猶且為臣，請鬻于世。」晏子出，見之曰：「嚮者見客之容，而今也見客之意。嬰聞之，省行者不引其過㉒，察實者不譏其辭㉓，嬰可以辭㉔而無棄乎！嬰誠革之。」迺令冀㉕灑改席，尊醮㉖而禮之。越石父曰：「吾聞之，至恭不修途㉗，尊禮不受擯㉘。夫子禮之，僕不敢當也。」晏子遂以為上客。君子曰：「俗人之有功則德㉙，德則驕，晏子有功，免人于戹，而反詘下之，其去俗亦遠㉚矣。此全功㉛之道也。」

【今註】㊀本章要旨：言晏子往晉國的路上，看到一位籍隸齊國，而因罪服役的人，名叫越石父者，解下左邊駕車的馬以贖之，並和他一同歸來。《呂氏春秋・觀士篇》和劉向《新序・節士篇》，均用此文，司馬遷《史記・管晏列傳》也載有此事。㊁中牟：孫云：「中牟當漯水之北，史記索隱：此趙中牟在河北，非鄭之中牟。正義：相州湯陰縣西五十八里有牟山，蓋中牟邑在此山側也。」按當時晉有中牟，在今河北；鄭亦有中牟，在今河南。今晏子之晉所經之中牟，據《史記索隱》說，蓋為逕河北而西，說庶近之。㊂反裘：裘，《說文》：「皮衣也，从衣，象形。」段注：「裘之制，毛在外，故象毛文。」毛在外，則今反裘即在內矣。㊃塗：孫云：「塗，新序、太平御覽作途，是塗俗字。」按《說文》涂字段注：「古道塗字作涂。」許書無途塗。㊄越石父也：舊「也」上衍「者」字，從黃校據御覽四百七十五刪。孫云：「父，新序作甫」按甫，《說文》：「男子美稱。」經傳多叚父為甫。㊅臣僕：役人之賤者，男曰臣。〈禮運〉曰：「仕於公曰臣，仕於家曰僕。」㊆見使將歸：見，被也。此言被使刈草負芻，現正歸返。㊇不免凍餓之切吾身：不，語助詞，〈大雅・嵩高〉：不顯申伯，是。蓋古不丕通用，丕或用為語助，不字亦然。切：迫也。㊈解左驂以贈之：古者僕可貨贖。故經左驂相贈，使償其傭值也。㊉不辭而入：言不為辭讓，竟自先入之意。㊁請絕：請斷交也。㊂未嘗得交夫子：言吾與子昔者無交。蓋晏子方輕視石父，故出此言。㊃暴：疾也，快速之意。㊃對曰：「對」下舊有「之」字，今從張據盧校刪。㊄詘：屈也。㊅申乎知己：言彼既知我，則我志應獲申展，否則於不知我何異。㊆君子不以功輕人之身二句：謂君子不因有功於人，而遂輕人之身；亦不因彼人有功於我，而我就卑詘己身以奉之之理。上言人輕我，下言我詘己。㊇莫吾知：言無人知我。㊈不我辭：言登車不以我為讓。㊉為忘：忘為辭讓也。㊁臣僕：動詞，謂視我為臣僕之意。㊂省行者不引其過：省：音ㄒㄧㄥˇ，察也。引：長也，續延也。㊂察實者不譏其辭：此蓋自省己行之人，不肯續延己過，察人實行者，不察其人之言辭。譏為「市關譏而不征」之譏。言察詰也。上「其」字代行者之己，下「其」字代實者其人。㊃辭：謝也。此謂能謝其不敏，而不為棄絕乎。㊄糞：掃除也。㊅尊醮：尊，酒器也。酌而無酬酢曰醮。㊆至恭不修途：此言至恭在心，不在形迹。㉖尊禮不受擯：擯，斥也，棄也。言尊人以禮，適所以自尊。㉗俗人之有功則德：此言俗人一旦有功於人，輒作德色。㉘其去俗亦遠：其俗遠，是謂不同乎流俗。㉙全功：謂保全其功德，使無虧損也。此即老子說的：「自伐者無功」之意。

【今譯】晏子往晉國，走到中牟，看見一個人頭戴破舊的帽子，身穿翻毛皮襖，肩背著柴薪，而息於路旁，以為此乃君子之士，派人前去相問。說：「你是何人？」回答說：「我是越石父。」晏子道：「為何致此？」說：「我為人臣僕於中牟，今被命刈草負薪，正在歸來的途中。」晏子道：「何以為人臣僕呢？」回答說：「為了免於饑寒交迫之苦，所以為人臣僕啊！」晏子道：「為人臣僕有多久了？」回答說：「已經三年了。」晏子道：「可以拿財物贖回嗎？」回答說：「可以。」於是解下拉車的左驂相贈，以補償其傭值，因而載之，和他一同回到齊國來。車到家門，晏子不為辭讓，竟自先入，越石父十分生氣而請求絕交。晏子派人對他說：「我和你一向沒有交情，你為人臣僕三年，我今日一見而解左驂替你贖身，我對你的關愛難道還不夠嗎？你為何馬上就向我絕交呢？」越石父回答說：「我聽說，一個有道之士，可以委屈於不了解自己的人，而申展大志於了解自己的人，故君子不應當以為有功於人，就輕人之身；亦不應當因別人有功於我，我就卑躬屈身奉侍之。我三年為人臣僕，而沒有人知道我。如今你解左驂以贖我身，我已將你引為知己了；過去你乘車之時，不向我禮讓，我還以為是你一時疏忽；今又不對我辭讓，竟自先入，這和以往視我為臣僕的人相同了。我既然被你以臣僕看待，就請把我轉賣給別人吧！」晏子自內走出，見他說道：「過去只見客之儀容，而今得見客之意志。嬰曾經聽人說，能檢點行為的，不願延續自己的過失；察人實行的，不必追究別人的言辭，嬰能謝其不敏，而不為棄絕嗎？嬰請改而革之。」於是令重新打掃，改席入坐，設酒為食而禮敬之。越石父說：「我聽說，恭敬在於內心，不露形迹；尊人以禮，道所以自尊，先生對我如此賓禮，僕實不敢當啊！」晏子遂以之為上客。當世的君子評述此事說：「社會上的人一旦對人有功時，就很容易露出得意的表情，有此表情就造成驕傲的神態。今晏子有功，免除別人的艱難困厄，而反居卑下，對之禮敬有加，他的做法可說不同乎流俗了。這就是保全功德，使無虧損之道啊。」

晏子之御感妻言而自抑損晏子薦以為大夫第二十五㈠

晏子為齊相，出，其御之妻從門閒㈡而闚，其夫為相御，擁大蓋㈢，策駟馬，意氣揚揚，甚自得也。既而歸，其妻請去㈣。夫問其故，妻曰：「晏子長不滿六尺，相齊國，名顯諸侯。今者妾觀其出，志念深㈤矣，常有以自下㈥者。今子長八尺，迺為人僕御；然子之意，自以為足，妾是以求去也。」其後，夫自抑損㈦。晏子怪而問之㈧，御以實對，晏子薦以為大夫。

【今註】㊀本章要旨：言晏子的僕御，有感於妻子的勸告，而自加謙抑退讓，晏子推薦他擔任大夫之官。司馬遷《史記・管晏列傳》用此文。㊁門閒：門隙也。因其夫長，座高居車前，故可先見。㊂蓋：猶轍也，《考工記》：輪人為蓋。亦但稱車蓋。㊃去：言離異。㊄志念深：身居車中，猶深有思慮。㊅自下：指不為驕盈滿假，反自下之。㊆抑損：言自加抑制謙退。㊇怪而問之：怪其改異常行，故有此問。

【今譯】晏子為齊國相，外出時，其駕車的御者之妻，從門縫中暗窺外面的情形，見其夫為相駕車時，擁著寬大的車蓋，鞭打駕轅的四馬，意氣昂揚，甚有悠然自得的樣子。事罷歸來，其妻主動請求離婚，夫問其故，妻道：「晏子身高不滿六尺，輔相齊國之政，名聲顯達諸侯。現在妾觀他在外出之時，身處車中，志念深遠，經常帶有不為驕盈，反躬謙退的態度。而你以身高八尺之軀，乃為人僕御，然細觀你的心志，竟毫不長進，心滿意足，這就是妾所以請求離婚的原因啊！」自此以後，其夫特別加以抑制謙退。晏子怪其與往常態度不同，遂追問其故，御者便將實際情形向他報告，晏子就推薦他擔任大夫之官。

泯子午見晏子晏子恨不盡其意第二十六㈠

燕之遊士㈡，有泯子午㈢者，南見㈣晏子于齊，言有文章，術有條理，巨可以補國，細可以益晏子者，三百篇㈤。睹晏子，恐懼不能言㈥，晏子假之以悲色㈦，開之以禮顏㈧，然後能盡其復㈨也。客退。晏子直席㈩而坐，廢朝移時⑪。在側者曰：「嚮者燕客侍夫子，胡為憂也？」晏子曰：「燕，萬乘之國也；齊，千里之塗也。泯子午以萬乘之國為不足說，以千里之塗為不足遠，則是千萬人之上也。且猶不能殫⑫其言于我，況乎齊人之懷善而死者乎！吾所以不得睹者，豈不多矣⑬！然吾失此，何之有也⑭。」

【今註】㈠本章要旨：言泯子午晉見晏子，晏子以其不能暢所欲言，引為憾事。㈡遊士：遊說之士。㈢泯子午：孫云：「姓泯字子午。」㈣南見：謂南來於齊相見也。㈤三百篇以上數句：指其言其術，大可以補國，小可以裨晏子。三百篇，蓋譬其說內容之多。㈥恐懼不能言：「懼」舊為「慎」，從張據李本改。黃云：「慎當作懼；李本作愳，古懼字。其不能言者，蓋攝於晏子聲威故耳。㈦假之以悲色：假，寬也。悲，憫也。㈧開之以禮顏：開，舒釋也。此謂以禮敬之色，使之心情舒釋也。⑨能盡其復：復，告也，答也。此謂所告與所答之言。⑩直席：直，正也。正席，所以示莊敬也。⑪廢朝移時：朝，從旦至食時為終朝。移時，暫時也。此言廢朝間之短時。⑫殫：盡也。⑬豈不多矣以上二句：指身處異國，而不遠千里欲來陳言者，猶有其人；況乎本國，而近在咫尺者，不尤多乎？⑭何之有也：此指懷善而死之人。言治國以進賢為本，今乃知齊懷善之人，以吾不得睹而死者甚多。吾既失此，過莫大焉！又何功於齊國乎？

【今譯】 燕國遊說之士，有泯子午者，南來於齊，晉見晏子，其言文采章明，其術條理密備，大則可以補苴國事，小則可以裨益晏子者，多達三百篇。可是，等到真的見到晏子時，卻懼於晏子的聲威，怕得連話都講不出口。晏子就以同情的態度加以寬慰，以禮敬的表情使之舒釋，然後才能克盡其意。客退。晏子正席而坐，大約過了一頓早餐的時間，在旁隨侍的人說：「過去燕客晉見先生，為何面帶憂愁的表情呢？」晏子道：「燕，萬輛兵車之大國啊；齊之去燕，有遙遠千里的路途啊。而泯子午竟以萬乘之大國不足為說，千里之路程不以為遠，則是千萬人之上的名士啊。相見之後，尚且不能對我暢所欲言，何況齊人之懷抱善道，我不得面見，抑鬱而死的，豈不更多了嗎！我既然失去了這些人才，真是過莫大焉，又何能有功於齊呢。」

晏子遺北郭騷米以養母騷殺身以明晏子之賢第二十七㈠

齊有北郭騷㈡者，結罘㈢罔，捆㈣蒲葦，織葩屨㈤，以養其母，猶不足，踵門㈥見晏子曰：「竊說先生之義，願乞所以養母者。」晏子使人分倉粟府金而遺之，辭金受粟。有閒，晏子見疑于景公，出犇㈦，過北郭騷之門而辭㈧。北郭騷沐浴而見晏子曰：「夫子將焉適？」晏子曰：「見疑于齊君，將出犇。」北郭騷曰：「夫子勉之㈨矣！」晏子上車，太息而歎曰：「嬰之亡豈不宜哉！亦不知士甚矣㈩。」晏子行，北郭子召其友而告之曰：「吾說晏子之義，而嘗乞所以養母者焉。吾聞之，養及親者，身伉⑪其難。今晏之見疑，吾將以身死白之⑫。」著衣冠，令其友操劍，奉笥⑬而從，造⑭於君庭，求復者⑮曰：「晏子，天下之賢者也；今去齊國，齊必侵矣⑯。方見國之必侵，不若先死⑰，請以頭託白晏子⑱也。」因謂其友曰：「盛吾頭于笥中，奉以託。」退而自刎。其友因奉託而謂復者曰：「此北郭子為國故死⑲，吾將為北郭子死。」又退而自刎。景公聞之，大駭，乘馹⑳而自追晏子，及之國郊㉑，請而反之。晏子不得已而反，聞北郭子之以死白己也，太息而歎曰：「嬰之亡，豈不宜哉！亦愈不知士㉒甚矣。」

【今註】㊀本章要旨：言晏子贈送北郭騷米，以奉養母親，最後騷殺身以明晏子的賢能，《呂氏春秋・士節篇》，劉向《說苑・復恩篇》均用此文。又標題「遺」字，舊緣正文譌作「乞」，今據張校改。㊁北郭騷：孫云：「姓北郭名騷。」㊂罘：音ㄈㄨˊ。孫云：「今本罘作果，據呂氏春秋訂正。說文：罘，兔罟也。徐鉉曰：隸書作罘。」㊃捆：孫云：「捆當為稛，說文：絭束也。玉篇始有捆字，口衮切，織也，抒也，纂組也。呂氏春秋作稛。案稛、正字，梱、借字，捆、俗字。」㊄葩屨：舊奪「葩」字；「屨」作「履」，並據《呂氏春秋》補訂。葩，麻也。㊅踵門：親至其門也。㊆犇：類聚作「奔」。㊇辭：別也。㊈夫子勉之：有請其善自珍重之意。㊉不知士甚矣：蓋感於北郭，益加深失士之慨。⑪伉：敵也，當也。⑫吾將以身死白之：言以死代為剖白。白，明也。⑬笥：音ㄙˋ。盛飯之器，圓曰簞，方曰笥。⑭造：詣也。⑮復者：復，告也，復者，指白事於君之人。⑯齊必侵矣：蘇云：「侵上疑有見字。」張云：「齊必侵矣、文義不明，疑本作齊必見侵。下文方見國之必侵，正承此而言。今本因脫見字，後人又增矣字以成句矣。」⑰不若先死：「先」字舊脫，據《呂氏春秋》、《藝文類聚》、《說苑》補。㈧請以頭託白晏子：託，憑依也，信任也。言請以吾頭為憑信，明晏子之賢也。㈨此北郭子為國故死：此，指稱詞，指頭笥。國故者，國事也。⑳駟：音曰。《說文》：「驛傳也。」《呂氏春秋》作驛，高誘注：「驛，傳車也。」㉑郊：境也。㉒愈不知士：為國故死，是謂國士。晏子初識北郭子，不知為士，故自責曰不知士，既相識而不知其能為國死，故曰愈不知士。

【今譯】齊國有北郭騷者，平常以結兔網，打草席，編麻鞋，賺錢來奉養母親，這樣還感覺不夠用，便親自到晏子之門而告之說：「本人一向仰慕先生的義舉仁風，希望乞討一些救濟物品，來奉養母親。」晏子便派人分些倉廩中的糧食，府庫裏的金錢送給他，他辭謝金錢不取，卻接受了糧食。過了一陣子，晏子受到景公的懷疑，準備出亡國外，經過北郭騷的家門而向他告辭。北郭騷沐浴淨身而後晉見晏子說：「先生意欲何往呢？」晏子道：「因被齊君懷疑，我準備出亡國外。」北郭騷說：「請先生善自珍重了！」晏子登上車子後，不禁感嘆說：「嬰之出亡難道不應該嗎！我也太認不清士的真相了。」晏子出行後，北郭先生召請其知己好友而告訴他們說：「我仰慕晏子的仁風義舉，曾經乞求救濟物品，奉養母親啊。我聽說，對於養及至親的人，應該身當其災難。今晏子受到莫須有的懷疑，我將以自己的犧牲，表白晏子的忠貞。」於是穿著整齊的衣冠，命友人一手持劍，一手捧著方形的盤子，隨其身後，走到國君的住所，請求侍者轉告說：「晏子，天下賢能之士啊；今離開齊國，出亡在外，齊國必因而衰弱，受到敵國的侵略，與其眼見國家之必受侵略，還不如先以身相殉，請以我的頭顱，說明晏子的忠貞啊。」就對他的朋友說：「盛我頭於方盤之中，一切後事都託你代辦了。」於是退而刎頸自殺。他的朋友就尊奉所託，要侍者轉告說：「此乃北郭先生為國事而死，我也將為北郭先生而死。」又退而刎頸自殺。景公聽說此種情形，大為驚駭，於是坐上驛車，親自去追晏子。一直追到齊國的邊境，才請他返回來。晏子不得已而返，事後聽說北郭先生犧牲寶貴的性命，表白自己的忠貞，不禁咳聲長嘆說：「嬰之去國出亡，難道是不應該嗎！我真的越發不知士了。」

景公欲見高糾晏子辭以祿仕之臣第二十八㊀

景公謂晏子曰：「吾聞高糾㊁與夫子遊，寡人請之。」晏子對曰：「臣聞之，為地戰者，不能成其王㊂；為祿仕者，不能正其君㊃。高糾與嬰為兄弟久矣，未嘗干嬰之行㊄，特祿仕㊅之臣也，何足以補君乎㊆！」

【今註】㊀本章要旨：言景公有意召見高糾，加以任用，晏子認為他乃祿仕之臣，拒不引薦。劉向《說苑・君道篇》用此文。㊁高糾：孫云：「糾，說苑作繚，糾繚聲相近。」㊂不能成其王：言不能成就其王者之業也。㊃不能正其君：人之出仕，務在安國利民；如為祿，則居心不正，安能正君心之非。㊄干嬰之行：孫云：「說苑作干嬰之過，補嬰之闕。」干，參涉也。㊅祿仕：為祿而仕。孫本奪「仕」字。㊆何足以補君乎：言於君無補，於國無益。

【今譯】景公對晏子道：「我聽說高糾與先生交遊，寡人很希望召見他。」晏子回答說：「臣曾聽說，為擴張疆土而戰者，不能成就其王者之業；為功名利祿而仕者，不能端正其國君之心。高糾與嬰如君子之交久矣，而其向來未干涉過嬰的日常言行，這樣看來，他只是為利祿而入仕的人啊，那能補益於國君呢！」

高糾治晏子家不得其俗迺逐之第二十九㊀

高糾事晏子而見逐，高糾曰：「臣事夫子三年，無得㊁，而卒見逐，其說何也？」晏子曰：「嬰之家俗有三㊂，而子無一焉。」糾曰：「可得聞乎？」晏子曰：「嬰之家俗，閒處從容不談議，則疏㊃；出不相揚美㊄，入不相削行㊅，則不與㊆；通國事無論㊇，驕士慢知者，則不朝㊈也。此三者，嬰之家俗，今子是㊉無一焉。故嬰非特食餽之長㊁也，是以辭。」

【今註】㈠本章要旨：言高糾管理晏子的家務，一直摸不清他的家庭習慣，乃被解除職事，逐出家門。㈡無得：不獲所求為無得，蘇云：「言無祿位也。外上二十章儥者諫詞可證。」㈢家俗：蘇時學云：「家俗，猶家法。」㈣不談議則疏：議：《說文》段注：「議者，誼也；誼者，人之所宜也，言得其宜之謂議。」則不談議，即不談得宜之言，亦即正當之言也。則疏，謂即疏遠之也。㈤揚美：揚人之善，成人之美。㈥削行：規過。㈦與：猶親也。㈧通國事無論：論，左通倫，條理也。謂家事國事互通。一一當為條理。㈨不朝：朝，見也。謂不見驕士慢知之人。㈩是：此也，指以上三者言。㈡食餽之長：餽通饋，進食於尊者。食通飼，以食飼人也。長與主同，如家長、家主。

【今譯】高糾事奉晏子而被逐，高糾問：「臣事奉先生已為時三年，無一官半職之得，卻終被逐出家門，到底是什麼理由呢？」晏子道：「嬰家中的習俗有三，而你沒有一樣相合啊。」糾又問：「你能做進一步的說明嗎？」晏子道：「嬰家庭的習俗是：平時閒居共處，言不及義者，則疏而遠之；在外不相隱惡揚善，來家不匡正過惡，則不與親近；對國家大事不談，驕傲士人，輕慢知識分子，則拒絕和他相見。以上三事，乃嬰家中的習俗，而你沒有一件是相合的。嬰並非專門供人食宿的家長啊，是以辭去你的職務。」

晏子居喪遜答家老仲尼善之第三十㊀

晏子居晏桓子㊁之喪，麤衰，斬㊂，苴絰帶，杖，菅屨㊃，食粥，居倚廬㊄，寢苫，枕草㊅。其家老㊆曰：「非大夫喪父之禮㊇也。」晏子曰：「唯卿為大夫㊈。」曾子以問孔子，孔子曰：「晏子可謂能遠害矣。不以己之是駁人之非，遜辭以避咎，義也夫！」

【今註】 ㊀本章要旨：言晏子居家守孝，以謙遜的言辭，答覆家臣的問話，暗斥時人的失禮。仲尼稱其遠害避咎，言行合宜。㊁晏桓子：孫云：「晏桓子名弱。」㊂麤衰斬：張云：「襄十七年左傳作縗。杜注：斬，不緝之也。縗在胸前。麤，三升布。正義喪服傳曰：衰，三升。鄭玄注：布八十縷為升。」《說文》：「縗服長六寸，博四寸，直心。」㊃苴絰帶杖菅屨：苴，麻之有子者，取其麤也。杖，竹杖。菅屨，草屨。《釋文》：「以苴麻為絰及帶。」㊄居倚廬：《儀禮》注：「倚木為廬，在中門外，東方北戶。」又廬但以草夾障，不塗泥。㊅寢苫枕草：杜注：「此禮與士喪禮略同，其異惟枕草耳。」正義曰：「喪服傳及士喪禮記，皆云居倚廬，寢苫枕凷，歠粥。是此禮與士喪禮略同；其異者唯彼言枕凷，此言枕草耳。」苫，編稾也。㊆家老：家臣之長。在此指家臣。㊇非大夫喪父之禮：杜注：「時之所行，士及大夫縗服各有不同。晏子為大夫而行士禮，其家臣不解，故譏之。」㈨唯卿為大夫：此言大夫服士服為正禮；而時人則大夫服大夫服；晏子避斥時迕人，而以士服士服，遜辭略答，蓋謙己不自居大夫也。

【今譯】晏子居晏桓子之喪，身著孝服，腰繫麻帶，手持竹杖，腳穿草鞋，每天以稀粥為食，住在中門以外的草廬中，睡的是乾草，枕的是土塊。其家臣說：「你這種守孝的方式，不是身為大夫者為父服喪應有的禮節啊。」晏子道：「唯有卿相始服大夫之服，我身為大夫，只能服士服啊。」曾子就此一問題來請教孔子，孔子道：「晏子可說是能遠離災害的人了。不以自己之是，駁斥別人之非，運用謙遜的措辭，來避開過失，可說言行合宜極了。」

卷六

內篇雜下第六

凡三十章

靈公禁婦人為丈夫飾不止晏子請先內勿服第一㊀

靈公㊁好婦人而丈夫飾者，國人盡服之，公使吏禁之，曰：「女子而男子飾者，裂其衣，斷其帶。」裂衣斷帶相望，而不止㊂。晏子見，公問曰：「寡人使吏禁女子而男子飾者㊃，裂斷其衣帶，相望而不止者，何也？」晏子對曰：「君使服之于內㊄，而禁之于外㊅，猶懸牛首于門㊆，而賣馬肉于內也。公何以不使內勿服，則外莫敢為也。」公曰：「善」。使內勿服，不踰月㊇，而國人莫之服。

【今註】㊀本章要旨：言靈公嚴禁婦女作男人的妝扮，但三令五申，其風不止，晏子請先使宮內之人勿著此服，然後上行下效，方能樂觀其成。劉向《說苑・政理篇》用此文。㊁靈公：黃云：「說苑政理篇作景公。」張云：「御覽八百二十二引作靈公。」㊂不止：言裂衣斷帶者相望，而其風不止也。㊃男子飾者：「者」字舊奪，今從王校據《說苑》補。㊄于內：於宮內也。古宮禁曰內。㊅外：指宮外百姓。㊆門：指國門。㊇不踰月：言其速也。

【今譯】靈公好後宮婦女作男子打扮，於是上行下效，國中婦女全部如此了。公派官吏嚴令禁止道：「凡女子而著男子服飾的，撕破她的衣服，折斷她的腰帶。」可是被裂衣斷帶的，相望於道路，而此風毫無停止的跡象。此時，晏子看見，公問道：「寡人派官員嚴禁婦女們身著男子的服裝，有者，即裂斷其衣服腰帶，結果，遭到取締的相望於路，而此風竟然不止，其原因何在乎？」晏子回答說：「君任憑婦女服之於內，竟嚴禁百姓服之於外，此猶懸掛牛首於國門，卻賣馬肉於宮內啊。公為何不先禁止宮內不得穿著，則宮外的自然就不敢服用了。」公道：「此言甚好。」於是嚴令宮內的婦女不得著男子的服飾，這樣沒過一個月，全國上下再沒有婦女作男子的妝扮了。

齊人好轂擊晏子紿以不祥而禁之第二㊀

齊人甚好轂擊㊁，相犯以為樂，禁之不止。晏子患之㊂，迺為新車良馬㊃，出與人相犯也，曰：「轂擊者不祥，臣其祭祀不順㊄，居處不敬乎？」下車而棄去之㊅，然後國人乃不為。故曰：「禁之以制㈦，而身不先行，民不能止。故化其心，莫若身教㈧也。」

【今註】㈠本章要旨：言齊人好玩眾車競進，輪轂相犯的危險運動，晏子騙他們說，這是不祥的行為，然後加以禁止。劉向《說苑．政理篇》用此文。㈡轂擊：孫云：「說文：轂，輻所湊也。」張云：「御覽七百七十三引作齊人好擊轂。」按《史記》蘇秦有云：「臨菑之塗，車轂擊，人肩摩。」此言齊都臨淄人口之眾。而轂擊之戲，殆即如眾車爭進，輪轂相犯也。㈢晏子患之：以耗資鬪狠，險而有損之故。㈣新車良馬：所以堅人之信其非紿也。㈤臣其祭祀不順以下二句：承上句說明不祥之實。其，猶殆將也。敬寍（今作寧）古同音，敬疑寧字之叚。蓋謂轂擊不祥，余如參與之，其將祭祀不順，神鬼不享，因亦弗福，而使不得安居，不獲寧處嗎？㈥下車而棄去之：棄其新車良馬，益見其言之真。㈦制：法制。㈧身教：「教」上舊無「身」字，則失本文所指，今據上文「身不先行」句補之。

【今譯】齊人特別愛好轂擊，以輪轂相犯為樂，雖加嚴禁，而此風不止。晏子以為耗資鬥狠，險而有損，故引以為憂。乃製新車，備良馬，駕之而出，和別人的車相衝犯，並告訴大家說：「以輪轂相擊是不吉利的，如果人要參與的話，祭祀不順，神鬼不享，使他不得安居，不能寧處。」於是下得車來，將那新車良馬棄而去之，然後全國人士方才不為轂擊之戲。所以說：「如純粹禁之以法令，自己不先身體力行，不良的民風惡習沒法禁止。故欲變化民心，再也沒有比身教來得更有效了。」

景公瞢五丈夫稱無辜晏子知其冤第三㈠

景公畋于梧丘㈡，夜猶早，公姑坐睡㈢，而瞢有五丈夫北面韋廬㈣，稱無罪焉㈤。公覺，召晏子而告其所瞢。公曰：「我其嘗殺不辜㈥，誅無罪邪？」晏子對曰：「昔者先君靈公畋，有五丈夫來駭獸㈦，故並斷其頭而葬之㈧。命曰『五丈夫之丘㈨』，此其地邪㈩？」公令人掘而求之，則五頭同穴而存焉⑪。公曰：「嘻！」令吏厚葬之⑫。國人不知其瞢也，曰：「君憫白骨，而況于生者乎？不遺餘力矣，不釋餘知矣⑬。」故曰：人君之為善易矣⑭。

【今註】㈠本章要旨：言景公夢見五丈夫，自稱無辜，晏子知其含冤而死。標題中「瞢」字，一本作「夢」。此書多以「瞢」為「夢」。劉向《說苑・辨物篇》用此文。㈡畋于梧丘：畋，平田也。即治田也。依字義，蓋田獵之本字。梧丘，地名。㈢坐睡：坐寐也。㈣北面韋廬：北，背本字。韋廬，指行宮帳殿之類。全句謂五丈夫背面倚帳而立也。㈤稱無罪焉：自稱無罪，鳴冤之意。㈥我其嘗殺不辜：其猶豈也。御覽三百九十九引作「我其嘗殺無罪歟？」㈦有五丈夫來駭獸：驚獸而走，不令畋也。舊作「五丈夫罟而駭獸」，五上脫「有」字，夫下脫「來」字，衍「罟而」二字：文義不諧。蓋後人沿本書之譌而改之；不足據。《文選》注作「有五丈夫來驚獸」。「驚駭」異同。今據以訂正。㈧並斷其頭而葬之：「並」舊作「殺之」。王云：「既言斷其頭，則無庸更言殺之。殺之二字，後人所加也。說苑辨物篇有此二字，亦後人依俗本晏子加之。文選上建平王書注引作悉斷其頭而葬之。太平御覽人事部五作斷其頭而葬之；人事部四十作故並斷其頭而葬之。皆無殺之二字。」今從王說，據御覽刪訂。㈨五丈夫之丘：命其葬丘曰五丈夫之丘。㈩此其地邪：指或此即其地也？⑪五頭同穴而存焉：張云：「御覽三百九十九作命人掘其葬處求之，得五頭同穴而存焉。文選注作命人掘之，五頭同穴。」⑫令吏厚葬之：慮其復擾，故厚葬以明無罪。張云：「舊無厚字，非。蓋五頭穴，葬之久矣；今特掘求得之，仍為葬之而已，不徒等於戮尸乎？與下文君憫白骨，甚不相應。文選注作公令厚葬之，乃恩及白骨。是已。今據增厚字。」張說是，今從。⑬不釋餘知矣以上二句：言必盡智竭力以憫生民。釋猶舍也。知同智。⑭人君：舊作「君子」，從孫校據《說苑》改。

【今譯】景公畋獵於梧丘，天尚未亮，公暫且坐而假寐，朦朧之間，夢見有五位男士倚帳背面而立，口稱無罪。公突然驚醒，召晏子而告其適才所夢的情境。公道：「我難道曾經枉殺無罪的人嗎？」晏子回答說：「過去先君靈公畋獵，有五位男士來驚駭禽獸，一怒之下，就斬其首而合葬之，名曰：

『五丈夫之丘』，此處恐怕就是那個地方吧？」公命人掘地索求，則五顆人頭同穴並存啊。公一再嘆息：「唉呀！」於是命令地方官員重新厚葬。可是全國上下都不知道景公夢有五大夫之事啊。大家一致的說：「國君不忍白骨之暴露，而加以厚葬，何況乎生民百姓呢，更是竭知盡力，為我們設想了。」所以說，人君之推行善政是很容易的。

柏常騫禳梟死將為景公請壽晏子識其妄第四㊀

景公為路寢之臺，成，而不踊焉㊁。柏常騫㊂曰：「君為臺甚急，臺成，君何為而不踊焉？」公曰：「然，有梟㊃！昔者㊄鳴，其聲無不有為也㊅，吾惡之甚，是以不踊焉。」柏常騫曰：「臣請禳而去之㊆。」公曰：「何具？」對曰：「築新室，為置白茅㊇。」使為室，成，置白茅焉。柏常騫夜用事。明日，問公曰：「今昔聞梟㊈聲乎？」公曰：「一鳴而不復聞。」使人往視之，梟當陛，布翼，伏地而死㊉。公曰：「子之道若此其明也⑪，亦能益寡人之壽乎⑫？」對曰：「能。」公曰：「能益幾何？」

對曰：「天子九，諸侯七，大夫五。」公曰：「子亦有徵兆之見乎？」對曰：「得壽，地且動⑬。」公喜⑭，令百官趣⑮具騫之所求。柏常騫出，遭晏子于塗，拜馬前，辭⑯，騫曰：「為君禳⑰梟而殺之，君謂騫曰：『子之道若此其明也，亦能益寡人壽乎？』騫曰：『能。』今且大祭，為君請壽，故將往，以聞⑱。」晏子曰：「嘻！亦善能為君請壽也。雖然，吾聞之，維以政與德順乎神⑲，為可以益壽⑳，今徒祭，可以益壽乎？然則福兆有見乎㉑？」對曰：「得壽，地將動。」晏子曰：「騫！昔吾見維星絕，樞星散㉒，地其㉓動，汝以是乎？」柏常騫俯有閒，仰而對曰：「然。」晏子曰：「為之無益，不為無損㉔也。汝薄斂，毋費民，且令君知之㉕。」

【今註】①本章要旨：言柏常騫祭祀消災，當梟鳥死後，又將繼而為景公請壽，被晏子識破了他的誣妄。劉向《說苑・辨用篇》用此文。②踊：《說苑》作「通」。王云：「作踊者是。成二年公羊傳：蕭同姪子踊于棓而闚客。何注曰：踊，上也。此言不踊，謂臺成而公不登。」③柏常騫：孫云：「字柏常，名騫。」④梟：音ㄒㄧㄠ。《說文》云：「梟，食母不孝之鳥。故冬至捕梟，磔之。字从鳥首在木上。」按梟字本从鳥木，作梟，隸省也。㊄昔者：王云：「古謂夜曰昔；或曰昔者，莊子田子方篇曰：昔者寡人夢見良人，是也。後第六章云：夕者瞢與二日鬭。夕者與昔者同。」㊅其聲無不有為也：言凡夜鳴，無不有為也。有為即有因也，指惡兆言。「其」字舊奪，從盧校據《說苑》補。㊆禳而去之：「之」字舊奪，從張據盧校補。禳，除也，謂祈而除殃。㊇為置白茅：「為」字舊奪，從張據盧校補。白茅，禾本科植物，多年生草本，可以入藥。㊈梟：舊作「鴞」。《說文》：鴟鴞，為複音名詞，但鴞一字不成名物，故鴞當為梟，作鴞，蓋叚字也。㊉梟當陛布翼伏地而死：可謂神乎其術。布，敷也，展也。「翼」，舊譌為「翌」，據《說苑》校正。⑪若此其明也：「也」字舊脫，從盧校據《說苑》補。⑫亦能益寡人之壽乎：景公原所以惡梟者，以其能損己壽也；今既無損，更求益之，故有此問。⑬地且動：感之至，故陰陽相應，天地為動。⑭公喜：公因其有徵，故喜出望外。⑮趣：促也，二字音義同。⑯辭：蓋晏子辭其拜也。⑰君禳：二字舊倒，從盧校據《說苑》乙。⑱以聞：謂往報晏子，蓋虛與委蛇，故作敷衍也。⑲順乎神：「順」上舊有「而」字，今據《說苑》刪。⑳可以益壽：黃云：「莊子徐無鬼篇：夫神者好和而惡姦。是其義。故行仁政以保民，修至德以全性，是為深根柢固，長生久視之道。」張云：「壽莫壽於仁民，以自成其仁，而通乎物之所造。」所說皆可和晏子之言相參。㉑福兆有見乎：福，指益壽。有見，即前文「有徵兆之見」意。㉒維星絕樞星散：張云：「莊子大宗師篇：維斗得之，終古不忒。釋文：維斗、李（頤）云北斗，所以為天下之綱維。樞名天樞，北斗七星之首。云絕云散者，偶為地氣所蒙，隱而不見也。」蓋六星中或隱而斷，遂天樞如散；綱維既變，故有地動之兆。㉜其：將然也。㉝不為無損：此指請壽言。指地動與求壽無關。㉞且令君知之：「令」上舊有「無」字，今據《說苑》刪。知之，指知地動事。俞云：「柏常騫知地之將動，而借此以欺景公，自必不令君知，何必晏子戒之乎？當從說苑作且令君知之。蓋此與外篇所載太卜事相類，彼必使太卜自言臣非能動地，地固將動，即令君知之之意。所謂恐君之惶也。後人不達，臆加無字，則晏子與騫比周以欺其君矣。有是理乎？」俞說是，應從《說苑》並參外上太卜言地動刪之。

【今譯】景公修建路寢之臺，完成後而不登。柏常騫問：「君原先要求築臺之工程進行甚急，今臺已完成，為何不登呢？」公道：「是的！因有梟鳥！且深夜哀鳴，其聲可怖，似皆有為而發，我討厭極了，所以才不攀登啊。」柏常騫說：「臣願為君除此災殃。」公道：「需要何種用具呢？」回答說：「搭建一座新房子，周圍舖一層茅草。」公即刻派人搭蓋房子，完成之後，又放了些茅草。柏常騫就在當夜做起了法事。第二天，問景公說：「今天晚上聽到梟的叫聲嗎？」公道：「只聽叫了一聲，以後就再沒聽到了。」派人去細加察看，梟在石階上，展布雙翼，伏地而死。公道：「你的法術既如此高明，也能增益寡人的年壽嗎？」回答說：「能。」公道：「能增加多少呢？」回答說：「按規定天子可增加九歲，諸侯七歲，大夫五歲。」公道：「如果能增益年壽的話，預先可以看到什麼徵兆嗎？」回答說：「如果得壽，地將震動。」公十分歡喜，便下令百官一切遵照柏常騫的要求辦理。柏常騫外出，剛好在路上遇到晏子，拜於馬前，晏子辭不敢當。騫報告說：「為君除梟而殺之，君對騫道：

『你的法術既如此高明，也能增益寡人的年壽嗎？』騫說：『能。』今天將舉行大祭，為國君請壽，故將往報告先生，想不到在此不期而遇。」晏子道：「唉呀！也會能為國君請益年壽啊。不過，我聽說，惟有用清明的政治和高尚的德操，順應乎天神，然後才可以增益年壽，今僅僅舉行祭祀大典，就可以增益壽命嗎？那麼如果真能益壽的話，其徵兆可以看見嗎？」回答說：「如果請得壽命時，地將震動。」晏子道：「騫！過去我觀察天象，見維斗星被地氣所蒙，陰而不見，天樞星也光線模糊，散而不明，綱維既變，地將有震動之象，你是否指此而言呢？」柏常騫低頭凝思了一會，仰面回答說：「是。」晏子道：「這樣做，沒有益處，不這樣做，也沒有絲毫損失啊。你最好減少聚斂，切勿使人民破費，並且更要將詳情向國君報告，使他能了解箇中的經過。」

景公成柏寢而師開言室夕晏子辨其所以然第五㊀

景公新成柏寢之臺㊁，使師開鼓琴㊂，師開左撫宮，右彈商，曰：「室夕㊃。」公曰：「何以知之？」師開對曰：「東方之聲薄㊄，西方之聲揚㊅。」公召大匠曰：「立室㊆何為夕？」大匠㊇曰：「立室以宮矩為之。」于是召司空㊈曰：「立宮何為夕？」

司空曰：「立宮以城⑽矩為之。」明日，晏子朝⑾，公曰：「先君太公以營丘⑿之封立城，曷為夕？」晏子對曰：「古之立國者，南望南斗⒀，北戴樞星⒁，彼安有朝夕哉⒂！然而今之夕者⒃，以周之建國⒄，國之西方⒅，以尊周也。」公蹵然⒆曰：「古之臣乎⒇！」

【今註】㈠本章要旨：言景公剛命人完成柏寢之臺，師開而言室的方位偏邪，晏子明辨其所以如此之故。㈡柏寢之臺：孫云：「括地志：柏寢臺在青州千乘縣東北三十里。」㈢師開鼓琴：鼓樂為祝。師開，樂師名開。㈣室夕：王云：「夕與邪，語之轉也。呂氏春秋明理篇：是正坐於夕室也。其所謂正，乃不正也。高誘注：言其室邪不正，徒正其坐也。夕，又有西義，周禮：凡行人之儀，不朝不夕。鄭注云：不正東鄉，不正西鄉。故下云國之西方，以尊周也。」按夕邪古同音；夕為西，蓋日下之向為西，義之引申也。㈤薄：微也，《文選・神女賦》注引蒼頡，言東方之聲低微，故知其寬展也。㈥揚：高舉之義。詩泮水箋疏：此謂西方之聲較東方之聲高，故知其迫促也。㈦立室：「立」字舊奪。王云：「以下文立室立宮例之，則室上當有立字。」茲據補。㈧大匠：木工之長，此謂掌修作宗廟寢宮室陵園土木之官。後歷代稱「將作」。秦有「將作少府」，漢有「將作大匠。」㈨司空：掌土木營建之官。⑽城：指故營丘之城。⑾晏子朝：舊「朝」下衍「公」字，茲從張本刪。㈡營丘：為今山東省昌樂縣東南之古地名，太公望封齊後，都於此。後五世孫獻公遷臨淄，是以臨淄亦名營丘。此處指故營丘。㈢南斗：南箕六星。㈣北戴樞星：戴言值其下也。樞星詳見前章註二十二。㈤彼安有朝夕哉：意思是說古之立國者，祇謀南北，不計東西也。㈥今之夕者：「今」上舊有「以」字，蓋由下句「以周之建國」錯置於此，當刪。夕，西邪也，言今齊城之所以西邪以迫者。㈦以周之建國：「周」上舊無「以」字，今由上句移入。言因周初之建國也。㈧國之西方：之，於也。言自太王岐山建國，武王遷都鎬京，於齊皆為西方。㈨蹵然：蹵，音ㄘㄨˋ，與蹴同，心中不安之謂。㈩古之臣乎：言晏子知古，故作是語以推崇之。

【今譯】景公新近落成柏寢之臺，於是使師開鼓琴祝賀。師開左手撫宮，右手彈商，說：「室偏邪不正。」公道：「何以知其如此呢？」師開回答說：「東方之聲低微，故知其寬展，西方之聲高亢，故知其迫促。」公召大匠問道：「蓋房子為何偏邪不正呢？」大匠說：「主室是根據宮室的制度建造的。」於是又召司空問：「蓋房子為何偏邪不正？」司空說：「立宮是按照都城的制度建造的。」第二天，晏子上朝，公問道：「先君太公以營丘的封地建立都城，為何偏邪不正呢？」晏子回答說：「古代於建立國都之時，南望南斗，北值天樞，他們都以南北為準，不計東西的啊！然而今之宮室所以偏向西方者，因為周自太王岐山建國，武王遷都鎬京，皆當齊之西方，以示尊敬周室之意。」公聽了這番解釋，內心十分感動的說：「你真是一位博通古今的大臣哪！」

景公病水瞢與日鬥晏子教占瞢者以對第六㈠

景公病水，臥十數日，夜瞢與二日鬥，不勝。晏子朝，公曰：「夕者瞢與二日鬥，而寡人不勝，我其死乎？」晏子對曰：「請召占瞢者。」立于閨㈡，使人以車迎占瞢者。至，曰：「曷為見召？」晏子曰：「夜者，公瞢與二日鬥，不勝㈢。恐必死也㈣，故請君㈤占瞢，是所為也㈥。」占瞢者曰：「請反具書㈦。」晏子曰：「毋反書㈧。公所病者，陰也，日者，陽也。一陰不勝二陽，公病將已㈨。以是對。」占瞢者入，公曰：「寡人瞢與二日鬥而不勝，寡人其死乎㈩？」占瞢者對曰：「公之所病，陰也，日者，陽也。一陰不勝二陽，公病將已。」居三日，公病大愈，公且賜占瞢者。占瞢者曰：「此非臣之力，晏子教臣也。」公召晏子，且賜之。晏子曰：「占瞢者以臣之言對㈡，故有益也。使臣言之，則不信矣㈢。此占瞢者㈢之力也，臣無功焉。」公兩賜之，曰：「以晏子不奪人之功，以占瞢者不蔽人之能。」

【今註】㊀本章要旨：言景公患水氣之病，夜夢與日相鬪，晏子教占夢者為辭以對。應劭《風俗通義・怪神篇》用此文。㊁立于閨：此指晏子。《爾雅・釋宮》：「宮中之門謂之闈，其小者謂之閨。」「立」舊譌「出」，茲從黃校據《風俗通義》正。㊂公瞢與二日鬥不勝：舊作「公瞢二日與公鬪不勝」。王云：「此當作公瞢與二日鬪不勝，與上文文同一例。不勝，謂公不勝也。今既顛倒其文，又衍一公字，則義不可通矣。風俗通義正作公瞢與二日鬪。」此從王說乙刪。㊃恐必死也：舊作「公曰寡人死乎？」蓋後人據下文改，不合晏子口氣。今據《風俗通義》訂正。㊄君：指占瞢者。㊅是所為也：此言公召見之原因。㊆反具書：反，返也。書，占夢之書也。㊇毋反書：言此甚易知，毋須求之於書。㊈公病將已：「公」舊作「故」。王云：「故者，申上之詞，上文未言病將已，則此不得言故病將已。故當為公。下文占瞢者對曰，一陰不勝二陽，公病將已，即用晏子之言；則此文本作公病將已，明矣。今本公作故者，涉上文故請君占夢而誤。太平御覽疾病部亦引此，正作公病將已。風俗通義同。」此從王說改。㊉寡人其死乎：「死」上舊奪「其」字，據上文「我其死乎」補。⑪以臣之言對：「臣」從元刻，孫本譌作「占」。王云：「太平御覽作臣」。⑫則不信矣：孫云：「風俗通臣下有身字。意林作使占夢者占之。占者至門，晏子使對曰：公病、陰也；與二日鬪，日、陽也；不勝，疾將退也。三日而愈。公賞占夢者，占夢者辭曰：晏子之力也。公問晏子，晏子曰：臣若自對，則不信也。」張云：「御覽七百四十三作若使臣言，則不信也。後漢書郭玉傳：醫之為言意也。晏子蓋藉占瞢者以醫景公之意矣。」⑬者：舊脫，此據《風俗通義》增。

【今譯】景公患水氣之病，臥床十數日，夜夢與二日搏鬥。晏子上朝時，公問道：「夜裏夢與二日搏鬥，其結果寡人不勝，這難道是我死亡的預兆嗎？」晏子回答說：「請召見占夢的一問，吉凶便知。」此時晏子退而隱身於閨門，並命人以車迎接占夢者。占夢的到達以後問道：「不知被召為了何事？」晏子說：「因為夜間，公夢與二日搏鬥，結果不勝，害怕自己必死，故邀請你來占夢，就是這個原因啊。」占夢者說：「如此，請讓我回去拿占夢用的書。」晏子說：「此夢甚易化解，不必再回去拿書了。因為公之所病者，是陰氣上升，寒水凝結；而日者，屬陽，去溼卻疾，補脾養胃，今一陰不勝二陽，證明公病將要痊癒。以此為對即可。」占夢者入內，公問道：「寡人夢見與二日搏鬥，結果不勝，寡人難道要死了嗎？」占夢者回答說：「公之所病，是陰氣上升，所以有積水之象，日者，屬於陽性，可以卻除寒疾，舒活經絡。一陰不勝二陽，證明公之疾病即可痊癒。」停了三天，公病果然大為痊癒，公將賞賜占夢者，占夢者說：「這並非小臣之力，乃晏子教臣的啊。」公召見晏子，將加厚賜，晏子說：「占夢者採用臣的建議，去回答國君的問題，故而發生了效益。假使讓我直接說出，說不定國君就難以相信了。證明此乃占夢者之力啊，臣有何功呢。」公對兩人都分別賞賜。並且說：「因為晏子不掠奪別人的功勞，因為占夢者不埋沒別人的才能。」

景公病瘍晏子撫而對之迺知羣臣之野第七㊀

景公病疽㊁，在背。高子國子請于公㊂曰：「職當撫瘍㊃。」高子進而撫瘍，公曰：「熱乎？」曰：「熱。」「熱何如？」曰：「如火。」「其色何如？」曰：「如未熟李。」「大小何如？」曰：「如豆㊄。」「墮㊅者何如？」曰：「如屨辨㊆。」二子者出，晏子請見。公曰：「寡人有病，不能勝衣冠以出見夫子，夫子其辱視寡人乎？」晏子入，呼宰人㊇具盥，御者㊈具巾，刷手溫之⑩，發席傅薦⑪，跪請撫瘍。公曰：「其熱何如？」曰：「如日。」「其色何如？」曰：「如蒼⑫玉。」「大小何如？」曰：「如璧。」「其墮者何如？」曰：「如珪⑬。」晏子出，公曰：「吾不見君子，不知野人之拙也⑭。」

【今註】㊀本章要旨：言景公背上生瘡，羣臣相繼探病，由各人的言談，乃知晏子之文與羣臣之野。㊁疽：《說文》：「疽，久癰也。」㊂請于公：張云：「請下疑脫于字。」今據補。㊃撫瘍：《周禮・天官・序官》「瘍醫」注：「瘍，創癰也。」「撫」又通「瞴」，《說文》：「微視也。」按撫瘍云者，蓋禮之酬辭，凡人察視病患情狀，或輕加按試，以示撫慰關切稱之；如今謂問病、看病是也。㊄如豆：此言古食器之豆，指豆口，故晏子曰如璧。㊅墮：孫云：「墮與橢聲相近。玉篇：橢，狹長也。墮，或曰下陷。」㊆辨：判也，即半分也。屨辨謂屨之上古納足入處，此狀疽口長裂如屨口，故晏子以圭方之。㊇宰人：庖丁之屬。㊈御者：侍者。㊉刷手溫之：孫云：「刷與㕞通。」張云：「淨手令溫，禮也。」按所慮者周，即見禮敬；非實有其禮也。⑪發席傅薦：越己之席，赴公之席，近君而視之。⑫蒼：青色也。齊語近黑曰青。⑬珪：篆作圭，古文作珪。圭者上圓下方之玉器。⑭野人之拙：野人，指高子國子。拙謂拙於言，指如火如李如豆如屨之說。

【今譯】景公背上生瘡，高子、國子請見於公說：「我們職責所在，應當為您看病。」高子上前察看病情，公問：「腫瘡發熱嗎？」回答道：「熱。」又問：「怎樣熱法？」回答道：「熱得像火一般。」又問：「它的顏色如何？」回答道：「像未熟的李子。」又問：「它的大小如何？」回答道：「像豆口一般。」又問：「它的裂口如何？」回答道：「像鞋口般裂開。」二人退下後，晏子請見，公說：「寡人生病，不能整齊衣冠出來見你，你是否會輕視寡人呢？」晏子進入宮中，叫庖人準備洗滌用具，侍者準備毛巾，洗淨並暖和了雙手，然後越過己席，在景公席前跪坐察視病情。公問：「腫瘡熱得如何？」回答道：「火熱如日。」又問：「它的顏色如何？」回答道：「色如蒼玉。」又問：「它的大小如何？」回答道：「大如璧。」又問：「它的裂口如何？」回答道：「裂如珪。」晏子退出後，景公感歎的說：「不見到晏子這樣彬彬君子，真不能比較出高子、國子是如何的拙於言辭呀！」

晏子使吳吳王命儐者稱天子晏子詳惑第八㊀

晏子使吳，吳王謂行人㊁曰：「吾聞晏嬰，蓋北方辨于辭，習于禮者也。命儐㊂者曰：『客見㊃，則稱天子請見。』」明日，晏子有事㊄，行人曰：「天子請見。」晏子蹵然㊅。行人又曰：「天子請見。」晏子蹵然。又曰：「天子請見。」晏子蹵㊆然者三，曰：「臣受命弊邑之君，將使于吳王之所，以不敏㊇而迷惑，入于天子之朝，敢問吳王惡乎存㊈？」然後吳王曰：「夫差請見。」見之以諸侯之禮。

【今註】㊀本章要旨：言晏子出使吳國，吳王命儐者僭稱天子，晏子佯惑以譏之。劉向《說苑・奉使篇》用此文。㊁行人：官名，掌朝覲聘問之事。㊂儐：儐相，接賓者；《周禮・秋官》曰司儀。㊃客見：謂要客見王。㊄有事：謂將觀見。㊅蹵然：蹵，音ㄘㄨˋ，與蹴同，心中不安之謂。㊆蹵：黃本作「蹙」。㊇不敏：猶不才也。㊈存：《北堂書鈔》引《說苑》「存」作「在」。

【今譯】晏子出使吳國，吳王對外交官員說：「寡人聽說晏子是北方最擅長言辭及禮儀之士，去告訴接待的人：『當客人覲見時，就稱天子召見。』」第二天，晏子覲見，外交官員傳報：「天子召見。」

晏子露出遲疑不安的神情。又傳報：「天子召見。」晏子還是遲疑不安。等到第三次傳報：「天子召見。」晏子才不安的說：「小臣受敝國君命令，出使吳國，愧以不才，感到迷惑，我怎麼會進入天子之朝，請問吳王何在？」吳王聽了之後說：「夫差召見。」才以諸侯之禮接待他。

晏子使楚楚為小門晏子稱使狗國者入狗門第九㈠

晏子使楚，以晏子短，楚人為小門于大門之側而延晏子。晏子不入，曰：「使狗國者，從狗門入；今臣使楚，不當從此門入。」儐者更道，從大門入，見楚王。王曰：「齊無人耶，使子為使㈡？」晏子對曰：「齊之臨淄三百閭㈢，張袂成陰㈣，揮汗成雨，比肩繼踵㈤而在，何為無人？」王曰：「然則何為使子㈥？」晏子對曰：「齊命使，各有所主，其賢者使使賢主，不肖者使使不肖主㈦。嬰最不肖，故宜㈧使楚矣。」

【今註】㈠本章要旨：言晏子出使楚國，楚為小門延之，並譏齊國無人，乃派他為使，晏子機智以對。劉向《說苑・奉使篇》用此文。㈡使子為使：《太平御覽》作「今齊無人耶，使子為使？」今本脫「使子為使」句，語意不完，依孫校，據御覽三百七十八補。㊂齊之臨淄三百閭：御覽三百七十八、又四百六十八並引作「齊之臨淄」，今據補。閭者，二十五家為一閭。㊃張袂成陰：孫云：「說苑、意林、藝文類聚、御覽皆作『帷』，據下文『成雨』，則此當為『陰』。」張袂成陰，甚言其人之眾也。㊄繼踵：《說文》：「歱，跟也。踵，追也。」經典歱多通用踵。按二字同音，今但用踵。㊅何為使子：此文本作「何為使乎」，因「乎」與「子」形似而誤，後人乃加「子」於「何為」上，《說苑・奉使篇》正作「然則何為使子」，今據以訂正。㊆使不肖主：張云：「下兩主字舊作王。」㊇宜：舊作「直」，黃云：「直、御覽作宜。」張云：「說苑同。宜字義長，今據改。」

【今譯】晏子出使楚國，楚以晏子矮小，在正門旁開一個小門來迎接他。晏子不入，說：「只有出使狗國者，才從狗門入；現在我出使楚國，不當由此門入。」接待者只好改道，帶他由正門進入，覲見楚王。楚王說：「難道齊國沒有人了，派你當使者？」晏子回答道：「齊國的臨淄城有七千五百戶，人人張袖可成陰，揮汗可成雨，站立時必須並肩接踵，為何說沒有人呢？」楚王說：「那麼為什麼派你呢？」晏子回答道：「齊國派遣使者，各有出使的對象，賢者出使於賢君，不賢者出使於不賢之君。我最不才，故最適合出使於楚國。」

楚王欲辱晏子指盜者為齊人晏子對以橘第十㈠

晏子將使楚㈡，楚王聞之㈢，謂左右曰：「晏嬰，齊之習辭者也，今方來，吾欲辱之，何以也？」左右對曰：「為其來㈣也，臣請縛一人，過王而行，王曰『何為者也？』對曰：『齊人也。』王曰：『何坐㈤？』曰：『坐盜㈥。』」晏子至，楚王賜晏子酒，酒酣，吏二縛一人詣王，王曰：「縛者曷為者也？」對曰：「齊人也，坐盜。」王視晏子曰：「齊人固善盜乎？」晏子避席對曰：「嬰聞之，橘生淮南則為橘，生于淮北則為枳，葉徒相似，其實味不同。所以然者何？水土異也。今民生長于齊不盜，入楚則盜，得無楚之水土使民善盜耶？」王笑曰：「聖人非所與熙也㈦，寡人反取病㈧焉。」

【今註】 ㈠本章要旨：言楚王欲辱晏子，指盜者為齊人，晏子對以水土之異，使不盜之民善盜。劉向《說苑・奉使篇》用此文。㈡晏子將使楚：元刻脫「使」字，《意林》及《北堂書鈔》政術部十四、《藝文類聚》人部九、果部上、《太平御覽》果部三並引作「晏子使楚」，但省去「將」字耳。

《說苑・奉使篇》作「晏子將使荊」，今據正。㊂楚王聞之：《說苑》、《藝文類聚》二十五、《北堂書鈔》四十、御覽七百六十九、九百六十六、九百九十二引皆有「王」字，今據增。㊃為其來：於其來也，古者或謂於曰為。㊄何坐：入於罪曰坐。㊅坐盜：以上言楚王與羣臣設計如是。㊆非所與熙也：非猶不也，所猶可也，熙猶戲也。按《老子》、《史記》「天下熙熙」，字皆當為「嬰嬰」，嬰，《說文》：「說樂也。」㊇病：辱也。

【今譯】晏子將出使楚國，楚王聽說後，對左右近臣道：「晏嬰是齊國最為能言善道的人，現在他要來，寡人欲羞辱他，應該如何呢？」左右回答道：「在他來時，臣等設計請綁一人，經過王的面前而行，王可以問：『怎麼了？』我們便回答：『他是齊人。』王又可以問：『他犯何罪？』我們便回答：『他犯偷竊之罪。』」晏子至楚，楚王為之設宴賜酒，飲至酒酣時，二小臣綁一人到楚王前，王問：「綁住的人怎麼了？」回答道：「他是齊人，犯偷竊之罪。」楚王看著晏子說：「齊人本是喜歡偷竊的嗎？」晏子離席回答說：「我曾聽說，橘生長在淮南是橘，若生長在淮北，就變成枳，其葉雖似，但果實，味道則大異。何以如此呢？就因水土的不同呀！現在人民生活在齊不偷竊，到了楚則偷竊，這豈不是楚國水土使人民變得好偷竊嗎？」楚王說：「聖人是不可加以戲弄的，寡人欲辱之，反而自取其辱了。」

楚王饗晏子進橘置削晏子不剖而食第十一㈠

景公使晏子于㈡楚，楚王進橘，置削㈢，晏子不剖而並食之。楚王曰：「橘當去剖㈣。」晏子對曰：「臣聞之，賜人主之前者，瓜桃不削，橘柚不剖。今者萬乘之主㈤無教令，臣故不敢剖，臣非不知也。」

【今註】㈠本章要旨：言楚王賜晏子橘，置刀而不令去皮，晏子不剖而食，以譏其不達禮。劉向《說苑・奉使篇》用此文。㈡于：猶往也。㈢削：《說文》：「削，鞞也。」段注：「鞞，刀室也。」今字作鞘，此訓刀，則引申之義也。㈣橘當去剖：言食橘當去其所剖之皮。㈤萬乘之主：張云：「『之主』二字舊脫，文不成義，今補。」

【今譯】景公派晏子出使至楚，楚王賜食，進橘置刀而不令去皮，晏子就不去皮而兼食之。楚王說：「吃橘子當剖去其皮。」晏子回答道：「我聽說君王賜食，瓜桃不削皮，橘柚不剖皮。現在君賜臣橘，未教臣剖，所以我不敢剖，並非我不知道當剖啊！」

晏子布衣棧車而朝田桓子侍景公飲酒請浮之第十二㊀

景公飲酒，田桓子㊁侍，望見晏子，而復于公曰：「請浮㊂晏子。」公曰：「何故也？」無宇㊃對曰：「晏子衣緇布之衣，麋鹿之裘㊄，棧軫之車㊅，而駕駑馬以朝，是隱君之賜也。」公曰：「諾。」晏子坐，酌者奉觴進之，曰：「君命浮子。」晏子曰：「何故也？」田桓子曰：「君賜之卿位以顯㊆其身，寵之百萬以富其家，羣臣之爵㊇，莫尊于子，祿莫重于子。今子衣緇布之衣，麋鹿之裘，棧軫之車，而駕駑馬以朝，則是㊈隱君之賜也。故浮子。」晏子避席曰：「請飲而後辭乎，其辭⑩而後飲乎？」公曰：「辭然後飲。」晏子曰：「君賜之卿位以顯其身⑪，嬰非敢為顯受也，為行君令也；寵之⑫百萬以富其家，嬰非敢為富受也，為通⑬君賜也。臣聞古之賢君，臣有受厚賜而不顧其困族⑭，則過之；臨事守職，不勝其任，則過之。君之內隸⑮，臣之父兄，若有離散，在于野鄙，此臣之罪也。君之外隸⑯，臣之所職㈦，若有播亡，在于四方，此臣之罪也。兵革之不完，戰車之不修，此臣之罪也。若夫弊車駑馬以朝，意者非臣之罪乎！且臣以君之賜，父之黨無不乘車者，母之黨無不足于衣食者，妻之黨無凍餒者，國之簡㈧士待臣而後舉火者數百家。如此者，為彰君賜乎，為隱君賜乎？」公曰：「善！為我浮無宇也。」

【今註】㈠本章要旨：言晏子布衣柴車而朝，田桓子謂其隱君之賜，請罰酒，晏子對以弊車駑馬並非罪過，能博施濟眾，則彰顯君賜。劉向《說苑・臣術篇》用此文。㈡田桓子：《說苑》「田」作「陳」。按「田」「陳」古同音，「田」為「陳」字之叚。㈢浮：猶罰也，一聲之轉。㈣無宇：桓子名，陳文之子。㈤麋鹿之裘：麋，鹿屬，其毛粗硬，殆裘之賤者。㈥棧軫之車：《周禮・巾車》：「士乘棧車。」棧，《說文》：「棚也，竹木之車曰棧。」軫：輿後橫木。㈦顯：舊作「尊」，據《說苑》改。㈧羣臣之爵：「之」舊作「其」，據《說苑》改。㈨則是：舊倒，今據《說苑》改。㈩其辭：辭，解說也。其，猶抑也。⑪賜之卿位以顯其身：「賜之」舊倒，「顯」舊作「尊」，今皆據《說苑》改。⑫之：舊作「以」，今據《說苑》改。⑬通：猶行也，達也。⑭困族：「困」，孫本作「國」，今據《說苑》改。⑮隸：屬也。⑯外隸：即外屬，亦即外族，通稱外親。⑰職：讀若「識」，臣之所職，即臣之所識也。⑱簡：舊作「間」，今據《說苑》改。

【今譯】景公飲酒，田桓子在旁伺候，遠遠望見晏子，便向景公報告：「請罰晏子喝酒。」景公問：「為什麼呢？」桓子回答：「晏子身穿布衣麋裘，乘駕柴車劣馬來上朝，這是隱藏君王的賞賜。」景公道：「是啊！」晏子坐定之後，斟酒者呈上酒杯說：「君王罰你喝酒。」晏子問：「為什麼呢？」桓子說：「君王賜你卿位來尊顯你的身分，給你百萬錢財來富厚你的家庭，諸臣的爵位，沒有比你更尊貴，俸祿也沒有比你更優厚。可是你現在卻身穿布衣麋裘，乘駕柴車劣馬來上朝，這是隱藏君王的賞賜，所以罰你喝酒。」晏子離席道：「先喝而後聽我解釋，還是聽我先解釋再喝酒呢？」景公說：「先解釋再喝酒吧！」晏子道：「君王賜我卿位來尊顯我身，可是我並非為顯貴受命，而是為了奉行君令；君王賜我百萬錢財來富厚我家，可是我並非為財富受命，而是為了彰顯君賜。我聽說古時賢君，如果知道臣子受了厚賜而不能照顧其貧困親族，就責備他；知道臣子做事任職而不能盡責，就責備他。君王的內親，我的父兄，如有散失在荒野，這是我的錯。君王的外親，我相識的友人，如有流離四方，這是我的錯。兵甲不堅，戰車不固，這也是我的錯。至於乘駕弊車劣馬來上朝，我想這並非是我的過錯。而且我因君王的厚賜，使父族親人無不乘車，母族親人無不豐衣足食，妻族親人無人挨凍受餓，國內貧士靠我濟助為生者也有數百家之多。像這樣，是彰顯君王的賞賜，還是隱藏了君王的賞賜呢？」景公聽了之後說：「好！替我來罰桓子一杯吧！」

田無宇請求四方之學士晏子謂君子難得第十三㈠

田桓子見晏子獨立于牆陰，曰：「子何為獨立而不憂？何不求四方之學士㈡可者而與坐？」晏子曰：「共立似君子，出言而非也。嬰惡得學士之可者而與之坐？且君子之難得也？若華山然㈢，名山既多矣㈣，松柏既茂矣㈤，望之楢楢然㈥，盡日不知厭㈦。而世有所美㈧焉！固㈨欲登彼楢楢之上，仡仡然㈩不知厭。小人者與此異，若部婁㈡之未登，善，登之無蹊㈢，維有楚棘㈢而已；遠望無見也，俛就則傷要㈣，嬰㈤惡能無獨立焉？且人何憂，靜處遠慮，見歲若月，學問不厭，不知老之將至，安用從酒㈥！」田桓子曰：「何謂從酒？」晏子曰：「無客而飲，謂之從酒。今若子者，晝夜守尊㈦，謂之從酒也。」

【今註】㈠本章要旨：言田桓子請求四方之賢人學士，晏子謂君子難得，不以不得為憂。㈡四方之學士：「方」舊作「鄉」，今據標題改。㈢若華山然：「華」舊作「美」，今據類聚校改。㈣名山既多矣：名山即名峯也。華山有華嶽三峯，中曰蓮花峯，東曰仙人掌，南曰落雁峯；又有雲臺、公主、毛女諸峯，環拱中峯，故杜甫詩云：「諸峯羅列似兒孫。」言其多也。㊄松柏既茂矣：喻君子閎中肆外之德。㊅望之榴榴然：《說文》「榴」作「榾」，榾，音忽。高貌。故山高謂之榴。望之榴榴然，有可望而不可及義。㊆盡日不知厭：「盡日」舊作「盡目力」，蓋由「日」誤為「目」，文不成義，校者遂以意增「力」字，今據上下文義訂正。盡日不知厭者，言君子之德充實光輝。㊇世有所美：即為世所美。㊈固：乃也。㊉仡仡然：仡，音一ˋ，與「劼」同義，一聲之轉。劼，用力也，勤也。仡仡言用力之勤，謂用力登其上也。⑪部婁：《說文》：「附婁：小土山也。」《左傳》襄二十年曰：「附婁無松柏。」按部附古同音，部婁本作附婁，或作培塿。⑫蹊：蹊徑，狹路也。⑬楚棘：《說文》：「楚，叢木；一名荊也。」是楚棘即荊棘。⑭傷要：孫本奪「要」字，「要」古「腰」字。此言俯而審視，雖至傷腰，終亦無視。⑮嬰：元刻奪「嬰」字，今據上下文義補。⑯從酒：從，縱本字。⑰尊：罇、樽本字。

【今譯】田桓子見晏子獨立在牆角陰暗處，說：「你何為孤獨自處而憂心呢？何不向四方徵求賢才與你共處呢？」晏子說：「與他們並立時，看他們好似君子，可是一開口，卻又不然。我那裏可徵得賢才來共處呢？況且君子之難得，就像華山一般，其諸峯聳立，松柏茂盛，遠望高峻，卻不可企及，盡日觀覽，也不覺厭倦。世人對它多所稱美，就是攀登，也仡仡然不覺煩厭。小人則與此不同，恰似小丘，在未登時，尚覺風景佳美，攀登後卻發現一無行路，只長滿荊棘而已，遠望它，不見樹木，俯身觀看，即至傷腰，也終無所見，如此，我怎能不超然獨立呢？況且我又有何可憂，獨立始靜，靜能遠慮，歲月流逝，年如一月，我努力研學，不知己將衰老，又何需縱情於酒。」田桓子問：「何謂縱酒？」晏子說：「無客自飲，叫做縱酒。現在像你日夜不離酒杯，就叫做縱酒。」

田無宇勝欒氏高氏欲分其家晏子使致之公第十四㊀

欒氏㊁、高氏㊂欲逐田氏㊃、鮑氏㊄，田氏、鮑氏先知而遂攻之。高彊曰：「先得君，田、鮑安往？」遂攻虎門。二家召晏子，晏子無所從也。從者曰：「何為不助田、鮑？」晏子曰：「何善焉，其助之也。」「何為不助欒、高？」曰：「庸㊅愈于彼乎？」門開，公召而入。欒、高不勝而出㊆，田桓子欲分其家，以告晏子，晏子曰：「不可！君不能飭法㊇，而羣臣專制，亂之本也。今又欲分其家，利其貨，是非制也，子必致之公。且嬰聞之，廉㊈者，政之本也；讓者，德之主也。欒、高不讓，以至此禍，可毋慎乎！廉之謂公正，讓之謂保德，凡有血氣者，皆有爭心，怨利生孽㊉，維義為㊁可以長存。且分㊂爭者不勝其禍，辭讓者不失其福，子必勿取。」桓子曰：「善。」盡致之公，而請老于劇⑬。

【今註】㊀本章要旨：言四族分爭，晏子為其無善，義不助之；又欒、高不勝，田氏欲分其家，晏子不同私取，謂廉讓保德，使致之公。㊁欒氏：孫氏云：「欒施字子旗。」㊂高氏：孫氏云：「高彊字子良。」㊃田氏：孫氏云：「田無宇，謚桓子。」㊄鮑氏：孫氏云：「鮑國謚文子。」㊅庸：何也。㊆欒高不勝而出：欒、高出亡魯。《左傳》作「五日庚辰戰於稷，欒高敗；又敗諸莊。國人追之，又敗諸鹿門。欒施、高彊來奔，陳鮑分其室。」原委始明，《晏子》文約也。㊇飭法：整飭法紀也。㊈廉：從孫本；元刻作「禁」，非。㊉怨利生孽：《左傳》作「蘊利生孽。」杜注：「蘊，蓄也。孽，妖害也。」按「蘊」「怨」一聲之轉，《晏子》書多以「怨」為「蘊」。⑪為：舊「為」字在「可以」下，文義不順，今從王校改。⑫分：與忿同。⑬劇：故劇城在青州壽光縣南三十一里。初為周之紀國，春秋時滅於齊，為齊大夫食邑。

【今譯】欒、高二氏想趕走田氏、鮑氏，田、鮑先得知消息，遂來攻打他們。高氏說：「只要先控制住國君，田、鮑又能走往何處？」於是來打虎門。田、鮑二家急召晏子，晏子無所適從，隨從問道：「您為何不助田、鮑二家呢？」晏子說：「他們有何善行，值得我幫助。」又問：「你為何不助欒、高二家呢？」晏子說：「他們比田、鮑又好到那兒去呢？」直等到虎門打開，國君召見，晏子才進入。後來欒、高失敗，出亡魯國，田桓子想私取二家，來告訴晏子。晏子說：「不可。君王不能整飭法紀，而由羣臣專權，已是禍亂的根源了。現在你又想私分欒、高的家室，取其財貨，這更非法制所能容，你應把它交給官府處理。而且我曾聽說，清廉是政治的根本，辭讓是道德的要素。欒、高就因為不能辭讓，以至於遭禍，你們還不該謹慎嗎？清廉可謂公正，辭讓可謂保德，凡有血氣之人皆有爭心，為蘊積財利，則多生禍害，只有持義行事才可以長存。好紛爭者禍患不盡，能辭讓者不失其福，你一定不可私取呀！」桓子聽了之後說：「好吧！」於是把財貨盡交公府，而自己請求終老於劇城。

子尾疑晏子不受慶氏之邑晏子謂足欲則亡第十五㈠

慶氏亡㈡，分其邑，與晏子邶殿㈢，其鄙㈣六十，晏子勿受。子尾曰：「富者，人之所欲也，何獨弗欲？」晏子對曰：「慶氏之邑足欲，故亡。吾邑不足欲也，益之以邶殿，迺足欲；足欲，亡無日矣！在外不得宰吾一邑㈤。不受邶殿，非惡富也，恐失富也。且夫富，如布帛之有幅㈥焉，為之制度，使無遷㈦也。夫民㈧生厚而用利，于是乎正德以幅之，使無黜慢㈨，謂之幅利，利過則為敗，吾不敢貪多，所謂幅也。」

【今註】㊀本章要旨：言晏子謂足欲則亡，利過則敗，故不受慶氏之邑。㊁慶氏亡：慶封奔吳。《左傳》襄二十八年作「及慶氏亡。」㊂邶殿：《左傳》襄二十八年注：「邶殿，齊別都。」約當今山東昌邑縣境。㊃鄙：《周禮・遂人》：「五家為鄰，五鄰為里，四里為酇，五酇為鄙。」㊄在外不得宰吾一邑：在外，謂流亡在外也。宰，主也。此言設因益邶殿足欲而亡在外，則並吾故有之一邑，不得由吾作主矣。㊅幅：幅度，引申猶節度也。㊆遷：散放也。言有幅度限定，始不至放乎度外。㊇民：「民」字舊奪，今據《左傳》補。㊈慢：《左傳》作「嫚」。按「慢」「嫚」通。黜嫚，放逸也。此言民富則以正德限之，使無流於放逸。

【今譯】慶氏出奔吳國，公分其封邑，把邶殿賜給晏子，邶殿有三萬戶，可是晏子不肯接受。子尾懷疑問道：「財富是人人想要的，何以你獨不要呢？」晏子回答說：「慶氏就因封邑過多，滿足其慾望而招致滅亡。我的封邑尚不能滿足慾望，如再增加邶殿，才可滿足我的慾望；慾望滿足，滅亡的日子就近了，如因此而流亡國外，那麼連我原有的一邑也不能主宰了。所以我不接受邶殿，並非厭惡財富，而是惟恐失去財富呀！況且財富如布帛之有一定尺幅，必須為其限定幅度，使不放乎度外。人民生活放逸，這叫節制財利，凡人財利過多，終必招致敗亡，我不敢貪多，就是知道節制啊！」

景公祿晏子平陰與槀邑晏子願行三言以辭第十六㊀

景公祿晏子以平陰與槀邑㊁，反㊂市者十一社。晏子辭曰：「吾君好治宮室，民之力弊矣；又好盤遊翫好㊃，以飭㊄女子，民之財竭矣；又好興師，民之死近矣。弊其力，竭其財，近其死，下之疾其上甚矣！此嬰之所為不敢受也。」公曰：「是則可矣。雖然，君子獨不欲富與貴乎？」晏子曰：「嬰聞為人臣者，先君後身㊅；安國而度家㊆，宗㊇君而處身，曷為獨不欲富與貴也！」公曰：「然則曷以祿夫子？」晏子對曰：「君商㊈漁鹽，關市譏而不征㊉；耕者十取一焉；弛刑罰——若㊁死者刑，若刑者罰，若罰者免。若此三言者㊂，嬰之祿，君之利也。」公曰：「此三言者，寡人無事焉，請以從夫子。」公既行若三言㊂，使人問大國，大國之君曰：「齊安矣。」使人問小國，小國之君曰：「齊不我加矣㊃。」

【今註】㊀本章要旨：言景公祿晏子平陰與槀邑，晏子不受，而以省刑薄斂為祿。㊁平陰與槀邑：

《左傳》襄公十八年：「諸侯伐齊，齊侯禦諸平陰。」杜預注：「平陰城在濟北盧縣東北。」洪云：「稾疑棠之誤。左傳襄六年傳：晏弱圍棠。杜注：棠，萊邑也。北海即墨縣有棠鄉。史記晏嬰列傳：萊之夷維人也。其地相近。」㊂反：音販，《別雅》四云：「反通作販。」《正韻》「販」亦作「反」。㊃盤遊翫好：盤遊本作般游。《說文》：「翫，習猒也。」㊄飭：與「飾」通。㊅先君後身：言先君之急而後其身之私。㊆度家：〈大雅・緜〉傳曰：「度，居也。」㊇宗：尊也。㊈商：《說文》：「行賈也。」㊉譏而不征：譏，察也。《禮記・王制》注：「譏，苛察也。」譏而不征，言察奸而已，不征稅也。⑪若：猶其也。⑫若此三言者：此若猶順也。⑬行若三言：此若字猶《孟子》「以若所為，求若所欲」，同如此之意。⑭加：陵也，見《論語・公冶長》：「我不欲人之加諸我也。」

【今譯】景公賜晏子平陰與稾邑二地，其地商業繁榮，稅收豐富，商販有二百七十五家，可是晏子拒絕說：「吾君喜歡修治宮室，使人民的精力疲敝；又喜歡般遊玩樂，美飾女子，使人民的財產竭盡；又喜歡興師作戰，使人民的死亡迫近。疲敝其精力，竭盡其財產，使其接近死亡，人民因此非常痛恨在位者，所以我不忍接受封地，再富厚自己了。」景公說：「像這樣因不忍而不受，倒也可以。難道君子獨不想富與貴嗎？」晏子答道：「我聽說身為臣子，應先君王之急，而後及其自身之私；先保國而後安家；先尊尚君王，而後顧及自身，那裏是不想富與貴哪！」景公說：「那麼寡人如何賜祿於先生呢？」晏子回答說：「君王公賣漁鹽，應明察奸惡而不徵稅；對耕種者徵其稅收十分之一；對刑罰多加寬省，其罪應死者，減而刑之，其罪應刑者，減而罰之，其罪應罰者，減而免之。能夠順行此三事，就是給我俸祿，也是君王的大利啊！」景公說：「此三事寡人行之至易，就聽從先生的話。」景公行此三事之後，派人往大國探問意見，大國之君說：「齊國非常安定了。」派人往小國探問意見，小國之君說：「齊國再也不侵陵我國了。」

梁丘據言晏子食肉不足景公割地將封晏子辭第十七㊀

晏子相齊，三年，政平民說㊁。梁丘據見晏子中食，而肉不足，以告景公，旦日，封晏子以都昌㊂，晏子辭而不受㊃。曰：「富而不驕者，未嘗聞之。貧而不恨者，嬰是也。所以貧而不恨者，以若為師也㊄。今封，易嬰之師，師已輕，封已重矣，請辭。」

【今註】㊀本章要旨：言景公封晏子都昌，晏子謂師貧尚儉，心無外染，請辭。㊁說：同「悅」字。㊂封晏子以都昌：舊作「割地將封晏子。」「割地將」三字，原文所無。封晏子下有「以都昌」三字，而今本脫之。都昌齊地名，即昌邑縣，是齊七十二城之一。㊃辭而不受：舊無「而」字，據王校補。㊄以若為師也：張云：「若從元刻，孫本作善，非。」今據改。若，此也，指貧言。以若為師，以貧為師也。蓋惟師貧，故能固窮，故能尚儉。尚儉，貴乎心外毫無物染。故必以貧為師。

【今譯】晏子為齊相，三年之後，國政平治，人民悅樂。一日，梁丘據見晏子的午餐中，肉類很少，於是告訴景公，第二天，景公封晏子都昌，晏子拒而不受。說：「能富貴無驕者，我未曾聽說。可是處身貧窮而無怨恨者，我就是。我所以能處身貧窮一無怨恨，就因師貧尚儉，心無外染。今封我都昌，等於是改變我之所師，輕師重封，將喪己於物，所以辭謝不受。」

景公以晏子食不足致千金而晏子固不受第十八㊀

晏子方食，景公使使者至㊁。分食食之，使者不飽，晏子亦不飽。使者反，言之公。公曰：「嘻！晏子之家，若是其貧也㊂。寡人不知，是寡人之過也。」使吏致千金與市租㊃，請以奉賓客。晏子辭，三致之，終再拜而辭曰：「嬰之家不貧。以君之賜，澤覆三族㊄，延及交遊㊅，以振㊆百姓，君之賜也厚矣！嬰之家不貧也。嬰聞之，夫㊇厚取之君而施之民，是臣代君君民也㊈，忠臣不為也。厚取之君而不施于民，是為筐篋之藏也㊉，仁人不為也。進取于君，退得罪于士，身死而財遷于它人㊁，是為宰藏也㊂，智者不為也。夫十總㊂之布，一豆之食，足于中免矣㊃。」景公謂晏子曰：「昔吾先君桓公，以書社㊄五百封管仲，不辭而受，子辭之何也？」晏子曰：「嬰聞之，聖人千慮，必有一失；愚人千慮，必有一得。意者管仲之失，而嬰之得者耶？故再拜而不敢受命。」

【今註】㊀本章要旨：言景公以晏子食不足，致千金，而晏子固辭不受。標題「固」下疑脫「辭」字。劉向《說苑・臣術篇》用此文。㊁景公使使者至：《藝文類聚》三十五引文同。《說苑》作「君之使者至」。㊂也：讀為「邪」。㊃使吏致千金與市租：《說苑》作「令吏致千家之縣一於晏子。」㊄澤覆三族：覆，被也。三族：指父族、母族、妻族。㊅交遊：指國之簡士。㊆振：救也。見諫上第五章：晏子家粟，盡分於氓。㊇夫：為指示詞，猶彼也。㊈是臣代君君民也：此承上二句為說，言「按厚取厚施，為以君之惠，爭君之民，故曰代君君民。」㊉是為筐篋之藏也：《說苑》作「厚取之君而藏之，是筐篋存也。」㊁身死而財遷于它人：《說苑》作「厚取之君而無所施之，身死而財遷」。㊂宰藏：宰，家宰也。此言如家宰為主藏財也。㊂總：即「稯」之假字。《說文》：「布之八十縷為稯。」㊃足于中免矣：《禮記．檀弓》：「文子其中退然如不勝衣。」注：「中，身也。」按中免，身免也，語謂足以身免於飢寒也。㊄書社：《史記．孔子世家》：「昭王將以書社地七百里封孔子。」索隱：「古者二十五家為里，里各立社，則書社者，書其社之人名於籍。」

【今譯】晏子正吃飯時，景公遣使者至。晏子分其食與之，結果使者沒吃飽，晏子也沒吃飽。使者回去後，報告景公，公說：「唉！晏子如此貧窮，寡人竟不知道，真是寡人的錯。」於是派官吏賜之千金與市租，來接待賓客。晏子辭謝不收，再三致送，才再拜，辭謝道：「我家並不窮。我將君王的恩賜，被及父、母、妻三族，延及交往的處士，又救助了許多百姓，君王的賞賜太豐厚了，我家並不貧窮。我曾聽說，厚取於君而厚施於民，這是代君治民，忠臣不如此做。厚取於君而不施於民，這是私藏己用，仁者不如此做。進取於君，退又不能濟士，身亡則將財產留給他人，如家臣之為主子藏財，智者不如此做。而一個人只要有十稯布，一豆食，就足可免於飢寒了啊！」景公對晏子說：「昔日先王桓公，把書社五百賜給管仲，管仲不辭而受，而你何以拒絕呢？」晏子說：「我聽說聖人慮事千件，終不免於一失；愚人慮事千件，終必會有一得。我想管仲的一失，就是我的一得吧！因此再拜辭謝而不敢接受。」

景公以晏子衣食弊薄使田無宇致封邑晏子辭第十九㈠

晏子相齊，衣十升之布，食脫粟之食㈡，五卵、苔菜㈢而已。左右以告公，公為之封邑，使田無宇致臺與無鹽㈣。晏子對曰：「昔吾先君太公受之營丘㈤，為地五百里，為世國長㈥，自太公至于公之身，有數十公矣。苟能說其君以取邑，不至公之身，趣齊搏以求升土㈦，不得容足而寓焉㈧。嬰聞之，臣有德益祿，無德退祿，惡有不肖父為不肖之子，為封邑以敗其君之政者乎？」遂不受。

【今註】㈠本章要旨：言景公以晏子衣食弊薄，使田無宇致送封邑，晏子謂有德益祿，無德退祿，不為子孫聚財，拒不接受。㈡食脫粟之食：舊「脫粟」上無「食」字，文義不明，且與上句不對。今據後第二十六云「食脫粟之食」補。脫粟者，粗米僅脫稃殼之謂。㈢五卵苔菜：「卵」從元刻。卵，雞卵。「苔」，即「菭」省字。《周禮》「菭菹」，鄭眾注：「菭，水中魚衣。」㈣臺與無鹽：哀公六年傳：「公子陽生入齊，使胡姬以安孺子居賴，又遷之于駘」，杜預注：「齊邑。」按在今青州臨朐縣界。郡國志：「無鹽屬東平國，本宿國，任姓。」㈤營丘：指山東省昌樂縣東南之營丘，周武王封太公望於齊，初都於此。太公後五世孫故公徙都薄姑，獻公立又遷臨淄，於是臨淄亦被營丘之名。今此蓋凡言齊封地，不可過泥，但亦不可指太公營丘為臨淄。㈥為世國長：《史記・齊太公世家》曰：「五侯九伯，實得征之。」故云為世國長。㈦趣齊搏以求升土：「趣」當為「趨」。搏，攫取、爭地也。趣齊搏以求升土，言皆至齊爭地也。㈧不得容足而寓焉：蓋極言爭邑者之眾，即五百里亦不容足矣。

【今譯】晏子為齊相之後，衣服仍著十升之布，飲食仍吃脫殼的粗米，蔬菜僅五卵、海苔而已。左右近臣將此事報告景公，景公賜之封邑，遣田無宇致送臺及無鹽二地。晏子說：「昔日吾先君太公受賜營丘，其地五百里，為諸侯之長，自太公至君，已數十代。如人皆能以取悅君王而得邑，則不至今日，往齊爭地者，已無容足之所了。我聽說，為人臣者，有德則受祿，無德則辭祿，豈有不才父為不才子聚財取邑，而敗壞君王政治的呢？」於是拒不受封賜。

田桓子疑晏子何以辭邑晏子答以君子之事也第二十㈠

景公賜晏子邑，晏子辭。田桓子謂晏子曰：「君歡然與子邑，必不受以恨君㈡，何也？」晏子對曰：「嬰聞之，節受于上者，寵長于君；儉居于處者㈢，名廣于外。夫長寵廣名，君子之事也。嬰獨庸㈣能已乎？」

【今註】㈠本章要旨：言田桓子疑晏子何以辭邑，晏子謂節受長寵，儉處廣名，故辭。㈡恨君：恨，非怨恨之「恨」，乃「很」之借字。《說文》：「很，不聽從也。」〈吳語〉：「今王將很天而伐齊。」韋注曰：「很，違也。」古多通用恨字。很者違也。君與之邑而必不受，是違君也，故曰：「必不受以很君」。㈢儉居于處者：舊脫「于」字，據上文增。處，常也。㈣庸：何也。

【今譯】景公賜晏子封邑，晏子拒絕不受。田桓子因而懷疑的問晏子說：「君王很高興的賜你封邑，你卻堅持不受來違背他，為什麼呢？」晏子回答道：「我聽說，受賜節而不貪者，可以長君之寵；居常儉而不奢者，可以廣外之譽。長君寵，廣令譽，這是君子願行之事，我何獨不追求呢？」

景公欲更晏子宅晏子辭以近市得所求諷公省刑第二十一㈠

景公欲更晏子之宅，曰：「子㈡之宅近市，湫隘囂塵㈢，不可以居，請更諸爽塏㈣者。」晏子辭曰：「君之先臣㈤容焉，臣不

足以嗣之，于臣侈矣。且小人近市，朝夕得所求，小人之利也。既竊敢煩里旅㈥！」公笑曰：「子近市，識貴賤乎？」對曰：「既竊

利之，敢不識乎！」公曰：「何貴何賤？」是時也，公繁㈦于刑，有鬻踊㈧者。故對曰：「踊貴㈨而屨賤。」公愀然㈩改容。公為是省于刑。君子曰：「仁人之言，其利博哉！晏子一言，而齊侯省刑。詩曰㈡：『君子如祉，亂庶遄已。』其是之謂乎。」

【今註】㈠本章要旨：言景公欲變更晏子的住宅，晏子辭以近市，易得所求，並諷公省刑。《韓非子・難二篇》用此文。㈡子：上疑奪「夫」字，如下二十三、二十五，本書多稱夫子。㈢湫隘囂塵：湫，下。隘，小。囂，聲。塵，土。狹隘，低溼狹小也。囂塵，喧嘩多塵埃也。㈣爽塏：爽，明。塏，燥。爽塏者，明燥之處也。㈤先臣：指晏子之先人。㈥敢煩里旅：旅，眾也。敢煩里旅，指不敢煩眾人之居，以為己宅也。㈦繁：多也。㈧踊：刖足者之屨。㈨踊貴：刖足者多，故踊貴。喻刑多也。㈩愀然：容色改變的樣子。㈡詩曰以下二句：此〈小雅・巧言〉之詩。如，行也；祉，福也；遄，疾也。言君子行福，則亂庶幾止也。

【今譯】景公想替晏子更換宅邸，說：「先生住所靠近街市，低溼狹小又吵雜多塵埃，不適合居住，請更換到明爽乾燥處住。」晏子辭謝說：「我的先人能居此宅，而我不能繼之，那真是太奢侈了。而

且身為小民，靠近街市，早晚易得欲購之物，這是我們的便利，實在不敢再勞煩鄉里民眾了。」景公笑著說：「你家既近街市，那麼是否知道貨物的貴賤呢？」晏子回答說：「既自以為方便，能不知道嗎！」景公問：「何物昂貴？何物便宜？」是時，景公多用刑罰，市上有賣刖足之屨者，因此晏子回答道：「踊貴而屨賤。」景公聽後，容色大變，於是為此而寬省了刑罰。有才德的君子評論此事說：「仁者之言，其功大矣。晏子一句話，而使齊侯省刑。詩經有言：『君子行善事，則禍亂幾可馬上停止。』就是指這方面說的吧！」

景公毀晏子鄰以益其宅晏子因陳桓子以辭第二十二㈠

晏子使魯㈡，景公為毀其鄰，以益其宅。晏子反，聞之，待於郊，使人復於公曰：「臣之貪㈢頑而好大室也，乃通㈣於君，故君大其居。臣之罪大矣！」公曰：「夫子之鄉惡而居小㈤，故為夫子為之，欲夫子居之，以慊寡人㈥也。」晏子對曰：「先人有言曰，毋卜㈦其居，而卜其鄰舍。今得意於君者，慊其居則毋卜；已沒氏之先人卜與臣鄰㈧，吉；臣可以廢沒氏之卜乎？夫大居而逆鄰歸㈨之心，臣不願也，請辭！」卒復其舊宅。公弗許。因陳桓子以請，迺許之㈩。

【今註】㈠本章要旨：言景公毀晏子鄰以益其宅，晏子謂擴大居宅而違逆鄰人歸附之心，不可，請辭，公不許，乃因陳桓子以辭。㈡晏子使魯：張云：「舊衍比其反三字，從盧校刪。」㈢貪：舊作貧，從盧校改。㈣通：《小爾雅・廣詁》：「通，達也。」㈤鄉惡而居小：鄉，周制：一萬二千五百家。〈齊語〉：十卒為鄉；又曰十里為鄉。《管子・小匡》：十卒為鄉；皆二千家。按此則汎指其處所。居，宅也。惡，指囂塵言。㈥以慊寡人：慊，滿足也；言快足寡人意也。㈦卜：擇也。㈧已沒氏之先人卜與臣鄰：沒，終也。沒氏猶言逝者。吉，善也。言已逝先人為臣卜此善鄰，故臣不能離此。㈨鄰歸：鄰，親也；歸，坿也。㈩迺許之：《左傳》作「晏子使魯，景公更其宅，反則成矣。既拜，乃毀之，而為里室，皆如其舊，則使宅人反之。且諺曰：非宅是卜，唯鄰是卜，二三子先卜鄰矣；違卜不祥！君子不犯非禮，小人不犯不祥，古之制也，吾敢違諸乎？卒復其舊宅。公弗許，因陳桓子以請，乃許之。」自首句起至「吾敢違諸乎」，與本文大異其辭，疑後人妄以《左傳》文改之。

【今譯】晏子出使魯國，景公為其毀壞鄰宅，以拓廣其居所。晏子返國，聽聞此事，乃停駐郊外，遣人報告景公說：「都是因為臣貪婪頑劣，喜好寬大的居室，才使君王知情，為我拓廣居所，我的罪過太大了。」景公說：「先生的住處不良又狹小，因此才為先生這麼做，希望先生肯去住，以滿足寡人一片心意。」晏子回答道：「臣的先人有言，居不擇處，必擇其鄰。今如順從君王意思，就是滿足於居所而不擇其鄰；已逝的先人曾為臣擇此善鄰，我可違背先人的選擇嗎？況且拓廣居所而使鄰人無法親附，這是我所不願的，還是請辭吧！」晏子最後還想復其舊宅，可是景公不答應，乃請陳桓子代為請求，才勉強同意了。

景公欲為晏子築室于閨內晏子稱是以遠之而辭第二十三㈠

景公謂晏子曰：「寡人欲朝昔相見㈡，為夫子築室于閨內㈢，可乎？」晏子對曰：「臣聞之，隱而顯，近而結㈣，維至賢耳。如臣者，飾其容止以待命㈤，猶恐罪戾也，今君近之，是遠之也㈥，請辭。」

【今註】㈠本章要旨：言景公欲為晏子築室於宮內，晏子稱過分親暱，不如遠之而辭。標題「閨內」舊作「宮內」，以正文作「閨內」，《藝文類聚》、《太平御覽》並作「閨內」，故據改。㈡朝昔相見：「夕」元刻作「昔」。「相」字各本並脫，今據類聚六十四及御覽百七十四引補。「昔」古叚為「夕」，「昔」「夕」同音，經傳多叚「昔」為「夕」。㈢閨內：閨，《說文》：「特立之戶。」

段注：「釋宮曰，宮中之門謂之闈，其小者謂之閨」。閨內，宮門之內也。㊃隱而顯近而結：劉師培校補云：「『隱』『近』對文，猶之『進』『退』也。『顯』『結』亦對文，廣雅釋詁一云：『結，詘也。』禮記曲禮上『德車結旌』，鄭注云：『收斂之也。』是『結』有『斂』義。此句之旨，謂退能不失其顯名，進能自處於斂抑。」㊄容止以待命：舊作「待承令」，「承」字衍；「命」「令」義同。今從孫盧校删訂。容止，威儀也。㊅是遠之也：張云：「近之則容止難飾，罪戾滋多，是所以遠之。」

【今譯】景公對晏子說：「寡人想和你朝夕相見，為你築室於宮內，好嗎？」晏子回答道：「我聽說，退能顯其名，進能知斂抑，惟有至賢才能做到。像小臣我，整飾威儀，以候君令，還惟恐受到責難，今如和君王太接近，則威儀難飾，責難必多，是所以使君王遠離我，還是請辭吧！」

景公以晏子妻老且惡欲內愛女晏子再拜以辭第二十四㊀

景公有愛女，請嫁于晏子，公迺往燕晏子之家，飲酒，酣，公見其妻曰：「此子㊁之內子耶？」晏子對曰：「然，是也。」公：「嘻！亦老且惡㊂矣。寡人有女少且姣㊃，請以滿夫子之宮㊄。」晏子避席㊅而對曰：「乃此㊆則老且惡，嬰與之居故㊇矣，故及其少且姣也。且人固以壯託乎老，姣託乎惡，彼嘗託，而嬰受之矣。君雖有賜，可以使嬰倍㊈其託乎？」再拜而辭。

【今註】㊀本章要旨：言景公欲納愛女於晏子，晏子不以處富貴而失倫，再拜而辭。㊁子：「子」上疑奪「夫」字，此由下文可證。㊂惡：貌醜也。㊃姣：美好也。㊄滿夫子之宮：《廣雅．釋詁》四：「滿，充也。」《說文》：「宮，室也。」古為居所之通稱。㊅避席：違席，離席，所以致敬也。㊆乃此：于鬯云：「『乃此』，猶『乃今』也。」㊇故：猶素也，言素與之居也。㊈倍：「背」本字。

【今譯】景公有愛女，請准許嫁給晏子，景公乃前往晏子家作客，喝到酒酣之時，景公看見晏子之妻，於是問道：「這是先生的妻子嗎？」晏子回答：「是，是的。」景公又道：「嘻！又老又醜。寡人有個女兒年輕貌美，嫁給你吧！」晏子聽後，離座回答說：「現在雖老又醜，可是我素與之同居，因此也見及其年輕美好的容貌。而且為人妻者，本皆以少壯託身至年老，美貌託身至醜陋，她曾將終身託付於我，而我接受了。雖然君王今有榮賜，豈可使我違背她的託付呢？」於是再拜而加以辭謝。

景公以晏子乘弊車駑馬使梁丘據遺之三返不受第二十五㊀

晏子朝，乘弊㊁車，駕駑馬。景公見之曰：「嘻！夫子之祿寡耶？何乘不佼之甚也㊂？」晏子對曰：「賴君之賜，得以壽三族㊃，及國遊士㊄，皆得生焉。臣得煖衣飽食，弊車駑馬，以奉其身，于臣足矣。」晏子出，公使梁丘據遺之輅車乘馬㊅，三返不受。公不說，趣㊆召晏子。晏子至，公曰：「夫子不受，寡人亦不乘。」晏子對曰：「君使臣臨百官之吏，臣節其衣服飲食之養，以先齊㊇國之民；然猶恐其侈靡而不顧其行也。今輅車乘馬，君乘之上，而臣亦乘之下，民之無義㊈，侈其衣服飲食而不顧其行者，臣無以禁之。」遂讓不受。

【今註】㊀本章要旨：言景公贈送晏子輅車乘馬，晏子不受，並諫之慎身儉養，以為民先。劉向《說苑．臣道篇》用此文。㊁弊：敗壞則敝，弊與敝通。㊂何乘不佼之甚也：乘，車也。此兼車馬言。「佼」舊作「任」，「佼」與「姣」同，好也。《釋文》：「佼字又作姣」，引《方言》云：「自關而東，河濟之間，凡好謂之姣。」《荀子．成相篇》：「君子曲之佼以好。」《羣書治要》正作「不佼」，今據正。㈣壽三族：《國語．楚語》：「臣能自壽也。」韋注曰：「壽，保也。」壽三族者，保三族也。㈤遊士：士而不能生計者。㈥遺之輅車乘馬：遺，與也，贈也。《說文》：「輅，車前橫木也。」《釋文》：「輅，本亦作路。」路，大也，輅車為「路車」借字，言大車。㈦趣：通「促」。㈧齊：字舊奪，今據《說苑》補。㈨義：儀之本字。

【今譯】晏子上朝時，乘破車，駕劣馬。景公看了說：「嘻！先生的俸祿太少了嗎？何以乘如此破舊的馬車呢？」晏子回答說：「我靠君王的賞賜，得以保全三族，及國內的貧士，使他們能活得下去。我只要衣暖食飽，破車劣馬，自養吾身，也就足夠了。」晏子退出後，景公派梁丘據贈之大車乘馬，三次前往，晏子都不肯接受。景公不悅，促召晏子，晏子至，景公說：「先生不肯受賜，寡人也不乘車了。」晏子回答說：「君王派我監臨百官，我節儉衣食享受，以率先齊國之民，還惟恐過於奢侈，沒有留意到行為是否得當。今大車乘馬，君王乘於上，百官駕於下，那麼對於不顧禮儀，奢侈享受而不曾留意自己的行為是否得當的百姓，我就無法禁止了。」於是辭讓不肯接受。

景公睹晏子之食菲薄而嗟其貧晏子稱其參士之食第二十六㈠

晏子相景公，食脫粟㈡之食，炙三弋、五卵、苔菜耳矣㈢。公聞之，往燕㊃焉，睹晏子之食也。公曰：「嘻！夫子之家如此其貧乎！而寡人不知，寡人之罪也。」晏子對曰：「以世之不足也，免㊄粟之食飽，士之一乞㊅也；炙三弋，士之二乞也；苔菜㊆、五卵，士之三乞也。嬰無倍人之行，而有參士之食，君之賜厚矣！嬰之家不貧。」再拜而謝。

【今註】㊀本章要旨：言景公睹晏子之食菲薄，而嗟歎其貧，晏子則稱有參倍於士人之食。㊁脫粟：粗米僅脫稃殼之謂。㊂三弋五卵苔菜：卵從元刻，即雞卵。弋，禽也。耳矣，而已矣也，疾言之則曰耳矣，徐言之則言而已矣。㊃燕：並作讌，古多假燕為宴享字。㊄免：即脫也。《廣雅・釋詁》：「免，脫也。」錢大昕《養新錄》曰：「免與脫同義。」引《論衡・道虛篇》免去皮膚為證，謂免去，即脫去也。㊅士之一乞：「乞」字當作「气」。《說文》「氣」作「气」，「餼」作「氣」。此復借「气」為「餼」。士之一乞，士之一食。㊆苔菜：二字舊奪，今據上文補。

【今譯】晏子為景公相後，仍然食脫稃殼之粗米、烤炙三禽及五枚雞卵而已。景公知道後，前往作客，親覩其食，說：「唉！先生如此貧窮，而寡人竟不知道，真是我的過錯。」晏子回答：「今人多不足於食，脫稃殼之粗米可以果腹，這是士人的一食；烤炙三禽，這是士人的二食；海苔、五卵，這是士人的三食。我無過人的德行，而有三倍於士人的食物，君王對我的賞賜實在太豐厚了。我家並不貧窮啊！」於是再拜而辭。

梁丘據自患不及晏子晏子勉據以常為常行第二十七㊀

梁丘據謂晏子曰：「吾至死不及夫子矣！」晏子曰：「嬰聞之，為者常成，行者常至。嬰非有異于人也，常為而不置，常行而不休者㊁，故難及也㊂。」

【今註】㊀本章要旨：言梁丘據自患不及晏子，晏子勉以常為、常行。劉向《說苑．建本篇》用此文。㊁者：當作耳。㊂故難及也：陶鴻慶云：「『故』當讀為『胡』，言何難及也，以見其無異于人也。墨子尚賢中篇『故不察尚賢為政之本也』，下文作『胡不察尚賢為政之本也』，是『故』『胡』通同之證。」

【今譯】梁丘據對晏子說：「我至死都無法趕上先生了。」晏子回答：「我聽說，只要努力去做，多會得到成功；只要認真實行，多會達到目的，我並無異人之處，只是不斷的去做，不斷的力行罷了，那會難以趕上呢？」

晏子老辭邑景公不許致車一乘而後止第二十八㈠

晏子相景公，老，辭邑。公曰：「自吾先君定公至今，用世多矣，齊大夫未有老辭邑者矣。今夫子獨辭之，是毀國之故㈡，棄寡人也。不可！」晏子對曰：「嬰聞古之事君者，稱身而食㈢；德厚而㈣受祿，德薄則辭祿。德厚受祿，所以明上㈤也；德薄辭祿，可以潔下㈥也。嬰老，德㈦薄無能而厚受祿，是掩上之明，污下之行㈧，不可。」公不許，曰：「昔吾先君桓公，有管仲恤㈨勞齊國，身老，賞之以三歸㈩，澤及子孫。今夫子亦相寡人，欲為夫子三歸，澤至子孫，豈不可哉？」對曰：「昔者管子事桓公，桓公義高諸侯，德備百姓㈡。今嬰事君也，國僅齊于諸侯，怨㈢積乎百姓，嬰之罪多矣，而君欲賞之，豈以其不肖父為不肖子厚受賞以傷國民義哉？且夫德薄而祿厚，智惛而家富，是彰污而逆教㈢也，不可。」公不許。晏子出。異日朝，得閒而入邑㈣，致車一乘而後止。

【今註】 ㈠本章要旨：言晏子辭邑，景公謂其破壞國家之故法，不許，晏子則稱德厚受祿，德薄辭祿，不可受祿富家而彰汚逆教，景公不許，致車一乘而後止。㈡故：舊也，猶故步、故行、故常之謂。㈢稱身而食：言稱德量力而受祿。㈣而：同則，古書多「而」「則」對舉。㈤明上：明上知人之明也。㈥可以潔下：可，同「所」，可以潔下，使下不貪汚也。㈦德：字舊脫，語意不完，今據上下文補。㈧汚下之行：言汚染其下之行。蓋德薄無能而厚賜祿，即所以教之使汚，故曰汚下。㈨恤：《爾雅．釋詁》：「憂也。」㈩三歸：孫云：「韓非外儲說左：『管仲相齊曰，臣貴矣，然而臣貧。桓公曰：使子有三歸之家。論語八佾篇：子曰：管氏有三歸。』包咸注：『三歸，娶三姓女。婦人謂嫁曰歸。』或據說苑云『三歸之臺』，以為臺名，非也。說苑蓋言築臺以居三歸耳。此言口賞之以三歸，韓非云：『使子有三歸之家』。則非臺明矣。按三歸，包說之外，又有臺名、地名之說。尤以本文既明說辭邑，足明三歸必為采地，始足與辭邑相照應。若夫桓公曰使子有三歸之家，言家者，蓋諸侯封曰國，大夫封曰家，益足明其為食邑，固非娶婦置家之謂也。」㈡德備百姓：言其德備加於百姓。㈢怨：下疑脫「厚」字，與上句對文。㈢彰汚而逆教：言表彰汚者而違逆聖教也。㈣得閒而入邑：入，納也，納亦致也。此謂得閒而又致之家邑。

【今譯】 晏子為景公相後，以年老，欲辭邑。景公說：「自先君定公至今，治世已久，齊國之大夫從未有以年老而辭邑者。今獨先生辭邑，這是破壞國家舊法而拋棄寡人的做法，不可以！」晏子回答：「我聽說古代事奉君王者，必稱德量力而受祿；德厚則受祿，德薄則辭祿。德厚受祿，所以彰明君王的知人善任，德薄辭祿，所以使臣下廉潔不貪。現在我年老了，德薄無能，卻受厚祿，這會掩蔽了君王的知人之明，和污染了臣下的廉潔之行，不可如此做。」景公不許，說：「從前先君桓公，以管仲為我齊國憂勞辛苦，至其年老，賜以三歸采地，恩澤延及子孫。今先生為寡人相，寡人也想賜先生采地，並使恩澤延及子孫，難道不可以嗎？」晏子回答：「從前管仲事桓公，使桓公的義行高於諸侯，恩德備加於百姓。現在我事君王，而國勢僅與諸侯相等，且令百姓藏怨甚深，我的罪過太多了，而君王要加以賞賜，豈不是使我這不才之父為不才之子受賜，而傷害了國民之義嗎？況且德薄而有厚祿，智昏而賜富財，這就是表彰邪污，違背聖教啊！不可以。」景公仍是不准，晏子乃退出。第二天早朝，景公又於適當時機賜贈采邑，直到晏子接受一車四馬之後才罷休。

晏子病將死妻問所欲言云毋變爾俗第二十九㊀

晏子病，將死，其妻曰：「夫子無欲言乎？」晏子曰㊁：「吾恐死而俗變，謹視爾家㊂，毋變爾俗也。」

【今註】㊀本章要旨：言晏子將死，妻問遺言，云勿變家庭之善俗。㊁晏子曰：孫本無「晏」字，盧據元刻校補。㊂視爾家：視，看守也。爾同尔，此也。

【今譯】晏子生病將死，其妻問他：「先生沒有遺言要說嗎？」晏子回答道：「我只恐怕人一死而家之善俗改變。希望你小心監守此家，不要改變了家庭的良風美俗啊！」

晏子病將死鑿楹納書命子壯示之第三十㊀

晏子病，將死，鑿楹納書焉㊁，謂其妻曰：「楹語也，子壯而示㊂之。」及壯，發書㊃。書之言曰：「布帛不可窮，窮不可飾㊄；牛馬不可窮，窮不可服；士不可窮，窮不可任；國不可窮，窮不可竊㊅也。」

【今註】㊀本章要旨：言晏子病將死，楹書示子，謂布帛、牛馬、士、國不可缺乏。㊁鑿楹納書焉：《說苑》作「斷楹內書焉」。㊂示：《說苑》作「視」。㊃及壯發書：《禮記・曲禮》三十曰壯，此言成年。張云：「舊脫一『書』字，文義不明，王據白帖十及說苑反質篇校補。」㊄布帛不可窮窮不可飾：謂如以布帛為束帶，不窮則有垂下者以為飾；窮則無飾矣。㊅竊：應讀作「踐」。釋于省吾云：「按古竊字每與從戔之字為音訓。爾雅釋獸『虎竊毛謂之虦貓』，注：『竊，淺也』。釋鳥：『夏鷹竊玄，秋鷹竊藍，冬鷹竊黃，棘鷹竊丹』。左昭十七年傳疏：『竊玄淺黑也，竊藍淺青也，竊黃淺黃也，竊丹淺赤也』。『竊』即古之『淺』字。說文：『虦，虎竊毛謂之虦貓，竊，淺也。』淺、踐並諧『戔』聲，詩東門之墠『有踐家室』，傳：『踐，淺也。』韓非子內儲說一：『臣之夢踐矣』，難四亦有此語，乾道：『踐』作『淺』，並其證也。此言『國不可窮，窮則不可踐也』，外七第十五曰『後世孰將踐有齊國者乎』，管子大匡『不踐其國』，是均『踐』與『國』相屬為辭也。」

【今譯】 晏子生病將死，於楹柱書其遺言，對妻子說：「此楹柱之語，等吾子成年後再給他看。」成年之後，出示楹書，其上云：「布帛不可用盡，用盡則衣無裝飾；牛馬不可用盡，用盡則無法乘坐；士人不可用盡，用盡則無人可使；國家不可用盡，用盡則不能保有齊國。」

卷七　外篇重而異者第七

凡二十七章

景公飲酒命晏子去禮晏子諫第一㊀

景公飲酒數日而樂，去冠被裳，自鼓盆甕㊁，謂左右曰：「仁人亦樂是夫？」梁丘據對曰：「仁人之耳目，亦猶人也，夫㊂奚為獨不樂此也？」公曰：「趣駕㊃迎晏子。」晏子朝服以至，受觴再拜。公曰：「寡人甚樂此樂㊄，欲與夫子共之，請去禮。」晏子對曰：「君之言過矣！羣臣皆欲去禮以事君，嬰恐君㊅之不欲也。今齊國五尺之童子，力皆過嬰，又能勝君，然而不敢亂㊆者，畏禮義也㊇。上若無禮，無以使其下；下若無禮，無以事其上。夫麋鹿維㊈無禮，故父子同麀㊉，人之所以貴于禽獸者，以有禮也。嬰聞之，人君無禮，無以臨邦⑪；大夫無禮，官吏不恭；父子無禮，其家必凶；兄弟無禮，不能久同⑫。詩曰⑬：

『人而無禮，胡不遄死。』故禮不可去也。」公曰：「寡人不敏，無良左右，淫蠱⑭寡人，以至于此，請殺之⑮。」晏子曰：「左右何罪？君若無禮，則好禮者去，無禮者至；君若好禮，則有禮者至，無禮者去矣。」公曰：「善。請易衣革冠⑯，更受命。」晏子避走，立乎門外。公令人糞灑⑰改席，召晏子，衣冠以迎⑱。晏子入門，三讓，升階，用三獻禮焉⑲；嗛酒嘗膳⑳，再拜，告饜而出。公下拜，送之門，反，命撤酒去樂，曰：「吾以彰晏子之教也。」

【今註】 ㈠本章要旨：景公飲酒而樂，命晏子去禮。晏子諫以君臣上下、父子兄弟之間，皆待禮而行，人所以貴於禽獸之處，就在知禮。國君好禮，有禮者皆至，以明禮之不可去。此章辭旨與內篇諫上「景公酒酣願無為禮晏子諫」章略同。《韓詩外傳》九、《新序・刺奢篇》皆錄此章。㈡自鼓盆甕：張云：舊作「釋衣冠自鼓缶」。《韓詩外傳》九作「齊景公縱酒，醉而解衣冠，鼓琴以自樂。」王云：「羣書治要及北堂書鈔衣冠部三、太平御覽人事部百九、服章部十三並引作去冠被裳，自鼓盆甕。御覽器物部三又引作自鼓盆甕。今本云云，乃後人依新序刺奢篇改之。」今據改。㈢夫：張云：「案夫猶彼也，詳經傳釋詞。」㈣趣駕：趣音促，趣駕即速備車駕也。㈤此樂：治要無「此樂」二字，文意不足。⑥君：舊作「君子」。王云：「子字涉上下文諸子字而衍。諫上二章曰：今君去禮，則羣臣以力為政，強者犯弱，而日易主，君將安立矣？故曰嬰恐君之不欲也。今作恐君子之不欲，則非其旨矣。羣書治要無子字。」今據刪。⑦亂：作亂犯上也。⑧畏禮義也：張云：「元刻如此。孫本據韓詩外傳、新序刪義字。王云、孫刪義字，非也。此義字非仁義之義，乃禮儀之儀。周禮大司徒：以儀辨等，則民不越。鄭注曰：儀謂君南面，臣北面，父坐子伏之屬，故曰不敢亂者，畏禮儀也。古書仁義字本作誼，禮儀字本作義，後人以義代誼，以儀代義，亂之久矣。此文作義，乃古字之僅存者，良可寶也。韓詩外傳、新序無義字者，言禮而儀在其中，故文從省耳。不得據彼以刪此。各本及羣書治要皆有義字。」說可從。⑨維：《新序》作「唯」，二字通。⑩麀：牝鹿也，同麀謂同牝也。⑪無以臨邦：張云：「邦上舊衍其字，上下皆四字句，今校刪」說可從。⑫不能久同以上八句：邦恭凶同為韻。張云：「唐韻正四江邦引此。邦、古音博工反，先秦韻讀云：邦恭凶同韻，東部古音諧一東引此。自嬰聞之至不能久同，新序無。韓詩外傳作故自天子無禮，則無以守社稷；諸侯無禮，則無以守其國；為人上無禮，則無以使其下；為人下無禮，則無以事其上；大夫無禮，則無以治其家；兄弟無禮，則不同居。案稷與國為韻；家古音姑，與居為韻。中間不應雜以為人上無禮四句無韻之文。今本如此，蓋傳寫者亂之。」⑬詩曰：〈鄘風・相鼠〉之詩。傳：「遄，速也。」⑭蟲：《韓詩外傳》、《新序》作涵。蟲，惑也。⑮請殺之：《韓詩外傳》作「請殺左右，以補其過。」⑯易衣革冠：易與革，並改也。語應上去冠被裳。⑰糞灑：糞，除穢也。灑，灑掃也。⑱召晏子衣冠以迎：舊作「召衣冠以迎晏子」。王云：「召衣冠三字，文不成義。且易衣革冠，已見上文，不當重出衣冠以迎，四字乃後人所加，當從羣書治要作召晏子。」俞云：「此本作召晏子，衣冠以迎。上文景公曰請易衣革冠更受命，故此云衣冠以迎。王說非也。下云公下拜送之門，有迎乃有送，可知此四字非衍；特傳寫奪去，而補者誤著之召字之下，則文不成義，羣書治要因刪此四字矣。」俞說是，今據正。⑲用三獻禮焉：張云：「禮字舊脫，從王校據治要補。」此從張氏。⑳嗛酒嘗膳：《說文》：「嗛，口有所銜也。」按：嗛嘗云者，盡禮而已。下再拜告饜同。饜，飽也。

【今譯】景公喝酒，一喝幾天，很是暢快，於是摘下王冠，披著衣裳，自己敲起盆甕來取樂。問左右說：「有道德的仁人也喜歡如此取樂嗎？」梁丘據回答說：「仁人的耳目，跟一般人並無不同，為什麼會不喜歡呢？」景公說：「那麼趕快準備車馬去迎晏子來！」晏子穿著朝服來了，接受賜酒，再拜，一切守禮。景公說：「寡人很喜歡這樣無拘無束的享樂，想和夫子共享，你就不要再拘禮了。」晏子回答說：「國君這話說錯了，要是臣子們事君不守禮，恐怕國君也不會願意的。現在齊國即使是身高只五尺的小孩子，力氣都比我大，也勝過國君，但是卻不敢犯上作亂，這是因為畏懼禮義啊。在上者如無禮，就不能任使臣下；臣下若無禮，就不能事奉君上。那麋鹿正因為無禮，所以父子同麀，人之所以貴於禽獸，正因為有禮。我聽說過：人君無禮，就不能統治國家；大夫無禮，底下的僚屬就不恭敬；父子之間無禮，這家一定遭凶禍；兄弟之間無禮，就不能長久相處。詩經上說：『人要是無禮，為什麼不快些死呢？』所以禮儀是不能拋棄的。」景公說：「寡人不敏，左右侍者又沒有良善的，沈湎蠱惑了寡人，才會到這種地步，把他們殺了吧！」晏子說：「左右又有什麼罪過呢？國君若無禮，好禮的人都會離開，而無禮的人倒都來了。君王若好禮，那麼有禮的人都來，而無禮的人就都遠離了。」景公說：「你說得對。且讓我換換衣冠，再來受教。」晏子走避，站在門外。景公命人打掃換席，再召晏子來，穿戴好衣冠迎接他。晏子入門，推讓三次，升階上堂，用了三獻禮。含口酒，嘗嘗膳，再拜，盡了禮就告饜而出了。景公下拜，送晏子至門。回來後，下令撤去酒席、樂舞，說：「我這樣做，是要彰顯晏子對我的教導啊！」

景公置酒泰山四望而泣晏子諫第二㈠

景公置酒于泰山之上㈡，酒酣，公四望其地，喟然嘆㈢，泣數行而下，曰：「寡人將去此堂堂之國㈣而死乎！」左右佐哀而泣者三人，曰：「臣細人也，猶將難死，而況公乎！棄是國也而死，其孰可為㈤乎！」晏子獨搏其髀㈥，仰天而大笑曰㈦：「樂哉！今日之飲也。」公怫㈧然怒曰：「寡人有哀，子獨大笑，何也？」晏子對曰：「今日見怯君一，諛臣三㈨，是以大笑。」公曰：「何謂諛怯也？」晏子曰：「夫古之有死也，令後世賢者得之以息，不肖者得之以伏⑩。若使古之王者如毋有死⑪，自昔先君太公至今尚在，而君亦安得此國而哀之？夫盛之有衰，生之有死，天之分⑫也。物有必至，事有常然，古之道也。曷為可悲⑬？至老尚哀死者，怯也；左右助哀者，諛也。怯諛聚居，是故笑之。」公慙而更辭曰：「我非為去國而死哀也。寡人聞之，彗星出，其所向之國，君當之，今彗星出⑭而向吾國，我是以悲也。」晏子曰：「君之行義回邪⑮，無德於國，穿池沼，則欲其深以廣也；為臺榭，則欲其高且大也；賦斂如撝奪⑯，誅僇⑰如仇讎。自是觀之，茀⑱又將出，彗星之出，庸可悲乎！」于是公懼⑲，迺歸，窴⑳池沼，廢臺榭㉑，薄賦斂，緩刑罰，三十七日而彗星亡。

【今註】㊀本章要旨：景公置酒泰山，念己之老且將死，悲而泣下，左右在旁也悲哀飲泣；晏子獨笑之，景公大怒，晏子諫以明生死之分。於是景公變作改行。辭旨和內篇諫上「景公登牛山而悲，登公阜睹彗星而感」章略同。《韓詩外傳》十也著錄此事。㊁泰山之上：「上」從元刻，孫本作

「陽」。王云：「山南為陽，山北為陰。管子小匡篇曰：齊地南至於岱陰，則景公不得置酒於泰山之陽。御覽人事部百三十二皆作泰山之上。」蘇云：「音義作上。」張云：「藝文類聚十九作齊景公置酒泰山。」按：下云四望其地，稱四望，當非於泰山之陽；蓋於陽則無以四望其地矣。作上是。㊂嘆：舊作「歎」，今正。按：嘆歎二字今通用，實則義別。《說文》：嘆，吞歎也，與怒哀為類；歎，吟也，謂情有所悅，吟歎而歌詠，與喜樂為類。㊃堂堂之國：國下舊衍「者」字，從盧校據御覽刪。《文選・秋興賦》注作「景公遊于牛山，臨齊國，乃流涕而歎曰：奈何去此堂堂之國而死乎？」有「之」字，今據增。㊄為：當也，言痛惋不可當也。㊅獨搏其髀：形容過甚，不類晏子之行；《文選・秋興賦》作「晏子獨笑」，是。《說文》：「髀，股也。」《廣雅・釋詁》：「搏，擊也。」㊆仰天而大笑曰：《文選・秋興賦》注作「左右皆泣，晏子獨笑曰。」㊇佛：《說文》：「佛，鬱也。」《玉篇》：「意不舒怡也；扶勿切。」㊈諛臣三：三下舊有「人」字，王云：「人字涉上文三人而衍。諛臣三與怯君一對文，則不當有人字。藝文類聚人部三及太平御覽引出皆無人字。諫上十七章亦云不仁之君見一，諂諛之臣見二。」其說可據，從刪。㊉不肖者得之以伏：《唐韻》正一屋伏、古音蒲北切，引此文；並引《列子・天瑞篇》君子息焉，小人伏焉，以證伏與息為韻。⑪如毋有死：舊作「毋知有死。」俞云：「本作如毋有死，如與而通，如毋有死、而無有死也。諫上篇云：若使古而無死；此云若使古之王者如毋有死；文異而義同。因如誤作知，寫者遂移至毋字之下，義不可通矣。」其說是，今據乙。⑫分：定分，即定數也。⑬曷為可悲：《文選・藉田賦》注引「曷為可悲」作「曷為悲老而哀死。」㊃彗星出：古人以彗星出於當地，則為咎徵。《史記・齊世家》作「彗星出東北，當齊分野，寡人以為憂。」正義曰：彗若帚形，見其境，有亂也。㊄行義回邪：回，曲也。行義即行誼，但指行為言。行誼為品行蘄合於道義之謂，故謂品行曰行誼。㊅撝奪：撝，音ㄏㄨㄟ。《說文》「撝，裂也；一曰手指撝也。」「裂，繒餘也。」段注：「引伸為凡分散殘餘之偁。」〈齊語〉：「戎車待游車之裂。」韋注云：「裂，殘也。」是其確詁。奪，則假為敓字。㊆僇：作戮。按僇作戮，段借字。㊇茀：音ㄈㄨˊ，孛之借字。御覽引作「孛又將至，彗星容可拒乎？」㊈懼：各本作悲，從王校據諸書所引改。㊉窴：《說文》：「窴，塞也。」《玉篇》：「窴，今作填。」⑪樹：經典作謝。《說文》有謝無樹。

【今譯】景公在泰山上宴飲，喝得酣暢後，四望齊地，深深喟嘆，傷心悲泣說：「寡人老了，就要拋下這堂堂大國而死去了麼？」左右跟著悲泣的有三個人，說：「臣等這麼卑微的人，都怕死惜死了，何況國君呢！拋下這麼個大國而死，實在是最令人痛惜的事啊！」這時只見晏子拍著大腿，仰天大笑說：「今日這酒喝得真痛快啊！」景公大怒說：「寡人正在傷心，你卻大笑，到底為什麼？」晏子回答說：「今日見到怯君一個，諛臣三個，真是好笑極了。」景公說：「你為什麼說是怯君、諛臣呢？」晏子說：「人之有死，使後世賢者得之以生，不肖的人得之以伏，如果古時王者長生不死，先君太公，至今還在，而君王那能得國在位，為此傷心呢？盛之有衰，生之有死，這是自然的定數，萬物必至，事事常然，自古以來都是如此的，有什麼可悲的呢？到老還怕死的，這就是膽怯；左右陪著傷心的，這就是諂諛。怯君和諛臣剛好聚在一塊兒，豈不可笑！」景公心感慚愧，就改口說：「我並不是為去國而死傷心。寡人聽說，彗星出現於所向的國家，國君就要遭殃，現在彗星出現，正向我國，我是因此而悲啊。」晏子說：「國君行為邪辟，不能修德。挖池沼，則求其深且廣；築臺榭，則求其高且大。賦斂之重如同劫奪，誅罰之酷如同報仇，由此看來，茀星又將出現，彗星又有什麼可怕呢？」於是景公大懼，下山而歸，填平池沼，拆除臺榭，薄省賦斂，減緩刑罰，三十七天之後，彗星就消失了。

景公瞢見彗星使人占之晏子諫第三㊀

景公瞢見彗星。明日，召晏子而問焉，曰㊁：「寡人聞之，有彗星者，必亡國。夜者，寡人瞢見彗星，吾欲召占瞢者㊂使占之。」晏子對曰：「君居處無節，衣服㊃無度，不聽正諫㊄，興事無已㊅，賦斂無厭㊆，使民如將不勝㊇，萬民懟怨。茀星又將見瞢，奚獨彗星乎！」

【今註】㊀本章要旨：景公夢見彗星，使人占之，晏子諫以天變起於人事，國君不修德，不僅彗星見，茀星且將隨之。辭旨與內篇諫上「景公登公阜見彗星使禳之晏子諫」章略同。㊁曰：字舊脫，從蘇校補。㊂占瞢者：即圓瞢者。㊃服：食也，《禮記・曲禮》：不服其藥。此賅言衣食服用。㊄正諫：王云：「正與證同。說文：證，諫也。齊策：士尉以證靜郭君。是也。亦通作正，呂氏春秋慎大篇：不可正諫。達鬱篇：使公卿列士正諫。是也。」㊅興事無已：指言興土木之事。㊆厭：叚為猒；俗作饜，飽足也。㊇如將不勝：意即唯恐其少也。

【今譯】景公夢見彗星，第二天，召晏子來問，說：「寡人聽說，彗星出現，其國必亡，夜來寡人夢見彗星，想召占夢的人來占一占。」晏子回答說：「國君居處無節制，衣食不守法度，又不聽大臣勸諫，大興土木，沒有休止，賦斂征收，貪而無厭；使民服役，惟恐太少，弄得萬民怨懟，這樣下去，茀星都將出現在國君夢中，又豈止彗星呢？」

景公問古而無死其樂若何晏子諫第四㊀

景公飲酒，樂㊁，公曰：「古而無死，其樂若何㊂？」晏子對曰：「古而無死，則古之樂也，君何得焉㊃？昔爽鳩氏㊄始居此地，季萴㊅因之，有逢伯陵㊆因之，蒲姑氏㊇因之，而後太公因之。古若無死，爽鳩氏之樂，非君所願也。」

【今註】㈠本章要旨：景公飲酒而樂，問古如無死，其樂將何如。晏子對以古如無死，公必不能得國在位。辭旨與內篇諫上「景公游公阜一日有三過言晏子諫」章略同。與下章俱同左昭二十年文，一字不易，而割為兩章，顛倒其次序而已。㈡景公飲酒樂：孫云：「俗本以此章移景公疥遂痁之後，非。」孫說蓋據沈啟南本。㈢其樂若何：《文選・秋興賦》注作「使古而無死，不亦樂乎。」㈣君何得焉：意指不惟無得，且無今之君位。《文選・秋興賦》注「得」作「有」。作「有」似較長。㈤爽鳩氏：《左傳》昭二十年杜預注：「爽鳩氏，少皞之司寇也。」按：爽鳩為少皞五鳩之一。《左傳》昭十七年：少皞氏鳥名官。又曰爽鳩氏，司寇也。㈥季萴：杜注：「季萴，虞夏諸侯，代爽鳩氏者。」㈦有逢伯陵：有為又字之叚。杜注：「逢伯陵，殷諸侯，姜姓。」㈧蒲姑氏：杜注：「蒲姑氏，殷周之間代逢公者。」

【今譯】景公飲酒而樂，說：「自古以來，人如果可以不死的話，那不知更有多快活啊！」晏子回答說：「古人如果不死，就是古人在樂了，君王又豈能得到？從前爽鳩氏始居於此地，接著是季萴，接著又有逢伯陵、蒲姑氏，然後才是太公。古人若都不死，那麼爽鳩氏至今在位，享其為君之樂，這恐怕不是國君所願意的吧！」

景公謂梁丘據與己和晏子諫第五(一)

景公至自畋(二)，晏子侍于遄臺，梁丘據造焉(三)。公曰：「維據與我和夫！」晏子對曰：「據亦同也，焉得為和。」公曰：「和與同異乎？」對曰：「異。和如羹焉，水火醯醢鹽梅，以烹魚肉，燀之以薪(四)，宰夫(五)和之，齊之以味，濟其不及，以洩其過(六)，君子食之，以平其心。君臣亦然。君所謂可，而有否焉(七)，臣獻其否，以成其可(八)；君所謂否，而有可焉(九)，臣獻其可，以去其否。是以政平而不干(一〇)，民無爭心。故詩曰：『亦有和羹，既戒且平(一一)；鬷嘏無言(一二)，時靡有爭(一三)。』先王之濟(一四)五味，和五聲(一五)也，以平其心，成其政也。聲亦如味：一氣(一六)，二體(一七)，三類(一八)，四物(一九)，五聲(二〇)，六律(二一)，七音(二二)，八風(二三)，九歌(二四)，以相成也(二五)；清濁，大小，短長，疾徐，哀樂，剛柔，遲速，高下，出入，周疏(二六)，以相濟也。君子聽之，以平其心，心平德和。故詩曰(二七)：『德音不瑕。』今據不然，君所謂可，據亦曰可；君所謂否，據亦曰否。若以水濟水，誰能食之？若琴瑟之專壹⑭，誰能聽之？同之不可也如是。」公曰：「善。」

【今註】 ㊀本章要旨：景公謂梁丘據與己和，晏子舉濟五味，和五聲為例以論和，明君子和而不同，梁丘據唯與君同其可否，是「同」而已，非「和」也。和上章同用左昭二十年文。㊁景公至自畋：景公，《左傳》昭二十年作「齊侯」。畋，《左傳》作「田」。㊂梁丘據造焉：《左傳》作「子猶馳而造焉。」子猶，梁丘據之字。㊃燀之以薪：燀，音ㄔㄢˇ。昭二十年左傳杜注：「燀，炊也。」㊄宰夫：庖人，《禮記・檀弓》：「蕢也，宰夫也，非刀匕是共，又敢與知防。」言職在刀匕，則宰夫庖人也。㊅以洩其過：洩，減也。《文選・陸士衡答賈長淵詩》注作「以渫其過。」《說文》：「渫，除去也。」㊆而有否焉：杜注：「否，不可也。」意謂君之所可，或未為可，故臣不同其可。㊇以成其可：杜注：「獻君之否，成君之可。」㊈而有可焉：君所不可，或為可焉，故臣不同其否。㊉干：犯也。無過與不及，故不相犯。按：政平則和，和則無干陵相犯，故下曰「民無爭心。」⑪既戒且平：《左傳》作「既戒既平。」⑫鬷嘏無言：旨同上「政平而不干」。嘏，〈商頌〉作「假」，鬷，〈中庸〉作「奏」。孫云：「詩作鬷假，傳：鬷，總；假，大也。左傳作鬷嘏，禮中庸作奏假。」王云：「此篇合用左傳，則此文亦當與彼同。今作奏鬷者，後人依中庸旁記奏字，而寫者誤合之；又脫去嘏字耳。當依左傳改正。」說可從，今據正。⑬時靡有爭：旨同上「民無爭心」。杜注：「詩頌殷中宗。言中宗能與賢者和齊可否，其政如羹，敬戒且平。和羹備五味，異於大羹。鬷，總也，嘏，大也，言總大政，能使上下皆如和羹。」正義曰：「詩商頌祖烈之篇，祀中宗之詩。言中宗總齊大政，自上及下無怨恨之言，時民無有相爭鬥訟者也。」㈣濟：杜注：「濟，成也。」㈤和五聲：《管子．宙合篇》曰：「五味不同味而能和，五音不同聲而能調。」按《禮記．樂記》曰：「樂以和其聲。」㈥一氣：杜注：「順氣以動。」〈樂記〉曰：「感於物而後動。動者氣使動也。」又曰：「情深而文明，氣盛而化神。」故曰混然一氣。㈦二體：正義曰：「樂之動身體者，惟有舞耳；文舞執羽籥，武舞執干戚。舞者有文武二體。」《周禮正義》孫詒讓云：「六樂雖有歌奏，而以舞為尤重。則二體云者，似兼指歌與舞也。故樂記曰：發以聲音，而文以琴瑟；動以干戚，而飾以羽旄。聲言歌也，動言舞也。」又曰：「詩言其志也，歌咏其聲也，舞動其容也。詩者歌詞，咏者歌聲，合詞與咏是為歌。合歌與舞是為樂。故僅舞不足以賅言樂。」㈧三類：杜注：「風雅頌。」正義曰：「一國之事，諸侯之詩，為風；天下之事，天子之詩，為雅；成功告神為頌。」㈨四物：杜注：「雜用四方之物以成器。」鄒氏逸箋云：「此言四物，即樂記云：陽而不散，陰而不密，剛而不怒，柔而不攝。」㈩五聲：杜注：「宮、商、角、徵、羽。」(一一)六律：正義曰：「周禮太師，掌六律六呂，以合陰陽之聲。陽聲：黃鍾、大簇、姑洗、蕤賓、夷則、無射；陰聲：大呂、應鍾、南呂、林鍾、中呂、夾鍾。」《律歷志》云：「律有十二，陽六為律，陰六為呂，黃帝之所作也。」(一二)七音：《釋文》：「七音：宮、商、角、徵、羽、變宮、變徵也。」(一三)八風：杜注：「八方之風，」《說文》：

「東方曰明庶風，東南曰清明風，南方曰景風，西南曰涼風，西方曰閶闔風，西北曰不周風，北方曰廣莫風，東北曰融風。」㉔九歌：杜注：「九功之德，皆可歌也。六府之事，謂之九功。」《釋文》：「六府：水火金木土穀。三事：正德利用厚生也。」㉕以相成也：杜注：「言此九者合，然後相成為和樂。」㉖周疏：此仍以樂之本身為言。疏舊作流，今從《左傳》釋文校改。杜注：「周，密也。」正義曰：「周疏以上凡十事，皆兩字相對，其義相反，乃言樂聲如此相反以成音曲，猶羹之水火相反，人之和而不同也。」按〈樂記〉云：「是故清明象天，廣大象地，終始象四時，周還（同旋）象風雨，五色成文而不亂，八風從律而不姦，百度得數而有常，小大相成，終始相生，倡和清濁，迭相為經，故樂行而倫清，耳目聰明，血氣和平，移風易俗，天下皆寧。」㉗詩曰：杜注：「詩，豳風也。義取心平，則德音無瑕闕。」按：此為〈豳風・狼跋〉之詩。㉘專壹：本作專一，據《左傳》改。

【今譯】景公田獵回來，晏子侍於遄臺，梁丘據也隨即來到。景公說：「只有梁丘據和我相和吧！」晏子回答說：「據只是同罷了，怎能叫做和！」景公說：「和與同不一樣嗎？」晏子說：「不一樣！和就像調羹，以水火醯醢鹽梅，加上魚肉，再用薪柴來烹煮。庖人調和其味，使無過與不及。君子吃了，方能平心靜氣。君臣之間也是如此。國君認為可以，而臣子中卻有認為不可的，於是提出不可之處，以補成國君之可；國君所認為不可的，臣子中卻有認為可以的，於是提出可以之處，以去除國君所不可。因此政事得其平而不相干犯侵擾，百姓無爭亂之心。所以〈商頌・烈祖〉詩說：『中宗治國，猶如和羹，既謹敬而又公平，能總持大政，端肅無言，羣臣亦無爭心。』先王之助成五味，調和五聲，是為了平和其心，善成其政。聲音和滋味一樣：混然一氣，文武二體，風雅頌三類，陰陽剛柔四物，宮商角徵羽五聲，陰陽各六律，宮商角徵羽變宮變徵七音，八方之風教，九德之宜歌，以此九者，相成和樂，注意其清濁、大小、短長、疾徐、哀樂、剛柔、遲速、高下、出入、周疏，以相濟成聲，君子聽了，能夠平靜其心，心平於是德和，故〈豳風・狼跋〉之詩說：『有德之音，毫無瑕闕。』如今據並非如此，君說可，據也說可；君說不可，據也說不可，這就像以水助水，這樣煮出來的羹，誰還能吃得下；又像琴瑟之專一單調，誰聽得下呢！同之不可，由此可見。」景公說：「你說得真對！」

景公使祝史禳彗星晏子諫第六㈠

齊有彗星㈡，景公使祝史禳之㈢。晏子諫曰：「無益也，祇取誣㈣焉。天道不謟㈤，不貳其命，若之何禳之也！且天之有彗，以除穢也㈥。君無穢德，又何禳焉㈦？若德之穢，禳之何損㈧？詩云㈨：『維此文王，小心翼翼，昭事上帝，聿懷多福，厥德不回，以受方國⑩。』君無違德，方國將至，何患于彗？詩曰⑪：『我無所監，夏后及商，用亂之故，民卒流亡。』若德之回亂，民將流亡，祝史之為，無能補也。」公說，乃止。

【今註】㊀本章要旨：景公使祝史禳除彗星，晏子諫以祈禳無益，不如修德。辭旨與內篇諫上「景公遊公阜一日有三過言晏子諫」章略同。同用左昭二十六年文。㊁齊有彗星：《左傳》昭二十六年杜注：「出齊之分野。」正義曰：「出於玄枵之次也。」㊂景公使祝史禳之：《左傳》作「齊侯使禳之」。杜注：「祭以禳除之。」據標題與下文當作祝史。《說文》：「祝，祭主贊詞者。」㊃誣：杜注：「誣，欺也。」㊄謟：疑也。㊅以除穢也：彗星形狀如帚，彗所以掃，故亦訓掃。㊆又何禳焉：言無穢德，則彗不能為禍，又何禳為？㊇禳之何損：損謂貶損，謂抑而退之也。此言既有穢德，則彗者天教，禳亦不能抑退之也。㊈詩云：此《詩經・大雅・文王》之詩。⑩方國：四方來附之國也。⑪詩曰：杜注：「逸詩也。言追監夏商之亡，皆以亂故。」

【今譯】齊國出現彗星，景公使祝史禳除以免禍。晏子諫景公說：「這是沒有用的，只是自欺欺天罷了。天道不爽，天意不二，光是祈禳又有什麼用呢？況且天之有彗星，是為了除穢。君王如無穢德，又何必除禳呢？如有穢德，除禳也不管用的。〈大雅・文王〉之詩說：『文王為君，小心翼翼，以昭事上帝，所以能得無疆之福。其德方正，所以能得四方諸侯之歸附。』君王如能方正而不失德，四方諸侯都會來歸附了，又擔心什麼彗星呢？古詩又說：『我所引為鑑戒的，那就是夏商二代，因失德而大亂，終使百姓流亡。』如果君王失德亂政，百姓都將流亡，祝史禳除也沒辦法補救的。」景公聽了深以為是，於是這事就停止了。

景公有疾梁丘據裔款請誅祝史晏子諫第七㈠

景公疥遂痁㈡，期而不瘳㈢。諸侯之賓，問疾者多在㈣。梁丘據、裔款㈤言于公曰：「吾事鬼神豐㈥，于先君有加矣。今君疾病，為諸侯憂，是祝史之罪也。諸侯不知，其謂我不敬，君盍誅于祝固史嚚以辭賓㈦。」公說，告晏子。晏子對曰：「日宋之盟㈧，屈建問范會之德于趙武㈨，趙武曰：『夫子家事治㈩，言于晉國，竭情無私，其祝史祭祀⑪，陳信不愧；其家事無猜⑫，其祝史不祈。』建以語康王⑬，康王曰⑭：『神人無怨，宜夫子之光輔五君，以為諸侯主也。』」公曰：「據與款謂寡人能事鬼神，故欲誅于祝史，子稱是語，何故？」對曰：「若有德之君，外內不廢，上下無怨⑮，動無違事，其祝史薦信，無愧心矣⑯。是以鬼神用饗，國受其福，祝史與焉。其所以蕃祉老壽⑰者，為信君使也⑱，其言忠信于鬼神。其適遇淫君，外內頗⑲邪，上下怨疾⑳，動作辟違㉑，從欲厭私㉒，高臺深池，撞鐘舞女㉓，斬刈民力，輸掠㉔其聚，以成其違㉕，不恤後人，暴虐淫縱，肆行非度㉖，無所還㉗忌，不思謗讟㉘，不憚鬼神，神怒民痛㉙，無悛㉚於心，其祝史薦信，是言罪也㉛，其蓋失數美，是矯誣也㉜；進退無辭㉝，則虛以求媚㉞，是以鬼神不饗，其國以禍㉟，祝史與焉。所以夭昏孤疾者㊱，為暴君使也，其言僭嫚㊲于鬼神。」公曰：「然則若之何？」對曰：「不可為也㊳。山林之木，衡鹿守之；澤之萑蒲㊴，舟鮫守之；藪之薪蒸，虞侯守之；海之鹽蜃，祈望守之㊵。縣鄙之人，入從其政；偪介之關㊶，暴征其私；承嗣大夫，彊易其賄㊷；布常無藝㊸，徵斂無度；宮室日更，淫樂不違㊹；內寵之妾，肆㊺奪于市，外寵之臣，僭令於鄙㊻；私欲養求，不給則應㊼。民人苦病，夫婦皆詛㊽。祝有益也，詛亦有損，聊攝以東，姑尤以西㊾，其為人也多矣！雖其善祝，豈能勝億兆㊿人之詛！君若欲誅於祝史，修德而後可(51)。」公說，使有司寬政，毀關(52)去禁，薄斂已責(53)，公疾愈。

【今註】㈠本章要旨：景公疥痁久不癒，梁丘據、裔款以是為祝史之罪，請誅之。晏子諫景公，以為國君失德亂政，雖善祝善禱，神亦不應。蓋一人善祝，不能勝億兆人的咒詛也。這和內篇諫上「景公病久不愈欲誅祝史以謝晏子諫」一章事旨皆同。㈡景公疥遂痁：《左傳》昭二十年作「齊侯疥遂痁。」杜注：「痁、瘧疾。先疥後痁，故曰遂。」㈢期而不瘳：期叚作稘，周年也。瘳，敕優切，疾瘉也。㈣多在：杜注：「多在齊。」㈤梁丘據裔款：杜注：「二子齊嬖大夫。」按：《左傳》「據」下有「與」字。㈥吾事鬼神豐：舊「吾事鬼神」四字為句，豐字下讀。因「有加」與「豐于」意複；亦不成句法，今從《左傳》正。㈦君盍誅于祝固史嚚以辭賓：杜注：「欲殺嚚、固，以辭謝來問疾之賓。」㈧日宋之盟：杜注：「日，往日也。」宋盟在襄二十七年。㈨屈建問范會之德于趙武：杜注：「士會賢聞于諸侯，故問之。」⑩家事治：《左傳》襄二十七年、昭二十年，「家」上並有「之」字。《孝經・廣揚名章》曰：「居家理，故治可移于官。」《禮記・大學》曰：「欲治其國者，先齊其家。」故趙武以為言。⑪其祝史祭祀以下二句：《左傳》作「其祝史陳信於鬼神，無愧辭。」⑫其家事無猜以下二句：杜注：「家無猜忌之事，故祝史無求於鬼神。」⑬建以語康王：

《左傳》作「子木歸以語王。」⑭康王曰以下數句：《左傳》作「王曰：尚矣哉！能歆神人，宜其光輔五君，以為盟主也。」杜注五君：「文、襄、靈、成、景。」⑮上下無怨：服虔云：「謂人神無怨。」按：上下指神人而言。⑯無愧心矣：杜注：「君有功德，祝史陳說之無所愧。」按：即所薦無虛故也。⑰蕃祉老壽：蕃，繁盛也。祉，福也。老，壽考也。⑱為信君使也以下二句：以為信君之使，故其言忠，而見信於鬼神。⑲頗：《說文》：「頗，頭偏也。」段注：「引申為凡偏之偁。」⑳上下怨疾：服虔云：「復是人與神相怨疾也。」㉑辟違：辟同僻。違，邪也。㉒從欲厭私：從，縱本字。厭，同俗饜字。㉓撞鐘舞女：言耽於聲色也。㉔輸掠：輸：墮也。掠，《漢書・武帝紀》作「略」，規取也。㉕以成其違：以成其違理之行。㉖肆行非度：正義曰：「肆，縱恣也。恣意行非法度之事也。」㉗還：杜注：「還猶顧也。」顧，《說文》：「還視也。謂返而視也。」㉘讟：音ㄉㄨˊ。正義曰：「俗本作畏；定本作思。」案：畏字義長。㉙痛：疾恨也。㉚悛：改寤也。㉛祝史薦信是言罪也：言所薦者實，則是白君之罪。㉜蓋失數美是矯誣也：正義曰：「掩蓋愆失，妄數美善，是矯詐誣罔也。」按：所薦不實，是紿誣神鬼也。㉝進退無辭：指言罪矯誣，進退皆不可也。㉞虛以求媚：杜注：「作虛辭以求媚於神。」㉟其國以禍：俞云：「其國以禍，言國以之而受禍也。與上文國受其福相對為文。」㊱夭昏孤疾者：夭，夭折，不盡天年也。昏，昧也，瞀也，亂也。孤疾，與蕃祉正相反。㊲僭嫚：僭，不信也。嫚，與慢通，侮傷也。㊳不可為也：杜注：「言非誅祝史所能治。」㊴萑蒲：萑，音ㄏㄨㄢˊ。黃云：「萑當作雚；元刻作藋。說文：藋，藋爵，似鴻雁而大。雀、老兔，似鴟鵂而小。萑、薍之已秀者也。雈从隹从𦫳；萑從艸雈聲。」黃說是。㊵祈望守之：杜注：「衡鹿、舟鮫、虞侯、祈望皆官名也。言公專守山澤之利，不與民共。」㊶偪介之關：偪同逼字，《說文》作畐，今作偪逼；逼，近也。介言界畫，指都界也；謂迫近國都之關。㊷彊易其賄：謂強立名目而取民財。㊸布常無藝：杜注：「藝，法制也。言布政無法制。」㊹違：去也，離也。㊺肆：放也，謂無忌憚也。㊻僭令於鄙：杜注：「詐為教令于邊鄙。」按：此謂以矯令魚肉邊民。㊼不給則應：言所求不給，則應之以罪。㊽詛：咒詛也，求神加禍於人。㊾聊攝以東姑尤以西：杜注：「聊攝，齊西界也，平原聊城縣東北有攝城。姑尤，齊東界也，姑水尤水皆在城陽郡東南入海。」㊿億兆：杜注：「萬萬曰億，萬億曰兆。」(51)修德而後可：蓋德既修，而祝不驗，則誅之可也。(52)毀關：關言關卡，即稅關也。《孟子》：關市譏而不征。(53)已責：已，止也。責，今作債。《說文》：「責，求也。」已責，杜注：「除逋責。」

【今譯】景公患了疥瘡、瘧疾，期年不癒，諸侯問疾之使多在齊國。梁丘據、裔款向景公說：「國君之事鬼神，比先君還豐厚，現在久病不癒，成為諸侯之憂，這是祝史的罪過！諸侯不知情的，恐怕會認為君王對鬼神不敬，國君何不殺祝固、史嚚以辭謝問疾之賓客呢？」景公認為很對，於是告訴晏子，晏子回答說：「往日宋之盟，屈建向趙武請問范會的賢德，趙武說：『夫子治家嚴整，獻言於晉國，竭誠無私。其祝史在祭祀時，禱祝陳述，誠信無愧。家中無猜忌之事，所以祝史也沒有什麼祈求的。』屈建以此報告康王，康王說：『夫子既能使神人同歆，無怨無嗟，能夠好好輔佐文公、襄公、靈公、成公、景公五君，成為諸侯的盟主，也就很自然了。』」景公說：「據與款說寡人事鬼神並無差錯，錯在祝史，所以要殺他們。你說這些話，是什麼意思呢？」晏子回答說：「如果是有德之君，那麼外內無荒廢之事，神人上下無怨。行事舉動既不背天意人心，祝史所薦，誠信不欺，祝禱之時就無愧心了，因此鬼神欣然來饗，國既得福，祝史亦然。祝史之所以宗族繁盛，得福祐，能壽考，這都是因為他做了信君之使，陳言無欺，為鬼神所信的緣故。要是碰到昏暴之君，外內之事諸多不平，神人上下怨恨，舉動行事邪僻，放縱淫慾，私心無饜，築高臺，掘深池，好淫聲，貪女色，使民無度，剝取百姓的積聚，以成其惡，不為後世子孫著想，暴虐淫亂，縱慾放肆，無法無天，毫無顧忌，不想想百姓的謗詈，也不怕鬼神的降禍，弄得神怒民痛，心中還不悔改。這樣子祝史照實陳述的話，說的便都是罪行了；要是掩飾過失，數說美德，卻又是矯詐誣罔了，如此進退都沒有適當的話語，於是只好虛辭求媚，因此鬼神不肯來饗，其國因而受禍，祝史亦然。祝史之所以會折壽、昏亂、孤苦、疾病，都是因為他做了暴君之使，說的話欺騙、侮慢了鬼神啊。」景公說：「既然如此，該怎麼辦呢？」晏子回答說：「不可殺祝史。如今山中林木，以衡鹿專守；澤中萑蒲，以舟鮫專守；藪中薪蒸，以虞侯專守；海中鹽蜃，以祈望專守，這些山澤之利，似乎和百姓無關；遠方邊鄙之民，也徵調來服勞役；迫近國都之關口，又暴征其所得；世家大夫，強征民財；法令無常，徵斂無度，宮室日有改建，淫樂片刻不離；內寵之妾，目無法紀，在市上公然強奪；外寵之臣，假借王命，橫行邊鄙，百姓痛苦，各家夫婦同聲詛咒。祝固然有益，詛也是有損。如今從聊、攝以東，到姑、尤以西，詛咒的人太多了，即使善祝，那能勝過這億兆人民的詛咒呢？國君即使要殺祝史，也應當先行修德，以後如果禱祝再不驗，那時再殺不遲。」景公深以為然，於是下令有司寬放政事，毀除稅關，去山澤之禁，減少賦斂，停止逋責。於是景公之疾病，就霍然而癒了。

景公見道殣自慙無德晏子諫第八㊀

景公賞賜及後宮，文繡被臺榭，菽粟食凫鴈㊁，出而見殣㊂，謂晏子曰：「此何為而死？」晏子對曰：「此餧㊃而死。」公曰：「嘻！寡人之無德也甚矣。」對曰：「君之德著而彰，何為無德也？」景公曰：「何謂也？」對曰：「君之德及後宮與臺榭，君之玩物，衣以文繡；君之凫鴈，食以菽粟；君之營內自樂㊄，延及後宮之族，何為其無德！顧臣願有請千君：由君之意，自樂之心，推而與百姓同之，則何殣之有！君不推此，而苟營內好，私使財貨，偏㊅有所聚，菽粟幣帛，腐于囷府㊆，惠不徧加于百姓，公心不周乎萬國，則桀紂之所以亡也。夫士民之所以叛，由偏㈧之也，君如察臣嬰之言，推君之盛德，公布之于天下，則湯武可為也。一殣何足恤哉！」

【今註】㈠本章要旨：景公見道有餓死的人，自慚無德，晏子諫以推自樂之心，而與百姓同之。辭與內篇諫上「景公遊寒塗不恤死胔晏子諫」章異，而其旨則同。㈡梟鴈：王引之云：「梟，鴨也，鴈，鵝也。」皆家禽。㈢殣：杜注：「餓死為殣。」蓋餓死道中，就近掩埋也。㈣餧：飢也。㈤營內自樂：營，營治也。內，內中，宮庭也。言廣建宮殿，以自享樂也。㈥偏：舊作衞，孫據《說苑》改。㈦囷府：詩傳：「圓者為囷。」〈倉頡篇〉：「府、文書財帛藏也。」㈧偏：私也，偏則不徧。

【今譯】景公賞賜及於後宮，臺榭披上了彩色錦繡，苑囿中的梟鴈都用菽粟來飼養。有次出去，見路邊有個死屍，對晏子說：「這人為什麼死了？」晏子回答說：「這人是餓死的。」景公歎息說：「唉呀！寡人真是太無德了！」晏子回答說：「國君之德非常彰著，那裏是無德呢！」景公說：「這話是什麼意思？」晏子回答說：「君王恩德及於後宮與臺榭，國君的玩賞之物，都披上了文繡；國君的梟鴈，都餵以菽粟，國君在後宮營宮殿，享淫樂，後宮之族都能同享，那裏是無德？但是臣願向國君請求，把這些自己享樂之心推廣開來，使百姓也能同享，如此道上那還會有餓死的人呢？如不能把這享樂之心加以推廣，與百姓同享，一切經營只為自己享受，任意花費，私下多所積聚，使菽粟布帛，在倉庫中腐爛，而恩惠不能徧加於百姓，公誠之心不能普被於萬國，那麼這就是桀紂亡國的原因了。士民之所以作亂反叛，是因國君偏私。國君如能明察臣嬰之言，推廣國君的盛德，一秉大公，使之徧布於天下，那麼要成為湯武一般的聖王都可以做得到，又何必擔心一個道旁的死人呢？」

景公欲誅斷所愛橚者晏子諫第九㈠

景公登箐室而望，見人有斷雍門之橚㈡者，公令吏拘之，顧謂晏子趣㈢誅之。晏子默然不對。公曰：「雍門之橚，寡人所甚愛也，比㈣見斷之，故使夫子誅之，默然而不應，何也？」晏子對曰：「嬰聞之，古者人君出，則闢道㈤十里，非畏也；冕前有旒㈥，惡多所見也；纊紘充耳㈦，惡多所聞也；大帶重半鈞㈧，舄履倍重㈨，不欲輕㈩也。刑死之罪，日中之朝⑪，君過之，則赦之，嬰未嘗聞為人君而自坐⑫其民者也。」公曰：「赦之，無使夫子復言。」

【今註】㈠本章要旨：景公見人有斷雍門之橚者，令晏子誅之，晏子不應，並諫景公為人君宜宅心仁厚，不宜自罪其民。事與內篇諫下「景公欲殺犯所愛之槐者晏子諫」「景公逐得斬竹者囚之晏子諫」兩章同，辭則少異。㈡槦：即楸字。《說文》：「楸，梓也。」《中山經》：「其狀如槦。」郭璞曰：「即楸字也。」是雍門之槦即雍門之楸。㈢趣：促也。㈣比：舊作「此」，從盧校改。按：比，今也。㈤闢道：一本作「避」。按：闢，避也，使行人避道也。㈥冕前有旒：《說文》：「瑬：垂玉也，冕飾。」《大戴禮記・子張問入官篇》云：「冕而前旒，所以蔽明也。」按：作旒，从俗㪅。㈦纊紘充耳：充舊作「琉」，《說文》：「纊，絮也」；「紘，冠卷也」。「琉」即「充」俗字，《玉篇》：「琉，耳也。」張云：「案說文：瑱，以玉充耳也。徐鉉等曰：今充耳字更從玉旁充，非是。廣韻：琉、耳玉名。詩傳云：充耳謂之瑱，字俗從玉。足證充耳為正，今並據改。」按：充，塞也，《詩經・邶風・旄丘》箋：充耳，塞耳也。言塞之使不聞也。㈧大帶重半鈞：黍從元刻，孫本作「大」，音義並同。于鬯云：「半鈞，謂半斤也，非十五斤也。下文『倍重』者，倍『半鈞』之重，則一鈞矣。一鈞者：一斤也，非三十斤也。泥於三十斤為鈞之說，帶履之重，皆無其理。」㈨舄履倍重：舄履，複履也。倍重，謂倍大帶之重。㈩輕：言輕佻、輕脫也。⑪日中之朝：孫詒讓云：「日中之朝，謂市朝也。易繫辭曰：日中為市。周禮司市云：國君過市，則刑人赦。晏子此言，與禮正合。說詳周禮正義。」⑫坐：罪也。謂科人入罪。

【今譯】景公登箐室而遠望，見到有人砍了雍門的楸樹，於是公令官吏拘捕，叫晏子趕快去殺了他。晏子默然不應。景公說：「雍門的楸樹是寡人所極喜愛的，剛剛見這人把它砍了，所以令夫子去殺他，你卻默然不應，是何原因？」晏子回說：「嬰聽說：古時人君出行，行人避道十里，並非因畏懼而預作警戒；冕前有垂旒，這也是不想多有所見；以棉絮塞耳，是為了不想多聽；腰間的大帶重半斤，腳上穿的舄履重量加倍，是為了不想輕佻；日中在市朝刑殺罪犯，君王要是經過看見了，就要赦免他，嬰從不曾聽說做人君的親自去治百姓罪過的。」景公聽了後說：「就赦了他吧！免得先生再說這些話。」

景公坐路寢曰誰將有此晏子諫第十㈠

景公坐于路寢，曰㈡：「美哉室㈢，其誰將有此乎？」晏子對曰：「其田氏㈣乎，田無宇為埒㈤矣。」公曰：「然則奈何？」晏子對曰：「為善者，君上之所勸也，豈可禁哉㈥！夫田氏國門擊柝㈦之家，父以託其子，兄以託其弟，於今三世矣㈧。山木如市，不加于山㈨；魚鹽蚌蜃，不加于海㈩；民財為之歸。今歲凶饑，蒿種芼斂不半⑪，道路有死人⑫。齊舊⑬四量，四升為豆，豆四而區⑭，區四而釜⑮，釜十而鍾。田氏四量，各加一焉⑯。以家量貸，以公量收，則所以糴⑰，百姓之死命者澤矣⑱。今公家驕汰㈨，而田氏慈惠，國澤⑩是將焉歸？田氏雖無德⑪，而有施于民。公厚斂，而田氏厚施焉。詩曰⑫：『雖無德與汝，式歌且舞。』田氏之施，民歌舞之也，國之歸焉，不亦宜乎！」

【今註】㈠本章要旨：景公坐於路寢，問誰將得位而有此，晏子對以田氏，蓋田氏厚施以結民心，而公乃厚斂，因以此諫公。與內篇問下「晉叔向問齊國若何晏子對以齊德衰民歸田氏」事旨略同。《左傳》昭二十六年亦載此事。㈡曰：張云：「左傳昭二十六年作『齊侯與晏子坐於路寢，公歎曰。』」㈢美哉室以下二句：舊作「美哉其室，將誰有此乎？」王云：「當作美哉室，其誰將有此乎？今本其字誤入上句內，則文義不順；誰將，又誤作將誰。」案：本篇標題曰景公坐路寢曰誰將有此。誰將二字尚不誤，則作將誰者誤也。《左傳》正作「美哉室，其誰有此乎？」後第十五云：「後世孰將踐有齊國者乎」，孰字亦在將字上。今依王說，並據《左傳》改。杜注：「景公自知德不能久有國，故歎也。」㈣田氏：田氏即陳氏，田陳音同，因叚田為陳。㈤垾：音ㄏㄢˋ。《玉篇》：「水隄也。」案：為垾，喻能除害利民也。㈥豈可禁哉：為善可勸而不可禁，則惟有競之為善矣。㈦柝：音ㄊㄨㄛˋ，行夜所擊木也。㈧於今三世矣：言三世慈惠其民，民因愛之如父母，歸之如流水。㈨山木如市不加于山：如，往也。言山木往市，價如在山。⑩魚鹽蚌蜃不加于海：言魚鹽蚌蜃往市，價如在海。⑪蒿種芼斂不半：芼，《說文》：「艸覆蔓。」張云：「蒿，艾類；芼，池沼生草，可為蔬者。言今歲凶，不惟尗粟無收，即蒿苇之屬，亦斂不及半。」⑫道路有死人：餓而死也；即前第八章道殣之謂。⑬齊舊：云舊者，似非管子以後之量。⑭豆四而區：一區四豆，則十六升矣。⑮區四而釜：按《管子‧輕重》云：五鏂為釜，斗二升八合為鏂。《考工記》陶人注與《論語》馬注皆云：六斗四升曰釜，核與《管子》相符；不知與此云區四而釜，孰譌？⑯各加一焉：蓋齊量各加其一，則五升為豆，五豆為區，五區為釜，十一釜為鍾矣。以加一之量，貸與人民，以齊量計收民債。⑰糴：《說文》：「市穀也。」⑱百姓之死命者澤矣：言民命之將死者，被其膏澤而生矣。按：民之所入厚於所償，故曰糴，故被其澤。⑲驕汰：猶驕奢也。⑳澤：猶舍也。王念孫云：「案澤，古舍字也，說見管子戒篇。」㉑田氏雖無德以下二句：《左傳》作「陳氏雖無大德，而有施於民。」按無大德與無德，意別。㉒詩曰：〈小雅‧車舝〉之詩。張云：「案杜注，詩義取雖無大德，要有喜悅之心，欲歌舞之。式，用也。」按：式，猶而也。

【今譯】景公坐於正寢，歎息說：「這宮室真美啊，以後誰將會得到它呢？」晏子回答說：「恐怕就是田氏吧！田無宇很能除害利民呢！」景公說：「既然如此，那怎麼辦呢？」晏子回答說：「愛民行善，是做君王的所獎勸的，那能禁止？那田氏，就如國門擊柝之家，並不自求顯貴，父傳於子，兄託於弟，至今相傳有三代了，他們把山中木材運到市上，並不加價；海邊魚鹽蚌蜃運到市場，也不加價，如此愛民而不爭利，所以民財歸之。今年鬧饑荒，即使蒿類收成也不及平常之半，道路上都可以看到餓死的人。齊國先前都用四種容器，四升為一豆，如四豆為一區，四區為一釜，十釜為一鍾。而田氏各加一量，以家量貸與人民，以公量計收民債，以如此的作法來收買糧米，百姓本來不能過活的都可以活下去了。如今公家驕橫奢侈，而田氏卻慈惠愛民，齊國除了田氏還會歸於誰呢！田氏雖無大德，卻能施恩於百姓；國君厚斂，而田氏厚施。〈小雅・車舝〉之詩說：『雖無大恩德於你，你且為我歌舞吧！』田氏的恩惠，百姓還是樂於為他歌舞的，齊國之歸於田氏，不也是很應該的嗎？」

景公臺成盆成适願合葬其母晏子諫而許第十一㈠

景公宿于路寢之宮，夜分，聞西方有男子哭者，公悲之。明日朝，問于晏子曰：「寡人夜者，聞西方有男子哭者，聲甚哀，氣甚悲，是奚為者也？寡人哀之。」晏子對曰：「西郭徒居布衣之士盆成适㈡也。父之孝子，兄之順弟也。又嘗為孔子門人㈢。今其母不幸而死，祔柩未葬㈣，家貧，身老，子孺㈤，恐力不能合祔，是以悲也。」公曰：「子為寡人弔之，因問其偏祔㈥何所在？」晏子奉命往弔，而問偏祔之所在。盆成适再拜，稽首而不起，曰：「偏祔寄于路寢，得為地下之臣㈦，擁札摻筆㈧，給事宮殿中右陛之下㊈，願以某日送㊉，未得君之意也。窮困無以圖之，布脣枯舌，焦心熱中，今君不辱而臨之，願君圖之。」晏子曰：「然。此人之甚重者也，而恐君不許也。」盆成适蹙然⑪曰：「凡在君耳⑫！且臣聞之，越王好勇⑬，其民輕死，楚靈王好細腰⑭，其朝多餓死人；子胥忠其君，故天下皆願得以為臣；孝己愛其親，故天下皆願得以為子。今為人子臣⑮，而離散其親戚，孝乎哉⑯？足以為臣乎？若此而得祔，是生臣而安死母也⑰；若此而不得，則臣請輓尸車，而寄之于國門外宇溜之下⑱，身不敢飲食，擁轅執輅⑲，木乾鳥栖⑳，袒肉暴骸，以望君愍之。賤臣雖愚，竊意明君哀而不忍也。」晏子入，復乎公，公忿然作色而怒曰：「子何必患若言而教寡人乎？」晏子對曰：「嬰聞之，忠不避危，愛無惡言㉑。且嬰固以難之矣㉒。今君營處為游觀㉓，既奪人有㉔，又禁其葬㉕，非仁也；肆心傲聽㉖，不恤民憂，非義也。若何勿聽㉗？」因道盆成适之辭。公喟然太息曰：「悲乎哉！子勿復言。」迺使男子袒免㉘，女子髽者以百數㉙，為開凶門㉚，以迎盆成适。适脫衰絰㉛，冠條纓㉜，墨緣㉝，以見乎公。公曰：「吾聞之，五子不滿隅㉞，一子可滿朝㉟，非迺子耶！」盆成适于是臨事不敢哭㊱，奉事以禮，畢㊲，出門，然後舉聲焉㊳。

【今註】㊀本章要旨：景公夜聞盆成适哭聲甚悲，令晏子往弔，並問偏祔所在，盆成适求合葬其母，公大怒不許，晏子諫而許之。與內篇諫下「景公路寢臺成逢于何願合葬晏子諫而許」，事同而辭略異。㊁徒居布衣之士盆成适：《孔叢子》作「盆成匡」，盧校作「盆成造」，云「适譌」，《孟子・盡心下》有盆成括。按：史載古名人名字，猶或參錯，況乎庸人細民，固無以定其是非正譌也；亦無以肯言其引據者之不誤也。徒居，義同布衣，言不仕也。㊂又嘗為孔子門人：《孔叢子》作「其父尚為孔子門人。」張云：「案：尚為嘗之誤，其父二字衍。觀彼下文云：門人且以為貴，則其師亦不賤矣，是以造為孔子門人，非以其父為孔子門人明矣。」㊃祔柩未葬：言未附葬於其父。按：祔，《說文》謂後死者合食於先祖。此則〈檀弓〉後喪合前喪之謂。言應祔之柩。㊄孺：音ㄐㄩˋ，小弱也，疑與孺同。《莊子・大宗師篇》：「而色若孺子。」《釋文》：「孺，弱子也。」㊅偏祔：偏，半也，有闕半獨遠之義。祔，謂合葬也，《禮記・檀弓下》：「衛人之祔也離之，魯人之祔也合之。」偏祔，對合祔言，本文重在合，上云祔柩未葬，言未祔之新柩亟須合祔，故問已葬之偏祔何在；下云偏祔寄於路寢，故恐不能合祔而悲。㈦地下之臣：指乃父。㈧擁札摻筆：《說文》「札，牒也」。摻，《說文》：「斂也，所斬切」；操，「把持也，七刀切」；二字俗相亂；或云魏晉避曹操諱，以摻為操。此應改用操字。㈨給事宮殿中右陛之下：此言乃父生不能給事宮省，死乃君奪其寢，覆於陛下，為地下之臣，擁札操筆，而奉職禁中矣。言下極寓諷怨之意。㈩以某日送：以，於也。送，言送祔。㈡蹷然：《說文》：「蹷，跳也」，「跳，躍也」。激憤痛切之意可見。㈢凡在君耳：凡，皆也。言一切皆在君，意極痛切無奈。㈢越王好勇以下二句：《墨子・兼愛下篇》：「昔者越王句踐好勇，教其士臣三年，以其智為未足以知之也，焚舟失火，鼓而進之，其士偃前列伏水火而死者，不可勝數也。」殆指此事。㈣楚靈王好細腰以下二句：蓋上有好之，下必甚焉。《墨子・兼愛下篇》：「昔荊靈王好小要，荊國之士，飯不踰乎一固，據而後興，扶垣而後行。」故此云多餓死人。㈤今為人子臣以下二句：張云：「舊人子下衍臣字，從俞校刪。」然臣字亦有可取，蓋承上兼對君父言，既不足為子，亦不足為臣民，故有下文對舉忠孝二語。㈥孝乎哉以下二句：張云：「本書文尚駢儷，上文子胥孝己，忠孝既對舉矣；此文則以忠孝一也，折重人子當孝，今不得合葬其親戚，不孝甚矣！故云孝乎哉，足以為臣乎！文又以相錯見義。」今按二語言非孝子不足以為臣民；然則誰使然之乎？語意甚長。㈦是生臣而安死母也：生，動詞，活之也。謂使臣得不死，而死母得安也。㈧宇溜之下：溜，《說文》：「霤，屋水流也」，溜通。按：此言寄之宇簷之下。㈨擁轅執輅：轅，駕車之木，施於輿底軸上，左右各一，外出向前者古。大車皆用轅。《釋名・釋車》云：

「轅，援也，車之大援也。」輅，轅縛，所以屬引。㉚木乾鳥栖：栖，《說文》：「西，鳥在巢上。西或從木妻。」此作栖，後人俗字。此處比喻如鳥栖木，任其乾枯而不移。㉛愛無惡言：愛君者無惡言。無惡言，謂不忌惡言也。㉜且嬰固以難之矣：以同已，言嬰固已恐君之不許矣。㉝營處為游觀：處，地也，指有盆成适父寢其地，此言營其地為游觀，故始偏祔寄于路寢。㉞既奪人有：謂既奪人之墓地。㉟又禁其葬：不許合祔。㊱肆心傲聽：恣肆倨傲，不聽正諫。㊲若何勿聽：此應上句子何患若言，而謂盆成适言何可勿聽？㊳袒免：以表哀意。露左臂曰袒，去冠括髮曰免。㊴髽：音ㄓㄨㄚ，舊作髮笄。盧云：髮疑髽。男子袒免，女子當髽。髽、《說文》：「喪結也。」《禮記》：「女子髽衰；弔則不髽。魯臧武仲與齊戰於狐駘，魯人迎喪者始髽。」今本髽譌髮，後人又以意加笄字，又失迎喪之旨。今從盧校，改髮為髽，刪笄字。㊵凶門：今喪家結絹為旒，表之門外者是。㊶适脫衰絰：衰，叚作縗，喪衣服；絰，喪首戴也。蓋不敢以喪服見君也。㊷冠條纓：孫云：「條為當條」。《說文》：「纓，冠系也。」「條，扁緒也，編絲帶也。」㊸墨緣：衣緣墨色。按：墨緣所以忌凶也；義同墨絰，亦同上文脫衰絰。㊹五子不滿隅：此言不肖子雖多，而不足滿一隅。㊺一子可滿朝：張云：「言人有可貴之實，雖少勝於多。」㊻不敢哭：義同脫衰絰。㊼畢：以禮祔葬訖。㊽出門然後舉聲焉：不在君前，故敢哭。

【今譯】景公宿於路寢之宮，夜半，聽到西方有男子哭聲，景公很為他悲傷。明日早朝，問晏子說：「寡人夜來聽到西方有男子哭聲，哭得極悲哀，不知是為什麼，寡人很可憐他。」晏子回答說：「那是城西的布衣之士盆成适。這人是個孝子，對兄長也很恭順，又曾經在孔子門下受學。如今他母親不幸死了，還沒和他父親合葬。家裏窮，他又年紀大了，孩子卻還小，恐怕無力合葬，因此才悲傷痛哭。」景公說：「你替寡人向他弔慰一番，同時問他父親葬在何處？」晏子奉命往弔，問他父親的葬處。盆成适再拜稽首，不肯起身，說：「先父葬處就在路寢地下，墓地改造成路寢之後，就作了君王地下之臣，執札操筆，在宮殿中右陛之下給事服役。我希望在某日把母親的靈柩送去合葬，不知君王是否同意，因為這事很困難，無法可想，只得大哭，哭乾了脣舌，心中焦熱煩悶。如今你不以為辱而前來，希望你為我想想辦法。」晏子說：「你這話是不錯的，這是人情人倫上很重大的一件事，但恐怕君王不答應啊。」盆成适頓足說：「就看先生了！我聽說過，越王好勇，人民就都不怕死；楚靈王好細腰，朝中很多人因而餓死；子胥忠於其君，所以天下國君都想得以為臣；孝己孝順雙親，所以天下人都想有他這樣的兒子。如今我這做兒子的卻不能使父母合葬，算得上孝嗎？如此又豈能為臣而盡忠呢！如能合葬，就是救了我一命，同時也使我母親在地下能夠安息；如不能合葬，那麼我就只好輓著尸車，寄在國門外屋簷下，自己不敢飲食，擁著車轅，執著絲輅，就像任鳥棲止的乾木頭，即令屍骸暴露也在所不惜，希望國君能夠憐憫。賤臣雖愚蠢，想來國君也會哀憐不忍的。」晏子回復景公。景公勃然變色，大怒說：「你何必在乎這些話，還來跟我說！」晏子回答道：「嬰聽說過：忠君的人不避危難，愛君的人不忌惡言，況且我也跟他表示這事的困難了。如今國君營其墓地而為宮觀，既奪人之所有，又不許他合葬，這可說是不仁了。恣肆傲慢，不聽忠言，不體恤人民的憂患，這可說是不義了，為何不聽聽他的話呢？」於是轉述了盆成适的話，景公聽了，長長地歎息著說：「也真可憐，你不用再說了！」於是使男子袒免，露出左臂，女子為髽，披散頭髮的，有百數十人，為他開凶門，迎接盆成适。盆成适脫去衰絰，戴上條纓，墨其衣緣，前來晉見景公。景公嘉勉說：「我聽說：『五子不滿隅，一子可滿朝。』這不就是說的像你這樣的孝子嗎！」盆成适於是臨事不敢哭，以禮合葬完畢，走出宮門以後，才放聲大哭起來。

景公築長庲臺晏子舞而諫第十二㈠

景公築長庲之臺，晏子侍坐。觴三行，晏子起舞，曰：「歲已暮矣，而禾不不穫，忽忽㈡矣若之何！歲已寒矣，而役不罷，惙惙㈢矣如之何！」舞三而涕下沾襟。景公慚焉，為之罷長庲之役。

【今註】 ㈠本章要旨：景公築長庲之臺，百姓疲敝，晏子起舞而諫，景公慚，罷其役。與內篇諫下「景公冬起大臺之役晏子諫」「景公為長庲欲美之晏子諫」兩章，辭旨大略相同。㈡忽忽：憂也。《史記・梁孝王世家》云：「敢忽忽不樂，與此義同。」㈢惙惙：音ㄔㄨㄛˋ。《爾雅・釋訓》：「憂也。」

【今譯】景公派人民築長庲之臺，晏子侍坐，觴既三巡，晏子起舞，唱道：「已到了天寒歲暮了，而田裏的禾穀還未能收穫，真令人擔心啊！怎麼辦呢？歲暮天寒啊，而築臺之役還不停止，真令人發愁啊！怎麼辦呢？」如此歌舞者三次，於是悲從中來，而涕下沾襟。景公深覺慚愧，因此就為他停止了長庲之役。

景公使燭鄒主鳥而亡之公怒將加誅晏子諫第十三㊀

景公好弋㊁，使燭鄒㊂主鳥而亡之，公怒，詔吏欲殺之。晏子曰：「燭鄒有罪三㊃，請數之以其罪而殺之㊄。」公曰：「可。」於是召而數之公前，曰：「燭鄒！汝為吾君主鳥而亡之，是罪一也㊅；使吾君以鳥之故殺人㊆，是罪二也；使諸侯聞之，以吾君重鳥以輕士，是罪三也㊇。」數燭鄒罪已畢，請殺之。公曰：「勿殺㊈！寡人聞命矣。」

【今註】㊀本章要旨：景公好弋獵，使燭鄒主鳥而亡之，公怒，將誅之，晏子故數其罪而諫景公開釋了他。與內篇諫上「景公所愛馬死欲誅圉人晏子諫」，辭旨略同。《說苑・正諫篇》亦用此文。

㈡景公好弋：《韓詩外傳》作「齊景公出弋昭華之池。」《藝文類聚》九十引作「齊景公」，無「好弋」二字。㈢燭鄒：《說苑》作燭雛；《韓詩外傳》作顏斲聚；《藝文類聚》作顏涿聚；此脫顏字。《呂氏春秋・尊師篇》：顏涿聚梁父之大盜也，學於孔子。㈣燭鄒有罪三：《說苑》無三字，御覽引彼同。《韓詩外傳》九作夫鄧聚有死罪四；御覽引彼作夫涿聚有死罪三。類聚作涿聚有三罪。㈤而殺之：御覽而作乃。《說苑》同；《韓詩外傳》作請數而誅之；御覽引彼作請以其罪數而誅之。㈥是罪一也：《藝文類聚》作一罪也。下作二罪三罪。御覽九百十四引此同類聚；《說苑》：一二三均在罪上，有是字；御覽引彼同。㈦以鳥之故殺人：類聚無之故二字。《韓詩外傳》殺上有而字。㈧是罪三也：《韓詩外傳》有天子聞之，必將貶絀吾君，危其社稷，絕其宗廟，是罪四也。此四罪者，故當殺無赦。臣請加誅焉。㈨勿殺：《說苑》作公曰止，勿殺而謝之。《韓詩外傳》作景公曰止，此亦吾之過也。願夫子為寡人敬謝焉。

【今譯】景公好打獵，使燭鄒主鳥，而鳥亡失了，景公大怒，召官吏將殺之。晏子說：「燭鄒有三大罪，讓我來數說其罪再殺不遲。」景公說：「好吧！」於是召燭鄒而數其罪於景公之前，說：「燭鄒，你為吾君主鳥而竟然亡失了，這是第一罪；使吾君因為鳥的緣故而殺人，這是第二罪；這件事要讓各國諸侯聽說了，會認為國君重鳥而輕士，這是第三罪。」晏子把這三罪數說完了後，請殺燭鄒。景公說：「不要殺他了，寡人知道你的用意了！」

景公問治國之患晏子對以佞人讒夫在君側第十四㈠

景公問晏子曰：「治國之患亦有常乎？」對曰：「佞人讒夫㈡之在君側者，好惡良臣，而行與㈢小人，此治國之常患也㈣。」公曰：「讒佞之人，則誠不善矣；雖然，則奚曾為國常患乎？」晏子曰㈤：「君以為耳目而好謀㈥事，則是君之耳目繆矣㈦。夫上亂君之耳目，下使羣臣皆失其職，豈不誠足患哉！」公曰：「如是乎！寡人將去之。」晏子曰：「公不能去也。」公忿然作色不說㈧，曰：「夫子何少㈨寡人之甚也！」對曰：「臣何敢撟㈩也！夫能自周⑪于君者，才能皆非常也。夫藏大不誠于中者，必謹小誠于外，以成其大不誠，入則求君之嗜欲能⑫順之，君⑬怨良臣，則具其往失而益之，出則行威以取富⑭。夫何密近⑮，不為大利變，而務與⑯君至義者？此難見而且難知也⑰。」公曰：「然則先聖奈何？」對曰：「先聖之治也，審⑱見賓客聽治不留⑲，患日不足⑳，羣臣皆得畢其誠，讒諛安得容其私！」

公曰：「然則夫子助寡人止之，寡人亦事勿用⑪矣。」對曰：「讒夫佞人之在君側者，若社之有鼠也，諺言有之曰：『社鼠不可熏去。』讒佞之人，隱君之威以自守也⑫，是故⑬難去焉。」

【今註】 ㊀本章要旨：景公問治國之患，晏子對以佞人讒夫之在君側者，是為治國之常患。景公將去之，晏子告以讒佞如社鼠，社鼠不可熏，是故難去，蓋警戒以諫之也。與內篇問上「景公問治國何患晏子對以社鼠猛狗」章意同，而辭有出入。㊁佞人讒夫：治要作「讒夫佞人。」㊂與：猶黨也。㊃此治國之常患也：舊脫「治」字；「常」當作「長」。從王校據《羣書治要》補正，與上下文同一例。㊄晏子曰：曰上疑奪「對」字。下同。㊅謀：張云：「謀，舊譌繆，從蘇校據治要正。」此從張本。㊆繆：紕繆也，亦叚為謬。㊇忿然作色不說：治要無忿然作色四字。㊈少：輕視、不足之詞。㊉撟：舊作「槁」，俞云：「此槁字與問下篇犒魯國之犒，同為撟之誤字。荀子臣道篇曰：率羣臣百吏，而相與彊吾撟君。又曰：事暴君者、有補削，無撟拂。晏子言臣何敢撟、言臣何敢有所撟拂乎。蓋因公忿然作色，故云然。」按：撟矯二字通叚，撟，古多叚矯為之。撟拂，違也。⑪周：杜預注《左傳》：「密也。」⑫能：即而也，能而古同音，故相叚。⑬君：舊作「公」，王云：「公本作君，此涉上文公不能去而誤。上文公不能去，是指景公而言。此文君怨良臣，則泛指為君者而言，與上句君字同義。羣書治要正作君怨良臣。」今據正。⑭出則行威以取富：言出則假借君威，肆行而貪得。㉕夫何密近以下二句：密近，謂近在君前；言夫何故在君前，則詭作不為大利變其行，並務為助君至義者，如此，則君難見難知其邪行也。㉖與：助也。偽示助君成義行。㉗難見而且難知也：此為承上之詞。舊作「此難得其知也。」張云：「案此文疑本作此難見而且難知也。言讒佞之人工於作偽之心，難見而且難知也。」㉘審：慎也。㉙留：滯留也。㉚患日不足：言其敏且勤也。㉛用：《說文》：「可施行也。」㉜隱君之威以自守也：君威，猶庇鼠之社。俞云：「古依隱同聲，廣雅釋器曰：衣，隱也。釋名釋衣服曰：衣，依也。是隱與依聲近義通。此隱字當讀為依，依君之威以自守，正與上社鼠之喻相應。」㉝是故：故字舊脫，據治要補。

【今譯】景公問晏子說：「治國也有什麼經常的禍患嗎？」晏子回答說：「佞人讒夫之常在國君身邊的，他們慣常疾惡忠臣，行事則和小人結黨，這是治國的經常禍患。」景公說：「讒佞的人，當然是不好啦，可是那裏說得上是治國的常患呢？」晏子說：「這些人，國君以為耳目而喜好謀事，如此國君的耳目就會有差錯了。如此上則淆亂國君的耳目，下則使羣臣都失其職守，難道還不足為患嗎？」景公說：「真的如此嗎？那麼寡人就除去這些人好了。」晏子說：「君王恐怕是做不到的。」景公勃然變色，極不高興，說：「先生為何如此看輕我？」晏子回答說：「臣何敢違拂君意。能在君王四周面面俱到的人，才能都不是平常的。心中藏著大奸巨惡，外表上對小忠小信便特別謹慎，以掩飾成全其奸惡。入朝見君，就訪求君王的嗜欲，多方投合。君王怨忠臣，那麼就找些他以前的過失加油添醋一番，出則狐假虎威，貪得無厭；在他接近國君時，就裝成一副不為大利而變節的樣子，務求助國君完成義舉，令國君難以發現他的邪行啊。」景公說：「既然如此，以前的聖王怎麼辦呢？」晏子回答說：「先聖治國，審慎接見賓客，聽治明快，事無滯留，只怕時間不夠用。如此羣臣都能夠盡其忠誠，讒佞之人又那能徇私而搬弄是非呢？」景公說：「那麼先生幫助寡人制止這批人吧，寡人今後不用這批人了。」晏子回答說：「在國君身邊的讒夫佞人，就像是神社中的老鼠。俗諺說：『神社中的老鼠是不能熏的。』讒佞的人，假借君威以自保，因此是很難清除的。」

景公問後世孰將踐有齊者晏子對以田氏第十五㈠

景公與晏子立于曲潢之上㈡，望見齊國，問晏子曰：「後世孰將踐有齊國者乎？」晏子對曰：「非賤臣之所敢議也。」公曰：「胡必然也？得者無失，則虞、夏常存矣。」晏子對曰：「臣聞見足以知之㈢者，智也；先言而後當者，惠也。夫智與惠，君子之事，臣奚足以知之乎！雖然，臣請陳其為政：君彊臣弱，政之本也；君唱臣和，教之隆也；刑罰在君，民之紀也。今夫田無宇，二世有功于國，而利取分寡㈣，公室兼之㈤，國權專之㈥，君臣易施㊆，而無衰乎㊇！嬰聞之，臣富主亡。由是觀之，其無宇之後為幾㊈，齊國，田氏之國也？嬰老，不能待公之事，公若即世，政不在公室。」公曰：「然則奈何？」晏子對曰：「維禮可以已之。其在禮也，家施不及國㊉，民不懈，貨不移，工賈不變⑪，士不濫⑫，官不諂⑬，大夫不收公利⑭。」公曰：「善。今知禮之可以為國也⑮。」對曰：「禮之可以為國也久矣，與天地竝立⑯。君令臣忠⑰，父慈子孝，兄愛弟敬，夫和妻柔，姑慈婦聽，禮之經也。君令而不違，臣忠而不二，父慈而教，子孝而箴⑱，兄愛而友，弟敬而順，夫和而義，妻柔而貞，姑慈而從⑲，婦聽而婉，禮之質也⑳。」公曰：「善哉！寡人迺今知禮之尚也。」晏子曰：「夫禮，先王之所以臨天下也，以為其民，是故尚之。」

【今註】㊀本章要旨：景公問後世何人將得齊國而踐君位，晏子對以田氏。景公問如何而可以止之，晏子對以禮。與內篇問下「晉叔向問齊國若何晏子對以齊德衰民歸田氏」章，及本篇「景公坐路寢曰誰將有此晏子諫」一章意同，而辭有出入。㊁立于曲潰之上：于字舊脫，《太平御覽》七十一引同，今據雜上五章補。㊂聞見足以知之：言見微知著也。㊃利取分寡：取通聚。言利聚則分諸孤寡貧乏之人。㊄公室兼之：田氏兼有公室之利。㊅國權專之：國權為田氏所專。㊆易施：施讀為移，易移，猶移易也。言君權移易於臣下也。㊇而無衰乎：而從元刻，孫本作能。而，即能也。㊈幾：庶幾，亦近也。㊉家施不及國：應上利取分寡言。大夫稱家，家之所施，不得施及國人，以樹己私惠。陳氏施及國人，是違禮也。⑪工賈不變：杜注：「守常業。」⑫士不濫：杜注：「不失職。」⑬官不謟：以上各句言家施不及國之效。謟，杜注：「慢也。」⑭大夫不收公利：此應上公室兼之為言。杜注：「不作福。」正義：「大夫不得聚收公利，自作福也。」⑮今知禮之可以為國也：《左傳》作：「善哉，我不能矣。吾今而後，知禮之可以為國也。」⑯與天地竝立：《左傳》無「立」字。杜注：「有天地，則禮義興。」按：此承上句久字而重言之。⑰君令臣忠：令，善也。忠，《左傳》作共；下同。⑱箴：杜注：「箴，諫也。」⑲姑慈而從：杜注：「從不自專。」⑳質：體也。

【今譯】景公與晏子立於曲潰之上，望見齊國，問晏子說：「後世何人將得齊國而踐有君位呢？」晏子回答說：「這不是賤臣所敢談論的。」景公說：「何必如此呢？得國者若永遠不失，那麼虞舜夏禹便永遠常在了。」晏子回答說：「臣聽說，見微而能知著的，可以說是智者了；預料事情而能不生差錯的，可以說是聰慧了。智和慧，是君子才能具有的，臣那能知道呢？雖然如此，臣還是陳述一些為政的常道吧：君彊臣弱，這是為政的大本；君唱臣和，這是教化的隆盛；刑罰在君，這是治民的綱紀。如今那田無宇，二世有功於國家，財利所聚，則分於孤寡；兼公室之利，專國家之權，君權移於臣下，如此公室豈能不衰？嬰聽說過：臣富則主亡，由此看來，得齊國的恐怕就是無宇的後代吧！齊國，將變成田氏之國了，臣嬰年已衰老，也許等不到那一天，但君王如果還在世的話，齊國的政權，就恐怕不在公室了。」景公說：「如此該怎麼辦呢？」晏子回答說：「只有用禮才能夠挽回。根據禮制，大夫施惠，不得妄及國人，樹立私恩。如此則百姓勤而不懈，財貨得其平穩，百工商賈守其常業，將士不失職，官吏不怠慢，大夫不收公利，擅作威福。」景公說：「說得好，我如今纔知道禮可以治國啊！」晏子回答說：「禮之可以治國，長久以來一直是如此的。禮與天地並立，君善臣忠，父慈子孝，兄愛弟敬，夫和妻柔，姑慈祥而媳順從，這是禮之常道。君善而不違德，臣忠而無二心，父慈而善訓教，子孝而能規諫，兄愛而友其弟，弟敬而順其兄，夫和而重情義，妻柔而能貞正，姑慈祥而從不專擅，媳順從而能和婉，這是禮的本質。」景公說：「說得真好啊！寡人如今纔知道禮是如此的崇高無上啊！」晏子說：「禮是先王用來統御天下，治理百姓的，所以要特別推重。」

晏子使吳吳王問君子之行晏子對以不與亂國俱滅第十六㈠

晏子聘于吳，吳王問：「君子之行何如？」晏子對曰：「君順懷之㈡，政治歸之，不懷暴君之祿，不居亂國之位，君子見兆㈢

則退，不與亂國俱滅，不與暴君偕亡。」

【今註】㈠本章要旨：晏子使於吳，吳王問君子之行，晏子對以不與亂國俱滅，不與暴君偕亡。與內篇問下「晏子使吳吳王問可處可去晏子對以視國治亂」章事旨略同，而本章特為簡括。㈡君順懷之以下二句：君順於道則懷之，政務於治則歸之。㈢兆：幾也，事之先見者也。

【今譯】晏子出使到吳國，吳王問君子之行到底如何？晏子回答說：「國君的行事合於道，就傾心輔佐，國家政事上軌道，就歸屬而盡力。但不貪戀暴君的俸祿，不居處亂國的官位。君子如果看到暴亂的先兆，就想到脫身而退，不與亂國同滅，不與暴君並亡。」

吳王問齊君僈暴吾子何容焉晏子對以豈能以道食人第十七㈠

晏子使吳，吳王曰：「寡人得寄僻陋蠻夷之鄉，希㈡見教君子之行，請私而無為罪。」晏子躄然㈢辟位。吳王曰：「吾聞齊君，蓋賊以僈㈣，野以暴，吾子容㈤焉，何其甚也？」晏子遵循㈥而對曰：「臣聞之，微事不通，麤事不能者，必勞；大事不得，小事不為者，必貧；大者不能致人，小者不能至人之門者，必困，此臣之所以仕也。如臣者，豈能以道食人者哉㈦！」晏子出，王笑曰：「嗟乎！今日吾譏晏子，猶倮而訾高橛者也㈧。」

【今註】㈠本章要旨：吳王問齊君殘賊而慢侮，無禮而暴虐，先生何能容之。晏子對以自己非能以道養人，吳王乃悟譏人適足以自譏。與內篇問下「晏子使魯，魯君問何事回曲之君，晏子對以庇族」章，事旨略近。㈡希：孫云：「說文作稀，此省文。」《爾雅．釋詁》：「罕也。」㈢蹵然：敬貌。㈣賊以優：張云：「諫下二章曰：刑殺不辜謂之賊。」孫云：「優當為㥲。」《說文》：「㥲，侮傷」，「傷，輕也。」㈤容：忍受。㈥遵循：孫云：「當為逡循，即逡巡。」卻退之意。㈦豈能以道食人者哉：食，養也。言特以奉小事養生，不足言道，更何容之足言。㈧猶倮而訾高橛者也：俞云：「訾乃譬字之誤，橛乃撅之誤，高讀為咎。墨子公孟篇：是猶倮而咎撅者也。」張云：「俞說撅乃撅之誤，是也。謂訾乃譬之誤，高讀為咎，並非。本文猶字即具譬義。不必破訾為譬。高撅，謂撅衣甚高，不必破高為咎。訾即咎義甚明，不必曲為之解。按：倮為倮體，撅者，揭衣也，撅誠不恭，倮則更甚，故曰：『猶倮而訾高撅者也。』」

【今譯】晏子出使於吳國，吳王說：「寡人僻處於鄙陋蠻夷之邦，很少請教君子之言行，請好好教導我，莫要責怪！」晏子恭敬避席，不敢承當，吳王說：「我聽說齊君為人，殘賊傲慢，粗野無禮，生性暴虐，而你卻包容他，這也太過分了吧！」晏子逡巡卻退，回答說：「臣聽說：精微的事不通，麤事又不能的人，必定煩勞；大事做不得，小事又不肯做的，必定貧窮；大方面不能招致人才，好好用人，小方面又不肯傍人門下，為人所用的，必定困窘。我別無才華，這就是我出來做官的原因了，像我這等人，怎能以道來奉事人呢？」晏子既出，吳王笑著說：「唉呀！今天我譏笑晏子，正像裸露的人笑那不穿衣服的人啊！」

司馬子期問有不干君不恤民取名者乎晏子對以不仁也第十八㊀

司馬子期問晏子曰：「士亦有不干㊁君，不恤民㊂，徒居無為而取名㊃者乎？」晏子對曰：「嬰聞之，能足以贍㊄上益民而不為者，謂之不仁。不仁而取名者，嬰未得聞之也。」

【今註】㊀本章要旨：司馬子期問有沒有不為官不憂民而能得美名的，晏子對以士而如此，則是不仁，未有能取美名者也。與內篇問下「叔向問事君徒處之義奚如晏子對以大賢無擇」章事旨略同，而本章特簡。㊁干：求也。㊂不恤民：恤，憂也。㊃取名：取，攫也。名，令名也。㊄贍：助給也。

【今譯】司馬子期問晏子說：「士可有不做官、不憂民，徒居無所事事，而能博得善名令譽的嗎？」

晏子回答說：「嬰聽說，才能足以輔佐君王，撫愛百姓，而不肯去身體力行的，叫做不仁。不仁而能博得令譽善名的，我可從來不曾聽說過啊！」

高子問子事靈公莊公景公皆敬子晏子對以一心第十九㈠

高子問晏子曰：「子事靈公、莊公、景公，皆敬子，三君之心一耶？夫子之心三也㈡？」晏子對曰：「善哉問！事君㈢，嬰聞一心可以事百君，三心不可以事一君。故三君之心非一也㈣，而嬰之心非三也㈤。且嬰之于靈公也，盡復而不能立之政㈥，所謂僅全其四支以從其君者也。及莊公陳武夫，尚勇力，欲辟㈦勝于邪，而嬰不能禁，故退而處野㈧。嬰聞之，言不用者，不受其祿，不治其事者，不與其難，吾于莊公行之矣㈨。今之君㈩，輕國而重樂，薄于民而厚于養⑪，藉斂⑫過量，使令過任⑬，而嬰不能禁，庸知其能全身以事君乎！」

【今註】㈠本章要旨：高子問晏子事靈公、莊公、景公，三君皆敬之，其故何在。晏子答以一心可以事百君，而深慨自己之不足以感悟君心而格君非也。與內篇問下「梁丘據問子事三君不同心晏子對以一心可以事百君」章事旨略同。㈡也：治要作耶。㈢事君：張云：「事君二字，疑涉上下文而衍，殊贅於辭，當刪。」㈣非一也：本作非一心也，與非三心也對文。今本一下脫心字，《羣書治要》有。㈤非三也：三下舊衍心字，今據上文夫子之心三也刪。㈥盡復而不能立之政：復，《小爾雅·廣言》：白也。《爾雅·釋詁》一：語也。盡復而不能立之政，謂盡言於君而不見用也。㈦欲辟：辟通僻。謂嗜欲偏僻逾常。㈧處野：野從元刻，孫本作埜。《說文》：壄古文野，此省文。案：處野，謂東耕海濱。㈨吾于莊公行之矣：言所以不死崔杼之難。㈩今之君：謂景公也。⑪厚于養：養，私養也，厚養，自奉也。⑫藉斂：賦稅也。謂掠民財而無節。⑬使令過任：《說文》任字段注：「引伸凡儋何（擔荷）曰任。」此言能力。全句謂竭民力而不休。

【今譯】高子問晏子說：「你服事靈公、莊公、景公，三君皆對你禮敬。是這三位君王用心一樣呢，還是先生用心逢迎，各個不同呢？」晏子回答說：「你問得好，關於事君，我聽說一心可以事百君，而三心不可以事一君。所以三君之心並不同，而我的存心卻都一樣。我服事靈公，盡心陳言而實際上不能有所建樹，以見之於施政，可說是僅保全四肢，僥倖免於一死罷了；到了莊公，則陳列武夫，喜好勇力，嗜欲超過一般邪僻的人，而我不能防禁，所以退而處於鄉野，東耕海濱。嬰聽說：所陳建議不被採用的，就不能接受俸祿；不在其位、不理政事的，就可以不受其難，我對於莊公就是這麼做的了。現在的國君，輕國事而重宴樂，治民苛薄而自奉豐厚，賦稅過於常量，毫無節制；役使百姓超過他們的負擔，而毫不體恤，我也未能規勸防止。我還不知如此事君，能不能全身保節呢！」

晏子再治東阿上計景公迎賀晏子辭第二十㈠

晏子治東阿，三年，景公召而數㈡之曰：「吾以子為可，而使子治東阿，今子治而亂，子退而自察也，寡人將加大誅于子㈢。」晏子對曰：「臣請改道易行而治東阿，三年不治，臣請死之。」景公許之㈣。於是明年上計㈤，景公迎而賀之曰：「甚善矣！子之治東阿也。」晏子對曰：「前臣之治東阿也，屬託㈥不行，貨賂㈦不至，陂池之魚，以利貧民。當此之時，民無飢者㈧，君反以罪臣。今臣後之治東阿也㈨，屬託行，貨賂至，幷重㈩賦斂，倉庫少內⑪，便事左右⑫，陂池之魚，入于權家⑬。當此之時，飢者過半矣，君迺反迎而賀臣。臣愚，不能復治東阿，願乞骸骨⑭，避賢者之路。」再拜，便辟⑮。景公迺下席而謝之曰：「子彊⑯復治東阿，東阿者，子之東阿也，寡人無復與焉⑰。」

【今註】㊀本章要旨：晏子治理東阿，三年而景公責之；再治東阿，明年上計簿，景公迎而賀之。晏子述其前後為治之不同以悟景公。此與內篇雜上「晏子再治東阿而見信景公任以國政」章辭旨大略相同。㊁數：責也。㊂誅：責也。按誅，《說文》：「討也。」段注：「凡殺戮糾責皆是。」㊃許之：之字舊脫，從盧校據《說苑》補。㊄上計：《漢書・武帝紀》：「受計於甘泉。」顏師古注：「受郡國所上計簿也。」若今之諸州計帳也。㊅屬託：請託也，凡以事干求皆是也。㊆貨賂：貨，財物也；賂，遺也。㊇民無飢者：者字舊脫，從盧俞校據《說苑》補。㊈治東阿也：治字舊脫，從盧校據《說苑》補。㊉幷重：《說苑》作「並會」。⑪內：納同。言賦斂於民者甚眾，而納於倉庫者甚少。⑫便事左右：便，蒲眠切，便辟也。便事謂媚事也。左右，君所寵倖者。⑬家：舊譌宗，從王校據《說苑》改。⑭願乞骸骨以下二句：謂歸隱養老以讓賢。⑮辟：舊譌僻，從盧校據《說苑》改。辟、讀為僻，謂將避去。⑯彊：勉也。⑰與：參與也，猶干預也。

【今譯】晏子治理東阿，三年之後，景公召而責之，說：「我以為你才堪大用，所以派你治理東阿，如今東阿卻亂得不像樣，你回去自己反省一番，寡人要大大責罰你！」晏子回答說：「讓我變個法子來治理東阿，三年要是還治不好，情願受死！」景公答應了，於是明年獻上賦稅簿書，景公迎接晏子而向他致賀，說：「你把東阿治理得真好啊！」晏子回答說：「上回臣治理東阿，屬託不行，一秉至公；貨賂不至，弊絕風清。陂池魚獲，用來幫助貧民，這時百姓都沒有挨餓的，而君王卻怪罪我。這次我治東阿，屬託公行，貨賂並至，賦斂收刮，以至民無積貯，很少納於公庫的，同時媚事君王左右，陂池之魚，奉送權勢之家，在這時，百姓大半挨餓，而君王卻迎接我，向我道賀。臣愚昧不明，不能再治理東阿了，願乞骸骨，歸故里，讓位於賢者。」於是再拜將去，景公乃下席相謝，說：「你勉力再治東阿吧！東阿就是你的東阿了，照你的辦法去治理，我以後不再過問了！」

太卜紿景公能動地晏子知其妄使卜自曉公第二十一㈠

景公問太卜曰：「汝之道何能？」對曰：「臣能動㈡地。」公召晏子而告之，曰：「寡人問太卜曰：『汝之道何能？』對曰：『能動地。』地可動乎？」晏子默然不對，出，見太卜曰：「昔吾見鉤星在四心之閒㈢，地其動乎？」太卜曰：「然。」晏子曰：「吾言之，恐子之死也㈣；默然不對，恐君之惶也㈤。子言，君臣俱得焉㈥。忠于君者，豈必傷人哉㈦！」晏子出，太卜走入見公，曰：「臣非能動地，地固將動也。」陳子陽㈧聞之，曰：「晏子默而不對者，不欲太卜之死也；往見太卜者，恐君之惶也。晏子，仁人也，可謂忠上而惠下也。」

【今註】㊀本章要旨：太卜欺景公能動地，晏子觀天象而知地之將動，非太卜之能動地也。然而若將實情言之於君，太卜將死；不言於君，又恐國君惶惑，遂告太卜使白於景公，可謂忠上惠下之仁人矣。與內篇雜下「柏常騫禳梟死將為景公請壽晏子識其妄」章旨同而辭異。《淮南子・道應訓》、《論衡・變虛篇》亦著此事。㊁動：震也。㊂鉤星在四心之間：四，房宿也，蒼龍七宿之第四宿，有星四。心，蒼龍七宿之第五宿，有星三。《史記・天官書》：免，一名鉤星，出房心間地動。㊃恐子之死也：之死舊倒，從盧校乙。㊄恐君之惶也：此惶字與惑同義，言恐君為子之所惑也。惶惑語之轉，字亦作遑。㊅子言二句：謂子自言於君，則君不惶，臣不欺，亦可免子之死，故曰君臣俱得。㊆忠于君者以下二句：此言所以不自言之於君者，蓋不欲傷太卜，以見己忠也。㊇陳子陽：《淮南子》作田子陽，高注：田子陽齊臣也。按田陳通。

【今譯】景公問太卜說：「你有何才能？」太卜回說：「臣能使地震動。」景公召晏子而告訴他說：「寡人問太卜有什麼才能，他回說能使地震動。人真的能使地震動嗎？」晏子默然不答。辭出後，見太卜說：「前些時我見鉤星在四、心之間，是會有地震了吧？」太卜說：「是啊！」晏子說：「這事我要向君王說了，恐怕你會有欺君的死罪；要是不說，卻又怕君王心中惶惑。我看還是你自己對君王說明，如此君王可以釋惑，你也可算無欺，一舉兩得。忠於國君的人，又何必要傷害別人呢？」晏子既出，太卜就趕快跑著去見景公說：「按照天象，地本來就會震動的，不是臣能使地震動。」陳子陽聽到了這件事，說：「晏子之默然不對，是不想使太卜陷入欺君的死罪；自己前去見太卜，是恐怕君王因此受到惶惑。晏子真是個仁人啊，可以說是能做到盡忠於上，而惠愛於下了。」

有獻書譖晏子退畊而國不治復召晏子第二十二㈠

晏子相景公，其論人也，見賢而㈡進之，不同君所欲；見不善則廢之，不辟㈢君所愛；行己而無私，直言而無諱。有納書㈣者，曰：「廢置不周于君前，謂之專㈤；出言不諱于君前，謂之易㈥。專易之行存，則君臣之道廢矣，吾不知晏子之為忠臣也。」公以為然。晏子入朝，公色不說，故晏子歸，備載㈦，使人辭曰：「嬰故㈧老悖無能，毋敢服壯者事㈨。」辭而不為臣，退而窮處，東畊海濱，堂下生藜藋㈩，門外生荊棘。七年，燕、魯分爭㈡，百姓惛亂，而家無積。公自治國，權輕諸侯㈢，身弱高、國㈢。公恐，復召晏子。晏子至，公一㈣歸七年之祿，而家無藏㈤。晏子立，諸侯忌其威，高、國服其政，燕、魯貢職，小國時朝。晏子沒而後衰。

【今註】㊀本章要旨：有獻書譖晏子專擅輕慢者，景公以為然，容色不悅，於是晏子退，東耕於海濱，七年，景公自治國，權輕諸侯，身弱高國，公恐懼，復召晏子，齊國復興。與內篇雜上「景公惡故人晏子退國亂復召晏子」章旨同而事稍異。㊁而：同則，治要作即。㊂辟：讀若避。〈晉語〉八：趙武子事君，不援而進，不阿而退，義略同。㊃納書：獻書於景公以譖晏子也。㊄廢置不周于君前謂之專：忠信為周，專其廢置，即於君前而不忠信也。㊅出言不諱于君前謂之易：易，慢易也，言輕侮其君也。㊆備載：備同犕，犕載，言犕駕也。按犕，《玉篇》：服也。載，《說文》：乘也。㊇故：俗假為固。㊈毋敢服壯者事：雜上五章云：嬰故老耄無能也，請毋服壯者之事。毋，語助，同此。⑩藜藿：舊作藜藋，今據《左傳》改。按藿，《說文》：尗之少也。段注：毛詩傳曰：藿猶苗也。藋，《說文》：堇艸也；一曰拜商藋。段注：疑堇艸為蒴藋，拜商藋為今之灰藋也。⑪燕魯分爭：分，各別也，言各與為爭。⑫權輕諸侯：此言其權輕於諸侯所應有之權，即無諸侯之權也；故下曰身弱高國。⑬身弱高國：身弱於齊之卿族高國二世。⑭一：皆也。⑮家無藏：盡以分貧。

【今譯】晏子輔佐景公，在用人方面，見賢才就進用，不一定和國君想用的相同；見不賢的就加以斥退，不迴避國君所寵愛的人。如此照自己的意思做而絕無私心，直言敢諫而毫不避諱。有獻書於景公的，說：「用人方面有所廢置，不能符合國君的心意，這叫做專擅；在國君面前說話毫無忌憚，這叫做輕慢。人臣要是有專擅輕慢的行為，君臣之道就荒廢了，我真不知道晏子怎能算是個忠臣？」景公認為很對，當晏子入朝時，景公詞色之間甚是不悅，所以晏子稱老而歸，準備車駕，令人辭景公說：

「臣嬰本就年老，昏悖無能，再不敢做年輕力壯的人做的事。」於是辭而不為臣，退而窮居，東耕於海濱，堂下長滿藜藋，門外生滿荊棘。過了七年，燕魯各與齊爭，百姓恐慌不安，家家貧苦，一無積聚。景公自治齊國，諸侯輕之，公室勢力弱於高、國等卿族。景公大起恐慌，於是復召晏子，晏子既至，景公盡歸七年來的俸祿，晏子全部分於貧士，家中一無所藏。晏子立朝，諸侯忌憚其賢才威勢，而高、國亦心服其為政，燕魯進貢，小國時來朝覲，直到晏子死後乃衰。

晏子使高糾治家三年而未嘗弼過逐之第二十三㊀

晏子使高糾㊁治家，三年而辭焉。儐者㊂諫曰：「高糾之事夫子三年，曾無以爵位，而逐之，敢請其罪。」晏子曰：「若夫方立之人㊃，維聖人而已。如嬰者，仄陋㊄之人也。若夫左右嬰之人不舉四維，四維將不正。今此子事吾三年，未嘗弼㊅吾過也。吾是以辭之。」

【今註】㊀本章要旨：言晏子使高糾治家，三年而未嘗匡弼其過，晏子以為沒有盡責，是故辭而退之。此與內篇雜上「景公欲見高糾晏子辭以祿仕之臣」章旨同而辭異。㊁高糾：《說苑・臣術篇》

作「高繚仕於晏子，晏子逐之。」㊂儐者：《說苑》作左右。蓋導引賓客之人。《說文》：儐，導也。㊃方立之人：《易．恒．大象》曰：「君子以立不易方。」正義曰：「君子立身，得其恒久之道，故不易其方。」方猶道也。若夫方立之人，謂若彼以道立身之人。㊄仄陋：《說文》「仄，側傾也」；「側，旁也」。段注：「不正曰仄，不中曰側，二義有別，而經傳多通用。」仄陋，猶僻側淺陋也。㊅弼：本作弼，《說文》「弼，輔也。」

【今譯】晏子使高糾治理家事，三年之後辭而退之。左右人士諫晏子說：「高糾事奉先生三年，從未得爵位，如今把他辭退了，敢問他到底犯了什麼錯？」晏子說：「如以道立身，毫無過錯的，只有聖人才能做到。像我只是個鄙陋之人，那麼在左右輔弼我的，要是不舉四維，四維就不能正，如今此人事我三年，竟未曾匡弼我的過錯，我因此辭退了他。」

景公稱桓公之封管仲益晏子邑辭不受第二十四㊀

景公謂晏子曰：「昔吾先君桓公，予管仲狐與穀㊁其㊂縣十七，著之于帛，申之以策，通之諸侯，以為其子孫賞邑。寡人不足以辱而㊃先君，今為夫子賞邑，通之子孫㊄。」晏子辭曰：「昔聖王論功而賞賢，賢者得之，不肖者失之，御㈥德修禮，無有荒怠。今事君而免于罪者㈦，其子孫奚宜與焉？若為齊國大夫者必有賞邑，則齊君何以共其社稷與諸侯幣帛㈧？嬰請辭。」遂不受。

【今註】㈠本章要旨：景公稱桓公之封管仲，遂欲增封邑予晏子，傳之子孫，晏子則自以為不過事君而能免罪而已，不肯受。與內篇雜下「景公以晏子食不足致千金而晏子固不受」及「景公以晏子衣食弊薄使田無宇致封邑晏子辭」二章事旨類同。㈡狐與穀：狐、穀皆地名。㈢其：猶之也。㈣而：女也。㈤通之子孫：通，達也，經傳通達同訓。此謂下達之子孫。㈥御：進也。㈦免于罪者：自謂為僅免於罪之人。㈧共其社稷與諸侯幣帛：共，供也，經典或叚共為供。此言賞邑過多，則君以何物供社稷之祭用，交諸侯幣帛之所需也？

【今譯】景公告訴晏子說：「從前先君桓公，賜給管仲狐與穀之地十七縣，此事著之於帛書，申之於簡策，通告於諸侯，作為他子孫的賞邑，以傳之於子孫。寡人不能辱沒先君，今作為先生之賞邑，傳之於子孫。」晏子推辭說：「從前聖王有所封賞，都是論功而賞賢，使賢者得之，而不肖者失之，因此人人進德修禮，不敢荒怠。如今臣只是事君而僅能免罪罷了，並無大功，子孫那能接受賞賜呢？如果做了齊國大夫，必有賞邑，那麼君王用什麼來供奉社稷以及供給諸侯幣帛呢？臣嬰請求辭謝封賞！」終於在晏子堅持下，沒有接受。

景公使梁丘據致千金之裘晏子固辭不受第二十五㈠

景公賜晏子白狐之裘㈡，玄豹之茈㈢，其貲㈣千金，使梁丘據致之。晏子辭而不受，三反。公曰：「寡人有此二，將欲服之，今夫子不受，寡人不敢服。與其閉藏之，豈如弊之身乎？」晏子曰：「君就賜㈤，使嬰修百官之政，君服之上，而使嬰服之于下，不可以為教㈥。」固辭而不受。

【今註】㈠本章要旨：景公賜晏子白狐之裘、玄豹之茈，晏子固辭不受，恐導民於奢侈也。與內篇雜下「景公以晏子乘弊車駑馬使梁丘據遺之三返不受」章旨同而事略異。㈡白狐之裘：舊作狐之白裘，不倫。疑本作白狐之裘，與玄豹之茈儷文。㈢玄豹之茈：玄，各本避清諱作元，今改正。張云：「玄豹之茈不成文，茈疑冠之形誤。」㈣貲：價值也。㈤就賜：既賜也。言君既厚賜，又使嬰修百官之政，則政教一也，未能成教，何以修政？故下曰不可以為教。㈥不可以為教：言君服此裘於上，臣服此裘於下，恐奢侈之民，皆從而效之。故云不可為教。

【今譯】景公賜給晏子白狐之裘，黑豹之茈，價值千金，令梁丘據送到晏子家，往返三次，晏子辭謝不受，景公說：「寡人有這樣的東西各兩件，想穿一穿，戴一戴，如今先生不肯接受，寡人也就不敢穿戴了。與其藏著放著壞了，倒不如在身上穿壞還好些。」晏子說：「君王有厚賜，又使嬰統領百官之政，如果君王穿戴奢侈品於上，使臣穿戴奢侈品於下，又怎能教百姓勤儉呢？」於是固辭而不肯接受。

晏子衣鹿裘以朝景公嗟其貧晏子稱有飾第二十六㈠

晏子相景公，布衣鹿裘㈡以朝。公曰：「夫子之家，若此其貧也，是奚衣之惡也！寡人不知，是寡人之罪也。」晏子對曰：「嬰聞之，蓋顧人而後食者㈢，不以貪味為非㈣；顧人而後行者，不以邪僻為累㈤。嬰不肖，嬰之族又不如嬰也，待嬰以祀其先人者五百家，嬰又得布衣鹿裘而朝，于嬰不有飾乎㈥！」再拜而辭。

【今註】㈠本章要旨：晏子服布衣鹿裘朝見景公，景公以不知其貧自咎，晏子謂已勝於族人甚多。此與內篇雜下「晏子布衣棧車而朝陳桓子侍景公飲酒請浮之」及「景公睹晏子之食菲薄而嗟其貧晏子稱其有參士之食」二章旨同，而事辭略異。㈡鹿裘：亦謂麤裘。言鹿裘為麤裘者，蓋如前白狐之裘，毛細柔輕煖，故直昂；若鹿類者，則粗硬不煖，故直廉，為貧者所服，故遂言麤也。㈢顧人而後食者：顧，視察之也。舊「食」上衍「衣」字，今刪。㈣不以貪味為非：為非，為己之非。言己不有貪味之過非。㊄不以邪僻為累：言己不有邪僻之罪累。㊅于嬰不有飾乎：言方之族人，豈不已多繁采之增飾乎？

【今譯】晏子相景公，穿布衣鹿裘來朝見，景公說：「先生家這麼貧窮嗎？要不然怎麼穿得這麼差呢？寡人不知，真是寡人的罪過。」晏子回答說：「嬰聽說：先看看人家吃什麼，自己再吃時，就不會有貪圖美味的過失；看看人家做什麼，自己再做時，就不會有邪僻的罪累。嬰貧窮不肖，嬰的族人又不如嬰，待嬰之賙濟然後能祭祀先人的有五百家，嬰還能穿著布衣鹿裘上朝，就嬰而言，不是已相當豪華，頗有采飾了嗎？」於是再拜而退。

仲尼稱晏子行補三君而不有果君子也第二十七㊀

仲尼曰：「靈公汙，晏子事之以整齊；莊公壯，晏子事之以宣武；景公奢，晏子事之以恭儉：晏子㊁，君子也！相三君而善不通下，晏子細人㊂也。」晏子聞之，見仲尼曰：「嬰聞君子有譏於嬰，是以來見。如嬰者，豈能以道食人者哉！嬰之宗族待嬰而祀其先人者數百家，與齊國之簡士，待嬰而舉火者數百家，嬰為此仕者也。如臣者，豈能以道食人者哉！」晏子出，仲尼送之以賓客之禮，再拜其辱。反，命門弟子曰：「救民之姓而不夸㊃，行補三君而不有㊄，晏子果君子也。」

【今註】㊀本章要旨：仲尼謂晏子相三君而善教不能通於下，是細人也。晏子見仲尼，自言為宗族而仕，非能以道養人者。仲尼於是謂晏子救民之生而不誇其惠，行補三君而不有其功，是真正的君子之人。與內篇問下「晏子使魯魯君問何事回曲之君晏子對以庇族」章，及外篇第八「仲尼之齊見景公而不見晏子子貢致問」章旨同，而事辭異。㊁晏子：二字舊脫，從孫校據《孔叢子》補。㊂細人：小人也。㊃救民之姓而不夸：姓與生通。按：《白虎通》曰：姓者生也。夸通誇。㊄不有：不有其功。

【今譯】仲尼說：「齊靈公汚邪，晏子事之以整齊；莊公壯勇，晏子事之以君子之勇，宣揚了武德；景公奢侈，晏子事之以恭儉。前後相三君，而善教未能通達於百姓，像晏子這樣，只能叫細人罷了。」晏子聽說了這個批評，就去見仲尼說：「嬰聽說君子對嬰有所譏議，是以前來求見。像嬰這樣的人，那裏是能以道奉事人的呢？嬰的宗族，待嬰之賙濟然後才能祭祀先人的有數百家；而齊國之賢士，待嬰之賑救然後才能升火作飯的也有數百家，我晏嬰只不過是為此而仕罷了，那裏談得到以道事奉人呢？」晏子既出，仲尼用賓客之禮送他，再三拜謝他的辱臨。回來後告訴門下弟子說：「普救百姓的生命而不誇耀，行事補益三君而不居功，晏子真是一個君子啊！」

卷八　外篇不合經術者第八

凡十八章

仲尼見景公景公欲封之晏子以為不可第一㈠

仲尼之齊，見景公，景公說㈡之，欲封之以爾稽㈢，以告晏子。晏子對曰：「不可。彼浩裾自順㈣，不可以教下；好樂緩㈤于民，不可使親治；立命而怠㈥事，不可使㈦守職；厚葬破民㈧貧國，久喪循㈨哀費日，不可使子民㈩；行之難者在內，而儒者無其外⑪，故異于服，勉于容⑫，不可以道⑬眾而馴⑭百姓。自大賢之滅，周室之卑也，威儀加多，而民行滋薄⑮；聲樂繁充，而世德滋衰⑯。今孔丘盛聲樂以侈世⑰，飾弦歌⑱鼓舞以聚徒，繁登降之禮以示儀⑲，務趨翔⑳之節以觀眾，博學不可以儀世㉑，勞思不可以補民㉒，兼壽不能殫其教㉓，當年不能究其禮㉔，積財不能贍其樂㉕，繁飾邪術以營㉖世君，盛為聲樂以淫愚民㉗。

其道也，不可以示世；其教也，不可以導民㉘。今欲封之，以移㉙齊國之俗，非所以導眾存㉚民也。」公曰：「善。」于是厚其禮，留其封㉛，敬見㉜而不問其道，仲尼迺行。

【今註】㊀本章要旨：言仲尼見景公，景公欲分封采邑給仲尼，晏子以為不可。文中旨趣與《墨子・非儒》、《孔叢子・詰墨》同。㊁說：同悅字，作喜悅解。㊂爾稽：爾稽，《墨子》作尼谿。尼、爾，稽、谿，聲皆相近。㊃浩裾自順：浩裾，《墨子》作浩居；《史記》作倨傲。洪云：「浩裾，即傲倨假借字。」按浩傲古合韻同音。《漢書・趙禹傳》：「禹為人廉裾。」注：「裾亦傲也，讀與倨同。」自順，言自謂順天應命也。㊄緩：孫云：「今本緩作綏，非。鹽鐵論作『繁於樂而舒於民』，因舒知為緩字。」《墨子・非儒篇》作「好樂而淫人」。按舒，《爾雅・釋言》：「緩也。」與紓義同。㊅怠：舊譌「建」，今據孫說正。㊆不可使守職：使，字舊脫，從黃校據《墨子》補。言恐其不勤於職守也。㊇破民：謂破民之財。㊈循：舊譌「道」：孫云：「墨子作『宗喪循哀』，孔叢子引墨子作『崇喪遂哀』。」王念孫云：「案『道』當為『遁』，『遁』與『循』同。墨子非儒篇云『宗喪循哀，不可使慈民』，文義正與此同。」今從王說校正。⑩子民：孫云「墨子作慈民。子當讀為慈。」⑪行之難者在內而儒者無其外：內言內心，外言外形，兩字相對，按《禮記・禮器》：「禮之以多為貴者，以其外心者也。」注：「外心、用心於外，其德在表也。」平天下易，平自心難。《管子》有〈內業〉、〈心術〉、〈白心〉等篇，可為行難在內的證明。上文云「行之難者在內」，是晏子之意以儒者不務內而務外，故曰「而儒者無其外」，謂儒者徒規模其外耳。下文「異于服，勉于容」，以及「盛聲樂」，「飾弦歌鼓舞」，「繁登降」，「務趨翔」等，皆伸發儒者規模其外之實也。⑫異于服勉于容：謂異其服制，勉飾外容也。「異于服」者，如〈儒行〉所謂「衣逢掖之衣，冠章甫之冠」也。「勉于容」者，即〈儒行〉所謂「坐起恭敬。」⑬道：孫云：「道，墨子作導。」按經傳多段「道」為「導」。⑭馴：古訓字。按古順、馴、訓三字互段。⑮威儀加多而民行滋薄：乃重禮文，失禮義所致，故老子曰：「禮者，忠信之薄而亂之首。」⑯聲樂繁充而世德滋衰：《墨子・三辯篇》曰：「其樂逾繁者，其治逾寡。」⑰盛聲樂以侈世：孫云：「墨子作盛容修飾以蠱世。」⑱飾弦歌：《墨子》無「飾」字。弦指琴瑟。弦歌，樂歌以琴瑟和者。弦，俗別作絃。⑲以示儀：三字舊脫，今據《墨子》補。⑳務趨翔：「務」字舊脫，據《墨子》補。趨翔，趨蹌。謂趨行張拱如鳥之舒翼，以喻步趨之莊敬也。《呂覽・尊師篇》「疾趨翔」，畢沅曰：「『翔』與『蹌』同。」㉑博學不可以儀世：言孔子博學而不可為法於世。㉒勞思不可以補民：言勞神苦思無裨益於民。㉓兼壽不能殫其教：兼壽，謂倍其壽命。不能殫其教，譏孔子博而寡要。㉔當年不能究其禮：孫詒讓注《墨子》云：「當年，壯年也。」此句言禮文繁縟，年雖丁壯，不能究盡。按《漢書・司馬遷傳》：「六藝經傳以千萬數，累世不能通其學，當年不能究其禮。」語同。㉕積財不能贍其樂：言積財不足以供樂舞之費。㉖營：惑也。㉗以淫愚民：張云：「『民』上舊衍『其』字，據墨子刪。此與上句『繁飾邪術以營世君』文同一例。」淫，惑亂也。㉘其教也不可以導民：張云：「墨子無『也』字。鹽鐵論論誹篇：晏子有言，儒者筆於言而寡於實，繁於樂而舒於民，久喪以害生，厚葬以傷業，禮煩而難行，道迂而難遵。」大旨與此義同。㉙移：疑同「侈」，與上語「侈世」義同。蓋統上所指斥者，於情於時於財於禮，無非一侈字。侈言反儉，《韓非子・解老》：「多費為之侈。」齊俗本儉，此言侈齊國之俗，故下言「非所以導眾存民」。㉚存：存養，《孟子・盡心》：「存其心，養其性。」㉛封：《說文》：「封，爵諸侯之土也，从土从寸，寸守其制度也。」王者建諸侯與以土地而立國曰封。㉜敬見：亟見也。《爾雅・釋詁》云：「亟，疾也。」《釋文》字又作「苟」，此作敬，即「苟」字增多耳。

【今譯】仲尼到齊國，見景公後，景公非常高興，想以爾稽之地封仲尼，於是將此事告訴晏子。晏子回答說：「不可。此人態度倨傲而自謂順天應命，未能力行實踐，故不足以教化百姓；喜好音樂而緩於民事，故不可以治理國政；順應天命而怠於實務，恐怕不勤於職守；厚葬、破民之財使國家貧窮，久喪、哀痛則曠日費時，無法慈愛百姓；大凡行事難在內心，而儒者不務內卻務外，故異其服制，勉飾外容，不足以教導萬民而使百姓順服。自從聖賢相繼謝世後，周朝宗室日漸卑弱，禮文增多而威儀卻失，使人民品德日益澆薄；音樂漸繁，處處可聞，而社會人情風俗漸漸敗壞。現在孔丘盛容修飾以蠱亂世風，憙音沈湎且來糾合徒眾，規定登降之禮以教示百姓，要求趨行之節，使人見其莊敬。學問廣博卻不可以為世人法則，辛勤苦思卻無裨益於民眾，即令壽命加倍，也因其學博寡要，無法盡其教化；雖是壯年，也因其禮文繁縟，而不能窮其究竟，積財不足以供樂舞之費；繁飾邪術，以惑亂時君世主，盡情聲樂，以惑亂人民。他的道術，不可以垂世，他的教化，不可以導民。現在竟想封地給他，齊俗本儉，現在他侈性而失儉，如此，實在不能以之導眾養民啊！」景公說：「言之有理」，於是送仲尼厚禮，卻保留了封地，匆匆接見仲尼，也不向他垂詢治平的大道。仲尼知道不行，乃離開齊國。

景公上路寢聞哭聲問梁丘據晏子對第二㈠

景公上路寢㈡，聞哭聲。曰：「吾若㈢聞哭聲，何為者也？」梁丘據對曰：「魯孔丘之徒鞫語者也㈣。明于禮樂，審于服喪，其母死，葬埋甚厚㈤，服喪三年，哭泣甚疾㈥。」公曰：「豈不可哉！」而色說之㈦。晏子曰：「古者聖人，非不能㈧繁登降之禮，制規矩之節㈨，行表綴㈩之數以教民，以為煩人留日⑪，故制禮不羨于便事⑫；非不能揚干戚鐘鼓竽瑟⑬以勸眾也，以為費財留⑭工，故制樂不羨于和民⑮；非不能累世殫國⑯以奉死，哭泣處哀以持久也，而不為者，知其無補死者而深害生者⑰，故不以導民。今品人飾禮煩事⑱，羨樂淫民⑲，崇死以害生，三者，聖王之所禁也。賢人不用，德毀俗流⑳，故三邪㉑得行於世。是非賢不肖雜㉒，上妄說邪㉓，故好惡不足以導眾㉔。此三者，路㉕世之政，單㉖事之教也，公曷為不察，聲受而色說之㉗？」

【今註】 ①本章要旨：言景公要上路寢，聽見哭聲，而有喜悅的表情，晏子以為上妄悅邪，不足以導眾。②路寢：天子正寢。《禮記・玉藻》：「君日出而視之，退適路寢聽政。」《公羊傳》莊公三十二年：「路寢者何？正寢也。」③若：疑似之詞。④鞫語：鞫從原刻，孫本作「鞠」。孫云：「姓鞠名語，疑即皋魚。『皋魚』聲相近。」⑤葬埋甚厚：孫云：「埋當作薶。俗从土。」按《易・繫辭》：「古之葬者厚衣之以薪。」故葬从茻，薶从艸。⑥疾：痛也。⑦而色說之：公喜其哭甚疾，故面現喜悅之色。而，乃也。⑧非不能：「能」上舊衍「知」字，今據上下文義刪。⑨規矩之節：即《禮記・玉藻》所謂「周旋中規，折還中矩」也。⑩表綴：儀度也。⑪煩人留日：言所以不為之故。劉師培校補云：「淮南齊俗訓云：『古者非不知繁升降槃還之禮也，蹀采齊肆夏之容也，以為曠日煩民而無所用，故制禮足以佐實喻意而已矣。』即本此文。『曠日』，即『留日』也。」留，滯也。⑫制禮不羨于便事：言制禮便事而已。不羨，猶不過也。⑬干戚鐘鼓竽瑟：統言聲樂歌舞。

⑭留：稽遲也。⑮制樂不羨于和民：言制樂僅止於和民也。⑯累世殫國：累，累損也，凡事相因致損曰累。字本作絫，今從隸改作累。殫，盡也，殫國，謂盡國家之財。⑰而深害生者以上三句：言處哀持久，則毀胔滅性而過禮矣。⑱品人飾禮煩事：品，眾庶也。人，常人也，與民別。飾，言矯飾外貌。⑲淫民：謂惑亂民心。⑳賢人不用德毀俗流：言用眾庶不任賢者，遂使儉德毀而侈俗行矣。㉑三邪：指飾禮、羨樂、崇死也。㉒是非賢不肖雜：言賢不肖雜，故是非不辨。問上三十章曰：「為政何患，患善惡之不分。」與此義同。㉓上妄說邪：說音悅，喜悅。謂國君妄悅邪道。㉔不足以導眾：以好惡失其正故。㉕路：路為露叚。露，羸也、敗也；羸，瘠也、弱也。㉖單：王引之云：「作『單』者，是也。『單』讀為『癉』，爾雅：『癉，病也。』字或作『癉』，大雅板篇：『下民卒癉』，毛傳曰：『癉，病也。』『路』與『單』義相近，方言：『露，敗也。』『路』、『露』古字通。言此三者以之為政，則世必敗；以之為教，則事必病也。孫以『路』為『道路』，失之。」㉗聲受而色說之：言聞聲而色喜也。

【今譯】景公要到路寢，聽見哭聲。就說：「我好像聽到有人在哭，是怎麼一回事呢？」梁丘據回答說：「是魯國孔丘的弟子鞫語。此人明白禮樂，審慎服喪，他的母親去世，豐厚埋葬，並服喪三年，哭泣很悲慟。」景公說：「這難道不好嗎！」因喜鞫語之悲泣，而面現喜悅的表情。晏子道：「古之聖人，並非不能登階拾級，依次行禮，特制訂規矩儀節，作為行事的儀表，以教化百姓，只因怕煩民費時，故制禮以方便做事，而不求太過；並非不能揚聲樂歌舞以勸導眾民，只因怕浪費財貨，稽遲人力，因此制樂僅止於和民，以免太過而惑亂人心；並非不能累損歷代所積，盡耗國家財富以供奉死者，只怕悲哀過久以至毀齒滅性，其所以不為的原因，是知道這一切於死者無補，卻又深害生者，故不以此教導人民。現在的導民者，識見如常人，矯飾外貌，行事煩擾，憙音湛湎，惑亂民心，崇奉死者以至傷害生者，這三件事是聖王所禁止的。賢人不見用，遂使儉德毀而侈俗行，故飾禮、羨樂、崇死三者得行於世。賢與不肖雜處，使是非不辨，君上妄悅邪道，故好惡失其正，不足以導眾，用此三者為政，則世必敗；以之為教，則事必病。公為何不詳加明察，就聞聲而色喜呢？」

仲尼見景公曰先生奚不見寡人宰乎第三㈠

仲尼游㈡齊，見景公。景公曰：「先生奚不見寡人宰乎㈢？」仲尼對曰：「臣聞晏子事三君而得順焉，是有三心，所以不見也。」仲尼出，景公以其言告晏子，晏子對曰：「不然！非嬰為三心㈣，三君為一心故，三君皆欲其國家之安㈤，是以嬰得順也㈥。嬰聞之，是而非之，非而是之，猶非也㈦，孔丘必據處此一心矣㈧。」

【今註】㊀本章要旨：言仲尼見景公，景公問仲尼何不見寡人之宰臣晏嬰乎。此與下章，問下二十九章、外上十九章，旨同。㊁游：俗作遊。㊂先生奚不見寡人宰乎：孫云：「孔叢子引墨子作『先生奚不見晏子乎？』」㊃非嬰為三心：「非」字舊脫，王云：「案『嬰』上當有『非』字，言嬰所以事三君而得順者，非嬰為三心，乃三君為一心故也。上篇曰：『嬰之心，非三心也』，是其證。今本脫『非』字，則義不可通。」今從王校補。㊄三君皆欲其國家之安：言「欲其國家之安」是三君相同處。㊅嬰得順也：三君雖行不同，而欲國安之心則一，故得順；不然將順此逆彼矣。㊆猶非也：猶，同也。陶鴻慶云：「『猶非』之『非』，當為誹謗也。」㊇孔丘必處此一心矣：張云：「此文疑本作『孔丘必處一於此矣』。言以是為非，或以非為是。皆非真也；孔丘必處一於此矣。今本『此』上脫『于』字，衍『據』字『心』字，『一』又倒著『此』下，義不可通。」

【今譯】仲尼游說諸侯，至齊國，見景公。景公說：「先生何不見寡人之宰呢？」仲尼回答說：「臣聽說晏子嘗事三君，皆能順命；三君應有三心，而晏子必非一心以事君，可知他不忠，所以不想見他。」仲尼走後，景公以其所言告訴晏子，晏子回答道：「不是如此！並非嬰有三心，而是三君一心之故，三位國君都想求國家安定，因此嬰得以順利相處。嬰聽說：君是則己非，君非則己是，故意不順君意，如同誹謗國君。我相信孔丘必是故意不順君命，以博取一心事君的忠名啊！」

仲尼之齊見景公而不見晏子子貢致問第四㊀

仲尼之齊，見景公而不見晏子。子貢曰：「見君而不見其從政者，可乎？」仲尼曰：「吾聞晏子事三君而順焉，吾疑其為人。」晏子聞之，曰：「嬰則齊之世民也㊁，不維其行㊂，不識其過㊃，不能自立也。嬰聞之，有幸見愛，無幸見惡㊄，誹譽為類㊅，聲響相應㊆，見行而從之者也㊇。嬰聞之，以一心事三君者，所以順焉㊈；以三心事一君者，不順焉㊉。今未見嬰之行，而非其順也⑪。嬰聞之，君子獨立不慚于影⑫，獨寢不慚于魂⑬。孔子拔樹削跡⑭，不自以為辱；身窮陳蔡⑮，不自以為約⑯；非人不得其故⑰，是猶澤人之非斤斧⑱，山人之非網罟也。出之其口⑲，不知其困也⑳，始吾望儒而貴之，今吾望儒而疑之。」仲尼聞之，曰：「語有之：言發于爾㉑，不可止于遠㉒也；行存乎身，不可掩于眾㉓也。吾竊議㉔晏子，而不中夫人㉕之過，吾罪幾㉖矣！丘聞君子過人以為友㉗，不及人以為師，今丘失言于夫子㉘，夫子譏之㉙，是吾師也。」因宰我而謝焉㉚，然後㉛仲尼見之。

【今註】㊀本章要旨：言仲尼到齊國，見景公不見晏子，子貢問其原因。此與本篇第三章章旨相同而詞有詳略。《孔叢子・詰墨篇》引此文。㊁嬰則齊之世民也：嬰世為大夫，今自稱世為齊民，謙詞。㊂不維其行：言不能維持其正行而常之。㊃不識其過：言不自識其過失而改之。㊄有幸見愛無幸見惡：意指非可愛而愛，不當惡而惡。㊅誹譽為類：言誹以明惡，譽以明美，皆以類相從，非若愛惡之無憑。按愛惡生於心，誹譽出於口。㊆聲響相應：如響應聲也。㊇見行而從之者也：此謂誹譽從行。如響應聲。㊈所以順焉：言三君雖行不同，而欲國安之心則一，今順其一，故可以一心而順三君。㊉不順焉：言三心不但不能順三君，即事一君亦不可順。⑪非其順也：「也」同「邪」。言今未見嬰所以順之實，輒譏嬰以順之名邪？「非」通「誹」，毀也，咎也。晏子蓋疑孔子有意、必之心，故云焉。⑫獨立不慚于影：孫云：「影當為景。」獨立者，言旁側無人也。⑬獨寢不慚于魂：是謂不欺暗室，不媿屋漏。即〈中庸〉「君子慎其獨也」之意。⑭拔樹削跡：《史記・孔子世家》：「孔子與弟子習禮大樹下，宋司馬桓魋欲殺孔子，拔大樹，孔子去。」⑮身窮陳蔡：身字舊脫，據《孔叢子・詰墨篇》補。窮，指絕糧七日言。⑯約：貧也，《論語・里仁》：「不可以久處約。」按以上四句為譏諷之辭，故下第六章曰：「無主於齊，孔子困矣」。又「景公不納，故困於陳蔡之間。」⑰非人不得其故：非同誹毀也。故，故實。言譏人不了知其所以然。⑱澤人之非斤斧以下二句：澤人善網罟，山人善斤斧；此言各善其所善，而誹他人之所善。⑲出之其口：謂率爾鼓舌意。⑳不知其困也：言不知實行者之困難。此言出口無困，困者，實言出口，而虛指於行。㉑爾：孫云：「『邇』同。」㉒不可止于遠：與《論語・顏淵篇》：「駟不及舌」意同。㉓不可掩于眾：《墨子・修身篇》曰：「君子以身戴行者也」。《禮記・大學》曰：「十目所視，十手所指，其嚴乎？」與此句意同。㉔竊議：私議也。㉕不中夫人：中，音ㄓㄨㄥˋ。不中，不適當。夫人，彼人，指晏子。㉖幾：近也。吾罪幾矣，謂吾不免於罪意。㉗君子過人以為友以下二句：言德過人則友其人，不及人則師其人。㉘夫子：指晏子。㉙夫子譏之：「夫子」二字舊不重。今據王校補。《荀子・脩身篇》：「非我而當者吾師也。」意同。㉚因宰我而謝焉：宰我，言語之科。謝，認過也。㉛然後：「然」下舊無「後」字，據上下文義補。

【今譯】仲尼到齊國，見景公後而不願見晏子。子貢問：「會見國君而不見他參與政事的幕僚，可以嗎？」仲尼說：「我嘗聽說晏子事三君而順命，我懷疑他的為人。」晏子聽到這番批評他的話，就說：「嬰在齊國世為大夫，不檢束其正行，不自識其過失，就不能自立。嬰聽說：吾人往往非可愛而愛，不當惡而惡，愛惡生於心，毫無憑據，至於誹惡、譽美，以類相從，出之於口，如響之應聲，則是見其行為而加以誹譽的。嬰聽說：以一心事三君，三君雖不相同，而欲國家安定之心則一，今順其一，就可以一心而順三君；若有三心，不但不能順三君，即使事一君亦不能順命。現在卻有人未見嬰所以順之之實，就譏毀嬰以順之之名。嬰聽說：君子為人，即使旁側無人，也不欺暗室，不媿屋漏。孔子與弟子習禮於大樹下，宋司馬桓魋欲殺孔子，拔大樹，孔子去，不自以為辱；在陳蔡絕糧，七日不食，不自以為貧；現在卻未得真象，即詆毀別人，就好比澤人善網罟，山人善斤斧，此各善其所善，而誹他人之所善。率爾鼓舌，不知實行者的困難。起初我看到儒者就尊敬他，現在我看到儒者卻對他們產生懷疑了。」仲尼聽了晏子的話，說道：「常言道：言發於口，不能追回；立身行事，不能掩眾人耳目。吾私下議論晏子，而以不適當言詞，批評他的過失，吾不免於罪了！丘聽說：德過人者則友其人，不及人者則師其人。現在丘失言於晏子，晏子譏評我，就是我的老師了。」因派宰我先去謝罪，然後仲尼再去晉見晏子。

景公出田顧問晏子若人之眾有孔子乎第五㈠

景公出田，寒故以為渾㈡，猶顧而問晏子曰：「若㈢人之眾，則有孔子焉乎？」晏子對曰：「有孔子焉㈣；則無有若舜焉，則嬰不知。」公曰：「孔子之不逮舜為閒㈤矣，曷為『有孔子焉；則無有若舜焉，則子不識』㈥？」晏子對曰：「是迺孔子之所以不逮舜㈦。孔子行一節者也㈧，處民之中，其過之識㈨；況處君子之中乎㈩！舜者，處民之中，則自齊乎士；處君子之中，則齊乎君子；上與聖人㈡，則固聖人之林也㈢。此迺孔子之所以不逮舜也。」

【今註】㈠本章要旨：言景公出城狩獵，問晏子，人如此眾多，其中有像孔子一樣的人嗎？晏子對以有。㈡渾：孫云：「此溫字假音。」按溫、渾古同音。㈢若：猶此也。㈣有孔子焉以下三句：有孔子焉，為肯定語氣，下句「則」字猶乃也，若，如也，總此三句，意謂誠有孔子，乃無有如舜者，則嬰不知其有無也。㈤不逮舜為閒：逮，及也。閒，間矩，間隔。㈥曷為有孔子焉則無有若舜焉則子不識：末句「子」字舊作「嬰」。上文「則嬰不知」係晏子自謂，此則景公複述晏子語以發問，故不能稱嬰，而以第二身「子」字代稱。作「嬰」，蓋涉上文誤也。今依上下文義正。㈦是迺孔子之所以不逮舜：意蓋自外觀之，相去無遠，正以明舜之不可逮也。故下文曰：「舜者處民之中，則自齊乎士；處君子之中，則齊乎君子；上與聖人，則固聖人之林也。」此迺孔子之所以不逮舜也。㈧孔子行一節者也：言孔子只能行舜之一節。凡事之一端曰一節。㈨其過之識：之，猶是也。過，謂過失也，言處眾人之中，猶能察見其過失。㈩況處君子之中乎：舊作「況乎處君子之中乎」，茲據王說正。㈡上與聖人：言上與聖人處。㈢林：孫云：「林，一本作材。」

【今譯】景公出城狩獵，天本來寒冷，他以為溫暖，還顧左右而問晏子：「人如此眾多，其中有如孔子品德言行一樣的人嗎？」晏子回答說：「有和孔子一樣的；至於有沒有像舜一樣的人，嬰就不知道了。」景公道：「孔子、虞舜相去不遠，為何你卻說：『有和孔子一樣的；至於有沒有像舜一樣的人，你就不知道呢？』」晏子回答說：「自外觀之，相去不遠，此乃孔子之所以不及舜也。孔子只能行舜之一端，處眾人之中，猶能察見其過失；何況處君子之中呢！至於舜，處於眾人之中，則可上與士等齊；與君子相處，則能與君子一樣；再上與聖人相處，乃躋於聖人之林。此即孔子之所以不及舜也。」

仲尼相魯景公患之晏子對以勿憂第六㈠

仲尼相魯㈡，景公患之，謂晏子曰：「鄰國有聖人，敵國之憂也。今孔子相魯若何？」晏子對曰：「君其勿憂。彼魯君，弱主也；孔子，聖相也。君不如陰㈢重孔子，設以相齊㈣，孔子彊諫而不聽，必驕魯而有齊㈤，君勿納也。夫絕于魯，無主㈥于齊，孔子困矣。」居期年㈦，孔子去魯之齊，景公不納，故困于陳蔡之間。

【今註】㈠本章要旨：言仲尼相魯，景公引以為憂，晏子對以不必憂懼。㈡仲尼相魯：據《史記・齊世家》，晏子先景公卒十年，當景公四十八年，即魯定公十年。據〈孔子世家〉，定公十四年孔子相魯，時晏子已卒。據〈十二諸侯年表〉，齊歸魯女樂，在定公十二年，亦晏子卒後事。此文似不足信。㈢陰：隱也。㈣設以相齊：設，虛擬也，猶言擬度也。設以相齊，蓋陰謀也。㈤驕魯而有齊：驕魯，謂恃有齊國之隱，而驕倨於魯。有，通友，親也。㈥主：憑依也。㈦期年：期，音ㄐㄧ，假作朞。一周年也。

【今譯】仲尼相魯，景公十分躭憂，對晏子說：「聖人為敵國之憂。現在孔子相魯，我們當如何因應？」晏子回答說：「君勿憂懼。魯君是弱主，孔子是聖相。吾君不如隱重孔子，假設其相齊，孔子強諫魯君而不聽，必會驕倨於魯而親近齊國，此時，則吾君不要接納他。他既絕之於魯，齊國又無依憑，此時孔子必然困頓無所作為矣。」孔子為相滿一年，去魯至齊，景公不接納，於是困於陳蔡之間。

景公問有臣有兄弟而彊足恃乎晏子對不足恃第七㈠

景公問晏子曰：「有臣而彊㈡，足恃乎？」晏子對曰：「不足恃。」「有兄弟而彊㈢，足恃乎？」晏子對曰：「不足恃。」公忿然作色曰：「吾今有恃乎？」晏子對曰：「有臣而彊，無甚如湯㈣；有兄弟而彊，無甚如桀㈤，湯有，弒其君㈥；桀有，亡其兄㈦，豈以人為足恃，可以無亡也㈧？」

【今註】㈠本章要旨：言景公問有臣有兄弟而彊，足可仗恃嗎？晏子答以不足恃。㈡有臣而彊：言有彊臣也。㈢有兄弟而彊：有彊兄弟也。㈣有臣而彊無甚如湯：言湯有如臣伊尹、仲虺、女鳩、女房、義伯、仲伯，（見《史記・殷本紀》）可謂彊矣。㈤有兄弟而彊無甚如桀：今已無考。㈥湯有弒其君：弒，以臣殺君曰弒。此言湯雖有臣而彊，故伐桀，而桀亦有兄弟而彊，則孤立以亡。㈦桀有亡其兄：張云：「二句義不可曉。」㈧可以無亡也：也同邪。二語言即有良輔，而善不從，諫不納，又有何用？故若湯而非湯，即有彊臣，亦未能逐桀；桀而非桀，即無彊兄弟，而百姓不棄，亦未必輒亡也。

【今譯】景公問晏子：「有彊臣，可以依靠嗎？」晏子回答說：「不足依靠。」「有彊兄弟，可以仗恃嗎？」晏子回答說：「不足仗恃。」景公生氣的說：「吾現在有依靠嗎？」晏子答道：「自古以來，有彊臣者，莫過於湯；有彊兄弟者，莫過於桀。湯有彊臣而伐桀；桀有彊兄弟，卻孤立以亡。君國者興亡由己，不可他恃，如易湯為桀，亦未必能滅桀而有天下；易桀為湯，亦不至失其兄弟，孤立以亡。由此觀之，那有專門依靠他人，可以不亡國的道理呢？」

景公遊牛山少樂請晏子一願第八㈠

景公遊于牛山，少樂㈡，公曰：「請㈢晏子一願。」晏子對曰：「不㈣，嬰何願？」公曰：「晏子一願㈤。」對曰：「臣願有君而見畏㈥，有妻而見歸㈦，有子而可遺㈧。」公曰：「善乎！晏子之願也㈨；載一願㈩。」晏子對曰：「臣願有君則明，有妻而材⑪，家不貧，有良鄰。有君而明，日順嬰之行⑫；有妻而材，則使嬰不忘⑬；家不貧，則不慍朋友所識⑭；有良鄰⑮，則日見君子⑯：嬰之願也。」公曰：「善乎！晏子之願也；載一願⑰。」晏子對曰：「臣願有君而可輔⑱，有妻而可去⑲，有子而可怒⑳。」

公曰：「善乎！晏子之願也㉑。」

【今註】㈠本章要旨：言景公出遊牛山，玩了一會兒後，就請晏子一訴己願。㈡樂：音ㄌㄜˋ。㈢請：問也，猶言請問。㈣不：孫云：「不，讀如否。」㈤晏子一願：景公再次曰「晏子一願」者，乃強請之。㈥願有君而見畏：畏，敬也。願有君見之而生敬畏。㈦歸：終也。《易・繫辭》：「天下同歸而殊塗。」義同。㈧有子而可遺：張云：「燕翼貽謀」之意。㈨也：舊脫，從蘇校補，與下文同一例。㈩載一願：于省吾云：「按『載』應讀作『再』，上云『請晏子一願』，此景公又請晏子之一願，故云再一願。孟子滕文公『自葛載』，注：『載，一說當作再字』，詩小戎『載，寢載興』，文選曹植應詔詩引作『再寢再興』，是其證也。」⑪材：通才，指質性之美。⑫日順嬰之行：謂使嬰得日順己之所行，而無逆亂也。⑬不忘：謂得妻才之助，使不自忘其稟受。⑭家不貧以下二句：言家不貧，則可周濟所識之朋友，使無慍怒。⑮良鄰：即《論語・里仁篇》曰：「里仁為美」之意。⑯日見君子：《文選・陸雲答張然詩》注引：「願有良鄰，則見君子也。」⑰載一願：三字舊脫，今從劉校補。蓋公有斯問，晏子乃更以所願對也。⑱願有君而可輔：言願有明君可以輔相也。⑲有妻而可去：去，驅也。謂有妻可供驅使也。⑳有子而可怒：怒即努字，古無努字，以怒為努。努，勉也。蓋晏子所答，自以先者有君而可畏，有妻而可終，有子而可貽謀，於願已奢，因退而求其次曰有君而明，有妻而才；家不貧，有良鄰；既又求其尤次，曰有君而可輔，有妻而可使，有子而可教勉；殆所以蓄意諷刺也。㊂晏子之願也：元刻注云：「此章載晏子之願如此，無以垂訓，故著於此篇。」

【今譯】景公遊於牛山，玩了一會兒，就說：「請晏子說說自己的心願。」晏子回答道：「不！嬰有什麼願望呢？」公再次要求說：「晏子說說你的心願。」嬰才回答說：「臣願有君而可畏，有妻而可終，有子而可貽謀。」景公說：「好啊！這是晏子的願望；再進一步談談你其他的心願。」晏子回答說：「臣願有明達之君，有質美之妻，家不貧困，有好鄰居。有明君，不加掣肘，使嬰得日順己之所行而無逆亂；有妻而賢，得其才華之助，使不自忘所稟受；家不貧，可周濟認識的朋友，使他們無慍怒之色；有好鄰居，則每天與君子接觸。這是嬰的願望。」景公說：「晏子的願望真好啊！再請說說你另外的心願。」晏子回答道：「臣願有可輔弼之君，有可役使之妻，有可教勉之子。」景公說：「太好了！晏子的心願啊！」

景公為大鐘晏子與仲尼柏常騫知將毀第九㊀

景公為大鐘㊁，將縣㊂之。晏子、仲尼、柏常騫三人朝，俱曰㊃：「鐘將毀。」衝之㊄，果毀。公召三子者㊅而問之。晏子對曰：「鐘大，不祀先君而以燕，非禮；是以曰鐘將毀㈦。」仲尼曰：「鐘大而懸下，衝之，其氣下回而上薄㈧，是以曰鐘將毀㈨。」柏常騫曰：「今庚申㈩，雷日也，音⑪莫勝于雷，是以曰鐘將毀也⑫。」

【今註】㈠本章要旨：言景公命人鑄大鐘，晏子與仲尼、柏常騫預知鐘將毀。此與本書諫下十二章：「景公為泰呂成將以燕饗晏子諫」事旨相同，而事尤近怪。㈡大鐘：當即大呂。《呂氏春秋・侈樂》曰：「齊之衰也，作為大呂。」《史記・樂毅列傳》索隱：大呂，齊鐘名，即景公所鑄。㈢縣：懸之本字。㈣俱曰：《初學記》十六、御覽五百七十五引俱作「仲尼、柏常騫、晏子三人」，晏子在柏常騫下。《初學記》作「俱來朝，皆曰」，御覽作「俱朝，曰」。㈤衝之：孫云：「『衝』，讀如『撞』。初學記作『撞』。」㈥三子者：「者」字疑衍，御覽引作「公見三子問之」；無者字可證。㈦是以曰鐘將毀：《初學記》作「鐘大非禮，是以曰將毀」。御覽、《合璧事類・外集》十三作「不以禮，故曰」。㈧薄：迫也。㈨是以曰鐘將毀：《初學記》作「鐘懸下，其氣不得上薄，是以曰將毀」。御覽作「鐘大懸下，氣上薄，故曰將毀」。此就物理言之。㈩今庚申：《初學記》、御覽「今」下有「日」字。⑪音：《初學記》、御覽並作「陰」。⑫是以曰鐘將毀也：初學記、御覽句末皆無「也」字。此陰陽家言，殊不足信。

【今譯】景公命人鑄了一口大鐘，準備掛起來。晏子、仲尼、柏常騫三人剛好來朝見，看了都說：「此鐘將會毀壞。」撞它，果然壞掉了。景公於是召三人來問，何以預知其將毀？晏子回答說：「鐘大，祀先君以禮，現不以禮祀先君，而以其燕饗之用，這是不合禮的；所以我說鐘將會壞掉。」仲尼說：「鐘大卻懸掛在下面，一旦撞擊，氣就下回而上迫，則理不達，義不通，所以我說鐘將毀。」柏常騫說：「今天是庚申日，亦即雷日，在陰陽家看來，陰莫勝于雷，所以我預知此鐘將會毀壞。」

田無宇非晏子有老妻晏子對以去老謂之亂第十㊀

田無宇見晏子獨立于閨內，有婦人出于室者，髮班㊁白，衣緇㊂布之衣而無裏裘。田無宇譏之曰：「出于室何為者也㊃？」晏子曰：「嬰之家也㊄。」無宇曰：「位為中卿㊅，食田七十萬㊆，何以老妻為㊇？」對曰：「嬰聞之，去老者，謂之亂；納少者，謂之淫。且夫見色而忘義，處富貴而失倫，謂之逆道。嬰可以有淫亂之行，不顧于倫，逆古之道乎？」

【今註】㊀本章要旨：言田無宇譏誹晏子家有老妻，晏子告訴他：嫌妻已老，休掉她，謂之敗壞綱紀。此與下章事異而旨同，又與雜下二十四章「景公以晏子妻老欲納女」，旨同而事異，《韓詩外傳》九錄此，而略有更易。㈡班：同斑。㈢緇：古作紂。《說文》：「帛黑色也。」㈣何為者也：何為舊倒。王云：「當作『何為者也』，言此出于室者，何等人也？今本作『為何者也』，則文不成義，韓詩外傳正作『何為者也』。」今據王校改。按田氏此語，蓋佯為不知以示其譏。㈤家：夫謂婦曰「家」。齊魯俗稱其妻曰「家的」，於今猶然。㈥中卿：古卿分上中下三等。㈦食田七十萬：謂食邑田稅所入，歲可七十萬。按「食」字舊脫，據《韓詩外傳》補。㈧何以老妻為：即何為用老妻也。

【今譯】田無宇見晏子一人在內室，有一婦人從屋內出來，頭髮斑白，穿緇布之衣而無裏衣。田無宇佯為不知，用譏刺的口吻說：「從室內出來的人是誰啊？」晏子說：「是我家的。」無宇說：「位為中卿，食邑田稅所入，歲可七十萬，為何用老妻呢？」晏子於是對他說：「嬰聽說：休掉年老的妻子叫做亂；納娶年少的美妾叫做淫。況且見美色而忘義，處富貴而失倫常的，叫做逆道。嬰可以做淫亂的行為，不顧倫常，悖逆古道之事嗎？」

工女欲入身于晏子晏子辭不受第十一㈠

有工女託晏子之家者㈡，曰：「婢妾，東郭之野人也㈢。願得入身，比㈣數于下陳焉。」晏子曰：「乃今而後㈤自知吾不肖也！古之為政者，士農工商異居，男女有別而不通；故士無邪行，女無淫事。今僕託國主民㈥，而女欲犇㈦僕，僕必色見而行無廉㈧也。」遂不見㈨。

【今註】㈠本章要旨：言工女欲以身託付晏子，晏子辭而不受。此章與本書諫下二章「犯傷槐之令者女求入晏子家」，事同而辭略。㈡者：張云：「『者』上舊衍『焉』字，據太平御覽四百二十六引刪。」㈢婢妾東郭之野人也：孫云：「『婢妾』，御覽作『婢子』。『東廓』，今本作『在廓』，據御覽引作『東郭』，『廓』俗字。」㈣比：列從也。㈤乃今而後：乃今，舊作「今日」。王云：「『日』字後人所加，凡書傳中言『乃今而後』者，加一『日』則累于詞矣。御覽人事部六十七引此無『日』字。」茲據王說刪。㈥託國主民：謂託身於國而主民事。㈦犇：或謂古奔字，《說文》無其字。嫁娶不由媒氏曰奔。㈧色見而行無廉：見，音現，謂僕必好色之心外現，而行有不廉，故女來奔。㈨遂不見：謂不肯復見。

【今譯】有工女欲託身於晏子家，說：「婢妾，乃東郭之野人。願能入身，列從為妾。」晏子說：「我現在方知已之不肖！古代為政者，士農工商，四民異居，男女有別，而不互通往來；所以讀書人無邪行，女子無淫事。現在我託身國家，掌理民事，竟有女子欲投身於我，必是我好色之心外現，而行為有傷廉苟且之處，才使女子想做我的妾。」於是拒而不見。

景公欲誅羽人晏子以為法不宜殺第十二㈠

景公蓋姣㈡，有羽人視景公僭者㈢。公謂左右曰：「問之，何視寡人之僭也？」羽人對曰：「言亦死，而不言亦死。竊姣公也。」公曰：「合色寡人也㈣？殺之！」晏子不時而入見㈤，曰：「蓋聞君有所怒羽人。」公曰：「然，色寡人，故將殺之。」晏子對曰：「嬰聞拒欲不道㈥，惡愛不祥㈦，雖使色君，于法不宜殺也。」公曰：「惡㈧！然乎？若使㈨沐浴，寡人將使抱背㈩。」

【今註】㈠本章要旨：言景公欲殺羽人，晏子以為依法不應殺他。元刻注曰：「此章不典，無以垂訓，故著于此篇」。㈡姣：好也。《說文》段注：「姣謂容體壯大之好也。」㈢有羽人視景公僭者：孫云：「周禮：羽人、下士二人，屬地官司徒。『僭』，謂不敬也。」《穀梁傳》隱公五年：始潛樂矣，注。下犯上謂之僭。按此謂貪視公姣，不覺失色失守，有犯上之嫌。㊃合色寡人也：也同邪。合，應當也，如言合應，理合是。色，動詞，謂稱其色美也。按舊習稱人美，寓輕賤之意，非以尊人；況可稱君美乎？㊄晏子不時而入見：謂入見不以時也。㊅拒欲不道：欲，願也。此謂拒人所願者不道。㊆惡愛不祥：惡，音ㄨˋ，憎也，疾也。此謂疾人所愛者不祥。㊇惡：驚歎詞。㊈使：劉師培校補云：「『使』字疑衍。」㊉抱背：為譏其愛己也；語蓋應上「惡愛不祥」而發。

【今譯】景公儀容體態壯美，於是有羽人貪視公美，不覺失色失守，有犯上之嫌。景公對左右說：「問他為何以不敬的態度，貪看寡人？」羽人回答道：「說出原因也死，不說也死。我是私愛公之儀容體態。」公說：「臣子應當說國君色美嗎？拉下去殺掉。」晏子剛巧此時進來，見此情形，就說：「聽說吾君在生羽人的氣。」公說：「是的。羽人說我形容甚美，所以要殺掉他。」晏子回答說：「嬰聽說：拒人所願者謂之不道，憎人所愛者謂之不祥，雖然羽人稱君色美，但於法不應殺他。」公聽了晏子的解釋後，說道：「啊！是這樣嗎？若使其人沐浴淨身，寡人就叫羽人擁抱好了。」

景公謂晏子東海之中有水而赤晏子詳對第十三㈠

景公謂晏子曰：「東海之中㈡，有水而赤㈢，其中㈣有棗，華而不實，何也？」晏子對曰㈤：「昔者，秦繆公㈥乘龍舟而理天下㈦，以黃布裹烝㈧棗，至東海而捐㈨其布，彼黃布㈩，故水赤；烝棗，故華而不實⑪。」公曰：「吾詳⑫問子，何為對⑬？」對曰：「嬰聞之⑭，詳問者，亦詳對之也。」

【今註】㈠本章要旨：言景公告訴晏子：東海之中有水，呈赤色，晏子佯對。元刻注云：「此並下一章，語類俳，而義無所取，故著于此篇。」㈡東海之中：《藝文類聚》八十五引無「之」字，八十七引有。《太平御覽》八百二十引亦無「之」字。㈢有水而赤：《文選．新刻漏銘》注引「水」下無「而」字。《藝文類聚》後事二十六、《記纂淵海》九十二引皆無「有水而赤」一句。㈣其中：御覽八百二十引無「其」字；又九百六十五引「其中」作「水中」。類聚八十五無「其中」二字，八十七有。㈤晏子對曰：御覽無「對」字。㈥秦繆公：御覽八百二十、九百六十五兩引，一無者字；繆並作穆。類聚八十五無者字，八十七有。按昔者為逗，秦繆公連下乘龍舟而理天下為句。㈦而理天下：《詩經．信南山》「我疆我理」，傳「理，分地理也」。《穆天子傳》「庚辰，天子大朝于宗周之廟，乃里西土之數」，注「里謂計其道里也」。㈧烝：《說文》：「火气上行也。」今字作蒸。㈨捐：孫云：「『捐』，藝文類聚作『投』。」㈩彼黃布：俞云：「彼黃布者，言彼所捐之布乃黃布也。」⑪故華而不實：因烝棗，故不但不實，亦不可華。⑫詳：通佯。《說文》無佯字，《史記・吳世家》：「公子光詳為足疾。」蓋古段詳為佯也。⑬何為對：盧云：「『何為』二字疑衍。」蘇云：「『何為』下當有『對』字，傳寫者緣下『對』字而脫耳。景公言吾乃佯問，何為對？故晏子答以詳問詳對。義本昭晰，以為衍文，語意不完矣。」⑭嬰聞之：張云：「類聚八十五、文選注、御覽兩引皆無『之』字。」按之、語助詞，在此可有可無，有則氣理較贍耳。

【今譯】景公對晏子說：「東海中有水，而呈赤色，水中有棗，華而不實，這是為什麼？」晏子回答說：「以前，秦穆公乘龍舟而計天下道里，用黃布裹烝棗，到東海，再把黃布丟掉，因他所丟掉的布是黃布，所以水赤；由於是烝棗的關係，故華而不實。」景公說：「吾是隨便問你的，你為何要回答？」晏子說：「嬰聽人說：隨便問的，就隨便回答啊！」

景公問天下有極大極細晏子對第十四㈠

景公問㈡晏子曰：「天下有極大物㈢乎？」晏子對曰㈣：「有。

北溟有鵬，足游浮雲㊄，背淩蒼天，尾偃㊅天閒，躍啄㊆北海，頸尾咳㊇于天地！然而漻漻乎不知六翮之所在㊈。」公曰：「天下有極細者㊉乎？」晏子對曰：「有。東海有蟲⑪，巢于蟁⑫睫，再乳⑬再飛，而蟁不為驚。臣嬰不知其名，而東海漁者命曰焦冥⑭。」

【今註】 ㊀本章要旨：言景公問天下有極大、極小之物嗎？晏子答有。㊁問：《太平御覽》九百二十七引作「謂」。㊂物：舊脫，據御覽補。㊃晏子對曰：御覽無「晏子」二字。㊄足游浮雲：上原闕「鵬」字，今據王校補。王云：「自『足游浮雲』以下六句，皆指鵬而言，今本脫去『鵬』字，則不知為何物矣。御覽羽族部十四『鵬』下引此作『鵬足游浮雲』云云，則有『鵬』字明矣。」㊅偃：《說文》：「偃，仆也。」㊆啄：《說文》：「啄，鳥食也。」㊇咳：御覽作「該」。按咳同該，該，兼覆也。孫云：「咳與閡通。」㊈然而漻漻乎不知六翮之所在：舊本「乎」字倒著「然而」上；王云：「案『乎』字本在下句『漻漻』下，『漻漻』即『寥寥』，曠遠之貌也。故曰：『漻漻乎不知六翮之所在。』今本『乎』字在上句『天地』下，則文義不順。御覽引此，『乎』字正在『漻漻』下。」今據王校改。㊉者：張云：「者字舊脫，據文選鷦鷯賦注補。」⑪蟲：孫云：「蟲，今本作蟁，據文選注、藝文類聚改。」⑫蟁：孫云：「蟁，文選注作『蚊』，俗字。」⑬乳：《說文》：

「人及鳥生子曰乳，獸曰產。」㊃焦冥：張云：「類聚冥作螟。文選鷦鷯注作臣不知其名，而東海有通者，命曰鷦螟。」御覽作「臣嬰不知名，東海耆老命曰蟭螟。」

【今譯】景公問晏子：「天下有極大之物嗎？」晏子回答說：「有。北溟有鵬，足遊於浮雲之間，高飛於蒼天之上，尾仆天間，躍食北海，頸尾覆蓋天地！然而飛行速度極快，瞬息之間，就飛得很遠，看不見鳥羽的所在。」景公又問：「天下有極細小之物嗎？」晏子回答說：「有。東海有蟲，羣飛而集於蚊睫，在蚊睫上生殖幼蟲，飛上飛下，蚊子都不會驚覺。臣嬰不知道它的名字是什麼，而東海的漁夫管它叫焦冥。」

莊公圖莒國人擾紿以晏子在迺止第十五㊀

莊公闔門而圖㊁莒，國人以為有亂也，皆操長兵而立于衢閭㊂。公召睢休相㊃而問曰：「寡人闔門而圖莒，國人以為有亂，皆操㊄長兵而立于衢閭，奈何㊅？」休相對曰：「誠無亂，而國人㊆以為有，則仁人不存㊇。請令于國，言晏子之在也。」公曰：「諾。」以令于國㊈：「孰謂國有亂者？晏子在焉！」然後皆散兵⑩而歸。君子曰：「夫行不可不務⑪也。晏子存而民心安，此非⑫一日之所為也；所以見于前信于後者。是以晏子立人臣之位，而安萬民之心。」

【今註】㊀本章要旨：言莊公謀取莒，人心惶惶。於是欺騙百姓說：「晏子在」，國人方才安定。元刻注云：「此章特以晏子而紿國人，故著于此篇。」㊁圖：謀取也。㊂操長兵而立于衢閭：操，持也。衢閭，當衢之閭也。㊃睢休相：孫云：「姓睢，名休相。」睢，音ㄙㄨㄟˋ。㊄操：元刻作摽。張本從黃同上改操。㊅奈何：「奈何」二字，甚見情急於勢。㊆人：張云：「人字舊脫，據上文增。」㊇仁人不存：言以仁人不存故也。案此蓋莊公不用晏子，晏子致邑而退，耕於海濱時。事見雜上第一第二兩章。㊈國：下疑奪「曰」字。㊉兵：泛言武備。⑪務：《說文》：「趣也。」言專力趣赴於事，故見信於人。⑫非：黃云：「元刻脫『非』字。」今據補。

【今譯】莊公關閉城門，圖謀取莒，國人以為將有亂事發生，都手持武器立於當衢之閭。莊公召睢休相問道：「寡人閉門而圖謀取莒，國人以為將有亂事發生，都操持武器立於當衢之閭，看來情勢甚急，怎麼辦？」休相回答說：「事實上沒有亂事，而國人以為有，則是沒有素孚民望的仁人在此，無以安撫人心的緣故。請下令國中，說晏子在此，也許可行。」莊公道：「寡人就這麼做。」於是下令國中：「誰說國有亂事？晏子在此！」然後國人知道晏子能安國，都解除武備，回家去了。當世君子評論說：「人之行事不可不專力趣赴，方能見信於人。晏子在而民心安定，此非一日之功所致；乃是經久而不差爽的緣故。所以晏子居人臣之位，而能安萬民之心。」

晏子死景公馳往哭哀畢而去第十六㈠

景公游于菑㈡，聞晏子死㈢，公侈乘輿服繁駔驅之。自以為遲，下車而趨；知不若車之遬㈣，則又乘㈤。比至于國者㈥，四下而趨，行哭而往，至，伏尸而號㈦，曰：「子大夫日夜責寡人，不遺尺寸㈧，寡人猶且淫佚而不收㈨，怨罪重㈩積于百姓。今天降禍于齊㈡，不加于寡人㈢，而加于夫子，齊國之社稷危矣！百姓將誰告夫？」

【今註】㈠本章要旨：言晏子去世，景公乘輿駕馬前往哭悼，行哀既畢而去。《韓非子・外儲》、《說苑・君道篇》俱載此事。㈡游于菑：張云：「案鮑刻御覽四百八十七作游臨淄。文選褚淵碑注作菑。齊安陸昭王碑注作淄。臨淄齊都，今既言游，必非臨淄。菑蓋菑川，故城在今壽光縣，壽光居臨淄東，與臨淄比鄰，則與下文『自以為遲』，『四下而趨』之語庶合。」㈢死：孫云：「『死』，御覽作『卒』。」按卒言終也。〈曲禮〉：「大夫死曰卒，庶人曰死。」㈣遬：速之籀文也。㈤則又乘：《文選》注引「乘」下有「之」字。㈥比至于國者：張云：「說苑、治要並同。文選注兩引並御覽四百八十七均作『比至國』。」㈦伏尸而號：王云：「案『伏尸而號』上有『至』字，而今本脫之，則敘事不備。『行哭而往』，尚未至也，則『至』字必不可少。說苑君道篇及羣書治要、御覽人事部百二十八竝作『至，伏尸而號』。」今據補。㈧子大夫日夜責寡人不遺尺寸：言寡人事無巨細皆見責於晏子。尺寸，些少之謂。㈨收：檢束也，不收，猶言不自收斂也。㈩重：音ㄔㄨㄥˊ，複疊之意。㈡降禍于齊：蘇云：「治要有『國』字。」㈢不加于寡人：張云：「說苑、治要及御覽兩引皆無于字。」

【今譯】景公游于菑川，聽說晏子去世的消息，立即駕乘輿，用壯馬繁騶而疾驅之。為求速至，下車催促急駕，既知不如車行之速，於是又乘輿。快到國都時，四度下車趕著向前走，邊走邊哭，見到以後，伏尸而號，說道：「寡人事無巨細皆見責於先生，寡人行為至今尚且淫佚放蕩而不自檢束，怨罪重重加諸於百姓。現在上天降禍齊國，不加禍給寡人，而加禍於先生，齊國社稷危險了！你死了，今後百姓的疾苦，還有何人告訴我呢？」

晏子死景公哭之稱莫復陳告吾過第十七㈠

晏子死，景公操玉加于晏子屍上㈡而哭之，涕沾襟㈢。章子諫曰：「非禮也。」公曰：「安用禮乎？昔者吾與夫子遊于公阜㈣之上，一日而三不聽寡人㈤，今其孰能然乎？吾失夫子則亡㈥，何禮之有？」免而哭㈦，哀盡而去㈧。

【今註】㈠本章要旨：言晏子死，景公哭號，涕下沾襟，並稱無人再陳告吾過。㈡屍上：舊脫「屍上」二字，從孫校據御覽五百四十九增。㈢涕沾襟：御覽作「涕下沾衿。」㈣阜：舊作「邑」，從盧校改。㈤一日而三不聽寡人以下二句：前內篇諫上十八：「曰：嗚呼！昔者從夫子而遊公阜，夫子一日而三責我；今誰責寡人哉？」㈥失夫子則亡：因無以就正，故有此語。㈦免：脫也。《禮記・曲禮》：「冠毋免。」此言脫冠。蓋稍盡古禮，申其哀敬也。㈧哀盡而去：孫云：「太平御覽作『盡哀』。」哀盡，哀畢也。

【今譯】晏子死，景公為褒揚其風標峻潔，操行貞固，特置玉於晏子屍上，並傷心哭號，為之涕下沾襟。章子勸諫說：「這樣與禮不合。」景公說：「何須用禮？以前吾與先生遊於公阜之上，一天之內就諍諫我三次，現在誰還能如此呢？我失去先生的輔助，人已經死了，禮將焉存？」脫冠而哭，盡哀之後方才離去。

晏子沒左右諛弦章諫景公賜之魚第十八㊀

晏子沒十有㊁七年，景公飲諸大夫酒。公射，出質㊂，堂上唱善，若出一口。公作色太息，播㊃弓矢。弦章入，公曰：「章㊄！自吾失晏子，于今十有七年㊅，未嘗聞吾不善㊆。今射出質，而唱善者若出一口㊇。」弦章對曰：「此諸臣之不肖也：知不足以知君之不善㊈，勇不足以犯君之顏色㊉；然而有一焉，臣聞之⑪：君好之⑫，則臣服之；君嗜之⑬，則臣食之。夫尺蠖食黃則其身黃，食蒼則其身蒼，君其猶有諂人言乎？」公曰：「善！今日之言，章為君⑭，我為臣。」是時，海人入魚，公以五十乘賜弦章。章歸⑮，魚乘塞途，撫其御之手曰：「曩之之唱善者，皆欲若⑯魚者也。昔者晏子辭賞以正君，故過失不掩⑰；今諸臣諂諛以干利，故出質而唱善，如出一口。今所輔于君，未見于眾⑱，而受若魚，是反晏子之義，而順諂諛之欲也。」固辭魚不受。君子曰：「弦章之廉⑲，乃晏子之遺行也。」

【今註】㈠本章要旨：言晏子既沒，左右臣子競諛景公，獨弦章勸諫，景公於是賜之魚。《說苑・君道篇》用此文。㈡有：通又。㈢質：射質也。㈣播：棄也。㈤章：張云：「此下各本俱缺。元刻作：『吾失晏子，未嘗聞吾不善。章曰：臣聞君好臣服，君嗜臣食，尺蠖食黃則黃，食蒼則蒼，君其食諂人言乎？公曰：善。賜弦章魚五十乘。弦章歸，魚車塞途。章撫其僕曰：曩之唱善者，皆欲此魚也。固辭不受。』文至此。此由後人據御覽九百三十五引晏子補入。」㈥于今十有七年：治要句末有「矣」字。㈦未嘗聞吾不善：「吾」下舊衍「過」字，據治要及御覽九百三十五引刪。㈧而唱善者若出一口：謂競相諂諛，互不肯後。㈨知不足以知君之不善：上知去聲，音ㄓˋ。張云：治要無「之」字。㈩顏色：張云：「治要無『色』字。」⑪臣聞之：張云：治要無「之」字。⑫君好之以下二句：此二句以衣服為喻。⑬君嗜之以下二句：此二句以飲食為喻。⑭章為君以下二句：此景公喜章言而戲之也。⑮章歸：張云：「歸上『章』字舊脫。據御覽四百二十六補。」⑯若：此也。⑰過失不掩：意謂賞之不正，猶辭以正之，況乎於其他過失？⑱未見于眾：言於眾無感。蓋晏子之輔，天下稱之，猶辭賞不授；今己輔之，於眾尚且無感，何可受賞？⑲弦章之廉：弦章不惟廉士，據諫上第四，且為死臣矣。

【今譯】晏子去世十七年，景公燕享諸大夫飲酒。景公射，射而中質，堂上諸侯大夫皆稱善。公為之歎息，棄弓矢。此時弦章由外而入，景公對他說：「章！自從我失去晏子，至今十七年啦！未曾再聽到對我的勸諫。今天我射箭中質，堂上諸侯大夫競諛稱善，如出一口。」弦章回答說：「這是諸臣不肖的結果：其智慧不足以知君之不善，勇氣不足以觸犯君之顏色。然而有一件事，臣聽說：君所喜愛的，臣子如衣服之被身；君所嗜好的，臣子就如食物之不可缺。尺蠖食黃就身黃，食蒼就身蒼，吾君還親近諂人之言嗎？」景公道：「說得好！今天弦章這番話，我很喜歡。」此時，有漁夫獻魚，景公以五十乘賜給弦章。章回家的路上，魚乘之多，為之途塞，於是撫著駕車人的手說：「先前那些競諛國君的人，都是想得此魚而已。以前君有賞賜，晏子猶辭賞以正君行，至於其他明顯的過失，更不用說了。現在諸臣諂諛國君，以圖名利，所以君出射中質而競相諂諛，如出一口。現在章輔弼國君，尚未有良好的表現，以感動眾人，就接受此魚，是違反晏子之義行，而順從諂諛者的欲念。」乃堅決辭魚，不敢接受。當世之君子評論說：「弦章的廉正，乃晏子之遺行啊！」

附錄一：晏子年表

晏弱（謚桓子）——晏嬰（謚平仲）
- 晏氂
- 晏圉

齊頃公十年（民前二五〇〇年 西元前五八九年）

生於臨菑小城北門，即《左傳》「近市」宅也。

更生案：晏子生卒年月古無考之者，今人錢賓四《先秦諸子繫年》卷一孔子生年考附載晏嬰卒年考，文中所據多引《史記．十二諸侯年表》之說。而該年表載晏子生平，有卒年而無生年，故亦語焉不詳，難以確據。是以本年表精研《晏子春秋》本文，參校《左傳》記事，以及世家年表之成說，再證諸其生平行誼，排比歸納，加以周延之推算，則晏子蓋生於齊頃公十年，即民元前二千五百年，西元前五百八十九年，卒於齊景公四十八年，即民元前二千四百十一年，西元前五百年，年九十。今特將所持論證，其可資採信者爰述於後。《史記．齊太公世家》載晏子曾歷事靈、莊、景三公，其事蹟首見載於《左傳》者，係左襄十六年即齊靈公二十五年，晉伐齊，公子戰靡下之事，翌年即襄公十七年，靈公二十六年，嬰父晏桓子卒，晏嬰麤縗斬，苴絰帶，杖，菅屨，食粥，居倚廬，寢苫枕草，家老曰：「非大夫喪父之禮也，」曰：「唯卿為大夫。」是其時晏子已居大夫之位甚明，本年譜推定是年晏子為三十四歲，衡諸情實，庶幾近之，此一也。左襄二十三年齊侯伐衞遂伐晉，以報平陰之役，趙勝帥東陽之師以逐之，獲晏氂，杜注：「晏氂，齊大夫。」《國語・魯語》謂：「昔欒氏之亂，齊人間晉之禍，伐取朝歌，我先君襄公不敢寧處，使叔孫豹悉帥弊賦，無有處人，次於雝俞，與邯鄲勝擊齊之左，掎止晏萊焉。」韋昭注：「晏萊，齊大夫。」日本竹添光鴻《左傳會箋》：「晏氂，晏嬰之子，嬰生二子，曰氂，曰圉，晏氂曰晏萊，見魯語，氂萊古音同。」據此則知為嬰子，時已身居大夫之職。並從師以伐晉，其當時年齡必在既冠之後，本年表推定左襄二十三年即齊莊公四年，晏子適當不惑，酌情斟理兩相脗合，此二也。《史記・孔子世家》與〈十二諸侯年表〉以及左昭二十年文均載景公獵魯界，因與晏嬰入魯，問禮於孔子，世家曰：「魯昭公之二十年，孔子蓋年三十矣。」至於孔子生年，古今之治譜牒者如杜預、陸德明、俞樾、劉師培、崔適甚而今人錢賓四及吾師旨雲先生，均以《史記》載襄公二十二年孔子生，上考下求，皆有所據，則左襄二十二年實即齊莊公三年，亦即民元前二千四百六十二年，西元前五百五十一年，如依本年表載齊莊公三年迄齊景公二十六年公獵魯界之歲，恰為三十年，與世本、《史記》之說合，錢賓四《先秦諸子繫年》云：「孔子適齊，晏子年踰七十矣，齊侯田於沛之年，晏子亦當六十五、六，而孔子正三十耳。」案本年表孔子生年，晏子三十九歲，公獵魯界，晏子適年六十又八。至於孔子適齊之時，則晏子已七十三高齡，又與錢氏繫年所考者略同，故據以推定晏子生於頃公十年，此三也。就《晏子春秋》本文言，全書內外篇二百十五章中，載靈公之事者一章，莊公之事者六章，其他二百零八章均屬景公時事，足徵記言之詳略，端與晏子任職之久暫有關。本年表載其生於頃公十年，頃公在位十七年，彼時晏子正值沖齡，想不至有所作為，靈公二十五年為齊大夫，二十七年靈公薨，此時晏子初任卿貳，復遭父喪，故其名不顯，亦為當然之事耳。及莊公見弒於崔氏，晏子哭亡君，安危國，於是名懾諸侯，取信國人，至景公立，始相齊國，而本年譜所載晏子生平事蹟，頃公時一條，靈公時三條，莊公時四條，景公時十七條，略遠詳近，正與《晏子春秋》本文相符，此四也，據此四證，故推晏子殆生於齊頃公十年，卒於齊景公四十八年，年九旬也。

齊靈公二十五年（民元前二四六八 西元前五五七年）

三十三歲。

為齊大夫。晉伐齊，齊靈公與戰靡下，齊師敗走。晏嬰曰：「君亦無勇，何不止戰。」

齊靈公二十六年（民元前二四六七 西元前五五六年）

三十四歲。

秋晏桓子（晏弱）卒，桓子者，晏嬰父也。晏子居喪，惡直己以斥時失禮，故遜辭以答家老。

齊靈公二十七年（民元前二四六六 西元前五五五年）

三十五歲。

晉圍臨菑，晏嬰大破之。冬，十月，晉侯伐齊，獻子以朱絲繫玉二瑴而禱曰：「齊環怙恃其險，負其眾庶，棄好背盟，陵虐神主，曾臣彪將率諸侯以討焉，其官臣偃實先後之，苟捷有功，無作神羞，官臣偃無敢復濟。」齊侯禦諸平陰，塹防門，而守之廣里，齊人多死，公恐，嬰子聞之曰：「君固無勇，而又聞是，弗能久矣。」

齊莊公三年（民元前二四六二年　西元前五五一年）

三十九歲。

秋，欒盈自楚適齊，晏平仲言於齊侯曰：「商任之會，受命於晉，今納欒氏，將安用之。小所以事大，信也，失信不立，君其圖之。」弗聽，退告陳文子曰：「君人執信，臣人執兵，忠信篤敬，上下同之，天之道也，君自棄也，弗能久矣。」

冬，欒盈猶在齊，晏子曰：「禍將作矣，齊將伐晉，不可以不懼。」

更生案：是年冬十一月庚子孔子生於魯國昌平鄉陬邑。

齊莊公四年（民元前二四六一年　西元前五五〇年）

四十歲。

秋，齊侯伐魏，將遂伐晉，以報平陰之役，晏嬰諫不聽。晏子曰：「君恃勇力，以伐盟主，若不濟，國之福也，不德而有功，憂必及君。」晉趙勝帥東陽之師以追齊兵，獲晏氂。晏氂者，嬰子也。

齊莊公五年（民元前二四六〇年　西元前五四九年）

四十一歲。

齊畏晉通楚，晏子謀。晏子使楚。楚王故為小門，並指盜、進橘以辱晏子，晏子稱使狗國者入狗門。

齊莊公六年（民二四五九
西元前五四八年）

四十二歲。

崔杼以莊公通其妻殺之，立其弟杵臼為景公，晏子立崔杼之門，從者曰：「死乎？」晏子曰：「獨吾君也乎哉？吾死也？」曰：「行乎？」曰：「獨吾罪也乎哉？吾亡也？」曰：「歸乎？」曰：「吾君死，安歸？」門啟而入，遂袒免，坐枕君尸而哭，興，三踊而出。人謂崔子必殺之，崔子曰：「民之望也，舍之得民。」崔杼既弒莊公而立景公，盟國人於大宮曰：「不與崔慶而與公室者，受其不祥。」晏子仰天歎曰：「嬰所不唯忠於君，利社稷者是與，有如上帝！」乃歃。

齊景公元年（民二四五八
西元前五四七年）

四十三歲。

秋，七月，齊侯鄭伯為衞侯故如晉，國子使晏平仲私於叔向曰：「吾君宣其明德於諸侯，恤其患而補其闕，正其違而治其煩，所以為盟主也，今為臣執君，若之何？」晉平公問齊君德行高下，晏子蹴然曰：「諸侯之交，紹而相見，辭之有所隱也，君之命質，臣無所隱，嬰之君無稱焉。」

齊景公三年（民二四五六
西元前五四五年）

四十五歲。

公膳，日雙雞，饔人竊更之以鶩，御者知之，則去其肉，而以其洎饋，子雅、子尾怒，慶封告盧蒲嫳，盧蒲嫳曰：「譬之如禽獸，吾寢處之矣。」使析歸父告晏平仲，平仲曰：「嬰之眾不足用也，知無能謀也，言弗敢出，有盟可也。」子家曰：「子之言云，又焉用盟。」慶氏亡，分其邑與晏子，晏子謂：「足欲，亡無日矣，不受邶殿，非惡富也，恐失富也。」

齊景公四年（民前二四五五 西元前五四四年）

四十六歲。

吳季札聘於齊，說晏平仲速納邑與政，以免於難，故晏子因陳桓子以納政與邑。

齊景公五年（民前二四五四 西元前五四三年）

四十七歲。

晏子相齊三年，政平民說，景公以晏子中食而肉不足，欲割地封晏子，晏子曰：「富而不驕者，未嘗聞之。貧而不恨者，嬰是也。」堅辭不受。

齊景公八年（民前二四五一 西元前五四〇年）

五十歲。

晉韓宣子來齊納幣，見子雅、子尾，並稱其二子非保家之主也。大夫多笑之，唯晏子信之曰：「夫子，君子也；君子有信，其有以知之矣。」

齊景公九年（民元前二四五〇年
西元前五三九年）

五十一歲。

春，公使晏嬰請繼室於晉。晉韓宣子使叔向對曰：「寡君之願也。」既成昏，晏子受禮，叔向從之宴。叔向曰：「齊其何如？」晏子曰：「此季世也。」叔向曰：「晉公室卑。」

更晏子宅，晏子辭以「小人宅近市，朝夕得所求。」並稱踊貴而屨賤，諷公省刑。

晏子之晉，睹齊纍越石父解左驂贖之與歸。

八月，大雩，旱也。齊侯田于莒，欲祠靈山河伯以禱雨。晏子進曰：「不可，祠此無益也。」

十月，齊公孫竈卒（子雅也），司馬竈見晏子曰：「又喪子雅矣。」晏子曰：「惜也，子旗不免殆哉！姜族弱矣，而嬀將始昌，二惠競爽猶可，又弱一個焉，姜其危哉！」

齊景公十一年（民元前二四四八年
西元前五三七年）

五十三歲。

鄭罕虎如齊，娶於子尾氏。晏子驟見，陳桓子問其故，對曰：「能用善人，民之主也。」

更生案：日本竹添光鴻引彭士望之言曰：「晏子好善如此，豈有沮聖之言，況夫子以久敬稱之耶！」此說頗穩。

薦田穰苴於景公。

更生案：《史記・司馬穰苴列傳》曰：「司馬穰苴者，田完之苗裔也，齊景公時，晉伐阿甄，而燕侵河上，齊師敗績，景公患之，晏嬰乃薦田穰苴曰，穰苴雖田氏庶孽，然其人，文能附眾，武能威敵，願君試之。景公召穰苴，與語兵事，大說之，以為將軍。」又《晏子春秋・內篇雜上》：「景公夜從晏子飲，晏子稱不敢與」章，載司馬穰苴公正廉明，忠齊國君之事，可參。

齊景公十二年（民二四四七 西元前五三六年）

五十四歲。

十一月，齊侯如晉，請伐北燕，晉侯許之。

十二月，齊侯遂伐北燕，將納簡公。晏子曰：「不入，燕有君矣，民不貳，吾君貪賄，左右諂諛，作大事不以信，未嘗可也。」

齊景公十六年（民二四四三 西元前五三二年）

五十八歲。

夏，有欒、高、陳、鮑之亂，四族召晏子，晏子無所從，遂端委立於虎門，拒應四族之要，勇維齊侯之安。

齊景公十八年（民二四四一 西元前五三〇年）

六十歲。

春，高偃帥師納北燕伯朝於陽，於是公有志復霸。

夏，公如晉，晉侯以公宴，歸而有貳心；問晏子欲善齊國之政以干霸王若何？晏子對曰：「嬰聞國有具官，其政可善。」

齊景公十九年（民國前二四〇九年／西元前五二九年）

六十一歲。

秋，公會列子及諸侯於平丘。八月甲戌，同盟於平丘，公不肯盟；晉侯使叔向辭公，公懼，乃同盟。歸問晏子曰：「聖人之不得意何如？」晏子對曰：「聖人伏匿隱處，不干長上，潔身守道，不與世陷乎邪，是以卑不失義，瘁不失廉，此聖人之不得意也。」

齊景公二十五年（民國前二四三四年／西元前五二三年）

六十七歲。

秋，高發帥師伐莒，莒子奔於紀鄣，使孫書伐之，夜縋登城，莒子啟西門而出，師入紀。

更生案：當晏子七十歲前後，正齊景公春秋鼎盛之年，吳、越厥起於南方，晉、楚霸業均露衰徵，是以齊侯欲復桓公之業，《晏子春秋》中似此之問甚多。可與前合參。

齊景公二十六年（民國前二四三三年／西元前五二二年）

六十八歲。

公獵魯界，因與晏嬰入魯，問禮於孔子。晏子出，孔子送之以賓客之禮，再拜其辱，命門弟子曰：「救生民而不夸，行補三君而不有，晏子果君子也。」冬，公疥遂痁，期而不瘳，嬖大夫請誅祝史，公告晏子。晏子曰：「君以為祝有益也，詛亦有損，君若欲誅於祝史，修德而後可。」公說，使有司寬政，疾亦愈。十二月，齊侯至自田，晏子侍於遄臺，梁丘據馳而造焉。公曰：「惟據與我和夫！」對曰：「據亦同也，焉得為和。」公飲酒樂曰：「古而無死，其樂何如？」晏子對曰：「古而無死，則古之樂也，君何得焉；昔爽鳩氏始居此地，季萴因之，有逢伯陵因之，蒲姑氏因之，古若無死，爽鳩氏之樂，雖君所願也。」

齊景公三十一年（民元前二四二八　西元前五一七年）

七十三歲。

魯昭公棄國走齊，景公辯其言以語晏子曰：「使是人反其國，豈不為古之賢君乎？」晏子對曰：「愚者多悔，不肖者自賢，溺者不商墜，迷者不問路，溺而後問墜，迷而後問路，譬之猶臨難而遽鑄兵，噎而遽掘井，雖速亦無及已。」

冬，孔子至自魯，為高昭子家臣，公欲封以尼谿之田，晏嬰沮止之。

更生案：《孔叢子・詰墨》云：「墨子曰：孔子至齊，見景公，公說之，封之於尼谿，晏子曰，不可，夫儒，浩居而自順，立命而待事，崇喪遂哀，盛用繁禮，其道不可以治國，其學不可以導家，公曰，善。詰之曰，即如此言，晏子為非儒惡禮，不欲崇喪遂哀也。察傳記晏子所行，未有以異於儒焉，又景公問所為政，晏子答以禮云，景公曰：『禮其可以治乎，禮與政與天地並，此則未有以異於儒也，若能以口非之而躬行之，晏子所弗為。』曹明問子魚曰：『觀子詰墨者之辭，事議相反，墨者妄矣，假使墨者復起，對之乎？』答曰：『苟得其理，雖百墨吾益明白焉，失其正，雖一人猶不能當前也，墨子所引者矯晏子，晏子之善吾先君，先君之善晏子，其事庸盡乎？』曹明曰：『可得聞諸？』子魚曰：『昔齊景公問晏子曰，吾欲善治，可以霸諸侯矣！對曰，官未具也，臣亟以聞而君未肯然也，臣聞孔子聖人，然猶居處勸惰，廉隅不修，則原憲、季羔侍，氣鬱而疾，志意不通，則仲由、卜商侍，德不盛，行不勤，則顏、閔、冉、雍侍，今君之朝臣萬人，立車千乘，不善之政加於下民者眾矣，未能以聞者，臣故曰，官未備也，此又晏子之善孔子者也，子曰：晏平仲善與人交，久而敬之，此又孔子之貴晏嬰者也。』曹明曰：『吾始謂墨子可疑，今則決妄不疑矣。』」《史記・孔子世家》從墨子說，記晏子沮齊景公以尼谿田封孔子，字句小異而義大同，然而劉向校書以《晏子春秋》外篇第八，不合經術，似非晏子言，疑後世辯士所為，古今傳注多從此說，姚鼐、馬國翰均著論以明之。善夫！日本古賀侗菴之言曰：「太史公之誤，本於墨子者可見。孔子曰：道不同不相為謀，夫儒墨異道，墨氏構虛辭以詆排聖人，固無足怪，太史公遽信而載之於史，其不別朱紫甚矣。若夫墨子所以必引晏子者，孔子同時之賢，齊德俱尊者，未有踰於晏子，非儒詆聖之言，一旦出於己，恐人未肯便遵信，故且借晏子以自重，其用意亦險巧矣。」特並錄如上，知事雖可疑，但仁智之見甚多，不敢遺失，以俟君子。

齊景公三十二年（民前二四二七 西元前五一六年）

七十四歲。

秋，公會魯侯、莒子、邾子、杞伯盟於鄟陵，齊分野有彗星，公使禳之。晏子曰：「無益也，祇取誣焉，君無違德，方國將至，何患於彗？」

公與晏子坐於路寢，公歎曰：「美哉室！其誰有此乎！」晏子曰：「敢問何謂也？」公曰：「吾以為在德。」晏子曰：「如君之言，其將在陳氏乎！」

公致廩丘之養於孔子，孔子辭。

齊景公三十三年（民前二四二六 西元前五一五年）

七十五歲。

更生案：是年孔子自齊反乎魯，錢賓四《先秦諸子繫年》云：「孔子居齊年數，世家不詳，後人或謂七年，或謂一年，七年之說，歷聘紀年主之，狄子奇孔子編年辨之云：『歷聘紀年蓋誤讀史記世家而云然，孔子遂行，反乎魯，孔子年四十二，魯昭公卒於乾侯，年四十二句，與下句連讀，非謂反魯時四十二歲也。』一年之說，江永鄉黨圖主之，狄子奇和之，江氏之說曰：『昭二十七年，吳季札聘上國，反於齊，子死嬴博間，而夫子往觀葬，蓋自魯往觀，嬴博間近魯也，然則在齊不過一年耳。』……則孔子之去齊不以定公立而欲歸魯也，亦不見去齊後有暫棲他國之事，且其時孔子未仕於魯，亦不必定公立而後始歸。……」今既他無可考，姑依江氏說。

齊景公四十八年（民元前二四一一年 西元前五〇〇年）

九十歲。

晏子卒，葬故宅。

更生案：《史記・齊太公世家》及《史記・十二諸侯年表》均載晏子卒於齊景公四十八年，而《晏子春秋》有晏子沒十有七年之句，且檢左昭二十七年後，無記述有關晏子之片言瑣事，若信《史記》晏子卒於景公四十八年為確，則其間十六年對晏子行事闕而弗錄，實亦不盡合情理。今人錢賓四《先秦諸子繫年》對晏子卒年亦疑《史記》所載不可遽信。故本年譜姑從《史記》之說，但《晏子春秋》本文亦不容偏廢，故附記始末，俟諸君子。

附錄二：晏子春秋現存板本知見錄

昭文張氏所藏元刻本

晏子春秋八卷，前有目錄，劉向校上晏子奏，每篇又分細目，列於每卷之首，總共二百一十五章，未見。拜經樓藏書題跋云：「元刻本晏子春秋八篇，篇內如首章莊公矜勇力不顧行義晏子諫第一，後同，明時本作『諫矜勇力不顧行義』，不書全題，又篇內按語，俱作大字，加圓圍以別之，明時本則作小字分注於下，與此迥然不同矣。惜首闕半頁，有『書帶草堂』『疑冬書屋』『馬叔靜圖書記』諸印，紙墨俱古。」抱經堂羣書拾補云：「劉向敘錄云：『定著八篇，二百一十五章。』予所見者，明吳勉學本止七篇二百三章，今陽湖孫氏星衍沈啟南、吳懷保校梓者，分八篇，多十二章，與敘錄之數適合，今此本篇章亦同，學士曾借校並補刻全目於後，書云：『余校晏子將竣，吳槎客示余元人刻本，其每卷首有總目，又各標於當篇，今本皆缺目錄，以此補之。』」平津館鑒藏書籍記卷一云：「前有目錄，劉向校上晏子奏，每篇又分小篇目，列於每卷之首，總二百十五章，盧氏羣書拾補稱：『吳槎客示余元人刻本，其每葉首有總目，又各標於當篇。』即此本，每葉十八行，行十八字。」

滂喜齋藏書記卷一云：「吳山尊刻本出影元鈔，行款與此同，當是其祖本也。舊為拜經樓藏書，盧抱經學士借以校勘，其異同載羣書拾補。附藏印：『疑冬書屋』『馬叔靜圖書記』。」
吳則虞晏子春秋集釋云：「案：葉德輝、潘景鄭皆以昔人所謂元刻本者，即明活字本。竊恐未是，昭文張氏所藏元本為徐幔亭故物，萬曆戊戌所獲，題記歷歷，此蓋活字本之祖本也，明時不但元刻尚存，據緜眇閣本李茹更所記，似天水舊槧，明人猶得見之，今佚。」

吳方山藏元刊本

晏子春秋八卷，凡內篇六卷，外篇二卷，卷首有「吳岫」印記，未見。
愛日精廬藏書志云：「吳氏手跋曰：『顧英玉先生，南都清介丈夫也，以憲副罷官，而兄時為大司冦，家無長物，出宦日所得書，貨以給日，躬疊冊門左，顏無怍色，予重其所為，隨所質得二書，嗚呼！誦往哲之懿言，法時賢之景行，小子何幸，於此兼得二書，晏子春秋其一，大唐六典其一。蘇郡後學吳岫筆。』」

懷仙樓藏明成化間刊本

晏子春秋八卷，書裏首列篇目及劉向序，每半板九行，行十八字，未見。
經籍訪古志卷三云：「首有篇目及劉向序，卷首題晏子春秋內篇諫上第一，凡二十五章，次行列篇目，題莊公矜勇力不顧行義。每半板九行，行十八字，界長五寸四分，強幅三寸八分，左右雙邊，竹䕃書屋藏，根本遜志手書本，即傳鈔此本者。」
吳則虞晏子春秋集釋云：「案成化刻本即繙元刻本。」

仁和丁松生八千卷樓藏明活字本

晏子春秋八卷，每半葉九行，行十八字。書前有目錄，載內外篇章次第，下接劉向校錄之序文。現臺灣商務印書館四部叢刊初編景印本，書中簡稱活字本即係取樣於江南圖書館所藏者。

善本書室藏書志卷九云：「漢志惟作晏子，隋志乃名春秋，兩志皆作八篇，晁氏讀書志云：『嬰相景公，此書著其行事及諫諍之言。』崇文總目謂後人采嬰行事為之，非嬰所撰，此八卷本，前有目錄及劉向校上晏子奏，每篇又分小目，列於每卷之首，總二百十五章。平津館有影寫本，云：『盧氏羣書拾補稱：「吳槎客示余元人刻本，每卷首有總目，又各標於本篇，當即此本，每葉十八行，行十八字。」與此符合。』有『讀書小子實穎之印』『古鹽馬氏』『笏齋珍藏之印』諸章。」

葉德輝郋園讀書志卷五云：「晏子春秋八卷，明活字印本，每半葉九行，行十八字，前有目錄，載內外篇章次第，下接劉向校錄文，書分八篇，內篇諫上第一、諫下第二、問上第三、問下第四、雜上第五、雜下第六、外篇重而異者第七、不合經術者第八，版心不載卷數，惟『晏內』『晏外』等字，孫星衍祠堂書目有仿元寫本，即以付吳山尊撫刻，而顧千里為之跋者，其實即此活字本，因其排印整齊，字近元體，故誤以為元刻耳。仁和丁松生八千卷樓藏有元刻本，為馬笏齋舊藏，亦即此本，余丙申三月游浙時曾借觀之，不誣也。漢書藝文志諸子略『儒家』類晏子八篇，隋唐志加『春秋』二字，作七卷自後崇文總目，晁公武郡齋讀書志、陳振孫直齋書錄解題均作十二卷，則此作八篇蓋猶漢志之舊也。四庫全書提要入史部傳記類云：『此明李氏綿眇閣刻本』。內篇分諫上、諫下、問上、問下、雜上、雜下、外篇分上下二篇，與漢志八篇之數相合，故仍得此本著錄，庶幾猶略近古焉。綿眇閣本，余亦有之，乃萬曆中刻，在此本之後。此本嘉靖時亦繙雕，世亦罕見，孫星衍於乾隆戊申為畢制軍沅刻是書，所據為萬曆乙酉沈啟南本，附著音義二卷，幷不采及他本，盧文弨羣書拾補所校晏子春秋，亦僅摭拾音義未引據者，補勘所遺，而未博考其餘明刻，亦可謂疏漏之甚矣。」又云：「光緒戊申三月，余回蘇州洞庭展墓，道出江寧，因訪陶齋尚書端方公於金陵節署，時方有收買仁和丁氏八千卷樓藏書儲之江南圖書館之議，居間媒介者為江陰繆小山太夫子荃孫，所有宋元舊本，均取頭本呈送，此晏子春秋亦在其內，當時均以為元本，余力證其為明時活字本，且告以余有藏本，與此無異，陶齋曰，即是明活字本，亦見所未見，能割愛以遺我乎？余曰，公前年贈予以宋本南嶽總勝集，余正未有報也，是直可謂拋玉引磚矣，五月還湘，遂郵寄歸之，臨封為識數語於後。」

明鈔本

晏子春秋四卷二冊，即萬曆十六年（西元一五八八）吳懷保校刊本。每葉九行，行十二字。書末自「公曰章」下缺。又雜上第十六章亦奪一行，他與活字本同。原屬北平圖書館，現藏臺北國立中央圖書館。拜經樓藏書題跋記卷四云：「明鈔本晏子春秋作四卷，卷三後書『萬曆十六年冬吳懷保梓』，卷一後書『崇禎十三年庚辰閏四月初六日校錄於雪履齋，仁和鄭紹孔伯翼甫識』。蓋即從吳刻本傳錄者，末附柳宗元辨晏子春秋一篇，史記管晏列傳及孔叢子六條。按文獻通考引崇文總目：『晏子春秋十二卷，晏嬰撰。晏子八篇，今亡，此書後人采嬰行事為之，以為嬰撰則非也。』（錢侗按：玉海引崇文總目同，隋志、唐志七卷，今本八卷。）書錄解題：『晏子春秋十二卷，齊大夫平仲晏嬰撰。漢志八篇，但曰「晏子」，隋唐七卷，始號「晏子春秋」。今卷數不同，未知果本書否。』蓋晏子八卷早佚，後人采嬰行事為之，加以『春秋』之名，其作八卷者，猶仍漢志之舊。此併為四卷，且篇目不載全文，視前舊刻本，漸失古意矣。惟崇文總目、書錄解題俱十二卷，而四庫書目及余家舊刻作八卷，疑又經後人併合，以符漢志八篇之數也。」

更生案：「此本與吳勉學七卷之本，有同有異，特以吳勉學本，內篇六，外篇一，共七卷，二百三章，即二十子全書本，為吳中珩校，實明本中之上選也。其他為四卷之本者，尚有藏脩館本與黃之寀本，前者『口』下有『藏脩館』三字，後者文內簡稱『黃本』，日本元文元年曾經翻刊，目前各本均不可見矣。」

明李氏綿眇閣刻本

晏子春秋八卷，每葉十行，行二十字，為先秦諸子合編十六種之一，萬曆三十年（西元一六〇二）馮夢楨刊。書前有余有丁、李茹更二跋。李云：「今仍宋本刻之。」似此書出自宋槧，未見。

綿眇閣本題辭，余有丁云：「按漢書藝文志八篇，即劉大夫所校定也。今刻本分諫、問上下六篇，重而駁者二篇，每章復括大義為標目，甚有次第，其為劉氏書晰矣。自漢及隋、唐皆列於儒家，惟柳柳州謂墨好儉，晏子以儉名於世，故墨子之徒尊著其事以增高為己術者，當列之墨家。又其書時稱墨子，孔叢子詰墨後二章稱墨子者具載此書，則柳州似不為無據者。第篇中惓惓忠愛，可為人臣事君盡言者法程，間有淆雜，或後人附益之，不得直概之墨也。丁丑夏日」。

又李茹更云：「晏子八篇，即孔子三朝記之類，殆後人錄其言論諷議成書，書號『春秋』，亦同『記年』之意。其文多平實，少奇崛，少波瀾，疑當時記者手筆稍不逮故耶？然其書亦多傳古意，不可廢也。余文敏取內篇分為上下卷，外篇重而異出者附注各章之下，不合經術者附於篇末，不為無見，今仍宋本刻之，明舊式也，不妨兩存。」

鐵琴銅劍樓藏書目錄卷十云：「晏子春秋八卷，此明李氏綿眇閣刻本，即出自元刻，篇次行款悉合，卷首有『孫印從添』『慶增氏』朱記。」

吳則虞晏子春秋集釋云：「文字與活字本相勘，互有勝劣。如諫上十二『晏子公曰』，此本無『公』字，諫下第三『收其人丁』，此本作『收其金玉』，是活字本『人丁』為『金玉』二字之殘，此其佳勝也。又如諫上第八『景公信用讒佞』誤與前章連而為一，『故內寵之妾』又重『之』字，此其不如活字本者也。又外篇下十七章『哀盡而去』亦殘，如果出於宋槧，豈宋槧亦缺此十八章耶？此又不可解矣。」

明萬曆五年南監刻子彙本

晏子二卷，萬曆五年（西元一五七七）南監刻，此本共收子書二十四種，先成十八種，故又稱十八子，此二卷即其二十四種中之第二種。每葉十行，行二十一字。白文無注。書首有劉向序錄，潛菴子志。現臺灣商務印書館有景印本，列入宋元明善本叢書中。

藝風藏書再續記云：「晏子春秋二卷，即南監刻子彙本。」

吳則虞晏子春秋集釋云：「另有且且菴初箋十六子本，亦為二卷，九行十二字，題曰『晏子刪評』，計內收五十七章，義無足取。」

鐵琴銅劍樓藏影元鈔本

晏子春秋八卷，顧廣圻校並題識。鈔寫字體甚劣。未見。

鐵琴銅劍樓藏書目錄卷十云：「是書烏程閔氏本，竄亂舊第，惟元刻本尚存舊式，內篇分諫上、諫下、問上、問下、雜上、雜下六篇，外篇兩卷，一為重而異者、一為不合經術者，共八篇，與漢志合。總目後係劉向序，以下每卷目後接本文，此本即全椒吳氏刊本之底稾，卷末有陽湖孫氏題記云：『影元版本鈔晏子，據別本改正數字，用朱筆記之。』」

吳則虞晏子春秋集釋云：「按：此即吳鼒本之祖本，顧廣圻校幷題識，顧氏題云：『甲戌九月校正付刊，又此書擬不示人以樸，然流傳於外，亦足見辦書之苦心，無不可也。乙亥閏月二十五日又記。』

顧氏校筆字潦草。」

明檇李沈啟南本

晏子春秋八卷二冊，萬曆乙酉（即神宗十三年，西元一五八五）檇李沈啟南校刊本。原屬北平圖書館，今藏國立中央圖書館。

明刊白口九行本

晏子春秋八卷二冊，每葉九行，行十八字，原屬北平圖書館，現藏國立中央圖書館。

著硯樓書跋云：「司馬遷傳晏嬰，謂讀晏子春秋，稱『其書世多有之，是以不論，論其軼事』。索隱云：『嬰所著書名晏子春秋，今其書有七十篇。』正義據七略云：『晏子春秋七篇。』漢書藝文志及隋書經籍志俱作七卷，蓋其書雖存，而篇次不一，原本面目唐以前已多離合，誠難究其顛末耳。崇文總目作十四卷，謂其書已亡，所傳者蓋後人采嬰行事而成。因疑柳宗元所云『墨子之徒有齊人者為之，墨好儉，晏子以儉名於世，故尊著其事以增高為己術者』。宋儒猶沿其說，如晁公武之讀書志，馬端臨之通考，均改列墨家，其書益混淆不為世重。宋元著錄其書，如宋史藝文志、郡齋讀書志、直齋書錄解題、文獻通考俱作十二卷，與今本出入，又不可蹤跡焉。宋本既不復覩，百年前藏家著錄，惟元刻九行十八字之八卷本為最善。孫淵如影寫以贈吳山尊，山尊屬顧澗蘋覆校付梓；而孫氏自據沈啟南、吳懷保本校刊，復假拜經樓所藏元本補卷首總目，由是九行十八字之為元刊，已成千古不易之定論。拜經藏本後歸吾家滂喜齋，余曾取勘吳刻，其誤處悉經澗薲改正。間有未當者，如第四卷「苟得不知所亞」，「亞」古「惡」字，吳刻竟改作「惡」，誤矣。諸如此類，瑕不掩瑜，固未足以訾議前賢耳。竊謂拜經元刻，字體結構全無蒙古遺意，細審尚是正、嘉以前雕槧。蓄疑未敢臆定，旋閱雙鑑樓所藏明刻本，行款與此相同，馳書藏園先生，悉其源流，與此相合。藏園明眼，固所折服，僕雖不敏，猶不敢徇前賢之訛，以耳為目，差足自慰耳。廿載以來，所見所藏，此本而外，當推活字本及綿眇閣本為善。吳懷保所刊九行二十字本，改次四卷，已非舊觀，又於劉向表文後『故亦不敢失』句下竄易『復以為一篇，凡八篇，其六篇』十一字，固未足以當善本耳。余別藏明黃之寀校刊九行十八字之四卷本，與吳刻殊堪伯仲。其他所藏如楊慎評本、閔氏朱墨本，俱作六卷，子彙本又併為二卷，等諸自鄶，不足重焉。頃吾友黃君永年閱肆得此明刻本，攜示商榷，審與拜經藏本字體行款一一脗合，其為明刻之上駟可無疑義。固不必沿襲前人之失，徒以元本取重耳。」

明吳勉學二十子全書本

晏子春秋七卷一冊，內篇六，外篇一，二百三章。雜上第十六誤連上章，但無脫文。十九章活字本「金」下空一字，此本作「乃」，「之」下空字此本作「其」，二十三章「所湛」作「所蕩」，又第七卷至「景公問後世」章為止，皆與活字本、吳懷保諸本不同。此為吳中珩校，明本中之上選。現藏國立中央圖書館。

明黃之寀本

晏子春秋七卷一冊，每葉九行，行十八字。又日本元文元年翻本，文內簡稱「黃本」，清孫星衍手校，即此本，現藏國立中央圖書館。

孫星衍廉石居藏書記云：「右晏子春秋七卷，以元槧本校自刊本。藝文志『儒家』晏子八篇，蓋內篇六，諫上、諫下、問上、問下、雜上、雜下，外篇二，後世始幷為一，故七篇。向敘云：『定著二百一十五章。』明吳勉學本止二百三章，余有十子彙本，又以詞相同者附注，亂其次第。予嘗以沈啟南、吳懷保本校梓，分八篇，多十二章，適符敘錄之數。及勘元本，亦如此。元本每卷首有總目，又各標於本篇，唯缺末章之大半，因據太平御覽九百三十五引此書補足之。儒家書此為第一，又是劉向手定，篇第完備，無譌缺，甚可寶也。」

明藏脩館本

晏子春秋七卷二冊，舊題周晏嬰撰，每葉九行，行二十字。「口」下有「藏脩館」三字。序文缺，又無總目，現藏國防研究院圖書館。

明凌澄初本

晏子春秋六卷四冊，朱墨套印，文內簡稱凌本，現藏國立中央圖書館。

凌刻本題識，凌澄初云：「博雅自六經外，侈談子史，子首老、莊、管、晏、申、韓六家之指，同出於道，各有本領。老氏以清淨無為為主，而漆園之要本歸之；管氏牧民、山高、乘馬、輕重、九府，而晏子之節儉力行繼之。一以道，一以術，其比輔一也。吾族道德、南華點校俱得善本，管子亦得朱太復、趙定宇兩先生評，行於世，獨晏子春秋尚自缺然。先君以楝甫端心鄰架，既彙史、漢兩評林，五車韻瑞諸書，而於晏子春秋復手加丹鉛，實有會心。不肖童習之，誠不忍秘，隨付剞劂，以公先人之志，全四書之美，使高明者讀管氏因不沒晏子云。」

明嘉靖刻本

晏子春秋八卷二冊，每葉九行，行十八字，係福建按察使柯喬刊刻。外篇下第十八章「公曰章」下缺，行款缺文與活字全合，蓋翻活字本也。惟問上第六「氣」下「鬱」字作墨釘，雜上二十三「所湛然也」

「湛」作「蕩」，此其異耳。現藏國立中央圖書館。

吳則虞晏子春秋集釋云：「余見此本有三：一為王懿榮貽翁同龢者，一為雙鑑樓舊物，一在吳中見殘本。」

明歸有光評本

此書不分卷，即百二十子本；文內簡稱「歸本」，未見。

清經訓堂本

晏子春秋八卷，乾隆五十三年孫星衍刊，又道光二十五年揚州汪氏翻刻本，浙江局刻本，今中華書局四部備要有排印本。

更生按：孫氏著書頗多，所校刻者有平津館叢書，岱南閣叢書，而其用力最勤者厥為晏子春秋。自序云：「晏子八篇見於藝文志，後人以篇為卷，又合雜上、下二篇為一，則為七卷，見七略及隋唐志，宋時析為十四卷，見崇文總目，實是劉向校本，非偽書也。……是以服虔、鄭康成、郭璞注書多引之。……儒者莫先晏子。……劉向分內外篇，亂其次第，意尚嫌之，世俗傳本，則皆明人所刻，或以外篇為細字附著內篇，或刪去詆毀仲尼及問棗諸章，譌謬甚矣；惟萬曆乙酉沈啟南校梓本尚為完善，自初學記、文選注、藝文類聚、後漢書注、太平御覽補足，既得諸本是正文字，恐或疑其臆見，又為音義於後，明有依據，定成八篇，以從漢志；為七卷，以從七略，雖不能復舊觀，以為勝俗本遠矣。」廉石居藏書記卷上：「孫星衍校本晏子春秋七卷，以元槧本校自刊本。……儒家書此為第一，又是劉向手定，篇第完備，無譌缺，甚可寶也。」

清吳鼒本

晏子春秋八卷，嘉慶丙子刊，崇文書局本，文內簡稱「吳本」。未見。

全椒吳氏刻本敘云：「嘉慶甲戌九月十日，鼒犬馬之辰，春秋六十矣，將避人遊焦山，妻兄孫淵如先生遺人以采錦一端影寫元刻晏子春秋八卷為壽，且曰：『此書傳世尚無善本，足下能刻之，可以嘉惠來者。』先生曾為故尚書吳門畢秋帆前輩校刊是書，今其言如此，足見君子虛心樂善，故能與人為善也。明年，余與元和顧君千里，同有文字之役在揚州，因請顧君督梓之，一切仍其舊文；又明年，書成，略敘緣起。此書盧抱經前輩舊有定證，及淵如音義分見兩家著錄，又顧君新得具其所撰後敘，予不敢掠美以滋贅文。余中年早衰，春夢久覺，思彙刻古書以消月日，稍勝於鈴癡符而已。校勘之良，多得之執友，不足自壽，姑於是書發其凡云。丙子斗指乙，全椒吳鼒敘。」

清錢熙祚校刻指海本

晏子春秋七卷，道光二十三年錢熙祚校刻，在指海十七集，合外篇為一卷，故為七卷，前冠四庫全書晏子春秋提要。未見。

錢熙祚指海本晏子春秋跋：「晏子春秋俗刻以第八篇合於第七，又脫去十二章，惟沈啟南本刻於萬曆乙酉者，尚為完善，近孫氏星衍即依沈本校刊，定為一百二十五章，與劉向序適合，而後附音義二卷，所列正文，與本書或不相應，盧氏羣書拾補，王氏讀書雜志，皆就孫本重加校勘，補脫正誤，咸有依據，然不載全文，頗不便於觀覽。今以三家之說合而參之，間下己意以補未備，雖仍有脫誤，不可讀處亦已僅矣。孫氏知古音之合而不知其分，所論多未中窾；王氏書又多旁引曲證，以暢其說。今概從節省，惟書中假借通用之字，間為注釋，以祛學者之疑。俗刻刪去各章標題，盧氏據元刻本補入，然羣書治要所引篇名多不合於今本，雜下第十五、第廿二兩章並後人以左傳文竄易，而元刻已與今同。問上第六章合兩章為一，雜下第十五章首三句誤置於問上第二章之末，其分合亦多未當。疑元刻章數雖與序合，未必即劉向所校之舊。且據原序『中外書八百三十八章，除復重六百三十八章』，則當云『定著二百章』，若定著二百一十五章，則當云『除復重六百二十三章』，參差若此，亦必後人改竄，非劉向原文。第俗刻相沿，脫誤尤甚，惟此可與沈本互證，姑存以備考焉。漢志晏子八篇，七略七篇蓋合外篇上下為一，治要所引止有諫上下、問上下、雜上下六篇，而外篇六章亦與其列，可見以外篇附內篇，唐時已有此本，不始於明。崇文總目作十二卷，即此六篇之文各析為二，而孫氏謂『二』為『四』字之誤，亦考之未盡矣。四庫本八篇，篇各為卷。孫氏為八篇，以從漢志；為七卷，以從七略云。壬寅首夏，錢熙祚錫之甫識。」

日本古鈔本

晏子春秋三卷一冊，出觀海堂書目。此本書裏首附楊守敬小像。像左上角有「星吾七十歲小像」長方陽文篆刻一顆，右下角有「楊守敬印」方形陰文篆刻一顆。次錄劉向「晏子春秋序」，首行下方有「星吾海外訪得祕笈」「楊守敬印」「井上氏」「朝田家藏書」或篆或楷，藏書印章四枚，書末有「星吾東瀛訪古記」「得此書費心苦後之人我」，上陽下陰篆刻二枚，今藏外雙溪國立故宮博物院。

附錄三：晏子春秋箋校書目輯要

孫星衍晏子春秋音義

孫星衍平津館刻本序云：

「晏子八篇見藝文志，後人以篇為卷，又合襍上、下二篇為一，則為七卷，見七略（史正義七略云：「晏子春秋七篇，在儒家。」）及隋唐志。宋時析為十四卷（玉海「四」作「二」，疑誤），見崇文總目，實是劉向校本，非偽書也。其書與周、秦、漢人所述不同者：問下景公問晏子轉附朝舞，管子作『桓公問管子』；昭公問莫三人而迷，韓非作『哀公』；諫上景公遊于麥邱，韓詩外傳、新序俱作『桓公』；問上景公問晏子治國何患，患社鼠，韓非、說苑俱作『桓公問管仲』；問下柏常騫去周之齊見晏子，家語作『問于孔子』。此如春秋三傳，傳聞異辭，若是偽書，必采錄諸家，何得有異。唐宋已來，傳注家多引晏子。問上云『內則蔽善惡于君上，外則賣權重于百姓』，藝文類聚作『出則賣重寒熱，入則矯謁奴利』，一作『出則賣寒熱，入則比周』；襍下『繁組馳之』，文選注作『擊驛而馳』，韓非作『煩且』；諫下『接一搏猏，而再搏乳虎』，後漢書注作『持楯而再搏猛虎』；問上『仲尼居處惰倦』，意林作『居陋巷』；諫上『天之降殃，固于富彊，為善不用，出政不行』，太平御覽作『當彊為善』（此誤「富」字為「當」，又誤讀其句）。此皆唐宋人傳寫之誤，若是偽書，必采錄傳注，何得有異。且晏子文與經史不同者數事：詩『載驂載駟，君子所屆』，箋訓『屆』為『極』，諫上則作『誡』，以箴駕八非制，則當以誡慎之義為長。諫上景公遊于公阜，言『古而無死』，及『據與我和』，日暮四面望睹彗星，云『夫子一日而三責我』，襍下又云『昔者吾與夫子遊于公邑之上，一日而三不聽寡人』，是為一時之事，左傳則以『古而無死』『據與我和』之言在魯昭二十年，其『齊有彗星』降在魯昭二十六年者，蓋緣陳氏有施之事，追遡災祥及之耳。此事本不見春秋經，然則彗星見實在昭二十年、齊景之二十六年，史記十二諸侯年表誤在魯昭二十六年，齊景之三十二年，非也。問下越石父反裘負薪息于塗側，曰：『吾為人臣僕于中牟，見使將歸』，呂氏春秋及新序則云『齊人累之』，亦言以負累作僕，實非纓罪，史記則誤云『越石父在縲紲中』，又非也。他若引詩『武王豈不仕』，『仕』作『事』，引左傳『蘊利生孽』，『蘊』作『怨』，『國之諸市』作『國都之市』，皆足證發經義，是以服虔、鄭康成、郭璞注書多引之。書中與管、列、墨、荀、孟、韓非、呂覽、淮南、孔叢、鹽鐵論、韓詩外傳、說苑、新序、列女傳、風俗通諸書文辭互異，足資參訂者甚多。晏子文最古質，玉海引崇文總目十四卷，或以為後人采嬰行事為書，故卷帙頗多于前志，蓋妄言矣。晏子名『春秋』，見于史遷、孔叢子、順說及風俗通，疑其文出于齊之春秋，即墨子明鬼篇所引，嬰死，其賓客哀之，集其行事成書，雖無年月，尚仍舊名，虞卿、陸賈等襲之，書成在戰國之世，凡稱子書，多非自著，無足怪者。儒書莫先于晏子，今荀子有楊倞注，孟子有趙岐注，唯晏子古無注本，劉向分內、外篇，亂其次弟，意尚嫌之，世俗所傳本，則皆明人所刊，或以外篇為細字附著內篇各章，或刪去詆毀仲尼及問棗諸章，譌謬甚矣。惟萬曆乙酉沈啟南校梓本尚為完善，自初學記、文選注、藝文類聚、後漢書注、太平御覽諸書所引皆具于篇，末章所缺，又適據太平御覽補足，既得諸本是正文字，恐或疑其臆見，又為音義于後，明有依據。定為八篇，以從漢志，為七卷，以從七略，雖不能復舊觀，以為勝俗本遠矣。善乎劉向之言：『其書六篇，皆忠諫其君，文章可觀，義理可法，皆合六經之義。』是以前代入之儒家。柳宗元文人無學，謂墨氏之徒為之，郡齋讀書志、文獻通考承其誤，可謂無識。晏子尚儉，禮所謂國奢則示之以儉，其居晏桓子之喪，盡禮亦與墨異。孔叢云：『察傳記晏子之所行，未有以異于儒焉。』儒之道甚大，孔子言『儒行有過失可微辨，而不可面數』，故公伯寮愬子路而同列聖門；晏子尼谿之阻，何害為儒？且古人書，外篇半由依託，又劉向所謂疑後世辨士所為者，惡得以此病晏子！乾隆五十三年歲在戊申十月晦日書」

盧文弨晏子春秋拾補

盧文弨晏子春秋拾補題識云：

「劉向敘錄云，定著八篇二百一十五章，余所見者，明吳勉學本，止七篇，二百三章。今陽湖孫氏星衍，得沈啟南、吳懷保本校梓者，分八篇多十二章，與敘錄之數適合。孫氏自為音義二卷，從前之譌脫者，已一一補正之，今可無庸複出，亦有一二可備參酌者，聊著於此，以完成孫氏之本。正字大書、舊譌，及以他書參訂者，作旁注。」

王念孫讀晏子春秋雜志

王念孫讀晏子春秋雜志序云：

「晏子春秋舊無注釋，故多脫誤，乾隆戊申，孫氏淵如始校正之，為撰音義，多所是正，然尚未該備，且多誤改者。盧氏抱經羣書拾補據其本復加校正，較孫氏為優矣，而尚未能盡善。嘉慶甲戌，淵如復得元刻影鈔本，以贈吳氏山尊，山尊屬顧氏澗蘋校而刻之，其每卷首皆有總目，又各標於本篇之上，悉復劉子政之舊，誠善本也。澗蘋以此書贈予，時予年八十矣，以得觀為幸，因復合諸本，及羣書治要諸書所引，詳為校正，其元本未誤，而各本皆誤，及盧孫二家已加訂正者，皆世有其書，不復羅列；唯舊校所未及，及所校尚有未確者，復加考正。其諫下篇有一篇之後脫至九十餘字者，問上篇有併兩篇為一篇而删其原文者；其他脫誤及後人妄改者尚多，皆一一詳辯之，以俟後之君子。道光十一年三月九日，高郵王念孫敍，時年八十有八。」

顧廣圻校本　即校於景元鈔本上。

顧廣圻重刻晏子春秋後序云：

「嘗謂古書無唐以前人注者易多脫誤，晏子春秋其一也。乾隆戊申，孫伯淵觀察始校定之，為撰音義，發凡起例，綱舉目張矣。嗣是盧抱經先生羣書拾補中晏子即據其本，引申觸類，頗復增益，最後見所謂元人刻本者，補二百十五章之目，而觀察亦得從元刻影鈔一部，手自覆勘，嘉慶甲戌九月，以贈吳山尊學士，於是學士屬廣圻重刻於揚州。別錄前有都凡，每篇有章次題目，外篇每章有定著之故，悉復劉向之舊，洵為是書傳一善本已。廣圻讎字之餘，尋繹文句，閒有一得知。問上篇第十二章，當云：『故臣聞義（句），謀之法也（句），民（句），事之本也。』下文當云：『及其衰也，建謀反義（四字句），興事傷民。』問下篇第十五章，當云：『晉平公饗之文室（句），既事（句），請以燕。』第十九章，當云：『其事君也盡禮道忠（句），不為苟祿，不用則去，而不議其交友也，論義道行（句），不為苟戚，不則同疎而不誹。』今本皆脫誤不可讀，此類相承雖久，尚有可以為之推求審正者。其音義、拾補方行於世，既所共覩，不事贅述，倘取以參稽互證，尊舊聞而資新悟，將見讀晏子者之自此無難矣。元和顧廣圻謹後序。」

梁履繩晏子春秋校本　見黃以周引。

洪頤煊讀書叢錄

蘇時學爻山筆話

戴望晏子春秋校本　見劉師培引。

俞樾諸子平議

于鬯香草校書　稿本。

黃以周晏子春秋校勘記

黃以周晏子春秋重校本序云：

「晏子春秋以陽湖孫刻、全椒吳刻為最善，孫氏據明沈啟南、吳懷保兩本，又合韓詩外傳、說苑、新序、及藝文類聚、太平御覽諸書，推求審定。吳氏一依元刻，舊文無所改竄，近時稱為元刻本者，即此。孫、吳兩刻各有短長；盧抱經據吳勉學、李從先本互相推勘，羣書拾補所錄是也。後又參合各書，復校孫刻，凡拾補所詳者用朱旁點正文，不復箸錄；其所箸錄者，核之拾補，亦閒有出入。今據吳、盧諸本，參校孫刻，又以凌澄初本、梁處素、孫頤谷二校本佐之，又以王懷祖讀書襍志、洪筠軒讀書叢錄、俞蔭甫諸子平議輔之，其文字之異同，有見孫氏音義者略之，而校讎之餘，閒有一得，亦抍坿之。時在書局，校棨是書，限以時月，悤悤付梓，疏陋之譏，自知不免。嗣後主講南菁，鈕惕生永昭更為詳校，今采其說之精覈者以補前校之未備，而他書所引文義有短於本書者不復箸錄，此與鈕校體例有異也。」

孫詒讓札迻

吳汝綸晏子春秋評點本　見桐城吳先生年譜，未刻。

文廷式晏子春秋校本　與純常子枝語所錄合。

蘇輿晏子春秋校注本　思賢講舍刊。

蘇輿晏子春秋序云：

「晏子春秋之名，肇見于太史公，第不詳篇數，索隱以為嬰所箸書名，今有七十篇。漢隋志載晏子八篇，七略謂晏子春秋七篇，在儒家，而陳氏、晁氏書目又皆作十二卷，蓋諸所見本不同如是。今流傳本篇數合于漢志，而真膺固不能無疑。崇文總目謂晏子六篇已亡，今書出後人采掇，唐柳子厚疑其為墨子之徒為之，言其恉同於墨。然觀史公傳贊云：『其書世多有，故不論，論其軼事。』夫必自其書之所無者而後謂之軼，而史公所載贖石父、薦御者二事，今書皆有，近世管氏異之已辨正之，則史公所見，決非今之傳本，是書之作，雖不能定為何人，其在史公後可知，去墨子之世已遠，柳說誠不足據。欽定四庫全書列之傳記部，以為是書所記，乃唐人魏徵諫錄、李絳論事集之流，允為定論已。余因歎古人志事之顯晦亦有幸不幸，魏、李時代稍近，其勛澤在天下，世傳之也詳，則尊之也彌至，齊國僻處東海，晏子又在春秋之世，書經秦火，往蹟半湮，故其勳業少隱，猶賴是書之存，千載下得睹其梗概，而知所處之難有百倍魏、李者，斯不幸中之幸也。夫景公，庸主耳，梁丘貢媚于內，陳氏弄權于外，君志營惑，民無固心，齊之亡幾不待簡、平之世，晏子內安社稷，外靖鄰邦，觀當日所以輔弼其君者至一日而三責之，其苦衷蓋可想見。以彼居海隅偏霸之國，盡心朝廷，雖中主危邦，猶堪枝柱，況于遇明君，際全盛之運，假手以宏其功業者乎！公孫丑之對孟子也，曰：『晏子以其君顯。』使景公悉聽其言，其功效固不止于顯；如所處非春秋之世，將與魏、李比烈，亦何至以霸佐為孟子所少哉！是書古無注本，陽湖孫氏作為音義一書，意在復漢志、七略之舊，至以是書為先于左傳，亦其蔽也。厥後大師宿儒，多所闡發，近潮局又仿刻孫本，別有校勘。頃從長沙王祭酒師遊，受讀之下，因采諸說坿之正文，取便瀏覽，間參管見，自維學識淺陋，奚足以窺古人之深，師以為可教也，亟取付梓，固辭不獲，愧汗交集。承命作敘，敬誌吾師樂育之殷懷，輒推論是書源委，而于古賢身世之閒，亦為發其隱微而明其忠藎，猶是史公執鞭欣慕之意云。光緒十八年，歲次壬辰，春二月，平江蘇輿謹序。」

陶鴻慶讀晏子春秋札記

葉昌熾晏子春秋校本　潘景鄭藏。

葉昌熾校吳刻本題識云：

「晏子春秋是刻之外，尚有陽湖孫氏本，並稱精善。是刻出全椒吳氏，顧澗蘋敘云：『孫伯淵觀察從元刻影鈔一部，手自覆勘，以贈山尊學士，學士屬廣圻重刻于揚州。』其影寫之原本，今存罟里邨瞿氏，余曾見之，緝褫補正，並出澗翁之手。又有明緜眇閣本，亦出自元刻，行款悉同，今又從芾卿處假得元刻本，即孫觀察所見者，因統校一過。元刻誤處，是本皆已改正，益信澗翁之善，然亦有未當者。如第四卷『苟得不知所亞』，『亞』古『惡』字，今竟改作『惡』，誤矣。今元本異者並注於旁，擇其佳處加〇別之，至於點畫之差，則不悉著焉。丙子五月鞠常校畢記。」又：「元刻本有不知誰何以黃筆校過，頗有一二精當處，為顧氏所未及，今亦以黃筆臨之。頌魯又識。」

著硯樓書跋云：

「全椒吳氏得孫淵如所贈影元本晏子春秋，倩顧澗蘋先生覆勘付梓，世稱精善之本。其所據元刻實為明代雕槧，藏家著錄，同一淵源，前賢千慮之失，余固未敢雷同，曾跋藏本以正其譌。惟傳世之本當以此為最佳，自不必以蒙古雕槧炫耀藏笈也。此吳刻本經葉鞠裳先生據吾家所藏拜經樓著錄本重校一過，元本誤處悉經思適先生校正，然亦有未當者，如第四卷『苟得不知所亞』，『亞』古『惡』字，今竟改作『惡』，誤矣。一字之正，足當思適諍友。先生校是書，凡元本異者並注于旁，擇其佳處加『。』別之，至於點畫之差，則不悉著焉。又拜經藏本舊有黃筆校過，頗有一二精當處，為思適所未及，亦以黃筆臨之。即此可當精善之本。吳刻成於嘉慶丙子，而先生校此書在光緒丙子，相距適六十年，文字因緣，自非偶然。余既藏拜經本，而又得先生手校之帙於丙子歲，足當佳話。今此書存篋又二十年矣，未被論斥之厄，其亦先生有靈，特為呵護耶！爰檢出裝池，并誌顛末於後。」

鈕惕生晏子春秋校本 見黃以周序，未見。

劉師培晏子春秋補釋

劉師培晏子春秋斠補

劉師培晏子春秋斠補定本

劉師培晏子春秋黃之寀本校記

劉師培晏子春秋斠補序云：

「晏子春秋，元本已多訛脫，孫刻略依沈啟南本，又較元本為遜。以今考之，有佚文，有錯簡，兼有脫之字，而盧、王、俞、黃諸家或未及審正，因以孫、徐（疑誤）二刻為主，旁及唐、宋類書所引，兼及明刊各本，凡諸子之文與互同者亦互相勘正，疑義奧詞，間加發正，成晏子春秋斠補。惟第二篇『謂於民』與『節於身』對言，以第三篇『民有加利』及『厚民饒下』證之，『謂』疑『譜』誤。第四篇『君饗寡君』誼不可通，疑『饗』為『貺』『慶』諸字叚音，亦並存其說，以俟折衷，其所不知，則從缺如之例云。」

張純一晏子春秋校注　諸子集成本

張純一晏子春秋校注敘云：

「周季百家之書，有自著者，有非自著者。晏子書非晏子自作也，蓋晏子歿後傳其學者采綴晏子之言行而為之也。計孔子之稱九（見諫上二十章，諫下五章、廿一章，問上三十章，問下廿九章，雜上十六章、廿一章、三十章，外上廿七章），其最恉曰：『雖事惰君，能使垂衣裳，朝諸侯』；曰：『不出尊俎之間，折衝千里之外』；曰：『救民之生而不夸，行補三君而不有，晏子果君子也』。吾今乃知晏子時知晏子者，孔子一人而已。墨子之稱二（見問上五章，雜上五章），其最恉曰：『為人者重，自為者輕。』吾今乃知晏子後知晏子者，墨子一人而已。綜核晏子之行，合儒者十三四，合墨者十六七，如曰：『先民而後身，薄身而厚民。』是其儉也，勤也，兼愛也，固晏子之主恉也。夫儒非不尚儉，未若墨以儉為極；儒非不尚勤，未若墨勤生之亟；儒非不兼愛，未若墨兼愛之力：此儒墨之辯也。然儒家囊括萬理，允執厥中，與墨異趣也。晏子儒而墨，如止莊公伐晉，止景公伐魯伐宋，是謂非攻；曰『男不羣樂以妨事，女不羣樂以妨功』，是謂非樂；曰『不遁於哀，恐其崇死以害生』，是謂節葬；曰『粒食之民，一意同欲』，是謂尚同；曰『稱事之大小，權利之輕重』，是謂大取；曰『舉賢以臨國，官能以敕民』，是謂尚賢；曰『獨立不慚於影，獨寢不慚於魂，行之難者在內』，是謂修身：皆其墨行之彰彰者。又必墾闢田疇而足蠶桑豢牧，使老弱有養，鰥寡有室，其為人也多矣，其取財也，權有無，均貧富，不以養嗜欲，所謂事必因於民者矣。政尚相利，教尚相愛，罔非兼以正別，況乎博聞強記，捷給善辯，前有尹佚，後有墨翟，其揆一也。劉略、班志列之儒家，柳子厚以為不詳，謂宜列之墨家，郡齋讀書志、文獻通考承之，是已。法言雲：『墨、晏儉而廢禮。』張湛云：『晏嬰，墨者也。』均可證晏子生為貴胄，而務刻上饒下，重民為治，進賢退不肖，不染世祿之習，故能以其君顯，純臣也。其學蓋原於墨、儒，兼通名、法、農、道，尼父兄事之，史遷願為之執鞭，有以夫。吾服膺晏子書久矣，竊歎其忘己濟物，不矜不伐，駸駸有大禹之風，覃思積年，錄為校注八卷，俾有志斯學者研尋云爾。庚午六月，漢陽張純一敘。」

墨、晏尚儉，儉在心，不在物，所以不感於外也；尚勤常行而不休，所謂道在為人也；本儉無為而勤無不為，是之謂能盡其性以盡人物之性。呂氏春秋知度篇云：「治道之要，存乎知性命。」旨哉言乎，墨、晏有焉。純一又記。

于省吾晏子春秋新證

于省吾晏子春秋新證序云：

「晏子春秋舊本無解，自平江蘇氏為之校注，徵引清儒說，解已略具，惟清儒所稱元刻本，即明刊活字本也。劉師培晏子春秋補釋考證頗詳，蘇氏未及采入。晏子書多古義古字，如『死』之讀『尸』，『辟』之訓『輔』，『十一月』之作『冰月』，『疆』之作『彊』，『萊』之作『釐』，『對』之作『敓』，『聞』之作『惛』，『綏』之作『妥』，『治』之作『司』，『禮儀』之作『豐義』，『如』之作『女』，『龍』之作『竜』，『厥』之作『久』，『依』之作『韋』，『翼』之作

『翌』，『期』之作『其』，具詳篇中。惟自揆學識譾陋，庸能宣其疑滯，究其奧窔乎！世有通學，當能匡其不逮也。」

王叔岷晏子春秋斠證

王叔岷晏子春秋斠證題識云：

「晏子春秋文多淺近，且有重複，其為後人補綴成書，自可無疑；然其中亦多古字古義，猶有先秦之舊，不可因後人有所竄亂，遂一概濺滅也。晏子之行己無私，直言無諱，敏達公忠，名顯諸侯，於是書猶可概見。前賢治理是書者，孫星衍音義發其端，盧文弨拾補、王念孫雜志、洪頤煊叢錄繼之，審正漸多；厥後黃以周校勘記、俞樾平議、孫詒讓札迻、蘇輿校注，發正益廣；劉師培校補、補釋、張純一校注、于省吾新證續出，尤臻完善矣。岷讀是書，時有謏記，另補前賢所略，因據吳鼒景元刊本，輔以子彙本、涵芬樓明活字本、及日本翻刻黃之寀本，並檢驗古注、類書，寫成晏子春秋斠證一卷。鯤島棲遲，忽歲暮，日月離人，羈情靡寄，閉戶斠書，聊以自遣耳。四十四年殘臘、叔岷記於南港舊莊。」

岡本保孝晏子春秋音義補正

岡本保孝晏子春秋音義補正題識云：

「晏子之為書、其所傳承之源委、及撰箸之真偽、先輩聚訟不一、然至於炎漢以前之所作、高古淳雅、夔然可掬、則固無異論矣、惜乎歷世之久、誤脫訛舛、不可句讀者、蓋亦不鮮、撫卷而憾焉、清人孫編修星衍氏校正之、更為定本、附以音義畢、沅經訓堂叢書載之、孫氏博涉羣籍及唐宋類書、引據詳細、考證精確。子於是乎可讀矣、其後盧抱經文弨氏攟孫氏之所遺漏、收諸其所著羣書拾補、載在抱經堂叢書中、其所拾補之精而覈、非世之暗中摸索秕稗相糅之比也、晏子於是乎復舊矣、嗚呼二子不唯忠於平仲、亦為後來讀此書者恩家焉、其功不亦偉乎、雖然人心不同如面、予於二子竊有異同、且摭二子猶遺者若干、予敢為恩家之仇乎、學問之道也平公、後人之有異同於予、猶予之於二子、亦豈敢辭、此舉將竣之時、偶見棭齋狩谷先生之所藏明刻晏子、其版刷之體、大與今異、與盧氏所載元刻目錄相符、則蓋再刻元槧本也、今一一校對、悉錄同異、不妄取捨、覽者其擇焉、文政戊子三月、岡本保孝識。」

伊藤馨晏子春秋證注　以下為吳則虞晏子春秋集釋引，在臺未見。

關嘉晏子春秋纂注

長孫元齡晏子春秋考

小柳司氣太晏子春秋

大關惟考晏子春秋集解

赤井東海晏子略解

雨森積齋晏子春秋采考

伊藤鳳山晏子春秋詳注

猪飼敬所晏子補正
岡木況齋晏子春秋考
荻生徂徠晏子考
片山兼山晏子一適
鈴木文臺晏子正誤
冢田大峯晏子箋注
西島蘭溪晏子春秋考
平野金華晏子春秋校
蒲坂青莊晏子孫音補正
宮本篁村晏子春秋特達
諸葛歸春晏子春秋校註

晏子春秋今註今譯

主編◆中華文化復興運動推行委員會（國家文化總會）
國立編譯館中華叢書編審委員會
註譯者◆王更生
發行人◆王學哲
總編輯◆方鵬程
執行編輯◆葉幗英 徐平
校對◆趙蓓芬
美術設計◆吳郁婷

出版發行：臺灣商務印書館股份有限公司
臺北市重慶南路一段三十七號
電話：（02）2371-3712
讀者服務專線：0800056196
郵撥：0000165-1
網路書店：www.cptw.com.tw
E-mail：ecptw@cptw.com.tw
網址：www.cptw.com.tw

局版北市業字第 993 號
初版一刷：1987 年 8 月
二版一刷：2011 年 4 月
定價：新台幣 600 元

ISBN 978-957-05-2596-0（精裝）

晏子春秋今註今譯／中華文化復興運動推行委員會（國家文化總會），國立編譯館中華叢書編審委員會主編；王更生註譯. --二版. --臺北市：臺灣商務，2011. 04
面；　公分

ISBN 978-957-05-2596-0（精裝）

1. 晏子春秋　2. 注釋
121.281　　100001374

《史記今註》一～六冊

馬持盈　註

史記一書，篇幅浩繁，凡五十二萬餘言；所收集之歷史資料，上自黃帝，下至漢武帝，上下三千年間凡政治經濟、天文地理，無所不談。本書以現代人最易瞭解的語言文字註譯其文，全書共六冊，並著重關於中華文化之重要部分、政治經濟之起伏變化及文句組織奇突難解之處註譯，使讀者能融會貫通，研讀自由，輕鬆愉快的閱讀。

《呂氏春秋今註今譯》

林品石　註譯

定價　950 元

呂氏春秋是秦相呂不韋輯智略之士所作，於先秦諸子百家之說，兼包並容，是古籍中內容最豐富的一部書。讀之如身入寶藏，上可以知先秦諸子學說的要義，下可以瞭解漢代政治學術的大勢，更顯呂氏春秋在中國思想史上應有其重要的地位。

讀者回函卡

感謝您對本館的支持，為加強對您的服務，請填妥此卡，免付郵資寄回，可隨時收到本館最新出版訊息，及享受各種優惠。

姓名：________________　　性別：□ 男　□ 女

出生日期：________年________月________日

職業：□學生　□公務(含軍警)　□家管　□服務　□金融　□製造
□資訊　□大眾傳播　□自由業　□農漁牧　□退休　□其他

學歷：□高中以下（含高中）□大專　□研究所（含以上）

地址：________________________________

____

電話：(H)________________ (O)________________

E-mail：________________________________

購買書名：________________________________

您從何處得知本書？

□網路　□DM廣告　□報紙廣告　□報紙專欄　□傳單
□書店　□親友介紹　□電視廣播　□雜誌廣告　□其他

您喜歡閱讀哪一類別的書籍？

□哲學．宗教　□藝術．心靈　□人文．科普　□商業．投資
□社會．文化　□親子．學習　□生活．休閒　□醫學．養生
□文學．小說　□歷史．傳記

您對本書的意見？（A/滿意　B/尚可　C/須改進）

內容________編輯________校對________翻譯________
封面設計________價格________其他________

您的建議：________________________________

____

※ 歡迎您隨時至本館網路書店發表書評及留下任何意見

臺灣商務印書館　The Commercial Press, Ltd.

台北市100重慶南路一段三十七號　電話：(02)23115538
讀者服務專線：0800056196　傳真：(02)23710274
郵撥：0000165-1號　E-mail：ecptw@cptw.com.tw
網路書店網址：www.cptw.com.tw　部落格：http://blog.yam.com/ecptw

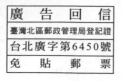